歷史中國
西元220～西元420

魏晉原來是這樣

張程 著

目錄

漢朝時期 -220年	魏晉南北朝時期 220年-589年							隋朝 時期 581年- 589年-
三國時期 186年-220年-280年		晉朝時期 266年-280年-419年		南北朝時期 420年-589年				
				南朝時期 420年-589年				
東漢 -220年	曹魏 220年-265年	西晉 266年-316年	東晉 317年-419年	宋 420年-478年	齊 479年-501年	梁 502年-556年	陳 557年-589年	亡於 隋
繼承 東漢	蜀漢 221年-263年	亡於 魏				繼承 梁	西梁 555年-587年	亡於 隋
獨立 於東漢	東吳 229年-280年	亡於 西晉						
		十六國時期 304年-439年		北朝時期 440年-589年				
	獨立於 西晉	五胡諸國 304年-439年	北魏 386年-534年	東魏 534年-550年	北齊 550年-577年	亡於 北周		
				西魏 535年-557年	北周 557年-581年		隋 581年-	

一、禪讓這場戲要演好

一

延康元年（二二〇年）二月庚戌，新繼位的魏王曹丕下令關津減稅，恢復什一稅制。辛亥，曹丕賞賜諸侯將相以下粟萬斛，帛千匹，金銀不等，同時煞有其事地派遣使者巡查郡國。所有行為都有一個共同的目的：收攬民心。而收攬民心的目的則是：推翻立國四百年的漢朝，建立曹魏王朝。

在皇權轉移中，意識形態的準備是必不可少的。簡單地說，後來者需要在自己臉上貼金。神化自己是最常見的做法，即讓淳樸的老百姓相信自己是天人下凡，相信自己的登基是天命所歸。巧的是，在歷史的關鍵時刻，總會有大批恰逢其時的「祥瑞」出現。

先是民間開始傳言曹丕出生的時候，有青色的雲氣像車蓋一樣漂浮在嬰兒身上，終日不散。風水師傅們一致認為這是曹丕至貴的證明。這時，黎民們才開始明白：原來曹丕一出生的時候，就不是凡人啊。

此間又出了一個叫殷登的人，說自己在熹平五年（一七六年）的時候記得一件事：當年譙地（曹操老家）出現了黃龍祥瑞。大名士、光祿大夫橋玄就悄悄問太史令單颺：「這個祥瑞什麼意思啊？」單颺回答說：「這說明譙這個地方會有王者興起。在五十年時間裡，黃龍會再次出現。」一般登說自己當時在場，就默默記下了這件事。四十五年後，也就是延康元年（二二〇年）三月，黃龍再次出現在譙。當時殷登還在世，大肆宣揚這件事，引起中原轟動。最後曹丕出面召見殷登，作了一次談話，賞賜殷登穀三百斛，送回家去。

之後，魏國的形勢一片大好。同月，濊貊、扶餘、焉耆、于闐等部落都派遣使者向中原奉獻。四月丁巳，饒安縣出現典型的祥瑞白雉。曹丕很高興，免了饒安縣的田租，賞賜勃海郡百戶牛酒；太常乙太牢祠宗廟。

但是事情突然起了波折。當月，大將軍夏侯惇病逝。曹丕親自素服在鄴城東門發哀。有人指責曹丕的行為失禮。按禮，天子哭同姓於宗廟門之外。曹丕與夏侯氏並非同姓，卻哭於城門，是不當的行為。這其實暗指曹丕家族與夏侯家族的「不正常關系」。曹丕的爺爺，也就是曹操的爸爸曹嵩原本是乞丐，被大宦官曹騰收養後才有了姓氏。東漢官場上就一直盛傳，曹嵩原來是複姓夏侯的小乞丐。因此在曹操一世，夏侯家族步步顯貴。現在是曹丕登基的前夜，有人重提曹家這件不光彩的往事，殺傷力巨大。

這表明，一部分世族大家還並不認同曹氏家族登基稱帝。

曹操在世時，不少名士很瞧不起曹操，與曹操政權對抗。曹操也不時做出壓制豪族名門浮華風氣的舉動。客觀上，曹操必須壓抑以清議名士為代表的地方豪族勢力，破壞朋黨交遊便是其一舉措。雖然沒有打擊到世族大家的根本，但曹操對世族大家的厭惡和壓制是明顯的。在曹姓代劉幾成定局的時候，世族大家需要曹丕給他們保證，維護和擴大的他們的利益。雖然曹丕本人已經完全是一個世家子的出身和行為舉止，但缺乏明確的承諾和制度上的保護，世族大家們還是不放心效忠於曹氏家族。

這時候，昌武亭侯、尚書陳群提出了「九品中正法」，建議改革官員人事制度。九品中正法的內容是在郡國設置中正，評議本地人才高下，分九等，按照等級分別授予官職。評議的標準主要看家世（被評者的族望和父祖官爵），其次看道德，最後才看一個人的才能。而擔任評議的都是當地的貴族顯要。這樣的制度到底對誰有利，可想而知。此法一出，獲得了世族大家的一片讚賞之聲。

這實際上是世族大家對曹丕出的考題，是世族大家與曹氏家族進行權力交換。世族大家要求確保自己的地位和權益，並希望能夠世代相傳。九品中正法就是一個制度上的保證。曹丕毫不猶豫地批准了這個制度，開始在全國進行人事改革。它成為魏晉南北朝時期世族勢力惡性膨脹的制度源頭。

時間到了五月，劉協「命令」曹丕追尊祖父、已故太尉、乞丐出身的曹嵩為太王，祖母丁氏為太王后，封王子曹叡為武德侯（劉協還真是配合）。

六月辛亥日，曹丕在東郊閱兵，集中兵力開始南征。這次南征，公卿相儀，華蓋相望，金鼓陣陣，完全是曹丕對個人勢力的一次檢閱，是對天下百姓的一次試探。因此整個軍事行動更像是一次盛裝遊行。曹丕先到了屢次出現祥瑞的老家譙。他在家鄉大宴三軍，並在邑東召集譙地的父老百姓，設伎樂百戲，與民同樂。在歡娛間，曹丕說：「先王非常喜歡家鄉，不忘根本。譙，真是霸王之邦。我要減免譙地的租稅二年。」當地的三老吏民聞言紛紛向曹丕祝壽，通宵達旦。幾天後，曹丕還去祭掃了先人的墓地。

到了冬天，曹丕大軍終於達到長江以北。孫權整軍以待。曹丕看到東吳軍隊軍容整齊，說，東吳還是有人才的，我們暫時先回去吧。（這句話讓江對面的孫權聽得一愣一愣的。）臨行，曹丕下令：「大軍征伐，死亡的士卒有的還沒有得到收斂，我感到非常悲痛。各郡國要為這些人收殮，送到烈士家中。官府還要出資為他們設祭。」他臨別了還不忘討好軍隊，向天下展示自己的仁慈。

二

自即位以來，麒麟降生，鳳凰來儀，黃龍出現，嘉禾蔚生，甘露下降。做足工作的曹丕就等著劉協禪讓了。

關於這次禪讓，正史和野史的記載截然不同。

《三國志》的曹丕傳記用了幾乎一半的篇幅刊登相國華歆、太尉賈詡、御史大夫王朗、九卿、將軍、守令等人的勸進書。劉協一再下詔禪讓，曹丕一再推辭；大臣們動不動就聚集一百二三十人集體勸進，而且周而復始，不厭其煩，也不擔心曹丕生氣。曹丕就是不答應。連劉協都說，魏王不接受禪讓，那怎麼辦啊？最後彷彿勸進的大臣們都著急了。尚書令桓階對曹丕說：「現在漢朝的命氣已經盡了，臣等都認為天命降臨大魏，陛下還前後退讓。漢氏衰廢，就要嚥氣了，史官和耆老們的記錄都證明了這一點。天下百姓都唱著歌謠，呼籲明主出現。陛下應該回應上天，接受禪讓，馬上登壇禱告上帝。不然就是久停神器，抗拒上天和億萬百姓的意願啊！這可了不得啊。」曹丕在萬般無奈的情況下，說了一個字：「可。」於是大臣們和百姓都歡天喜地地開始慶祝了。這段完美的記載總讓人懷疑真實的情況是否如此融洽，是否如此順利。

《三國演義》、《華陽國志》和其他野史則完全為我們描述了一副逼宮的鬧劇：華歆等一班文武，去見劉協，要求劉協禪讓。華歆說：「魏王德布四方，仁及萬物，是古第一人。我們大臣都認為漢祚已經盡了，請你效法堯舜，以山川社稷為重，禪位魏王。」他還撂下一句狠話：「只有這樣，你才能安享清閒之福！我們都商議定了，特來奏請。」平時文質彬彬、以才學震天下的華歆竟然說出這樣的大逆話語來，真是讓人吃驚。據說劉協聽說大臣們這麼說，驚得半晌說不出話來。終於，劉協壓抑著的情緒爆發出來。他注視著百官哭道：「高祖皇帝提三尺劍，斬蛇起義，平秦滅楚，創造基業，世代相傳，到我這裡已經有四百年多年了。朕雖不才，但也沒什麼過錯，我怎麼忍心將祖宗基業捨棄不顧？」劉協頓了頓，真誠地說：「祥瑞圖讖，都是虛妄說不清楚的事。請各位大臣深思！」與華歆同來的、學問更高的王朗說道：「自古以來，有興必有廢，有盛必有衰。天底下哪有什麼不亡之國、不敗之家啊？漢室相傳四百餘年，到現在氣數已盡。陛下還是早早退避為好，遲疑了就要生變了。」一旁的九卿、尚書和禁軍將領等都頻頻點頭。話已至此，劉協只有大哭，逃入後殿去了。百官哂笑著散去。

第二天，百官再次雲集金鑾殿，命令宦官請出劉協。劉協恐懼地不敢出來。劉協的皇后是曹操的女兒、曹丕的妹妹。見到丈夫這樣的窘態，曹皇后大怒，說：「我哥哥怎麼做出這樣亂逆的事情來！」外面的百官推舉曹洪、曹休兩人帶劍進入後殿，逼劉協出殿。曹皇后大罵自己的這兩位叔叔，說：「都是你們這些亂賊，貪圖富貴，造反謀逆！我爸爸功勳卓著，威震天下，都不敢篡竊神器。現在我哥哥登位還沒幾天，就想著篡奪皇位。老天爺是不會保佑你們的！」曹洪、曹休兩個人不去理會自己的侄女，裹脅著劉協出殿。劉協萬般無奈，只好更衣出來接受最後的審判。

面對華歆等人的再次逼宮。劉協痛哭流涕：「你們都領取漢家的俸祿多年了，中間還有很多人是漢朝開國功臣的子孫，現在怎麼就忍心做出這樣的事情啊？」華歆冷笑著說：「陛下若不聽從我們的話，恐怕馬上要禍起蕭牆了。這並非我們不忠於陛下。」

劉協大喝：「誰敢殺我嗎？」

華歆厲聲說：「全天下的人都知道陛下沒有人君之福，導致四方大亂！如果沒有魏王父子在朝，殺陛下的人何止一兩個？你這麼不知恩報德，難道不怕天下人群起而攻之嗎？」

劉協受到極大驚嚇，拂袖而起。旁邊的王朗向華歆使了個眼色。華歆竟然快步走上皇帝寶座，扯住劉協的龍袍，變色厲聲說道：「同意還是不同意？就一句話！」劉協哪經受過這樣的場面，渾身戰慄不能回答。他環顧四周，宮殿內外披甲持戈的幾百人全部都是魏王親兵。他哭著對群臣說：「我願意將天下讓給魏王，請各位保存我的性命。」

當權力鬥爭的失敗者在尋找撤退的底線的時候，往往發現：其實生命才是每個政治人物最基本的需求。遺憾的是，在殘酷的政治鬥爭中，它不幸成為奢求。

逼宮的賈詡許諾：「魏王必不負陛下。陛下快快下詔書，以安定人心。」

劉協只好讓陳群起草禪讓詔書，讓華歆捧著詔書和玉璽，引導百官到魏王宮前，請曹丕即位。曹丕大喜，但堅決推辭，要求劉協禪讓給「真正的大賢人」。在華歆的導演下，劉協又下了一道詔書，再次恭敬地請曹丕登基。曹丕更加高興了，但還是對賈詡說，還是怕「不免篡竊之名」。賈詡馬上獻計說，讓劉協築一壇，名受禪壇；擇吉日良辰，集結大小公卿；讓當今天子親自在壇上獻上璽綬，禪讓天下。

於是，劉協啟動了漢王朝的最後一項國家工程，派遣太常院官在繁陽卜地，築起三層高壇，選擇吉日舉行禪讓大典。（河南許昌臨潁縣繁城鎮還保留著這座中國僅存的受禪台。台高二十米，長寬約三十米。）十月庚午日寅時，東漢王朝的禪讓儀式正式舉行。

禪讓原本是傳說中推選部落首領的制度。這種只保留在典籍中的神祕制度已經距離曹丕時代兩千年之遠了。如何「復活」禪讓制度和儀式是對曹丕君臣的巨大考驗。曹丕和魏國的大臣們以高度的「智慧」，將傳說中的「禪讓」概念賦予實踐，為後世樹立了「典範」。

曹魏君臣「復活」的受禪大典的盛況，裴松之引《獻帝傳》注云：「魏王登壇受禪，公卿、列侯、諸將、匈奴單于、四夷朝者數萬人陪位，燎祭天地、五嶽、四瀆。」（曹丕登上受禪台接受漢獻帝的帝位，三公九卿、侯爵貴族、各軍將領和前來朝賀的匈奴單于、周邊少數民族來賓好幾萬人見證了這一儀式。）整個儀式要燃起巨火，祭高天地、五嶽和四瀆。許昌受禪台前現存的兩塊石碑——《受禪表》碑和《公卿將軍上尊號奏》碑在風雨飄搖後面目模糊，依然忠實地向後人透露當時的盛況。《公卿將軍上尊號奏》內容為四十六位文武大臣給漢獻帝劉協上的摺子，奏請曹丕當皇帝的理由。其實是寫給曹丕的效忠信，就是演義中的「勸進書」。《受禪表》是曹丕受禪稱帝之後，表白自己不願當皇帝，可是天、地、人都讓他當，再三辭讓而不得，才登上皇帝寶座的「苦衷」與「救民濟世」的心態。這兩塊碑文由漢末名士王朗文，梁鵠書；楷書創始者鍾繇鐫字，被後世稱為「三絕碑」，即文表絕、書法絕、鐫刻絕。鍾繇和梁鵠是當時的重臣和著名書法家。王朗為大學問家，對禪讓一事最為積極，魏文帝時由御史大夫遷為司空。民間傳說他積極逼殺獻帝皇后，催逼玉璽。

驚恐、悲涼、無助的劉協，為了保全性命，無奈只得把祖宗的江山禪讓給曹氏。不知道他跪在地上，以什麼樣的心情聽著昔日的大臣宣讀如下公告：

「皇帝臣丕敢用玄牡昭告於上皇后帝：漢歷世二十有四，踐年四百二十有六，四海困窮，三綱不立，五緯錯行，靈祥並見，推術數者，慮之古道，咸以為天之曆數，運終茲世，凡諸嘉祥民神之意，比昭有漢數終之極，魏家受命之符。漢主以神器宜授於臣，憲章有虞，致位於丕。丕震畏天命，雖休勿休。髃公庶尹六事之人，外及將士，洎於蠻夷君長，僉曰：『天命不可以辭拒，神器不可以久曠，髃臣不可以無主，萬幾不可以無統。』丕祗承皇象，敢不欽承。蔔之守龜，兆有大橫，筮之三易，兆有革兆，謹擇元日，與髃寮登壇受帝璽綬，告類於爾大神；唯爾有神，尚饗永吉，兆民之望，祚於有魏世享。」

曹丕的這篇布告，主要意思是魏代漢立是上承天意，下順民心的事，曹丕即位是眾望所歸。這篇布告為之後受禪臺上的表演奠定了基調。

曹丕改延康元年為黃初元年，將劉協封在河內郡山陽，為山陽公，邑萬戶。劉協可以用天子之禮郊祭，上書不稱臣；劉協的四子降為列侯；更換周邊各族印璽，為魏國百官更名。總之是皆大歡喜。

禪讓儀式上有兩件小事值得一書。一是《魏氏春秋》上說，曹丕在壇上行禮完畢的時候，曾經對周圍的功臣說：「舜、禹之事，吾知之矣。」後人對這句話多有評論，大抵都是認為曹丕自我感覺過於良好。魏國事實上的創建者應該是曹操。但是曹操滿足於「治世之能臣，亂世之奸臣」的自我定位，不願意登基。曹操如果說這句話，方才是名正言順的。

第二件事是《三國演義》描寫的怪事。傳說在儀式上的時候，百官請曹丕答謝天地。曹丕剛下拜，忽然壇前捲起一陣怪風，飛沙走石，急如驟雨，對面不見身影；壇上的火燭都被吹滅。曹丕驚倒在壇上，被百官急救下壇，半晌才醒過來。這陣奇怪的風和隨即而來的疾病讓曹丕在宮中休養了多時。病情老不見痊癒，曹丕就懷疑許昌宮殿內外有妖怪，決定從許昌遷都洛陽，大建宮室。

曹丕受禪後，非常客氣地對劉協說：「天下之珍，吾與山陽共之。」意思就是說，天下的珍寶財富，我都和你山陽公（劉協禪讓後的封號）共用。那麼劉協是不是真的共用到了所謂的「天下之珍」呢？不得而知。漢獻帝劉協遜位後，雖然只是公爵，名義上位在諸侯王之上。劉協在封地內行漢正朔，一直到五十四歲才自然死亡。曹丕以天子禮儀把劉協下葬，賜名其陵寢為「禪陵」。山陽國由劉協的子孫繼承，從建國至滅亡共傳國八十九年。文人色彩濃厚的曹丕還算客氣仁慈。

三

曹魏以禪讓形式建國，惡化了魏晉南北朝的政治風氣，影響惡劣。

曹丕及其黨羽假惺惺的動作，都是粉飾和權謀而已。在禪讓過程中，實力永遠是第一位的。劉協是非讓位不可，可曹丕又不想背上篡位的名聲，就選擇了遠古傳說中的禪讓制度來當遮羞布。「自曹魏以迄於宋，皆名為禪而篡者也。」包裹禪讓的道德面紗徹底地被篡位者剝去，禪讓成為赤裸裸的篡位工具。野心家們發現了禪讓的「優點」，之後的禪讓基本是仿照漢魏故事進行的。

魏晉南北朝期間，禪讓逐漸成為一種政治遊戲，規則被固定化、現實化、公開化，失去了之前的神聖和嚴肅。南北朝時期的禪讓在險惡的政治黑幕中將人性陰暗的一面淋漓盡致地展示出來。內憂外患不斷的形勢將權臣和軍事強人推上了政治舞臺，而不爭氣的末代皇帝們又令那些野心勃勃的權臣有機可乘。一模一樣的重複，無休無止的陰謀和殺戮讓人厭倦：曹魏末代皇帝曹奐禪讓給了晉武帝司馬炎，晉代魏；東晉恭帝司馬德文禪位給南朝宋武帝劉裕，宋代晉；南朝宋順帝劉準禪位給南朝齊高帝蕭道成，齊代宋；南朝齊和帝蕭寶融禪位給南朝梁武帝蕭衍，梁代齊；南朝梁敬帝蕭方智禪位給南朝陳武帝陳霸先，陳代梁；東魏孝靜帝元善見禪位給北齊文宣帝高洋，北齊代東魏；西魏恭帝元廓禪位給北周孝閔帝宇文覺，北周代西魏；北周靜帝宇文衍禪位給隋朝文帝楊堅，隋朝代北周。

儘管禪讓使得這些黑幕半遮半掩，但天下對這些遊戲規則和把戲一目了然。遼人有首《伎者歌》唱道：「百尺竿頭望九州，前人田土後人收。後人收得休歡喜，還有收人在後頭。」可以作為魏晉南北朝禪讓制度的最好注解。更惡劣的影響是，禪讓制度沉重打壓了政治道德，讓現實政治大行其道。當一個王朝是通過不道德的禪讓形式建立的，它的合法性就值得懷疑了。之前的秦朝是通過王朝戰爭統一的，漢朝是劉邦提三尺劍千辛萬苦打下來的。而魏晉南北朝的政權則是從一個陰謀走向另一個陰謀，虛偽而無恥地建立的，如何令人信服？王朝的開國元勳們不是靠赫赫戰功或者傑出能力獲取的地位，而是一個個陰謀家、表演家和投機者。這個王朝的政治風氣又能好到什麼地方去呢？整個魏晉南北朝，謀殺和弒君、骨肉相殘、淫穢與亂倫、背信棄義等行為層出不窮，不能說與王朝建立之初的禪讓制度沒有關係。

東漢末期，政壇上還殘留著些許道德，儒家經典還為人信服，建立在品德和修行基礎上的徵辟制度還部分起作用。曹魏王朝從曹操奠基開始就很務實，崇尚實務而拋棄虛名，那是應付殘酷亂世的需要；曹丕建國前後，沒有恢復道德政治，變本加厲地在現實政治的道路上狂奔。他重用了一批現實主義政客，又開創了不公平的九品中正制，還發揮了禪讓制度的虛偽和無恥特性。曹丕開了一個壞頭，對整個魏晉南北朝的惡劣政治風氣要承擔責任。

二、曹植與「洛神」的相會

一

曹丕的江山是老爺子曹操費盡心計打下來的，但皇帝的寶座則是他費盡心計、花了老大力氣才從弟弟曹植手裡奪來的。

曹操的長子曹昂早年戰死疆場，他和第二任妻子卞氏生有四個兒子：曹丕，曹彰，曹植，曹熊。曹彰只有匹夫之勇，曹熊常年生病，只剩下曹丕和曹植兩兄弟爭奪繼承人之位。

曹操一開始屬意小兒子曹植。曹植不僅一表人才，還文采飛揚。建安十五年（二一〇年），曹操在鄴城修建的「形象工程」銅雀台落成。他召集了天下文士登臺為賦，為形象工程增光添彩。在這場文壇巔峰對決中，曹植提筆一揮而就，最先完成了《登台賦》。全文洋洋灑灑、氣勢磅礴，不僅曹操看後讚賞不止，在場文人也都輸得心服口服。當時曹植只有十九歲。曹操本人文學氣質就非常突出，曹植因此加分不少。曹操認為曹植在諸子中「最可定大事」，幾次想要立他為接班人。

曹植的聰慧是從小出了名的，十歲就能誦讀詩文辭賦數十萬言，出口成章。但他的缺點就是太聰明了，反而自以為聰明。過於濃厚的文人氣質反過來害了他。曹植沉溺在文學的天地中，嚮往無拘無束的生活，頭腦未免簡單，對人對事缺乏心計。曹丕知道比文才比能力，自己都不是弟弟的對手，所以就想方設法要讓曹植在父親面前留下壞印象。曹操要出征了，兄弟倆去送行。曹植鴻篇大論，在父親面前指點江山；曹丕則痛哭流涕，裝出捨不得父親出征冒險的樣子。曹操很自然認為曹植才情有餘人情不足，覺得曹丕這個孩子忠厚孝順。

曹丕和曹植各拉了一批人明爭暗鬥。曹丕經常在家中召集同黨商議方法，用大筐子把同黨帶到家來，避免給別人結黨營私的印象。曹植一派知道後，就興沖沖地告訴了曹操。曹操查起來，卻發現曹丕家門口進出的大筐子裡裝的不是食物就是日用品。曹植又輸了一回。

爭鬥越久，曹植身上的缺點就越扯後腿。一次，曹操已經任命曹植為負責人，率軍出征了。這是很重要的榮譽，也是對曹植能力的考驗。結果在出征的歡送儀式上，曹操和文武百官左等右等，就是不見曹植的身影。原來曹植竟然在節骨眼上，喝得酩酊大醉。結果軍隊出征不了，曹植這個負責人也被廢掉了。還有一件事情，曹操是白手起家的梟雄，節儉成性，最見不慣別人，尤其是家人穿戴奢侈。曹植卻不以為意，吃穿用度都率性而為。曹植一生娶過兩位妻子，第一位妻子崔氏系出名門（她是名士、尚書崔琰的妹妹），穿戴求新求好。一次，崔氏「衣繡違制」（估計是穿了雕龍繡鳳的衣服），招搖過市。曹操看到後，勒令兒媳婦崔氏回家自盡。崔氏的死，表明曹操對曹植的不滿與日俱增。

最後，曹操對到底把權力地位傳給哪個兒子還是下不了決心。到底是給輕浮不懂事的曹植呢，還是給忠厚孝順的曹丕呢？他問老臣賈詡。賈詡沉思了良久。其實他早就暗中被曹丕收買了，在琢磨怎麼讓曹操下定決心捨曹植而用曹丕。曹操等不及了，問賈詡怎麼遲遲不回答。賈詡這才說：

「我在想劉表和袁紹的事情。」劉表和袁紹兩人都在「廢長立幼」，不把權力傳給長子而給了小兒子，結果導致身後內訌不止，勢力灰飛煙滅。曹操聽了，默然不語，才下定決心選曹丕為繼承人。

繼承人之爭，曹丕勝曹植敗。政治上的勝負，勝者全得，輸家不僅一無所獲，從此之後還要受勝家的欺壓凌辱。曹操活著的時候，曹植是高貴的王子，優遊宴樂。等到曹操死了曹丕登基稱帝，曹植的噩夢開始了！

曹丕這個人心眼很小，上臺後就開始對看不慣的反攻倒算，到處整人。張繡在投降曹操之前曾殺死過曹丕的哥哥曹昂。曹丕這才成為曹操的長子。說起來，曹丕還要感謝張繡為其創造了「上位」的機會。現在曹丕上臺了，就把張繡逼死了。于禁戰敗後曾經投降過關羽。曹丕覺得很丟臉，就派于禁去給曹操守陵。他事先在陵墓裡畫上于禁卑躬屈膝向關羽求饒的壁畫。于禁一大把年紀了，看到壁畫後，羞愧難當，氣血上湧，死了。對親人，曹丕整起人來照樣心狠手辣。叔叔曹洪是個小氣鬼。曹丕登基前向曹洪借錢，遭到了拒絕。現在曹丕就處處和曹洪為難，動不動就訓斥罰款。曹洪頂不住了，央求嫂子、曹丕的生母卞太后在曹丕面前求情。曹丕這才放過曹洪。

曹彰是曹丕同父同母的親弟弟，在皇位爭奪戰中支持曹植反對曹丕，曹丕登基後又領兵在外。曹丕必欲除之而後快。他召曹彰回朝，在給他吃的餅裡下了毒。曹彰中毒後，沒有人過來救治。卞太后發現後，慌忙親自找水來救兒子，卻發現宮中所有的瓦罐都被打碎了，最後她光著腳提桶去井裡打水。可惜還是晚了，一代勇將曹彰不治身亡。

對曹植這個之前的頭號對手，曹丕整起來簡直是六親不認、心狠手辣。

曹丕先在制度上建立起了一整套嚴格限制皇室成員，尤其是成年諸侯王的規定。曹魏可能是中國歷史上對宗室成員限制最苛刻的朝代。曹丕藉口皇權鞏固，大行限制宗室子弟之實。曹植是皇室至親，卻過著如同囚犯的生活。他貴為藩王，卻沒有行政權力，只能擁有上百名老弱病殘組成的衛隊。這支衛隊常年不變，沒有補充，到最後只剩下五六十名老弱殘兵。曹植不能和朝廷官員交往，沒有得到允許不能和親戚通信、不能隨便來首都朝覲。他能做的就是帶著這支可憐的衛隊，在方圓三十里範圍內「遊獵」。藩王所在地區，曹丕都派了官員（所謂的「監國謁者」）監視藩王的一舉一動。這些官員隨時可以告狀，還可以當面「批評」藩王。曹植就被監國謁者參奏過「醉酒悖慢，脅持使者」的罪名。即便這樣，為了防止藩王在某個地方固定下來，朝廷頻繁徙封諸王，過幾年就換一批封號。比如曹植就擔任過多個王位，因為死的時候是陳王而被人習慣地稱為「陳王曹植」。

順便說一下，曹魏苛禁諸侯的政策雖然在表面限制了宗室諸王的勢力，鞏固了皇帝本人的統治，但從長遠影響來看，它嚴重危害了曹魏的統治。因為皇權絕對排斥同宗的勢力，也就堵住了同宗子弟出力襄助的途徑，當皇權面臨權臣或其他野心家的覬覦時，皇帝只能孤身作戰，得不到宗室力量的幫助。苛禁諸侯的政策來源於曹操父子對東漢末年皇權旁落教訓的警惕，它的消極影響日後又被西晉皇室當作歷史教訓。

在種種限制之下，曹植的生活很窘迫。吃的是封地的土特產，手頭老是很拮据，想做的事情不能做，「謹小慎微」成了生活的關鍵字。曹植的渾身才能和滿腔建功立業的抱負難以伸展。他一再向朝廷，也就是向哥哥曹丕上書，要求授予自己實際職務，哪怕是讓自己去前線衝鋒陷陣也願意。奏章遞上去後，不是得到讓他安心當藩王的回覆，就是石沉大海。

石沉大海並非因為曹丕忘記了這個弟弟。他記著曹植，沒有放過任何迫害的機會。

曹丕曾和曹植同輦出遊，恰好遇到兩頭牛在牆角廝鬥。一頭牛打輸了，墜井而死。曹丕當即命令曹植給死牛賦詩，要求詩中不許出現「牛」字、「井」字，也不能說相鬥的事情，更不能說牛的「死」字，但是必須把整件事情說清楚。還有一個要求是，曹植必須在走馬百步之內，寫成四十言的長詩。如果走完了一百步寫不出來的話，曹植就要被斬首。結果呢，曹植策馬而馳，在馬上就攬筆寫道：「兩肉齊道行，頭上戴橫骨。行至凼土頭，峍起相唐突。二敵不俱剛，一肉臥土窟。非是力不如，盛意不得洩。」全詩沒有出現一個「牛」字、「井」字或者「死」字，卻把鬥牛的場面描寫得清清楚楚。寫完了，曹植還沒有走完一百步。他就又寫了一首三十言自愍詩：「煮豆持作羹，漉豉取作汁。萁在釜下燃，豆向釜中泣。本自同根生，相煎何太急。」最後一句，很快流傳開來，成為千古名句。

不知道是曹丕實在找不到殺戮曹植的理由，還是被「本是同根生」的親情所感染，最終沒有殺戮曹植。所以，曹植繼續過著窘迫、鬱悶的生活。黃初六年（二二五年），曹丕躊躇滿志地想要征討東吳，結果到長江邊一看到東吳戒備森嚴、長江江水激流，立刻打了退堂鼓。撤軍的途中，曹丕經過了曹植的封地，「御駕親臨」曹植的住所，看到曹植居住的環境實在是太差，生活水準也不高，這才下令增加了曹植五百戶封邑。為此，曹植專門上表「謝恩」。

有人說，曹丕是在生命的最後時刻，良心發現，覺得應該對弟弟好點了。因為在第二年（黃初七年），曹丕就駕崩了。曹植比皇帝哥哥多活了六年，在太和六年（二三二年）死去。

二

黃初三年（二二二年），鄄城王（封地在今山東濮縣）曹植在京師洛陽朝覲完畢，返回封地。過洛河的時候，曹植寫了一篇《感鄄賦》。在文中，曹植自述是在朦朧之中遇到了洛河水神「宓妃」，宓妃「體迅飛鳧，飄忽若神，凌波微步，羅襪生塵。轉盼流精，光潤玉顏，含辭未吐，氣若幽蘭，華容婀娜，令我忘餐。」遺憾的是，他倆人神殊途，最後只能擦肩而過。曹植繼續踏上返程，宓妃繼續在洛河為神。

在序言中，曹植寫道：「黃初三年，作朝京師，還濟洛川。古人有言，斯水之神，名曰宓妃。感宋玉對楚王神女之事，遂作斯賦。」儘管曹植說自己是從洛河水神「宓妃」身上得到靈感寫的文章。但是人們還是把她和曹植的嫂子、曹丕的妻子甄宓聯繫起來，演繹出兩人的「情感往事」來。

甄宓的命運和曹植有些相似——難怪人們要把他們倆聯繫在一起。

她不僅從小和曹植一樣文采出眾，而且美若天仙、品格高尚。甄宓名聲遠播，漢末人稱「江南有二喬，河北甄氏俏」。河北大軍閥袁紹聽到甄宓的名聲，就聘娶甄宓嫁給自己次子袁熙。後來曹操戰勝了袁紹。二〇四年，曹操父子率兵攻下袁紹大本營鄴城。城破之時，曹丕一馬當先，提劍衝殺進袁府，一眼看到甄宓就中意上了。於是，二十三歲的甄宓成了十八歲的曹丕的妻子。

曹丕和甄宓結婚後，一起生活在鄴城，度過了幾年恩愛幸福的時光。甄宓將曹丕的家事處理得井井有條，還多次勸曹丕廣納姬妾。曹丕對大度賢良的甄宓越來越喜歡。甄宓和婆婆卞夫人的關係處理得也很好，常常噓寒問暖。卞夫人高調誇獎甄宓是孝順媳婦。期間，甄宓為曹丕生下了長子曹叡和長女東鄉公主。然而曹家權勢越強大，曹丕就越忙，長期不在鄴城。曹丕在政治上不斷上升，甄宓在曹丕心中的地位卻在下降。

曹丕個性非常進取，不懂得留戀。甄宓又聽任丈夫納妾，導致曹丕身邊美女如雲。當皇帝後，曹丕身邊的女子就更多了。漢獻帝退位後被降封為山陽公，還把自己兩個女兒獻給曹丕。甄宓犯了一個致命錯誤，就是沒有搬到首都洛陽去和曹丕在一起，而是堅持住在河北鄴城。甄宓和曹丕分離的時間越長，留在丈夫心中的魅力就越淡。夫妻感情開始疏遠。她漸漸失寵就在情理之中了。保不準美女當中還有嫉妒甄宓的正妻地位，挑撥離間，中傷甄宓的。甄宓連分辯的機會都沒有。

甄宓失寵的明顯證明就是曹丕稱帝後遲遲不立正妻甄宓為皇后。甄宓僅被封為「夫人」。甄宓心裡開始不舒服，又從不舒服轉變為埋怨。她深感自己處境惡劣，又埋怨丈夫無情，寫下了《塘上行》寄給曹丕。在文中，甄宓自述身陷「邊地多悲風，樹木何脩脩」的惡劣環境中，過著「獨愁常苦悲」、「夜夜不能寐」的悲慘生活。甄宓直指自己遭到了曹丕身邊女人的中傷陷害，和丈夫生生別離。苦悶哀愁的日子，甄宓過不下去了，無可奈何之餘寄情絲於筆墨，希望能夠喚起曹丕對夫妻間的美好時刻的回憶，從而改善自己的境遇。誰能想到，曹丕讀完後，產生了截然不同的想法。他沒有讀到愛，沒有讀到舊情，讀到的是愁苦，是哀怨。這些愁苦和哀怨的矛頭都對準曹丕。曹丕原本就對甄宓不滿，如今爆發了出來。他勃然大怒，失去理智，派使者前往鄴城逼甄宓服下毒酒自殺。甄宓冤死後，被人披散頭髮遮住臉龐，口中還被塞滿米糠下葬。這是黃初二年（二二一年），也就是曹丕登基當皇帝第二年的事情。

現在，曹植寫了《感鄄賦》，「鄄」和「甄」兩字相通，「宓妃」又很容易令人想到甄宓。再看文章內容，曹植和洛神的遭遇多像現實中曹植和甄宓的境遇：美麗的人兒不能率性而為，只能被迫接受外界設置的人生軌道。後人難免浮想聯翩，在曹植和甄宓之間搭建種種感情線索，試圖證明他倆之間有感情瓜葛。南朝的顧愷之充分發揮想像力，從文章出發創作了千古名畫《洛神賦圖》。畫中，曹植恍然若失地看著在河上凌波微步的洛神。兩人郎才女貌，近在咫尺卻不能牽手，只能以目傳情。甄宓因為曹植的《感鄄賦》而被後人普遍視為「洛神」。

傳言越來越多，編織出了曹植和甄宓的感情經歷。很多人相信曹植也在二〇四年攻陷鄴城的戰役中，看到了甄宓。曹植和甄宓一見鍾情，兩情相悅。無奈哥哥曹丕搶在了前面提親，甄宓成了曹植的嫂子。可是兩人情絲未斷，引起了曹丕的不滿。感情矛盾加上政治鬥爭，曹丕和曹植就成了死對頭。這也可以解釋曹丕為什麼絲毫不念夫妻之情，登基第二年就賜死甄宓；絲毫不念手足之情，對曹植百般刁難。

然而，我們仔細思考一下曹植和甄宓的這段「緋聞」，會發現裡面有許多「不可能」之處。首先，曹植和甄宓年紀相差十歲。曹丕迎娶甄宓的時候，甄宓二十三歲，曹植才十三歲。一個十三歲的小孩子怎麼就早熟開始戀愛經歷了呢？而一個二十三歲的女子怎麼就對十三歲的小孩子產生愛慕之心了呢？其次，這段感情涉及亂倫。弟弟和嫂子偷情是中國人非常忌諱的家醜，更何況是在帝王之家。就算甄宓和曹植兩人能拋棄世俗觀念和內心的約束，曹家也不會讓這段感情持續下去，肯定會早早掐斷它。最後，所有認為曹植和甄宓有感情瓜葛的說法都沒有證據。也許《感鄄賦》就算是最有力的證據了。但是一篇文章是不能說服人的，更何況人們也可以把它解釋為曹植純粹是在描寫自己的幻想或者夢境中的某次神遇。所謂的「感鄄」可能就是感歎自己這個鄄城王不得不接受現實的無奈。

三

在甄宓死了五年之後，她的兒子曹叡登基稱帝，成了魏明帝。

曹叡本來是沒有希望登基的。因為曹丕並不太喜歡這個長子。況且賜死過曹叡的生母甄宓，曹丕不願意立曹叡為太子，想立其他姬妾所生的兒子。無奈，皇后郭氏沒有生育，其他女子生的兒子不是夭折、體弱多病，就是年紀太小，曹叡始終是唯一的繼承人選擇。曹丕就拖著不立太子，對大臣們早立太子的建議充耳不聞。一直拖到黃初七年（二二六年）五月，曹丕的身體垮了，即將死去。臨終前，曹丕才在病榻上倉促冊立曹叡為太子。

曹叡登基後，在對待生母甄宓的問題上立即開始「撥亂反正」。首先是即位不久，甄宓就被追封為「文昭皇后」，並立寢廟祭祀。其次是「帝思念舅氏不已」，對甄家子弟大加封賞。甄宓的幾個哥哥除了早死的，都封侯拜將了。

在處理曹植問題上，曹叡對這個三叔的文才非常讚賞，甚至稱得上崇拜。但同時他又覺得父親曹丕嚴格限制諸侯王的政策很對，很合自己的胃口，所以繼續執行。結果，侄子兼崇拜者曹叡的上臺並沒有改善曹植的生存環境。曹植依然生活在頻繁遷徙、窘迫和受監視的環境中。曹植曾經樂觀地認為侄子上臺後，可能會讓自己承擔部分實職，結果大失所望。曹叡對曹植的防範絲毫不比父親時期寬鬆。太和六年（二三二年），曹植逝世。曹魏王朝給他的謚號是「思」，曹植因此被稱為

「陳思王」。

曹植在晚年，認識到了王朝苛禁諸侯政策的弊端，向曹睿遞交了《陳審舉表》。明確指出曹魏王朝潛伏著危機：「苟吉專其位，凶離其患者，異姓之臣也。欲國之安，祈家之貴，存共其榮，沒同其患者，公族之臣也。今反公族疏而異姓親，臣竊惑焉。」朝廷某些大臣權勢的上升必然威脅皇權（可能是曹植有感於司馬懿勢力的擴大和劉放、孫資等人專斷中樞）。遺憾的是，曹睿對曹植的警醒並未在意。曹睿對叔叔的《感鄄賦》文章很喜歡，不過他也聽到了外面不好的「桃色」傳聞，覺得這篇文章對自己的生母名譽不利。文章的題目就起得不好，《感鄄賦》很容易讓人聯繫到「懷念甄妃」，因此曹睿上臺不久就以避母諱的名字，下令將《感鄄賦》改為《洛神賦》。

如今，我們看到《洛神賦》總是會聯想到甄宓，想到她和小叔子曹植兩人的不幸命運。

三、司馬懿：一個權臣的崛起

一

魏武帝曹操用人注重真才實學，看重一個人的能力和成績，而不是東漢流行的品德、門第和聲望。他多次求才若渴，發布任人唯賢的命令，廣召天下名士。所以在曹魏王朝建立過程中聚集了許多真才賢士，曹操基本上都能做到人盡其用。但對一個人，曹操一直看不準，不敢放開了使用。這個人就是司馬懿。

司馬懿字仲達，河內郡溫縣（今河南焦作市溫縣）人，出身世家門第，是東漢末年的京兆尹司馬防的次子。

曹操和司馬防有過交往，知道司馬懿是個不錯的小後生；後來司馬懿的大哥司馬朗在曹操屬下為官，工作認真負責，作風清廉自律，給曹操留下了很好的印象。但當時社會普遍認為，司馬懿比哥哥更出色。東漢末年最知名的評論家崔琰就曾當面對司馬朗說：「君弟聰亮明允，剛斷英特，非子所及也。」史書也誇獎司馬懿「少有奇節，聰明多大略，博學洽聞」。這樣的人才，曹操當然要去招攬了。建安六年（二〇一年），他以司空的名義，派人請司馬懿到府中任職。

司馬懿不願意去給曹操當幕僚。當時天下大亂，鹿死誰手尚不可知，司馬懿還很年輕（才二十二歲），不想早早地和曹操綁定在一起。他還要待價而沽，決定婉拒。於是當曹操派的人到家後，司馬懿假裝風癱在床，生活不能自理。來人回去彙報，精明的曹操不信，派人在夜裡偷偷去偵察。不想，司馬懿料到了曹操的這一手，還躺在床上裝風癱呢！曹操這才相信了，放過了司馬懿。

可見，司馬懿和曹操都是精明狡猾之人。司馬懿年紀雖輕，卻有過之而無不及。更重要的是，他身上沒有救國濟民、匡扶天下的政治道德印記，完全是赤裸裸的個人得失的考慮。建安十三年（二〇八年），當了丞相的曹操再次徵聘司馬懿為下屬。他已經知道上次被司馬懿騙了，所以對使者說：「如果司馬懿耍花招不來，就綁他過來。」這一回，司馬懿乖乖地來了。一方面是害怕曹操來硬的，更主要的是時局已經很明朗，曹操勝利在望。司馬懿覺得曹魏勢力是不錯的投靠對象。

司馬懿加入曹魏勢力時間不長，年紀又輕，加上曹操內心總有一絲不快，司馬懿在曹魏最初的十年並不如意。司馬懿歷任黃門侍郎、議郎等專為年輕人準備的小官，沒有具體工作，主要就是和曹操的兒子曹丕往來遊處。不過司馬懿有個優點，那就是選定了事情就好好幹，既然投入了曹魏陣營就勤勤懇懇工作，為人小心謹慎。慢慢地，曹操把他提拔為丞相屬官，留在身邊出謀劃策。史書上記載了司馬懿給曹操出的三次主意。第一次是曹操佔領了西北和漢中地區後，司馬懿建議曹操乘勝進攻四川，消滅剛剛佔領四川的劉備。曹操沒有採納，委婉地批評司馬懿的建議不切實際，是「得隴望蜀」（此成語典出於此）。第二次是孫權上表慫恿曹操自立為帝，司馬懿在一旁附和。結果曹操是斷然拒絕。前兩次建議曹操沒採納，司馬懿的第三次建議則被曹操採納了。關羽北伐大敗曹軍，威脅到當時的都城許昌。曹操為避關羽鋒芒，準備遷都河北。司馬懿和蔣濟兩人及時勸阻。

他認為關羽的後方不穩，孫權和劉備兩派外親內疏，遲早會內訌，所以曹魏一方只要守住前線就能拖死關羽。後來事態發展，果然如司馬懿所言。

也許是司馬懿這個後輩太過現實，雖然司馬懿能力不錯，但曹操始終不喜歡他。（也有說法是曹操打擊世家豪族，恰好司馬懿是中原著名世家子弟，曹操不肯用他。）據說，司馬懿的長相很怪，具有「狼顧」的本領，也就是能把腦袋轉九十度角，用眼睛的餘光看到背後的東西。在相術上，這是一個人野心勃勃的表現。曹操相信相術，所以終生沒有提拔重用司馬懿。一天晚上，晚年曹操作了一個夢。在夢裡，三匹馬在一個槽裡吃草。「三馬食槽」的夢境讓曹操很自然地和司馬懿的「狼顧」本領聯繫在了一起，擔心司馬懿日後對曹家王朝不利。曹操不僅只是讓司馬懿擔任一些清閒的虛職，還告誡兒子曹丕要提防著司馬懿。

但是曹操的兒子曹丕和司馬懿卻很合得來。儘管有父親的多次提醒，曹丕還是將司馬懿作為親信屬官，交往甚密。曹操一死，司馬懿的機會就來了。曹丕非常放心地讓司馬懿參與操辦喪事。司馬懿把曹操的喪事辦得井井有條，內外肅然。不知道曹操地下有知，作何感想？

二

曹丕提拔司馬懿擔任丞相長史。在這個相當於曹丕祕書長的職位上，司馬懿為曹丕篡漢建立魏朝出了大力。登基後，曹丕知恩圖報，司馬懿在曹魏王朝中的地位扶搖直上，短短五年間先是擔任尚書、封侯，不久升為御史中丞，再升侍中、尚書右僕射，最後當到了撫軍大將軍、假節、加給事中、錄尚書事，負責曹丕的政務中樞。曹丕兩次伐吳，都留司馬懿鎮守許昌。黃初七年（二二六年）五月，曹丕駕崩，享年四十歲。司馬懿和曹真、陳群、曹休同受托孤的顧命。這四人的名次是：曹真第一，陳群第二，曹休第三，司馬懿第四。前三人的資歷和聲望都比司馬懿高。雖然排名最末，但司馬懿能在七年內從一個閒職升到與曹氏皇族並列曹魏王朝的權力核心，可謂是個奇蹟。這主要靠魏文帝曹丕對司馬懿的格外賞識和恩寵。

曹丕死後，司馬懿的大紅大紫的日子暫停了好長一段時間。魏明帝曹睿即位後，曹真因為主持對蜀作戰，升遷為大司馬，獲得了「劍履上殿，入朝不趨」的待遇，達到了臣子能夠達到的最高權位。而司馬懿的境遇就要「坎坷」一點了。

《三國演義》說曹睿即位初期中了蜀漢諸葛亮的反間計，一度罷免了司馬懿。司馬懿只好帶著兩個兒子司馬師和司馬昭在宛（今河南南陽）閒住。正史則記載太和元年（二二七年）六月，魏明帝曹睿命司馬懿駐紮在宛，都督荊、豫二州的軍事，雖然比演義的說法要好很多，但司馬懿還是變相離開了權力中心。說到底，還是司馬懿的權力缺乏紮實的基礎。全靠君主恩寵得來的權力是脆弱的，一旦君主易位，原先的權勢便可能煙消雲散。實實在在的政績或者私人派系才是最強大的權力來源。

新皇帝曹睿顯然不像父皇那樣器重司馬懿，而是很厚道地讓司馬懿到外地領兵去了。

司馬懿的過人之處就在於「幹一行愛一行」，把現實的思想和超人的才智用在了幹好工作上。當太子賓客的時候，司馬懿努力和太子曹睿搞好關係；如今鎮守宛地，司馬懿就努力維持地方穩定。很快，立功的機會來了。

宛的西邊上庸地區，就是現在的湖北西北部一帶，是由從蜀漢投降過來的孟達鎮守。孟達和司馬懿一樣在曹丕時代飛黃騰達，也同樣在曹叡登基後靠邊站了。他就暗中與諸葛亮聯絡，準備倒戈重返蜀漢陣營。準備倒戈時，諸葛亮提醒孟達注意司馬懿，加緊防範。孟達寫信給諸葛亮，認為司馬懿知道消息後要先向洛陽的曹叡彙報，然後再前來討伐，前後反覆，需要大約一個月時間，自己有充分的時間整軍備戰。結果，八天後，司馬懿就兵臨城下討伐孟達來了。原來，司馬懿將在外，君命有所不受，親自率軍日夜兼程前來討伐，大大縮短了時間。孟達驚恐地寫信向諸葛亮求援，驚歎：「吾舉事，八日而兵至城下，何其神速也！」最終，司馬懿抵擋住了蜀漢和東吳兩方面的援軍，成功攻破上庸地區，「斬孟達，傳首京師，俘獲萬餘人」。

這一筆大功，讓司馬懿有了追逐權勢的底子。在看到司馬懿的真才實學後，曹叡更多地將軍事寄託在司馬懿身上。諸葛亮不斷北伐，嚴重威脅隴西和關中地區，是曹魏王朝的心腹大患。太和三年（二二七年），諸葛亮出兵攻佔武都、陰平二郡。第二年，曹魏王朝決心對蜀漢還以顏色，以大司馬曹真為主帥，升司馬懿任大將軍、加大都督，為副帥興師伐蜀。太和五年（二二九年），諸葛亮又率兵攻魏。魏明帝曹叡正式授予司馬懿全權：「西方有事，非君莫可付者」，派他駐軍長安，總督西部各軍與蜀軍作戰。至此，司馬懿成為負責對蜀漢作戰的主將。

客觀地說，司馬懿和諸葛亮作戰的「成績」並不怎麼好看。他主要是依靠曹魏以逸待勞、兵多糧廣的優勢，和諸葛亮打持久戰，最後總是逼著底子薄的諸葛亮糧盡退兵，算得上圓滿完成了朝廷交代的任務。

誰負責解決一個王朝最緊迫的矛盾，誰就可以藉此聚攏勢力。在三足鼎立的三國時代，戰爭是王朝的迫切矛盾。司馬懿因為長期負責對蜀漢的戰鬥，而曹魏一半以上的精銳部隊都集中在西部戰線，因此司馬懿家族很容易籠絡了效忠自己的武裝，開始了竊取曹魏王朝實權的進程。

這也是司馬懿能夠超越曹魏王朝的其他謀臣文人，成為竊國大盜的根本原因。曹操父子有許多謀臣，比如荀彧、郭嘉、賈詡、陳群、蔣濟等，都沒有長期掌握某一方面的武裝，雖然他們的官爵和司馬懿不相上下，可真實權力都不能和司馬懿相比。最後篡國的竟是司馬家族，而不是其他大臣家族。

三

青龍二年（二三四年）年初，蜀漢丞相諸葛亮率軍十萬攻魏。曹魏大將軍司馬懿率軍在渭水築壘阻擊。這一仗打了大半年都不見分曉，主要原因是司馬懿天天高掛免戰牌，諸葛亮數次挑戰，司馬懿均堅壁不出。

司馬懿部下將領忍受不了無所事事的日子，對蜀漢的日日叫罵挑戰更是義憤填膺，多次集體要求出戰。起初司馬懿或嚴詞駁回，或好言相勸，就是不准出戰。軍營裡的不滿情緒越來越強，戰鬥熱情越來越高，司馬懿漸漸有點受不了了。諸葛亮又來火上澆油，派人給司馬懿送來「巾幗婦人之飾」，羞辱司馬懿不是個男人，激他出戰。司馬懿似乎被激怒了，氣憤地向曹睿上表請戰。蜀漢將士聽說了，都很興奮，覺得司馬懿這回總要出來了吧。諸葛亮則說：「彼本無戰心，所以固請者，以示武於其眾耳。將在軍，君命有所不受，苟能制吾，豈千里而請戰邪？」這只是司馬懿想搬出皇帝來制止將軍出戰的伎倆而已。果然，曹睿不同意司馬懿出戰，還派了以耿直著稱的老臣辛毗杖節來到軍前當監軍，節制司馬懿。辛毗來了以後，司馬懿的火氣頓時大了許多，面對諸葛亮的挑戰，常常和部將們站在一起主張出擊。好幾次，司馬懿都帶兵衝出了營帳，只怪辛毗杖節立在營門，以身阻擋司馬懿出兵。曹魏軍中的不滿情緒日漸濃重，不過司馬懿始終沒有出戰，還取得了重大戰果：蜀漢相持不下去，主動退兵了；而迫切尋求決戰的諸葛亮則死在了軍中。

諸葛亮死後，魏蜀邊界安靜了下來。司馬懿因為抗蜀大功於青龍三年（二三五年）升任太尉。此時的司馬懿已然是朝廷的第一功臣兼能臣，名聲很大。東漢末年軍閥混戰時，公孫家族據有遼東。這個割據勢力對曹魏政權虛與委蛇，時叛時降，保持著半獨立的地位。公孫淵在曹睿時代公然獨立，與東吳勢力相呼應。司馬懿順便帶得勝之師討伐公孫淵。決戰前，孫權給公孫淵寫信：「司馬公善用兵，變化若神，所向無前，深為弟憂之。」孫權憂慮的一點沒錯，公孫淵哪是司馬懿的對手，幾個回合下來就全軍覆沒，政權滅亡了。就在司馬懿聚斂越來越大的權勢之時，曹睿對司馬懿產生了懷疑，曾經問陳矯：「司馬公忠正，可謂社稷之臣乎？」雖然提問的前提是司馬懿「忠正」，但既然認為他「忠正」，為什麼還要懷疑他是不是「社稷之臣」呢？陳矯的回答非常乾脆：「司馬公在朝廷眾望所歸，對社稷是否有利，臣就不知道了。」正是在這種懷疑思想下，曹睿景初二年（二三八年）病危的時候，最初確定的顧命大臣群體是以叔叔、燕王曹宇為首，包括領軍將軍夏侯獻、武衛將軍曹爽、屯騎校尉曹肇、驍騎將軍秦朗共同輔政。裡面幾乎清一色的曹氏宗親，而將司馬懿排除在外。其中曹宇與曹睿雖然是叔侄，但因為年齡相仿，是從小就一起玩大的。可是曹宇只當了四天大將軍，就堅決要求辭職，曹睿的意思也發生了改變，同意曹宇辭職，親手否決了最初的顧命大臣集團。其中的關鍵在於劉放、孫資乘曹睿病危之時，屢屢篡改詔令，迫使燕王等人無所適從。而司馬懿緊急入京搶位置。曹睿最終讓太尉司馬懿與大將軍曹爽一起接受遺詔輔佐少主、年僅八歲的曹芳。

曹芳即位，司馬懿加封侍中、錄尚書事，總督中外諸軍，和曹爽共執朝政。曹爽是曹真的兒子，算是司馬懿的晚輩，加上的確缺乏政治經驗，因此凡事尊重司馬懿的意見，遇到政策難題、邊界戰爭等棘手的事情都推司馬懿出面主持。司馬懿把這些事情處理得都很好，尤其是把來犯的東吳大軍打得屁滾尿流，權勢進一步鞏固。司馬家族陸續有子弟十一人封侯，司馬懿本人食邑萬戶，部屬門生遍布朝野。

這時候，作為皇室的曹爽兄弟看到了危險：內外傾心、掌握實權的司馬懿已經威脅到了曹魏的皇權！（這一點曹植老早就意識到了。）於是就出現了曹爽勢力對司馬懿發動突然襲擊，奪其實權，排擠司馬氏的勢力。從正始八年（二四七年）開始，曹爽兄弟「專擅朝政，兄弟並掌禁兵，多樹親黨」，司馬懿進入了政治冰河期。表面上，司馬懿裝出行將就木的樣子，暗地裡聯絡勢力蓄養死士，伺機反撲。曹氏宗室因為長期被閒置，短期內難以聚攏強大的勢力。正始十年（二四九年），司馬懿終於抓住曹爽兄弟麻痹大意的機會，發動了「高平陵政變」。

高平陵政變是曹魏政治的分水嶺，之前曹魏政權掌握在曹魏皇室手中，之後司馬家族開始了謀權篡位的進程。

司馬懿的崛起，有他個人的原因。比如他真的很能幹，能力很強，連中國人公認聰明絕頂的諸葛亮都沒打敗他；他的忍耐力很強，遇到挫折和困難能夠堅韌耐心地克服，迎來柳暗花明，這從他政壇的三個低谷期中能夠看出來；司馬懿還是一個現實的政治人物，鐵腕執政，甚至有點殘忍。在戰場上屠城，將政敵誅滅滿門，司馬懿都幹過。司馬懿一路走過來，絕不像上面介紹的那樣曲折雪白，而是踏著成千上萬人的鮮血過來的。比如在如何處理曹爽集團問題上，司馬懿認為「春秋之義，『君親無將，將而必誅』。爽以支屬，世蒙殊寵，親受先帝握手遺詔，託以天下，而包藏禍心，蔑棄顧命，乃與晏、颺及當等謀圖神器，範黨同罪人，皆為大逆不道」，堅持將所有在押人等族誅。結果，曹爽兄弟，黨羽何晏、鄧颺、丁謐、李勝、桓範、張當等人都被夷滅三族。在討平遼東時，司馬懿竟然大開殺戒，將屍體堆積成山號為京觀。總之，司馬懿是個挺冷酷兇殘的人，西晉王朝胚胎孕育時期便充滿血腥。

司馬懿崛起的外部原因，除了對蜀漢的戰爭便於他獲取牢固的權勢根基外（有人懷疑司馬懿舉全國之力，沒有把兵少將寡的諸葛亮打敗，是在「養寇自肥」），曹魏王朝對宗室的限制也為司馬懿篡權打開方便之門。曹丕心眼小，對宗室不太放心，對宗室防範太過，就更不用說讓他們掌握實權了。這就讓原本可以成為皇室屏障，關鍵時刻捍衛皇室的宗室全體毫無力量。司馬懿掌權後，進一步將宗室都集中在洛陽，暗中軟禁。司馬家族的篡位之心暴露後，忠於曹魏的外姓軍隊只是在揚州等地發起了零星的反抗，很快就被司馬懿父子撲滅了。司馬懿還藉機向涉及的宗室親王大開殺戮，後者卻毫無還手之力。

篡國不是一代人的事情，需要幾代人的努力。沒有得力的兒子，老子的篡國成果可能半途而廢。司馬懿幸運地有兩個好兒子：長子司馬師和次子司馬昭。哥倆繼承了父親的精幹堅韌和殘忍，繼續推動曹魏向西晉轉化。西晉建立後，司馬懿被孫子司馬炎追尊為晉宣帝。

四、王朝命運在高平陵改變

一

景初三年（二三九年）魏明帝曹叡去世。年幼的侄子齊王曹芳即位。經過一番權力暗箱操作，司馬懿和曹爽兩人共受遺詔成為輔政大臣。曹叡的意圖是希望在身後形成功臣和皇族共治的局面。司馬懿是三朝老臣，功勳卓著，是功臣集團的代表；曹爽出身曹氏宗族，血統高貴，是皇族勢力的代表。

曹爽是個「權二代」，崛起全靠他的父親曹真。曹真是曹操同族子弟。曹真的父親曹邵是最早隨曹操起兵的元老之一，不幸早年陣亡。曹操收養了曹真，和曹丕等人一起教育培養。曹真長大後南征北戰，屢立戰功，開始顯貴。曹丕死時，設計了曹真、陳群、司馬懿「三駕馬車」同受遺詔輔政的權力割據，其中曹真任大將軍，為首輔。曹叡在位時，曹真因為主持對蜀作戰，再升遷為大司馬，賜「劍履上殿，入朝不趨」的待遇，達到了臣子能夠達到的最高權位。曹真這個人，能力其實一般，除了苗正根紅這個優勢外，終生小心謹慎，恪守臣子之道，對曹氏祖孫三代忠心耿耿。

曹真死後，長子曹爽繼承了父親的爵位，另外五個兒子羲、訓、則、彥、皚皆封為列侯。曹爽可以看做父親曹真的翻版，年少時以「宗室」、「謹重」這兩個特點為人所知。曹睿從小和同輩、同齡的曹爽走得很近，關係親密。曹睿即位後當然要依靠曹爽這樣的同族兄弟兼髮小了。曹爽頓時平步青雲，寵待有加。平坦的履歷雖然讓曹爽積累了一定的行政經驗，但顯然不能參透政治的實質，領悟政治的技巧。

和司馬懿相比，曹爽非常清楚，無論資歷、功勞、能力還是在朝臣中的威望和根基，自己都不能與同朝輔政的司馬懿相提並論。當年，司馬懿和曹真一起領兵作戰的時候，曹爽還在玩捉迷藏呢。曹爽敬重司馬懿年德並高，用對待父親的禮節禮遇司馬懿。雖然自己爵位在司馬懿之上，但是曹爽凡事不敢專斷，都和司馬懿細心商量。司馬懿對曹爽這個晚輩也比較滿意。兩位輔政大臣一開始還相安無事。

然而曹爽畢竟是在蜜罐裡長大的貴族公子哥，還沒有學會珍惜，不懂真正的謙虛謹慎。沒過多久，曹爽貴族公子的性情就顯露出來了。他不像剛主政時那般勤勉政事了，身邊也逐漸聚集了何晏、丁謐等貴族子弟。這些人雖然能力不濟，但從小就在爭權奪勢的大環境中耳濡目染，勸說曹爽不要將權力與他人分享，要獨斷專行。其中何晏就多次勸說曹爽：「司馬懿有政治野心，而且很得民心，我們怎麼可以對這樣的人推誠委權呢？」說一兩次，曹爽沒有反應；說的人多了，說的次數多了，曹爽心裡的「小九九」就活動了。他也想專權，也有皇族的尊貴心。最終，曹爽決定首先對司馬懿發動進攻。

曹爽讓二弟曹羲替自己上表，請皇帝轉任司馬懿為太傅。太傅雖然地位崇高，但並不直接指揮部隊，也沒有直接負責的領域，完全是虛職一個。曹爽這一招「明升暗降」，讓根本沒有防備的司馬懿措手不及，只好接受「升遷」，乖乖交出兵權和政權。輔政大臣依然是兩個，曹爽依然對司馬懿保持著禮貌。但所有的政務都不經過司馬懿了。司馬懿乾脆長期稱病，不上朝了。

大獲全勝的曹爽立即開始人事大調整。他讓二弟曹羲任中領軍，三弟曹訓為武衛將軍，控制了京城洛陽的軍隊，負責皇宮的警衛；五弟曹彥任散騎常侍，另兩個弟弟曹則和曹皚以列侯身分出入宮禁，控制曹芳。同時，曹爽還將因「浮華交會」而在曹睿時期遭貶抑的何晏、鄧颺、丁謐、畢軌等紈綺子弟重新啟用，各任要職，作為心腹。

我們一起來看看曹爽所用的都是些什麼樣的人。何晏是曹爽集團的重要人物。他本是漢末大將軍何進的孫子。他的母親尹氏，已經嫁入何家，生下何晏了，還被曹操搶走，做了曹家的夫人。有人懷疑何晏是曹操的私生子。何晏從小在宮中長大，後來娶了公主，和曹家的關係既密切又尷尬。平日裡，何晏「動靜粉白不去手，行步顧影」，還公開好色，是扭捏作態的奶油小生和派頭十足的公子哥兒的混合體。當然，何晏也有好的一面：對老莊學說很有研究，是盛行於魏晉的「玄學」的早期代表人物。大凡有點小成就的公子哥都好賣弄，何晏就尤其缺乏自知之明，到處炫耀自己的才學。曹丕特別憎惡他，每次都不呼何晏的姓名，而叫他「假子」，毫不留情地揭何晏的老底。就這麼一個人，曹爽將朝野的選舉大權交給了他。

集團的另一個重要人物鄧颺，字玄茂，很小就因為與李勝等人浮華虛誇聞名於京師。鄧颺這個人還貪財好貨，在宮中擔任職務的時候暗中許諾授予臧艾顯要官職。臧艾就將父親的小妾送給了鄧颺當作禮物。京師裡流傳段子說：「以官易婦鄧玄茂。」鄧颺幾乎都是這麼來推薦提拔官員的。

何晏等人專政後，共同私自分割洛陽、野王典農屯田系統的桑田數百頃，還將湯沐地等吞為私人產業。按照現在的話來說，就是「私分國有資產」。他們不僅竊取官物，還公開向地方州郡索取賄賂。相關部門懾於他們的權威，不敢抗拒。何晏等人與廷尉盧毓素來不和。盧毓的屬下官吏有小過，被何晏等人抓住把柄，窮究盧毓的責任。何晏在做出結論之前，迫不及待地派人收取了盧毓的印綬，然後再向朝廷奏聞。對位列九卿的人何晏都敢猖狂如此，他們作威作福的程度可想而知。

曹爽個人飲食車服，擬於乘輿；尚方珍玩，充牣其家；妻妾盈後庭，還私取曹睿生前的才人七八人和將吏、師工、鼓吹、良家子女三十三人到自己家伎樂。後來曹爽的膽子越來越大，偽作詔書，發才人五十七人到鄴台，讓曹睿的婕妤教習為伎；擅取太樂樂器、武庫禁兵供私家使用。這些都是侵犯皇室、大逆不道的罪行，曹爽都肆無忌憚地做了。他還建造窟室，在四周陳列綺疏，多次和何晏等人在其中飲酒作樂。曹羲非常擔心哥哥的行為，多次勸諫曹爽要收斂言行，約束心腹。他多次勸到伏地哭泣不起的地步，曹爽就是不聽。

曹爽執政幾年間最主要的舉動是發起伐蜀之役，想藉機建立軍功。久經戰陣的司馬懿知道軍事並非曹爽所長，且伐蜀時機亦不成熟，勸曹爽不要貿然輕起戰事。立功心切的曹爽被美妙的政治前景迷惑了，執意在正始五年（二四四年）親赴長安，徵發六七萬軍隊進擊蜀國。結果因為後勤供應不上，勞民傷財，民怨沸騰，結果無功而返。

司馬懿將這一切都看在心裡，暗中籌畫。他雖然被剝奪了實權，但影響力依然存在。門生故舊中好多人掌握著軍隊和政權，心向司馬家。司馬懿打敗的政治對手多了去了，這一次他也自信一定能取得最後的勝利。司馬懿所缺的就是一個合適的進攻時機。

二

曹爽比一般的紈絝子弟還是要強很多。他對司馬懿並非沒有防範。

荊州人李勝依附曹爽後才平步青雲。一次，李勝由河南尹任上調任荊州刺史。雖然級別沒變，但荊州地處對吳國鬥爭的最前線，軍事政治地位重要，李勝也算是升了半級。曹爽對終日稱病在家的司馬懿不放心，就讓李勝去探探司馬懿的底細。司馬懿曾經鎮守荊州，李勝就以新官赴任、向前輩請教的名義去司馬懿家辭行。

李勝沒料到司馬懿幾年不見，憔悴異常，都離不開下人的攙扶了。李勝很謙虛地向司馬懿陳述了自己功勞淺薄，橫蒙特恩，回到本州擔任主官，特地來向司馬太傅拜辭，請太傅多多指教。司馬懿根本就沒回答，而是慢騰騰地讓兩個婢女侍候穿衣。他顫巍巍地拿起衣服，沒拿住，衣服滑落；他又指指自己的嘴巴，表示口渴要喝水。婢女進了一碗稀粥，司馬懿持杯飲粥。結果像不會喝水吃飯的嬰兒一樣，司馬懿把粥流得到處都是，沾滿前胸。

李勝不禁神情黯然，眼淚在眼眶中打轉。他對司馬懿說：「今主上尚幼，天下還要仰仗太傅。大家都在傳說太傅舊病復發，想不到您的身體差到了這樣的程度！」司馬懿好久才緩過勁來，氣息相屬，用極其微弱的聲音說：「我年老多疾，死在旦夕。使君這次去并州就職，并州和匈奴鄰近，你要好自為之。今日與你相見，恐怕日後不復相見了，令人傷感啊！」李勝連忙說：「太傅，我這次是回本州任官，並非并州。」司馬懿滿臉茫然地問：「噢，原來你剛從并州回來啊，辛苦了！」李勝見司馬懿胡言亂語，只好提高聲音說：「我去荊州，非并州也。」他回頭問在場的司馬懿長子司馬師：「太傅病得這樣了啊？」司馬師痛苦地點點頭。

司馬懿在司馬師和下人的反覆說明下，才恍然醒悟，對李勝說：「我老了，神情恍惚，不解君言。如今你榮歸故鄉擔任刺史，多建立功勳。今日與君一別，我自顧氣力轉微，要與你永別了。」說著，司馬懿悵然淚下，司馬師忙上去幫父親擦去眼淚。司馬懿頓了頓，指指司馬師、司馬昭兄弟，對李勝說：「這是我的兩個兒子，希望與君結為好友，希望你日後看在我的面子上多多照顧。」說完，司馬懿又流涕哽咽。李勝也欷歔長歎，回答說：「我一定從命。」最後，李勝以參加追悼會的肅穆神態，與司馬懿父子動情告別。

李勝辭出後馬上跑到曹爽府上，報告說：「司馬太傅語言錯亂，口不離藥，南北不分。最後，他還將兩個兒子託付給我，分別時依依不捨。」說完，李勝感歎道：「司馬懿的病看來是好不了了。」曹爽也感歎了一番，但心裡非常高興。司馬懿一死，再也沒有人會對自己的權力構成威脅了。曹爽集團再也不把司馬懿放在眼裡。

三

正始十年（二四九）正月初六，魏帝曹芳按照慣例到高平陵（今河南洛陽東南）祭掃魏明帝曹睿的陵墓。曹爽和弟弟曹羲、曹訓、曹彥都隨駕前往。整個集團幾乎是傾巢而出。

曹爽黨羽、大司農桓範勸阻說：「大將軍兄弟總萬機，典禁兵，不宜全部外出。如果有人關閉城門發動政變，怎麼辦？」曹爽很不高興地說：「誰敢造反！」他執意率兄弟親信出發前往高平陵。桓範選擇獨自留在洛陽。

在曹爽集團傾巢而出的前一天夜裡，司馬懿的小兒子司馬昭徹夜難眠。這天夜裡，父親鄭重告訴他第二天將會有決定司馬家命運的大事件發生，要他抓緊時間休息。司馬昭不知是興奮或是激動或是緊張，在床上輾轉反側。而哥哥司馬師，早已參與了父親的謀劃，一上床就鼾聲如雷。

曹爽等人一出城門，「久病」的司馬懿就披掛上陣，帶領兩個兒子跨馬衝出了家門。司馬師在暗中早已準備了三千死士，這時紛紛發難。城中許多官員都是司馬懿的舊同事、舊部下，見狀多數加入司馬家的隊伍，少數採取觀望態度，對動亂無動於衷。司馬父子關閉了洛陽城的各個城門，之後司馬師和司馬昭又帶人佔據了武器倉庫及皇宮。控制了洛陽城後，司馬懿命令高柔假節、代理大將軍一職，以王觀代理中領軍，分別奪取了曹爽和曹羲的軍權。曹氏兄弟還在洛陽城中留有許多中下級軍官和數量可觀的軍隊。但軍營群龍無首，接替的又是朝廷三公九卿，這些官兵沒有反抗，很輕易地轉化成了司馬懿家族的軍事力量。

一切準備就緒後，司馬懿帶領朝廷重臣入宮，向皇太后郭氏上奏曹爽禍亂宮廷內外的種種劣跡，事事有據可查，椿椿可以置曹爽於死地。這些都是曹爽平日不注意的後果。郭太后無話可說，追認了司馬懿之前叛亂行動的合法性，並授權司馬懿成立一個「專案組」，查處曹爽集團的不臣不法行為。有了郭太后的批准，司馬懿向遠在城外的曹芳上表，將曹爽的罪行一一列舉，並親自帶兵佔據了洛水橋頭，迎接曹爽可能的反抗。

高平陵的曹爽被司馬懿的突襲打懵了。接到司馬懿給皇帝曹芳的上奏後，曹爽手足無措。司馬懿還未全部控制洛陽時，曹爽府上的司馬魯芝和辛敞就突圍而出去向曹爽報信。曹爽完全可以及時應對，但他就地躊躇，和手下反覆商量，最後「憋」出來兩個應對措施。第一是在高平陵地區草草紮營；第二是調撥了周邊幾千屯田兵增加自己的守衛。小家子氣的曹爽沒有想如何去積極應對司馬懿的進攻，而首先考慮自己的守衛問題。他那幾千兵馬和一小群顯貴停留在高平陵，不是坐等覆滅，是什麼？

司馬懿也料到曹爽兄弟幾個人沒什麼拿得出手的對策。他最擔心的就是還留在洛陽城裡的曹爽黨羽桓範。司馬懿封鎖洛陽後就立刻以郭太后的名義徵召桓範，要任命他為中領軍，拉入自己的陣營。桓範也想過投入司馬懿陣營，司馬懿以權力高官來引誘，桓範怎麼能不動心呢？但兒子勸他說，皇帝車駕還在外面，曹爽集團還有極大的力量，勝負難料。兒子勸桓範不如出城去和曹爽等人會合，爭取做個平亂的功臣。桓範覺得兒子的建議替自己規劃了一條更好的道路，下定決心突出城去。

桓範單人匹馬衝到洛陽的平昌城門，城門已閉。守衛的門候司蕃是桓範以前的屬下。桓範把他叫出來，舉起手中的權杖一晃，矯旨說：「皇上有詔召我去高平陵，你快開城門！」司蕃半信半疑，就向桓範求見詔書。桓範嚴厲訓斥他說：「你難道不是我的故吏嗎，現在何敢如此放肆？皇上的詔書，也是你這樣的人能看的嗎？」司蕃被老上司的氣勢給壓倒了，讓人打開了城門。桓範策馬迅速出城，回過頭來對司蕃說：「太傅造反了，你快跟從我去勤王吧！」司蕃頓時傻眼了。

司馬懿得知桓範出城後，認為：「桓範雖然善於出謀劃策，曹爽卻肯定不會採用桓範的計策。」旁邊的太尉蔣濟也認為：「桓範是很聰明，無奈駑馬戀棧豆，曹爽不能用好桓範。」司馬懿為了穩住曹爽，先派弟弟司馬孚前往高平陵，以皇帝曹芳在外不可露宿為由，送帳幔、太官餐具等給曹芳使用，又接二連三地派曹爽平時的好友去做說客，告訴曹爽說自己只是為了奪權，並無意相害。高平陵那一邊，司馬懿的使者陸續到達。他們將司馬懿的話原般告訴了曹爽，安撫他，還帶來了太尉蔣濟的書信。信中又重複了承諾，說司馬懿只想奪取曹爽集團的權力，並不加害性命。勸說的人多了，曹爽逐漸相信了這些承諾。

這時候，桓範來到了高平陵。桓範看曹爽情緒動搖，建議說：「臨難反撲是人之常情。大將軍可以調動天下兵馬，洛陽周邊就有不少部隊；高平陵距離許昌不過一天的路程，許昌的武庫足可以支援大軍的用度；我身為大司農，又帶來了印綬，足可以籌集大軍的糧草。大將軍應馬上擁戴皇上南下許昌，宣布討伐叛逆司馬懿！」

桓範「南下許昌，討伐叛逆」的建議，彙聚了曹爽手中的所有優勢：第一，曹爽還掌握著小皇帝曹芳。這就讓曹爽佔據了政治權威的最高點，也是司馬懿不敢對高平陵發動進攻的主要原因。第二，曹爽等人印信都帶在身邊，權力依然在手，完全有調集軍隊和司馬懿一戰的能力。其中曹爽、曹羲兄弟兩人有權調動天下兵馬討伐司馬懿；桓範作為大司農，可以合法調撥軍事物資。第三，高平陵離重鎮許昌不遠。許昌從東漢末年曹操迎立漢獻帝於此後，經過數十年的政治、經濟耕耘，已經成為了中原的大據點，糧草充足、城池雄厚、地位崇高。曹爽佔領許昌，進可以憑藉許昌討伐洛陽；退可以做長期割據與司馬懿爭雄的打算。南下許昌，就可以彙聚曹爽的所有優勢，只此一招就能瞬間改變局勢。

曹爽對桓範的建議猶豫不決。曹羲也沉默無言。桓範知道曹爽身邊就曹羲還是明白人，便對曹羲說：「事情已經很明白了。您讀書是為了什麼，難道不就是為了在今天這樣關係皇室安全的關鍵時刻下定決心嗎？」曹爽兄弟還是沉默不言。桓範再對曹羲說：「您現在還能指揮洛陽城南的駐軍，如果調撥他們護駕，快的話半天就能到達許昌。皇上駕臨，許昌肯定要開門相迎。匹夫被逼急了，還知道劫持一個人質，有強烈的求生欲望；現在我們和天子相隨，可以號令天下，誰敢不應？」曹爽和曹羲兄弟等人還是默然不從。最後，大將軍曹爽好不容易才憋出一句話來：「諸位勿急，讓我好好想想。」

當晚，曹爽在高平陵度過了一生中最漫長的一夜。曹爽從來沒有遇到過如此緊要艱險的政治選擇。一邊是司馬懿的承諾，一邊是冒險的政治搏鬥，這一夜，曹爽始終無法合眼。

第二天五更天，初升的太陽照耀在高平陵上。周圍的人早早就聚集在曹爽的營帳裡面等待著大將軍最後的決定。營帳裡聚攏的人越來越多。曹爽看看大家，猛地將案上的佩劍擲在地上：「太傅之意，不過是爭權。我交出權力，仍不失做富家翁。」桓範一下子哭了出來：「曹大將軍生了你們這群豬！想不到我今日要受株連族滅了！」曹羲等人默然無聲。桓範哭著離開了營帳，孤獨地策馬返城。

曹爽隨即將司馬懿彈劾自己的表章上奏了曹芳，主動請求免去自己的官職。曹芳只是尚未成年的少年，並不理解其中的利益關係，就將曹爽解職。曹爽交出了大將軍印綬，送給司馬懿。送印使者即將出發的時候，主簿楊綜拉住曹爽提醒說：「大將軍您一交出此印，恐怕就性命難保了。」曹爽搖頭說：「太傅不會失信於我的。」

郊祭高平陵一行就此草草收場。曹芳陪伴著曹芳，君臣默然返回洛陽。曹爽出城時，儀仗遮天，護衛如雲，許多人將郊祭看做和曹氏兄弟拉關係的好機會，隨從甚多。回城時淒風慘雨，那些附會富貴之徒隨走隨散，臨近洛陽時只剩曹爽兄弟孤零零的幾個人了。

經過洛水上浮橋的時候，曹爽原本還想和司馬懿打個照面，可是司馬懿看都不看他一眼。曹爽兄弟滿懷惆悵地回家去了。桓範遇到司馬懿，下車向司馬懿叩頭，說不出話來。司馬懿問他：「桓大夫為什麼要走到這一步呢？」桓範依然說不出一句話來，默默走開。

曹爽回到他的府第後立即被軟禁。司馬懿調撥了洛陽八百平民將大將軍府團團圍住，並在四角建高樓密切監視。曹爽被軟禁後，計窮愁悶。但他非但沒有反省思過，也沒有謀劃反撲，竟然到後園中玩彈弓。府外高樓上的平民見到曹爽就高喊：「前大將軍向東南方向走了！」曹爽這才沒了玩興，和幾個兄弟共議對策。大家思考的都只是對自己的處置問題。因為苦於不知道司馬懿的真實意圖，曹爽給司馬懿寫了一封信，說府上的存糧不多了，請求司馬懿支援一些糧食。司馬懿二話不說，馬上送來大米一百斛和充足的肉脯、鹽豉、大豆等。曹爽兄弟自以為得計，都很高興，認定自己肯定是死不了了。

暗地裡，司馬懿早已任命了之前受曹爽集團迫害的盧毓來「追認」曹爽集團是如何大逆不道。欲加之罪，何患無辭，更何況曹爽等人劣跡累累。司馬懿、盧毓不分晝夜地嚴刑逼供，最後審出了一個「原大將軍曹爽預謀本年三月兵變篡位」的大案子來。

這些幕後審訊都是背著曹爽集團進行的，只對一個人開放。他就是何晏。司馬懿讓何晏參與了對曹爽集團的審查工作。何晏還以為是司馬懿重視自己，審訊起曹爽同黨和自己先前的同夥來窮凶極惡，還提供了許多有價值的審訊線索和證據，希望能給自己開脫。在結案時，司馬懿說：「要族誅八家。」何晏將曹、丁、鄧、李等人數了一遍，只有七家，就說只需要族誅七家就可以了。司馬懿堅持說：「必須族誅八家。」何晏突然頭皮一麻，怯生生地問：「難道也包括我何家？」

正月初十日，司馬懿以謀反罪將曹爽兄弟及其親信何晏、鄧颺、丁謐、畢軌、李勝、桓範等下獄。這一天距離桓範勸曹爽兄弟千萬不要傾巢出發去高平陵只有五天時間。

政變過後的第二個月，曹芳任命司馬懿為丞相，並給予司馬懿奏事不名的待遇。司馬懿獨立掌握了曹魏的政權，為後來「司馬昭之心，路人皆知」局面的出現打下了紮實的基礎。

高平陵政變其實是一場並沒有多大懸念的政變。政變鬥爭的雙方（司馬懿和曹爽）能力高低一看即知。曹爽只是因為憑藉較高的起點和突然襲擊，取得了最初權力鬥爭的勝利。但他所代表的集團墮落無能，政治上極端幼稚，被老謀深算的司馬懿抓住機會，一招斃命。當然曹爽集團內部也有能人（桓範），曹爽在政變中也有翻牌的機會，但他們的出身和性格注定了他們最後失敗的命運。

五、竹林七賢來了

一

正始九年（二四八年），二十四歲的嵇康帶著家眷從都城洛陽來到河內郡山陽縣（今河南輝縣、修武一帶）寓居。這本是歷史長河中很細微的一次人口流動，卻在中國文化史、思想史上起到了驚天動地的槓杆作用。此舉引發的歷史光芒貫穿將近兩千年的時空，至今讓我們炫目不已。

嵇康和山陽的結合，是資源的強強聯合。嵇康，譙郡銍縣（今安徽濉溪）人，出身貧困家庭且早年喪父，通過勤奮刻苦的學習，長大後精通文學、玄學、音樂等，成了當時文壇的領袖之一。史載他「身長七尺八寸，美詞氣，有風儀，而土木形骸，不自藻飾，人以為龍章鳳姿，天質自然」。中國的政治體制喜歡將體制外的青年才俊納入到體制中來，以免他們成為體制的敵人。曹魏朝廷就喜歡上了表裡俱佳的嵇康，有意籠絡，嵇康很順利地迎娶了曹操曾孫女（一說孫女）長樂亭主為妻，成了皇親國戚，官拜中散大夫。這個官職更多是象徵意義的，後人查不到嵇康去官署施政的記錄，只是習慣性地尊稱他為「嵇中散」。而山陽縣，地形俊勝。「天下之脊」太行山的南端就始於山陽縣。在這座頂著天下脊樑、矗立在中原核心的小縣城裡，曾經上演許多重大歷史事件。山陽是春秋時期諸侯逐鹿中原的焦點地區；前朝漢光武帝劉秀據有河內而後完成中興大業；他的子孫、東漢最後一個皇帝漢獻帝禪位於曹魏後被貶至此地，封為山陽公，在魏明帝青龍二年（二三四年）死在山陽。

當年才十歲的嵇康，不可能對漢獻帝的死有深入的理解。之後嵇康逐漸長大，從民間走上朝堂，經歷的事情多了，對十多年前死在山陽的漢獻帝有了更深的理解：他是殘酷政治鬥爭的犧牲品。環顧朝堂，嵇康看著司馬懿父子的勢力蔓延開來，侵蝕種種實權，而可能與之抗衡的曹爽等人志大才疏，還渾然不覺。有識之士都預料到，一場你死我活的搏殺即將開始！嵇康在感情上親近曹魏皇室，他畢竟是曹魏的女婿、是曹魏賜予他榮華富貴的，但嵇康不願意參與司馬氏和曹氏之間的明爭暗鬥。因為權爭之中充滿陰謀、虛偽、血腥和其他骯髒的東西，嵇康不願意為之，也自認為沒有能力為之。

身在朝堂又不願意和黑暗政治同流合污，嵇康只能自我放逐，把目光投向了山陽——在那裡，前朝皇帝被拉下龍椅後默默度過了餘生。來到山陽境內，嵇康並沒有在縣城中尋找宅邸。那不符合他自我放逐的本意。嵇康在山陽城外東北約二十里、白鹿山南一處泉水邊，蓋起了寓所。住宅四周原本有竹子，嵇康又加種了不少，形成了一片竹林。竹子的潔身獨立、高節灑脫、疏疏淡淡、不慕虛華，都讓嵇康心馳神往。

青山腳下、流水岸邊的這片竹林，吸引了與嵇康志同道合的精英分子紛至沓來。

緊隨其後走入竹林的是三十八歲的陳留尉氏（今河南開封）人阮籍。

阮籍是建安七子之一阮瑀的兒子，曾任步兵校尉，世稱「阮步兵」。

從阮籍的成長軌跡和以往思想來看，他似乎都不至於走入竹林，和嵇康一起清談隱居。從小，阮籍就接受了正統的儒家教育，抱有積極入世、建功立業的心態。他曾登廣武城，觀楚漢古戰場，慨歎：「時無英雄，使豎子成名！」而他，阮籍，自然就是那個沒有出現的「英雄」。阮籍也看到了現實政治的黑暗，看到了種種和聖賢教誨不符的事實，可他認為這恰恰是現實需要儒家教化、需要他這樣滿腹經綸的人才的表現。遺憾的是，當阮籍真正進入官場，沉浮十數年後，不得不承認現實政治像墨一樣黑，黑得讓他完全看不到理想的彼岸在何處。經歷了震驚、迷茫和痛苦之後，阮籍學會了逃避，學會了明哲保身和謹言慎行。就在當年，曹爽徵召阮籍出任自己的參軍，要拉他進入曹氏集團。阮籍不願意被捆綁在任何派系的戰車上，便託病辭官歸里，找嵇康來了。

第三個走入竹林的是四十三歲的河內懷縣（今河南武陟西）人山濤。

山濤和嵇康一樣是孤兒，也一樣是從貧苦中自學成才的。他之前的人生經歷比嵇康、阮籍要曲折得多，直到四十歲才做了官，當了郡主簿。眼看仕途有所起色了，山濤憂慮地發現了隱藏在平靜下面的暗潮。一天夜裡，山濤和同事石鑒（這人後來成了西晉的太尉）共宿，半夜踢醒石鑒說：「現在是什麼時候了，還在這裡睡覺！你知道司馬太傅臥病不出，有什麼問題嗎？」石鑒睡眼惺忪地回答：「皇上讓太傅回家養病，關我們什麼事情！」山濤罵道：「咄！馬蹄聲起，眼看就要刀光劍影了，怎麼會沒事呢！」出於對現實政治的不滿和不安，山濤也選擇了棄官而去，尋找一寸寧靜之地，安心思考生活。

嵇康、阮籍、山濤三人構成了竹林中最初的交談核心。三人之中，嵇康年紀最小，可以算是其他二人的子侄輩，但憑藉精深的學問、崇高的聲譽和皇親國戚的光環，成了領袖。三人之中，山濤年紀最大，生活最為窘迫。家裡全靠夫人韓氏操持破衣粗食，山濤一次和妻子打趣說：「夫人忍忍饑寒，等我日後位列三公，不知道夫人能不能做好高官太太？」山濤又對妻子說：「眼下能做我的朋友的，就只有嵇康和阮籍了。」韓氏很好奇，很想看看他們。一天，嵇康和阮籍來山濤家作客。韓氏勸山濤將兩人留下來住宿，夜裡韓氏在牆壁上挖了個洞，觀察嵇康和阮籍，聽他們徹夜長談。朋友走後，山濤就問妻子有什麼感受，韓氏坦率地說：「你的才智、情趣，和嵇康、阮籍相比，差遠了！只有你的見識、氣度，勉強還能和他倆比一下。」韓氏的判斷，也是一般人的觀點。在竹林交談的核心中，才情聲望都推嵇康為首，阮籍次之，山濤又次之。

二

阮籍的侄子阮咸，聽說叔叔和幾個世外高人躲在竹林中，飲酒高歌、暢談不休，非常羨慕，纏著叔叔介紹自己進入了這個小圈子。

別看阮咸是阮籍的侄子，名聲並不在阮籍之下，和叔叔並稱「大小阮」。阮咸為人狂放，不拘禮法，尤其彈得一手好琵琶。唐代後，人們根據阮咸琵琶的樣式製造了許多復古琵琶，為與西域傳入的琵琶相區別，乾脆將復古琵琶稱為阮咸，簡稱「阮」。可見，阮咸的琵琶功夫了得，影響了上千年。

阮咸和叔叔阮籍這一系，家裡比較窮，居住在道南。居住在道北的阮姓同族都很富有。七月七日，北邊的阮家在院子裡曬衣服，都是紗羅錦綺。阮咸就在院子裡架起杆子，掛了許多布衣爛衫。

人們問他為什麼把貧困的家底都亮出來，阮咸自嘲道：「不能免俗，聊復爾耳！」他的不能免俗，不是攀比，不是附庸風雅，而帶有一種樸素的真實，是真性情的表露，遠比富裕的同族們的炫耀高貴得多。既另類又真誠的阮咸很快就被三人核心接納了。

此外，河內懷縣（今河南武徙西南）的書呆子向秀和沛國（今安徽淮北）人劉伶也加入了清談行列。劉伶是個不折不扣的酒鬼，最擅長喝酒和品酒，還專門寫了篇《酒德頌》談喝酒的好處。他長期酗酒，都得了病。一次，劉伶酒病又一次發作，還要妻子拿酒來喝。妻子哭著把酒都灑在地上，摔破了酒瓶，懇勸他說：「喝酒傷身，你看你都喝出病來了！你一定要戒酒了！」劉伶就回答：「好，戒酒！可是，靠我一個人的力量沒法戒酒，必須在神明前面發誓，才能戒得掉。麻煩你準備酒肉祭神吧。」妻子信以為真，準備酒肉供在神像前，劉伶跪下來祝告說：「天生劉伶，以酒為名；一飲一斛，五斗解酲。婦人之言，慎不可聽。」說完，他搶過神像前的酒肉，大口喝酒，大口吃肉，結果又喝得酩酊大醉。

劉伶長得又矮又小，而且容貌極其醜陋。一次他喝醉了酒和人吵了起來，對方捲起袖子就要揍他，劉伶很鎮定地說：「我身子像雞肋一樣細小瘦體，哪能受得了老兄的拳頭啊。」對方聽了大笑，也不揍他了。但是他的運氣不會總是這麼好，慢慢地得罪的人多了，劉伶的人際關係就越來越差了，他也越來越不與人交往，對人情世事默然相對，只是喝酒而已。奇怪的是，劉伶和阮籍、嵇康兩人卻很投機，一見面就有說有笑。很自然地，他也加入了竹林中的談話。

竹林的名聲散播出去後，山東琅琊人王戎聞風而來。王戎的年紀很小，比嵇康還小十歲，比山濤小了二十四歲，走入竹林的時候還只是個十四歲的毛頭小子。

別看王戎年紀很小，卻是神采飛揚的神童。他出生於山東琅琊的官宦人家，從小聰慧，學問日益精進，善於清談。王戎對老莊清靜無為的學說很喜愛，也是嵇康的崇拜者。直到老年，王戎回憶起嵇康來還說：「與嵇康居二十年，未嘗見其喜慍之色。」阮籍認識王戎也比較早。王戎的父親王渾擔任尚書郎時和阮籍是同事，王戎也跟著父親住在官舍中。每一次，阮籍去拜訪王渾，話不投機說不了幾分鐘，卻和小小的王戎很聊得來。兩人一談就是大半天，成了忘年之交。阮籍很不客氣地對王渾說：「你兒子清俊絕倫，你根本比不上他。和阿戎說話，比和你說話有趣多了。」王戎的崇尚清靜和清談，更多的是出於年少時候純美的理想，其中還摻雜著絲絲叛逆的情緒，缺少山濤、嵇康、阮籍等人對現實無望之後的謹慎與逃避——王戎壓根就還沒進入社會。其實，王戎內心對功名利祿並沒有免疫力，相反對花花綠綠的世界充滿了好奇心。因此，阮籍雖然喜歡王戎的聰慧和清談，對他的人品並不看好。

幾個人裡面，王戎是最晚參加竹林清談的。他剛來，阮籍就高喊：「有俗人來敗壞我們的興致了！」王戎淡淡地反駁說：「你們這樣的人，還有誰可以敗壞你們的興致呢？」

就這樣，山陽城外竹林中的七位常客：嵇康、阮籍、山濤、向秀、劉伶、王戎、阮咸，時常聚首，暢飲高談，醉了就臥倒泉邊，醒來繼續清談歌唱，世謂「竹林七賢」。

三

竹林七賢，不僅僅是竹林中的七個人，他們代表了魏晉一代知識份子的苦悶和掙扎。

首先，竹林七賢都是黑暗現實的逃避者。從東漢末期開始，現實主義政治和弱肉強食的思想在政壇上橫行，後來蔓延到社會的各個領域。曹魏建立後，仁義道德雖然重新被提倡，被樹立為意識形態的旗幟，但起實際作用的依然是務實殘酷的鬥爭法則。而另一面，曹魏朝廷又不能恢復兩漢統一時期的強大權威，不能控制社會的方方面面（連天下都統一不了）。這就為知識份子的獨立自由思考留下了空間。知識份子多數是讀聖賢書成長起來的，信奉仁義道德，多數人崇尚公正自由的生活。當他們滿懷抱負地入世之後，理想和現實之間的巨大鴻溝讓他們迷茫、徘徊和痛苦。他們找不到填平鴻溝的方法，又不願意繼續受到殘酷現實的壓迫，只能選擇了逃避，躲進了竹林。竹林七賢的核心嵇康、阮籍和山濤都是如此。

其次，竹林七賢表面上是禮教的背叛者，卻是禮教真正的信奉者。後人談起竹林七賢，第一印象往往是他們離經叛道、驚世駭俗的作派。人們都說竹林七賢「棄經典而尚老莊，蔑禮法而崇放達」。為什麼他們好老莊學說呢？因為老莊的清靜無為、效法自然，對知識份子有著天然的吸引力。當高官厚祿變為讓知識份子放棄獨立和思想的誘惑，當仁義道德變為黑暗政治的遮羞布，當一切規則、規範和禮教變為幌子、棍子和刀槍的時候，現存社會的制度和說教還值得信賴和遵奉嗎？既然被朝廷和普通人都奉為寶典的制度規章不值得信賴，逃避而去的知識份子便躲進了道家的無為和清談之中。在嵇康他們之前，夏侯玄、何晏、王弼等為代表的「正始學派」也對現實失望，完全步入了虛無。他們把老莊的虛無主義傾向發揮開來，崇尚世界本無（令人不解的是，正始學派的主要人物都參加了曹爽集團，介入了曹魏與司馬氏的爭鬥）。竹林七賢則把老莊學說中的「自然」發揮開來，講求一切順其自然，追求無拘無束的個人生活。

無拘無束的生活表現在竹林七賢的「放達」上。阮籍有言：「禮教豈為我輩而設？」而阮咸曾和姑姑家的鮮卑婢女私通，母喪期間聽說鮮卑婢女要隨姑姑到遠方去了，阮咸穿著孝服、騎上毛驢就去追，後來載著那個婢女一起回來。阮咸還說：「人種不可失！」原來鮮卑婢女已經懷了他的孩子，這在魏晉時期可是驚世駭俗的事情，阮咸還高調宣布。阮氏族人都善於飲酒，阮咸和族人喝酒，都不用常栝斟酌，而用大甕盛酒，坐在地上大口大口喝酒。一次有一群豬來找大甕，把酒當水喝起來，阮咸也無所謂，趴著和豬群一起喝酒。酒鬼劉伶有次赤身裸體地接待客人來訪，客人責問他，他說：「我以天地為宅舍，以屋室為衣褲，你們為何入我褲中？」很多人憑此來批評竹林七賢，攻擊他們行為放蕩，不守禮法，進而攻擊他們不忠不孝。實際上，竹林七賢才是真正的忠孝仁義的尊奉者。比如阮籍就是個孝子，但他母親逝世的時候，阮籍正與人下圍棋，棋友說不下了，你去辦喪事吧，阮籍卻堅持把圍棋下完，之後還喝了二斗酒。這些事情看起來都是阮籍不孝的證據。可阮籍喝完酒後就號叫一聲，吐血數升。母親要下葬了，阮籍又吃了一個蒸肫子，喝了二斗酒，然後又號叫一聲，吐血數升，整個人「毀瘠骨立，殆致滅性」。可見阮籍的悲痛已經深入血液骨髓，不是一般的痛苦了。裴楷去弔喪，看到阮籍醉醺醺的，散髮箕踞，直愣愣盯著客人看，既不招呼也不搭理。裴楷弔唁完畢就告辭而去，別人問他：「弔喪的時候都是主人先哭，客人再行禮。阮籍都沒哭，您為什麼要哭著行禮啊？」裴楷真正理解了阮籍，說：「阮籍是方外之士，不崇禮典。我就是個俗人，還要行儀自居。」可見行為方式的不同，並不能掩蓋阮籍深沉的悲痛。悲傷不一定要用痛哭流涕來證明，忠君愛國不一定要高喊口號，同樣，孝順、仁慈、關愛、忠誠等價值觀也無須按照統一的標準來表現。竹林七賢已經對社會現存制度，包括禮教都拋棄不用了，他們有自己的方式來表達內在感受，表示好惡。在這方面，阮籍的「青白眼」是個很好的例子。阮籍看到現實中蠅營狗苟的鑽營之人，就翻白眼，愛答不理的。嵇康齎酒挾琴來訪，阮籍就立刻翻回青眼，熱情相待。人們都應該像裴楷一樣，不能機械地按照傳統禮教的標準來要求竹林七賢照做無誤。

他們七個人在竹林中飲酒、彈琴、對弈，高談闊論，談論的話題涉及理想與現實的差距、個人和社會的關係、如何對待自然等等。這些問題千百年來，一直困擾著知識分子。竹林七賢給出了自己的答案，包括逃避殘酷的現實、保持純潔自然的心靈、追求自然的生活等等，也都吸引著後來者，讓後來者從中汲取了不少思想資源。不管後人認同不認同他們的言行，七個人潔身自好，保持獨立自由的狀態的精神，給後人樹立了崇高的榜樣。從這個角度說，竹林中的清談雖然是務虛的，卻有著穿透時空的強大力量。

需要指出的是，儘管竹林中的七個人都崇尚獨立自由，都信奉道家哲學，但思想並不完全一致。這種不一致表現在處理個人和仕途的關係上。嵇康、向秀、劉伶等人是完全藐視政治權威，純粹地遵從心靈的召喚，要過自然本真的生活。而山濤、王戎兩人雖然聽到了內心的召喚，知道自由獨立的生活的可貴，但是同時他們心靈深處還有世俗的呼喚，知道如何去做社會認同的「正確」的事情。現實中有許多後一種知識分子，他們知道真善良，也有理想，卻選擇做「正確的事情」。思想的不同，在外界環境的刺激下，導致了竹林七賢的散去。

那些竹林中的清談，只維持了一年多時間。正始十年（二四九年）爆發了高平陵政變，曹爽集團血流成河，標誌著曹魏王朝的支持力量消失殆盡。「萬事貴無」的何晏在積極參與政治鬥爭的同時，也曾顯露出消極避世的態度，可惜未能脫身而出，最終落得個家破人亡的下場。「正始學派」

跟隨曹爽，隨著曹氏的失敗整個學派歸於沉寂。而原先動盪不明的政局一下子明朗起來，司馬家族成了不可撼動的勝利者。竹林七賢中的山濤、王戎等人陸續走出林子，當官去了；阮籍的思想底子是入世的儒家的，而非出世的道家，迫於壓力也接受了朝廷的徵召。嵇康、向秀等人還經常在竹林中聚會，可光景大不如前了。

六、這不是嵇康一個人的悲劇

一

一群人在竹林中清談是無害行為，還符合「低碳生活」的要求，但曹魏朝廷不會允許竹林七賢的存在。因為在他們看來，知識份子聚群清談是「反動行為」。清談的話語體系是非官方的，行為是反禮教的，竹林清談的存在就是對權威的無聲反抗，對朝廷的藐視。政府權力的一大特性就是強盛的蔓延能力，從政府延伸到社會各個領域。「普天之下，莫非王土；率土之濱，莫非王臣。」皇帝和官吏們希望將社會各個方面、各色人等都管理起來，容不得政府權力存在空白。嵇康、向秀等人堅持在竹林中避世清談，對政治漠不關心（沒有批評），對主流意識形態離經叛道（儘管皇帝和達官顯貴們自己也不真心信奉），很快就引起了司馬氏的注意。考慮到在之前的政治鬥爭中，嵇康等人並沒有站在自己一邊（也沒有站在曹爽一邊），又考慮到竹林清談的影響力越來越大（這不是和司馬氏爭奪民心嘛），司馬氏便將嵇康等人視為眼中釘，肉中刺了。

這裡又暴露出中國古代政治的一大弊病：知識份子對政治的冷漠和無聲反抗，根源在朝廷，而不在知識份子。如果朝廷能夠革新政治、唯才是舉，建立清明的大環境，想必知識份子都會走出竹林，為朝廷所用。可朝廷極少有自我反省的精神，拒絕承認自身的錯誤（有的時候，自我認錯會對既有權力結構造成毀滅性的打擊），反而採取打壓的方式，要鏟平竹林，捕捉其中的人才。

享受著自由和自然的嵇康等人，還沒有意識到高平陵政變後日益強化的司馬氏權威統治，延續著清談高歌的日常生活。山濤、阮籍等人陸續離去後，嵇康喜歡上了打鐵（有說是興趣愛好，有說是以此賺錢糊口），向秀偶爾陪嵇康去洛陽打鐵。山東東平人呂安放逸而超邁俗人，趕來山陽尋找他們。向秀常約呂安耕田、種菜，收穫後拿到市場上去賣，換取酒食。三人走得很近，常常相約出遊，觀原野，攀山嵐，不計遠近，整天整夜地不回家，回來後又抱頭高談喝酒。三人之中，向秀比較文靜，不像其他兩人那樣傲世不羈，堅持讀書。嵇康和呂安不時嘲笑他。向秀有感於《莊子》在升溫，閱讀的人很多，卻很少有人注解，就沉下心來給《莊子》作注，完成後請嵇康、呂安批評。嵇康等人給予了一致的肯定。

這時候發生了幾件事，最終打破了竹林的安逸寧靜。先是嵇康將司隸校尉鍾會完完全全徹徹底底地給得罪了。鍾會是司馬氏器重的大官，也是個「官方知識份子」，想結交嵇康，附庸風雅。他穿戴齊整，帶著大批人來找嵇康「交流感情」來了。嵇康與向秀正在樹蔭下鍛鐵，向秀拉排司火，嵇康揮錘打鐵，對熱情而來的鍾會不理不睬。鍾會在一旁看兩人打鐵看了很長時間，沒看到嵇康用正眼看過自己，準備離開。這時嵇康開口了，問：「何所聞而來，何所見而去？」鍾會恨恨地回答：「聞所聞而來，見所見而去。」言下之意是你嵇康果然恃才傲物，果然有個性，我們走著瞧。

司馬昭做了大將軍，要聘嵇康為掾吏。嵇康不願出仕，離家躲避到河東郡去，駁了大將軍的面子。景元二年（二六一年），山濤由大將軍從事中郎遷任吏部侍郎，舉薦嵇康接替自己先前的職位。嵇康聞訊，寫了著名的《與山巨源絕交書》（山濤，字巨源），高調宣布和山濤絕交。他在文章中稱避世清談是自己的志向，「志氣所託，不可奪也」，山濤強己所難，道不同不相為謀，因此單方面宣布與山濤絕交。文章藉絕交為名，委婉地批評了社會，比如「每非湯武而薄周孔，在人間不只此事，會顯世教所不容」等，說了很多重話，比如「不可己嗜臭腐，養鴛雛以死鼠也」等。

按照嵇康的個性，如此激烈和高調的行為實在令人可疑。不想做官，直接告訴山濤就可以了，有必要弄得沸沸揚揚的嗎？於是，就有後人解釋說，嵇康這是在保護正處於仕途上升期的好友山濤呢。他知道竹林七賢不容於朝廷主流，宣布與山濤絕交其實是告訴朝廷：山濤被竹林七賢的領袖開除了，以免之前的交往影響山濤的發展。而山濤收到嵇康的絕交信後，也沒有發怒，笑笑而已。

話說呂安的妻子非常漂亮。呂安的哥哥呂巽卻是好色的奸佞小人，竟然強暴了弟妹。呂安怒氣衝冠，準備休妻並起訴呂巽。呂巽就請嵇康從中勸解，並發誓改過自新，好好做人。嵇康出面調和，說服呂安將這件事壓了下來。不想，呂巽這個卑鄙小人，穩住弟弟呂安後，惡人先告狀，向官府控告呂安「不孝」。魏晉都以孝治天下，「不孝」是大罪，當年孔融就是因為「不孝」被曹操誅殺的。呂安於是被抓了，寫信向嵇康尋求幫助。呂安不知道是被激憤沖昏了頭腦還是別的原因，信中的內容非常偏激，將嵇康的避世上升為反抗官府的舉動，認為自己是被陷害的，希望嵇康搭救。嵇康也為呂安激憤不平，先寫信與呂巽絕交，再跑到官府為呂安作證。結果，呂安沒被救出來（後來被流放西北邊郡），嵇康反被收押了。

鍾會趁機勸司馬昭除掉嵇康。他拿出來的證據就包括言辭激烈的《與山巨源絕交書》。鍾會認為：「嵇康，臥龍也，不可起。公無憂天下，顧以康為慮耳。」這條理由是：嵇康才華出眾，又不能效忠朝廷（其實是司馬氏），所以是危險人物。鍾會還造謠說：「康欲助毌丘儉，賴山濤不聽。」這裡的毌丘儉忠於曹魏，曾和文欽等人在揚州起兵討伐司馬師，失敗後被列入叛臣的行列。鍾會說嵇康是毌丘儉的同黨，只是因為山濤的阻攔才沒有參加叛亂。最後，鍾會搬出春秋戰國時「齊戮華士」，「魯誅少正卯」的先例來，建議司馬昭以「害時亂教」的名義殺掉嵇康，「宜因釁除之，以淳風俗」。鍾會要殺嵇康的三條理由中，這最後一條才算是真實的。司馬昭當時很信任鍾會，下決心殺害嵇康。

嵇康在獄中，仍然未意識到死亡威脅的到來。他寫下了《幽憤詩》，後悔在隱居多年後突然插手呂安的事情，看來自己還是沒有將老莊的清靜無為學到家。原本就是因為對現實政治失望才隱居的，怎麼到頭來又走入官府，奢望官府能還給呂安清白呢？嵇康決定，出獄後要「采薇山阿，散髮巖岫，永嘯長吟，頤性養壽」。

有太學生三千人，請求赦免嵇康，願意拜嵇康為師。這番好意加速了嵇康的死亡。司馬昭發現嵇康原來有這麼大的支持力量，他那些反權威的行為竟然爭取到了這麼多年輕人，這還了得。司馬昭斷然拒絕了學生們的請求，下令立即處死嵇康。

臨刑前，嵇康神色坦然。他看看日影，預計離行刑尚有一段時間，便向兄長要來平時愛用的琴，在刑場上撫了一曲《廣陵散》。早年，嵇康遊歷洛西的一天晚上，住宿華陽亭，引琴而彈。夜裡，忽然有客人來訪，自稱是古人，和嵇康暢談音律，還借嵇康的琴彈了一曲，聲調絕倫。這曲子就是《廣陵散》。古人將曲子傳授給了嵇康，沒留下姓名就飄然而去了。之後嵇康一直沒將《廣陵散》傳授他人，今日在刑場上彈奏完畢後，他把琴放下，歎息道：「《廣陵散》於今絕矣！」說完從容就戮，時年四十。

二

嵇康臨刑前，讓兒女去投靠山濤。他依然將山濤當做摯友，山濤也沒有辜負嵇康的托孤重任。山濤這個人，雖然在現實中做出了「正確的選擇」，但始終保持著自然真誠的心靈。嵇康死後，山濤一直悉心照料、撫養著他的兒女。王戎也對嵇康的子女多有照顧。成語「嵇紹不孤」說的就是嵇康的兒子嵇紹雖然是孤兒，但有山濤、王戎兩位長輩的悉心關照，並沒有無依無靠。嵇紹長大後，一表人才。有一次有人對王戎說：「昨天我在眾人中見到嵇紹，他氣宇軒昂，如同野鶴立於雞群之中。」這就是「鶴立雞群」的來歷。王戎聽說後，感慨地說：「那是你沒見過他的父親嵇康。」

因為山濤的大力舉薦，嵇紹很順利地進入了仕途——西晉的仕途，而非曹魏的。父親嵇康是反權威的逍遙派，兒子嵇紹卻是勤奮積極的晉朝官僚，不知道嵇康知道後做何感想？蕩陰之戰中（見《八王之亂》），時任侍中的嵇紹跟隨晉惠帝司馬衷出征。混戰中，百官、侍衛紛紛潰散，只有嵇紹冠服凜然，用身體捍衛著晉惠帝，最終被亂箭射死在皇帝的身邊。嵇紹的獻血濺到了龍袍後，給白癡的晉惠帝留下了深刻的印象。局勢平定後，左右要給晉惠帝浣洗龍袍，晉惠帝不肯，說：「此嵇侍中血，勿去。」「嵇侍中血」日後就成了忠臣的代名詞。嵇紹雖然沒能在反權威方面繼承嵇康的衣缽，但忠君報國的行為也沒有辱沒了家門。

說完嵇康父子，我們來看看山濤和王戎這兩位積極投身司馬政權的七賢的後半生。

山濤和司馬家族有親戚關係。山濤父親山曜的姑姑山氏，嫁給了曹魏的粟邑令張某，生下女兒張春華。張春華嫁給了司馬懿，為嫡系夫人，是司馬師、司馬昭的親生母親，晉朝建立後被尊為宣穆皇后。山濤算是張春華的表侄子，司馬師和司馬昭的遠房表親，司馬炎的遠方表叔。這層親緣關係擺起來雖然有點繞，但對山濤來講是不錯的政治資源。司馬師執政後，對山濤這個表親很重視，舉他為秀才，拜為郎中，後來升任尚書吏部郎。山濤於是傾心依附，為司馬家族出謀劃策。他要施展才華，必須要有強大的政治後盾，這是每個務實的知識份子必須承認的事實。因此，山濤的選擇，我們可以旁觀和漠視，卻不能橫加指責。

山濤在政治上「嶄露頭角」是在司馬昭挑選世子問題上堅定地支持了司馬炎。司馬昭當了晉公後，一度想挑選司馬攸為世子。山濤主張以司馬炎為世子，當司馬昭徵詢他意見時說：「廢長立少，違禮不祥。國之安危，恒必由之。」司馬昭最終挑選了司馬炎為接班人。司馬炎感激莫名，趕到山濤家當面拜謝。等司馬炎代魏稱帝後，山濤的好日子就來了。他歷任侍中，遷吏部尚書、太子少傅、尚書左僕射等，進入了西晉初期的權力核心圈子。

山濤終於獲得了施展才華的機會。知識份子為了獲得一展拳腳的舞臺，必須付出辛勤的努力，做出種種犧牲和妥協。很多知識份子不願意這麼做，山濤經過幾十年的努力，終於獲得了這樣的舞臺，在此後的幾十年中負責晉朝的人事工作。他選用官吏，既秉承晉武帝司馬炎的意旨，又親自考核評價，時稱「山公啟事」。在漫長的人事工作中，山濤經手的那麼多官員升遷降黜，幾乎都做到了實事求是，考核沒有偏離實際。《晉書》說，山濤負責人事期間提拔的官員中，只有陸亮一個人出了問題（受賄）。而當初堅持要提拔陸亮的是司馬炎本人，山濤反對重用陸亮，最後司馬炎不得不親自下詔任命。山濤發現陸亮受賄了，立即將他撤職了。對於山濤的工作，可以用「任人唯賢」，「大公無私」來評價，他因此在朝中享有很高威望。

西晉朝野崇尚奢華，官僚貴族們一個賽一個地窮奢極欲。而山濤對自己約束甚嚴，身居高位還保持儉樸的生活，家裡沒有美女僕人，拿到的俸祿和獲得的賞賜都接濟親朋好友。因為他掌管著官員的升遷，許多人向他行賄，山濤一概拒絕。鬲縣縣令袁毅是個大貪官，同時向公卿大臣大肆行賄，謀求讚譽和升遷。他向山濤行賄絲百斤。山濤不願和公卿大臣們格格不入，給人特立獨行的感覺——這是他和嵇康不同的地方，就收下了賄賂，藏在閣上。後來，袁毅事情敗露，遭到廷尉的審判。他送出去的賄賂，每一筆都遭到追索。山濤取下絲交給辦案人員，上面有多年積存的塵埃，印封如初。凡此種種，山濤的行為實屬不易，說明他始終堅持心中的理想，沒有向現實妥協，和黑暗政治同流合污。從這個意義上來說，他延續了竹林七賢的風範。山濤活了八十多歲，多次以年老多病辭官，都沒有得到批准，最後在司徒的位置上強辭，才被准許回家養老，最後死在家中。

王戎在西晉也做到了司徒的高官。和山濤不同，王戎的政治高位是通過明哲保身、阿諛求全得來的，對朝政也沒有什麼貢獻，頗令人不齒。

王戎在政治高峰的時候，正是賈南風攬權、八王之亂的時期，對於賈南風廢殺太子、趙王司馬倫殺賈南風等事，王戎都保持了沉默。在八王之亂中，晉室面臨空前危機，王戎位高爵顯，身當國家重任，應該有所作為，卻沒有絲毫作為、沒有一句意見，在各派力量中虛與委蛇，做「老好人」，得以官運亨通，位至司徒。他把主要精力放在了斂財上。王戎性格極其吝嗇，做了高官後已經田園遍及天下，還天天拿著算盤晝夜算計財產，貪得無厭。侄子結婚，王戎只送了一件單衣。自己女兒出嫁，需要用錢，竟然要向王戎借款。王戎借給女兒數萬銅板後，天天念叨，女兒回家省親見狀，趕緊把錢還上，王戎這才放鬆下來。家中的李樹產的李子品質不錯，王戎都拿出去賣了換錢，可又怕別人得了種子種出好李子來，在賣之前給李子鑽孔把核挖出來再出手。如此算計的結果是王戎的區宅、僮牧、膏田、水碓無數，富貴一方，可他還每天和夫人在燭光下盤算蠅頭小利。

如果說王戎身上還有什麼當年竹林清談的風範的話，那就是他還有真情實感。對金錢的變態愛好當然算不上積極的真情實感了。話說司馬炎時期王戎、和嶠同時遭遇大喪，和家準備了隆重的喪禮，和嶠痛哭著迎接喪客。而王戎卻不準備喪禮，拖著骨瘦如柴的身子呆呆地坐在床上，也不答理喪客。司馬炎對大臣劉仲雄說：「你去看過王、和二人嗎？我聽說和嶠悲哀過度，讓人擔心啊！」劉仲雄說：「和嶠雖然喪禮周到，但神氣不損；王戎雖然沒有禮節，但傷痛已經融入了他的骨髓。臣覺得，和嶠是生孝，王戎是死孝；陛下不應擔心和嶠，倒是要擔心王戎能否挺過來。」在這裡，呆呆坐在床上的王戎，倒還有幾分竹林七賢的味道。

三

嵇康被殺，透露出了朝廷對竹林七賢這類反權威言行的鎮壓態度，頓時天下知識分子戰戰兢兢。七賢中的其他人物尤其擔心，不得不對朝廷權威有所退讓。

竹林七賢靈魂之一的阮籍，出來當官比較早，卻始終沒能融入官場之中。鍾會多次向他詢問時事，想套出阮籍的破綻來，治他的罪。阮籍只有拼命喝酒，用酣醉來抗拒鍾會惡毒的騷擾，沒讓敵人找到把柄。司馬昭對阮籍還是相當客氣的，曾經想讓兒子司馬炎娶阮籍的女兒，兩家結為兒女親家。面對這麼大的誘惑，阮籍的對策還是醉酒，酗酒大醉了六十天，愣是讓司馬昭找不到提親的機會，聯姻一事不了了之。

阮籍和官場格格不入，又不能像之前那樣遠離官場回歸竹林，其中的痛苦只能默默承受。好在阮籍頗能在官場中找樂子，留下兩段瀟灑的故事。一次，阮籍從容地對司馬昭說：「我曾遊東平，非常喜歡當地風土。」司馬昭大喜，以為阮籍想去東平做點實事，當即任命他為東平相。阮籍騎著毛驢去上任了，做了兩件事情：第一是把東平官府的圍牆給拆了，讓官吏和老百姓們能內外相望，不再相互隔斷；第二是廢除了東平繁複的法令，清簡政令。十多天後，阮籍又騎著毛驢走了，不做東平相了。他聽說步兵校尉官署中有佳釀，貯酒三百斛，又自薦擔任步兵校尉。到任後，阮籍並不處理軍務，終日在官署內飲酒宴會。

阮籍在政治上比較大的舉動是司馬炎在篡奪曹魏政權的時候，公卿大臣們推舉阮籍來寫勸進書，推舉司馬炎稱帝。這是大是大非的站隊問題，阮籍不答應不行。答應後，阮籍遲遲不願意下手，繼續用酒精麻醉自己。到了大臣們來取勸進書的時候，阮籍醉趴在案子上酣睡。被叫醒後，阮籍在案子上揮毫寫成，沒有改動就交了上去。全書言辭清壯，得到了好評。也許是司馬炎對阮籍的勸進書很有好感，雖然不斷有人攻擊阮籍不拘禮教，衛道士們視阮籍為異類，司馬炎每次都保護他，使得阮籍得以善終。

晚年的阮籍，說話越來越空虛玄遠，堅決不臧否人物、不談時事。他常常自己駕著車，任意遊走，行至路窮處便放聲大哭。在大哭中，阮籍才能釋放內心的悲涼和痛楚。

山濤掌管官員升遷，對阮籍侄子阮咸的評價很高：「阮咸貞素寡欲，深識清濁，萬物不能移。若在官人之職，必絕於時。」他提議重用阮咸。但晉武帝司馬炎認為阮咸酗酒成性，不予重用。中書監荀勖校太樂，用古尺更鑄銅律呂來調聲調，調好後樂聲很好聽。荀勖也很得意。阮咸不以為然，指出了荀勖所調太樂的一些問題。荀勖就忌恨阮咸，在司馬炎面前進讒，阮咸被外放了始平太守。後來發現了周朝時的玉尺，是天下樂聲的正尺。荀勖用它來核准自己調校的太樂，果然發現了阮咸指出的那些問題，方才知道阮咸音樂才華遠在一般人之上。

嵇康被殺後，向秀不得不結束隱居，進入洛陽為官。司馬昭就問他：「聽說你有箕山之志，為什麼還來洛陽呢？」箕山是山名，傳說堯要讓位給巢父、許由，二人不願接受，就隱遁在箕山，所以箕山之志就是隱居之志。向秀回答：「巢父、許由都是狷介之士，我並不羨慕他們。」這明顯是違心的話，估計連司馬昭也不相信向秀的回答，但他對向秀的主動低頭和委曲求全的態度非常認可，放過了向秀。在曹魏和西晉時期，向秀歷任散騎侍郎、黃門侍郎、散騎常侍，在位不幹事，領一份薪水，表明姿態而已。司馬昭死後，向秀極不得意。一次，他經過山陽嵇康舊居，看到物是人非，寫下了極其隱晦的《思舊賦》一文，揭露了黑暗政治與恐怖權威下自己戰戰兢兢的心態，想哭祭摯友又不敢哭出聲來，只能「思舊」一下。向秀最後死在了散騎常侍的職位上。

醉鬼劉伶也不得不出來做官，做到了建威參軍的閒職。晉武帝泰始年間，劉伶曾經上書，主張「無為而化」的老莊學說，被斥為無益之策。他的命運也最坎坷，遭到了罷官。回鄉後的劉伶，加重酗酒，最後可能死於酒精中毒。《晉書》說他後期經常乘著鹿車，抱著酒壺，吩咐僕人提著鋤頭跟在車子後面，說：「如果我醉死了，就地把我埋葬了吧。」

七、國家在發展，旗幟在變色

一

三國時期，曹魏王朝的基礎最好、起點最高，又執行了正確的發展戰略，在南北方的對抗中取得了最終的勝利。遺憾的是，最終坐享勝利果實的卻是司馬家族。

第一代皇帝曹丕時期是曹魏政治平穩發展的時期。曹丕本人文采出眾，落筆成章，也執行了一些利國利民政策。比如在他剛繼承曹操爵位的時候，下令說：「關卡渡口是用來通商旅的，池塘林苑是用來抵禦災荒的。在這些地方設立禁令，課以重稅不符合便民的原則。因此要解除池苑的禁令，減輕關卡渡口的稅率，全部恢復為什一稅率（百分之十）。」另外，針對漢末皇權衰微導致政權顛覆的教訓，曹丕特別警惕防範宗室、後宮專權。曹丕制定了羈絆藩鎮的嚴密制度，還嚴厲限制太監、嬪妃和外戚干政擅權。曹魏的防範制度很成功，整個王朝始終沒有出現宗室或後宮專權的情況。

但是曹丕為人輕浮，按照現代幹部評議的標準就是做事不夠穩重。他想建立自己的武功，不顧勸諫進行巡遊般的南征，沿途犒賞軍民。來到長江邊上後，曹丕說了句：「嗯，東吳看起來果然是難以輕易拔除了。我們退軍吧。」倒顯得有幾分可愛。司馬懿和曹丕關係密切，因此在曹丕統治時期，他才真正開始掌握實權。

總的來說曹丕還是位不錯的君主。文人氣質讓曹丕做了些輕浮躁動的事情，好聲色享受，但尚能自抑，沒有帶來大壞處。曹魏在曹丕時期獲得了穩定發展。

曹丕死後，曹叡即位。曹叡因為是甄宓的兒子，隨著甄宓的失寵，地位一度危險。也許是因為曹叡脾氣稟性與曹丕差不多，曹丕最終還是傳位給了曹叡。

曹叡在位，幹出了一些政績。他常說「刑獄攸關天下性命」，朝廷斷大獄，曹叡經常親臨旁聽。曹叡在對蜀漢作戰中委政於司馬懿，時刻關注，並多有傑作。諸葛亮第一次出祁山的時候，有人以為蜀軍缺乏輜重，糧草必然接濟不上，蜀漢必然不擊自破，朝廷不需要犒勞軍隊。還有人想收割上邽一帶的生麥，以免被諸葛亮收割了。曹叡都不聽從，前後多次派兵增加司馬懿的軍力，又派人保護上邽一帶的生麥。司馬懿後來與諸葛亮在上邽周邊相持，最後還是仰仗那些小麥作為軍糧。可見曹叡在軍事籌劃方面還是非常有眼光的。諸葛亮最後一次駐屯渭南與司馬懿相持，司馬懿以持久戰取得了最後的勝利，諸葛亮死在陣中。司馬懿因為對蜀戰爭的勝利逐漸掌握了軍隊實權，同時獲得了巨大的聲望。

但是曹叡濫用民力，大興土木，追求享受。他在洛陽大修宮殿，建造了昭陽、太極等巍峨壯觀的宮室。太極殿，高十多丈，上面又建造了翔鳳殿。曹叡還在芳林園中造陂池，楫棹越歌，又在後宮建立八坊，在其中儲備美女才人，品秩待遇和百官一樣。曹叡挑選知書識字的女子擔任女性尚書，處理朝廷的奏摺。後宮美女歌伎，多達數千人。曹叡就在這個安樂鄉中遊戲飲宴，讓博士官馬均製作司南車，製造水轉百戲供後宮娛樂。在這裡介紹一下馬均，他複製了已經失傳的指南車，還製作了翻車，解決了從低處向高處送水的問題，大大便利了農耕灌溉。馬均可算是魏晉時期科技發明第一人。

百姓為了滿足曹睿的興致，誤農時，重徭役。楊阜、高堂隆等大臣紛紛多次向曹睿進諫。曹睿對付勸諫者有自己的辦法，就是耐心聽完，優待進諫的人，但就是不改正自己的缺點。太子舍人張茂在吳蜀邊界戰事不斷，將領們不斷征戰的情況下，對曹睿大興宮室，熱衷於玩飾，賞賜無度導致府庫空虛，又搶奪民女充斥後宮的行為上書勸諫。曹睿讀完張茂的奏章，誇獎了幾句，提升張茂擔任散騎常侍的虛職了事。

就在曹睿造土山、種香草的時候，已經是三朝老臣的司馬懿長年領兵在外，成為帝國的軍事支柱。整個曹魏時期雖然沒有出現宗室和後宮干政的情況，卻出現了大臣專權的危險。

曹睿沒有兒子，大臣們建議他在宗室子弟中過繼幾個兒子，作為繼承人。曹睿不聽，偏偏收養了一個來歷不明的曹芳做兒子，並由他繼位（當年曹操的父親曹嵩也是來歷不明，被大太監曹騰收養才姓的曹）。曹睿臨終遺命司馬懿為太尉，與宗室大臣曹爽共同輔政。曹爽是曹真的兒子，他為了奪權，表面上推舉司馬懿為太傅，私下卻行架空之實。司馬懿於是稱病，不預朝政，消除了曹爽集團的戒心。二四九年，曹爽陪同曹芳出洛陽城，拜謁魏明帝陵墓。司馬懿一舉收集舊部，封閉城門發動政變，誅殺曹爽集團各人，奪取了朝廷大權。史稱「高平陵之變」。

晉朝建立後，這場事變被描述為曹爽等人趁曹芳生病，開始出現無君不臣之心，密謀推翻曹氏政權，危及社稷，並將篡位計畫提上了議事日程。司馬懿為了拯救國家和曹氏家族，發動了政變。

為此他殺了曹爽及其親信的整個家族，還株連至反對自己的力量。

事變後，司馬懿獨掌朝政。曹芳封他為丞相，將他的封地增加到十二個縣，邑二萬戶，並且授予他奏事不名的特權。該年十二月，朝廷給司馬懿加九錫之禮，授予他朝會不拜的特權。司馬懿覺得時機尚不成熟，堅持推讓了九錫。司馬懿拋棄虛名務求實利，致力於整個家族的權勢建設。司馬懿的孫子和侄子都受封為列侯，家族封侯者十九人。

二

司馬家真正露出篡位謀天下的野心是在司馬師廢曹芳的事件上。司馬懿病死後長子司馬師繼續掌權。司馬師比父親要外露兇狠，一心要建立司馬王朝。司馬家族的專權和司馬師對曹芳的緊逼不僅使曹芳極為不滿，也遭到了部分大臣的反抗。中書令李豐與皇后的父親、光祿大夫張緝等圖謀以太常夏侯玄為大將軍，替代司馬師，再逐步清除司馬家族的勢力。但他們沒有躲開司馬師的耳目，結果事情敗露，凡是牽涉其中的人都被誅殺。也許是殺人實在太多了，司馬師同時還大赦天下。在清理了朝臣後，司馬師正式向皇帝進攻，逼皇帝廢黜了皇后張氏。

曹芳的不滿是可以想見的。他將自己的這種不滿流露了出來，結果遭受了更大的打擊。半年後，司馬師決定檢驗自身的力量，要廢去曹芳，另立新帝。他先是去見皇太后，逼太后下令：「皇帝曹芳年紀大了，卻不處理朝政機，整日耽淫後宮內寵，荒唐醜謔；迎六宮家人留止內房，毀人倫之敘，亂男女之節。曹芳不忠不孝，日益悖逆，已經失去了做天子的資格，不能再做皇帝了。現在朝廷要告於宗廟，曹芳重新歸藩為齊王，以避皇位。」

司馬師馬上拿著皇太后令，召集公卿大臣會議。群臣大驚失色，又不敢作聲。司馬師流著淚說：「這是皇太后的命令，諸君對王室有什麼看法？」

群臣只好回答：「昔日伊尹為了商朝放逐了商王太甲，霍光廢黜昌邑王以安定漢朝。為了安定社稷撫慰四海，之前兩代都有先例。今日之事，全聽司馬明公的。」

司馬師要的就是這句話：「諸君既然這麼推重我司馬師，我怎麼能推拖躲避呢？」於是，司馬師就帶著群臣，以朝野代表的身分操持起整個廢立大事來。他先是按照西漢霍光的先例，派人去收曹芳的璽綬，通知曹芳以齊王身分歸藩，又派司徒高柔為使節，告祀宗廟，通知曹家列祖列宗有關廢立的事情。

當天，年僅二十三歲的曹芳遷居西宮。司馬師派人持節護送他前往河內重門。曹芳立齊王府在重門，開始以藩王的身分度過自己的後半生。

《魏略》記載司馬師操作廢黜曹芳的時候，派遣郭芝入宮稟告皇太后。當時曹芳正在皇太后身邊。郭芝對曹芳說：「大將軍要廢黜陛下，立彭城王曹據為新皇帝。」事已至此，曹芳默默地離開，皇太后很不高興。郭芝說：「太后有子不能教。現在大將軍決心已定，同時率兵在宮門之外，以防不備。太后現在應當順應大將軍的意思，沒有其他可以說的了！」太后對郭芝的逼宮非常惱火，說：「我要見大將軍，我還有話說。」郭芝堅決地說：「為什麼要見呢？太后只需要速速取來璽綬就可以了。」太后沒有辦法，只好交出璽綬。不久，廢帝曹芳來向太后辭行。曹芳涕淚交下，悲傷地從太極殿南行，永遠離開了皇宮。群臣只有幾十個人流淚相送，其中就包括悲不自勝的司馬孚。司馬孚是司馬懿的弟弟，在嗜權的司馬家族中是個另類，讓親戚們頭疼不已。

曹芳走了不久，司馬師又派人來。太后說：「彭城王曹據，是明皇帝曹睿的弟弟，我的小叔子。現在立他為皇帝，我的地位怎麼處理？這麼做，難道是想讓明皇帝絕嗣嗎？高貴鄉公曹髦更合適。曹髦是文皇帝曹丕的長孫，明皇帝曹睿的侄子。按禮，小宗有繼承大宗的規定。我小時候見過高貴鄉公，立他為新皇帝更合適。」

司馬師於是重新召集群臣商議，最後大家決定按照皇太后的意思迎高貴鄉公為新皇帝。司馬師表示同意，可能他覺得年幼的曹髦不會對自己構成大的威脅。當時出去迎接曹據即位的太常已經出發，兩天後到達溫縣時被緊急召回。朝廷最終改迎了曹髦。

司馬師廢曹芳的盛大演習獲得了巨大的成功，也向天下暴露了司馬家族的篡逆之心。忠於曹魏王朝的力量發動了多次反對司馬懿父子的反叛。先是都督揚州諸軍事王凌發動反對司馬懿的叛亂，兵敗自殺身亡。接著鎮東將軍毌丘儉、揚州刺史文欽再次起兵，連接東吳反叛。司馬師正病重，忍痛親征，斬殺毌丘儉，傳首洛陽，文欽逃奔東吳。繼任的揚州主將諸葛誕幾年後又起兵反司馬家族，殺揚州刺史樂綝，再次佔據淮南一帶反叛。司馬昭親征，攻陷壽春城，斬殺諸葛誕。客觀說，三國後期內政都不清靜，內鬥不息。但司馬家族通過三次揚州戰役，血洗反對派，止住了內爭。曹魏的內亂起得急，也消得快，並沒有對司馬家族造成沉重打擊。

司馬父子執政，改變了前兩代大興土木，濫用民力和府庫積蓄的弊政，繼續大力推行富國強兵的戰略。可以說，曹魏的國力持續增長，旗幟卻逐漸更換顏色。

八、曹髦的兒戲政變

一

西元二六〇年的一天傍晚，洛陽城突降急雨。雨點由疏轉密，天空一片灰暗，間或有雷霆閃電。與宮外劈哩啪啦的雨聲相呼應，皇宮中也是一片鼓噪，人呼馬嘶，兵器相交。原來是魏帝曹髦「見威權日去，不勝其忿」，決定出宮親手殺掉權臣司馬昭。曹髦帶著冗從僕射李昭、黃門從官焦伯等宮廷侍官下了陵雲台，穿上鎧甲，挑了兵仗，集合宮中士兵，要出討司馬昭。

宮中頓時大亂。侍中王沈、尚書王經、散騎常侍王業聞訊趕到。曹髦見三人到來，不等他們開口，大聲訴起苦來：「司馬昭之心，路人所知也。我忍受不了他的羞辱了，不能坐等被他廢黜。就讓我們君臣在今天解決此事。今日當與卿自出討之。」

王經誠懇地勸諫道：「昔日魯昭公忍受不了專權的季氏，結果敗走他方，失去國君之位，為天下取笑。現在國家大權操縱在司馬家族已經很久了。朝廷四方都有司馬家的親信爪牙，人們不顧逆順之理已非一日。皇上的宮廷宿衛兵甲寡弱，怎麼能夠作為成大事的依靠呢？兵勢一旦發起，就好像病情可能非但沒有祛除，反而會加深！甚至可能出現難以預料的災禍。請皇上詳加考慮啊。」

曹髦聽到如此冷酷的現實分析，胸中怒火熊熊燃燒。他掏出懷中的板令狠狠地擲在地上，厲聲說：「我意已決。即使事敗身死，又有什麼可怕的呢？」

曹髦拋下三人，匆匆告別太后，率領宮中宿衛、官僮數百人，敲起戰鼓，出雲龍門而去。王沈、王業兩人見此，決定去向司馬昭彙報投誠。他倆招呼王經一起去告密：「事已至此，我等不能自取滅族之禍，應該前往司馬公府自首，以免一死。王尚書同去否？」王經回答說：「主憂臣辱，主辱臣死。你們倆去吧，我不去了。」王沈、王業見勸不動王經，快步出宮，抄小路報告司馬昭去了。

這一邊，曹髦率領著數百僮僕，鼓噪而出。皇帝身披新甲，坐在車駕之上，手持寶劍，大呼殺賊，激勵士氣。中國歷史上還是第一次出現皇帝親自提刀上陣與大臣拼命的情景。司馬昭的弟弟屯騎校尉司馬伷正好有事入宮，在東止車門遇到震怒的曹髦和宮中的烏合之眾，大吃一驚。曹髦左右大聲喝斥他，司馬伷一行慌忙躲避而走。曹髦「旗開得勝」，對這次肉搏的前途更有信心了，於是他喊得更響了。隨從們受到感染，旗幟和兵器也揮舞得更歡了。

在皇宮南闕下，得到消息的司馬昭黨羽已經在中護軍賈充的率領下，集合軍隊，列陣迎戰。司馬父子常年掌握軍隊，集合的軍隊戰鬥力自然不是曹髦的烏合之眾可以比擬的。賈充見到宮中緩緩出來一支不倫不類的軍隊，嗤之以鼻。他主動反擊，帶兵自外而入，撲向曹髦軍隊。曹髦的軍隊見狀就潰散後退了。

曹髦急了，高喊：「我是天子，誰敢攔我！」他揮舞著寶劍，左右亂砍。司馬一邊的將士見小皇帝赤膊上陣，不知所措，只好小心躲避，不敢進逼。宮中士兵和僕人們見狀，又聚集起來，向宮外繼續前進。兩邊軍隊保持若即若離的距離，開始膠著。曹髦認為這是上天保佑曹家，自己身為天子，天下無敵，更加起勁地舞劍向前衝。司馬家一邊的軍隊慌亂躲避，形勢開始不利於司馬昭了。在司馬一邊的太子舍人成濟跑過去問賈充：「事情緊急了！中護軍，怎麼辦？」賈充惡狠狠地說：「皮之不存，毛將焉附。司馬家如果失敗了，我們這些人還會有好下場嗎？還不出擊！」他對周圍的士兵高喊：「司馬家養你們這些人，就是用在今天的。今日之事，沒有什麼可以遲疑的！」成濟略一思考，說：「沒錯！」接著挺起鐵戈，向曹髦刺殺過去。

曹髦毫無防守之力，被成濟的長矛從胸中進去，於背部出來，血濺宮牆，當即身亡。這位被稱為「才同陳思，武類太祖」的小皇帝以這種罕見卻可以理解的，高貴而又屈辱的方式結束了自己年僅二十歲的生命。一場宮闈驚變就此結束。

曹髦是中國歷史上第一個赤膊上陣、親手去刺殺權臣的皇帝，但是他失敗了。古代歷史上的另一位個人英雄主義皇帝是北魏的元子攸。他雖然殺了權臣，但並沒有解決權臣當國的問題。相對於當國權臣來說，生長於深宮的皇帝最大的武器就是自己的血統。「皇帝」的金字招牌還是可以嚇住絕大多數人的。比如曹髦在打鬥中，他的皇帝光芒就起了相當大的作用。遺憾的是，這是他們唯一的武器，而且是不斷鈍化的武器。隨著權臣權勢的鞏固和人們對皇室的失望，皇帝的光芒就逐漸暗淡了。更要命的是，對於那些權臣的黨羽來說，他們的利益是與皇帝的利益截然相反的。成濟之所以敢在眾目睽睽之下刺殺皇帝，就是因為被賈充點撥出了這一點。

二

曹髦本來是無緣於皇位的，而僅僅是高貴鄉公。六年前（曹魏嘉平六年，即二五四年），魏帝曹芳被司馬師廢黜，降封為齊王。曹髦因為是曹丕嫡孫，被選為新皇帝。當時曹髦才十四歲。雖然年少，但是由於過早目睹了家庭變故、宮廷爭鬥和皇室日衰的政治現實，他顯露出了與年齡極不符合的成熟和世故。正史豔稱他「才慧夙成」，「有大成之量」。

曹髦從外地風塵僕僕趕到洛陽的時候，群臣迎拜於西掖門南。曹髦在門口下轎，要向各位官員回拜還禮。禮賓官員阻攔說：「禮，君不拜臣。」曹髦回答說：「我並未登基，現在也是人臣。」最後，曹髦在城門口向群臣恭敬還禮。進城來到皇宮止車門前，曹髦又下轎步行。禮賓官員又說：「天子有資格車駕入宮。」他又說：「我受皇太后徵召而來，還不知所為何事。」曹髦步行到太極東堂，拜見太后。曹髦謹慎得體、大方穩重的言行贏得了朝野的稱讚，史稱「百僚陪位者欣欣焉」。

曹髦不僅會說話辦事，而且個人能力非常出眾。古代考察一個人的能力主要是看他對儒家作品的理解程度和在書畫方面的造詣。曹髦雖然年紀輕輕，卻能在太學裡與年長的儒者們談論《易經》、《尚書》及《禮記》，而且能談出新意來。同時曹髦還是古代歷史上數得著的畫家，畫跡有《祖二疏圖》、《盜蹠圖》、《黃河流勢圖》、《新豐放雞犬圖》、《於陵仲子像》、《黔婁夫妻像》。評論家說他的作品「其人物故實，獨高魏代」。

也許是個人素質之高，讓曹髦覺得自己應該承擔起興復皇室的重任。為了收復已經渙散的人心，革清政治，曹髦在即位初就派遣侍中持節分巡四方，觀察風俗，慰勞百姓，糾察失職官員。他以身作則，一改祖父輩大興土木、奢侈享樂的風氣，「減乘輿服御、後宮用度，及罷尚方御府百工技巧靡麗無益之物」。為了贏得軍隊的好感，曹髦多次下詔哀悼軍隊傷亡的將士，安撫那些飽經戰火創傷的地方。但是他能做的也僅僅是這些象徵性的舉措而已，司馬昭牢固掌握著朝廷實權，曹髦還是逃脫不了金絲籠中鸚鵡的命運。中興的欲望和現實的壓抑之間的巨大差距造成了曹髦心理失衡，加上血氣方剛，他就上演了赤膊上陣身亡殉位的一幕。

在曹髦剛登基的時候，司馬師曾經私下問親信：「新皇上是什麼樣的一個人呢？」一旁的鍾會回答說：「才同陳思，武類太祖。」鍾會是大世族大官僚家族出身，他將曹髦與曹植和曹操的文才武略相比，可見對曹髦的能力評價之高。司馬師聽完，輕聲說道：「如果真像你說的這樣，社稷有福了啊。」實際上，他用凝重後悔的眼神注視著弟弟司馬昭，心想：「這回，我們哥倆可能選錯了人。」

現在曹髦在進攻的路上被自己的黨羽當眾刺死了，司馬昭聽到消息後大驚失色，喃喃自語道：「天下將怎麼看我啊？」

司馬昭所謂的天下其實是指天下的世族大家們，沒有權臣會對普通小百姓的感受投入過多的關注。東漢開始興起的世族勢力在三國曹魏時期得到了膨脹，他們擁有強大的政治經濟力量，一些家族世代壟斷某些官職。司馬家族本身就是大世族，又是依靠北方世族的支持上升起來的政治勢力。現在小皇帝暴亡，而且是被自己間接殺死了，世族大家們怎麼對待這件事，司馬昭心中沒底。

司馬昭先跑到宮裡去，對著曹髦的屍體放聲大哭了一場，然後下令召集貴族百官，商量對策。

他畢竟對突然的變故心虛，極需要將這件事情盡快擺平。他下令收殮皇帝屍首，開始操辦喪事。多數貴族百官都應召來到皇宮，像什麼事情都沒有發生一樣，對皇帝的「駕崩」悲傷欲絕。少數貴族官員沒有來到，其中就包括大世族出身的陳泰。

司馬昭極需要所有世族的支持。他一而再、再而三地派人去召陳泰入宮，理由是皇帝突然駕崩需要會集大臣商議，雙方都知道真正的原因是什麼。司馬昭不需要說什麼，多次派人催請就是他最明顯的態度了；陳泰也不需要問什麼，去還是不去也是他最明顯的態度了。最後，陳泰還是去了皇宮，這是天下政治力量對比的客觀結果。

司馬昭緊張地握著陳泰的手，問道：「天下將怎麼看我啊？」

陳泰冷靜地回答說：「斬賈充，才能稍微平息天下人的議論。」

這段對話發生在兩個政治高手之間。司馬昭開門見山地刺探陳泰對自己支持的要價。陳泰不追究皇帝的真正死因，只是要求殺賈充以謝天下。他要求殺賈充既是對曹魏王朝做個交代，也是尋個心理安慰。整個對話簡潔而直入主題。但是賈充是司馬昭的心腹，為司馬昭解決了曹髦進攻的難題，是有功之臣。更重要的是，賈充也是一大世族。殺賈充來掩飾自己的罪行對司馬昭來說，代價太大了。因此他不同意陳泰的要價，他還需要賈充這個得力助手協助完成代魏的過程呢。

因此，司馬昭又問陳泰：「殺其他人，行嗎？」

陳泰堅決地說：「但見其上，不見其下。」皇帝的死事關重大，只能殺官居高位的人，而不能找一兩個嘍囉頂罪。

司馬昭決定拋開陳泰，強硬擺平這件事情。他高聲宣布：「成濟弒君，罪大惡極，應誅滅九族！」

成濟當時正站在司馬昭一旁，可能還在想著自己會接受什麼樣的獎賞，萬萬沒想到等來的會是這個結果。他當即急了，大聲嚷起來：「成濟只是奉命行事而已，罪不在我！」

司馬昭不等成濟說出更難聽的話來，示意將他立即拖出去。兵士湧上來，堵住成濟的嘴，架了出去。成濟全家因刺穿曹髦的那一矛當即被族誅了。司馬昭再以為臣不忠，禍亂朝政的名義將沒有向自己報信的王經族誅。接著，司馬派勢力迅速地籌辦起皇帝的喪事來。

必須承認，司馬昭對此事的處理並不完美。他以殺戮來掩蓋弒君的真相，反而給人掩耳盜鈴、自欺欺人的感覺。從王經死的時候到現在，曹髦死亡的真相一直就不是什麼祕密。司馬懿的弟弟、司馬昭的叔父司馬孚當時就反對侄子的處理方法。曹髦遇害初期，百官因為司馬昭的態度不明，沒人敢奔赴現場悼念皇帝。司馬孚卻第一時間趕到現場，撫著小皇帝的屍體大哭，邊哭邊說：「殺陛下者，臣之罪。」

司馬孚與其他人人云亦云地參加喪禮不同，上奏要求追究殺君主謀之人。司馬昭不理會自己的叔叔。當時太后和司馬昭商量，以平民之禮埋葬曹髦。司馬孚堅決反對，拉著一批大臣上表要求以王禮安葬曹髦。最後太傅司馬孚、大將軍司馬昭領銜，眾大臣將此事定性：「故高貴鄉公悖逆不道，自陷大禍。現在朝廷依西漢昌邑王因罪被廢的先例，以平民之禮埋葬他。臣等身居高位，卻沒有避免這樣的禍亂發生，真是肝膽破裂。太后仁慈過隆，臣等心有不忍，特加恩以王禮安葬高貴鄉公。」也就是說，曹髦死後被稱為他之前的封號：高貴鄉公。他的死被歸為他的道德缺陷，是咎由自取。因此朝廷將他廢黜，以平民之禮安葬。但因為太后可憐他，所以升格為親王的葬禮。

幾天後，高貴鄉公曹髦在洛陽西北三十里的瀍澗之濱安葬。沒有貴族和大臣送行，沒有旗幟禮樂，整個行列只有幾乘破敗的車輛。有許多百姓圍觀，指指點點。有人說：「這就是前幾天被殺掉的天子。」說完，有人掩面而泣。南朝的裴松之在注釋這段歷史的時候，感歎地說：「司馬昭做得太過了，這哪是王禮安葬啊？」

九、前人種地後人收

一

曹髦兒戲政變失敗，曹魏王朝已經在實質上滅亡了。司馬昭殺死了皇帝，竟然沒有人質問一下，就被輕易遮蓋過去了。司馬昭黨羽遍布朝野，從司徒尚書令到太守縣令都在唯司馬昭馬首是瞻。強弱對比和人心向背，可見一斑。司馬昭之心，路人皆知！

曹髦的死，是突發事件，不在司馬昭的計畫之內。司馬昭尚未準備好走到前臺，決定迎立常道鄉公曹奐為新皇帝。曹奐的輩分很高，是曹操的孫子，燕王曹宇的兒子，與曹睿是同輩，是曹芳和曹髦的叔叔。二五八年，曹奐受封安次縣常道鄉公。司馬昭派去迎接曹奐的使節是自己的兒子司馬炎。司馬炎因迎立之功升任中撫軍，進封新昌鄉侯。這是曹奐與司馬炎的第一次見面。

二六〇年夏六月，司馬炎進封大將軍，司馬昭為相國，封晉公，封地為十個郡；朝廷還給司馬昭加九錫之禮。司馬家族旁支的子弟中還沒有封侯的人全部封為亭侯，賜錢千萬，帛萬匹。司馬昭表示退讓，這樣大規模的封賞行為才沒有付諸實現。六月份還發生了一件小事。漢獻帝的夫人到那時才逝世，曹奐親自過問了這位遜帝夫人的喪事。曹奐派人追謚夫人為獻穆皇后，以漢朝皇后之禮安葬獻穆皇后。

二六三年夏四月，肅慎向曹魏貢獻楛矢、石砮、弓甲、貂皮等物品。天子讓人把這些都送到大將軍府去。按禮，周邊國家和民族朝貢的貢品，只有天子才有資格接受。司馬家族接受貢品此舉，將替代之心明示天下了。

肅慎朝貢的小事被當年發生的大決策給掩蓋了。當年司馬昭派鍾會、鄧艾、諸葛緒率大軍分三路攻蜀。姜維當時正避禍隴上沓中，率軍退回劍閣抵抗鍾會軍。在東部兩路沒有進展的情況下，西路的鄧艾從隴上輕裝出陰平道，冒險越過七百里無人之地，突發奇兵攻下江油、涪城、綿竹等城池，進逼成都。蜀漢後主劉禪派諸葛亮之子諸葛瞻率軍阻攔，諸葛瞻兵敗身亡。劉禪聞訊出降，蜀亡。

最初鍾會出伐蜀漢的時候，西曹屬邵悌對司馬昭說：「鍾會這個人不可信任，不能讓他出征。」司馬昭笑著說：「取蜀易如反掌。但是討論的時候眾人都反對討伐，只有鍾會與我的意思相同。滅蜀之後，北方的將士人心思歸，蜀漢的遺民心懷震恐，即使鍾會有異志，也無能為力了。」事態的發展完全在司馬昭的預料之內。由此可見司馬昭的政治眼光和能力。中國古代歷史上的多數權臣都是能力出眾的個人，相反末代皇帝中很少有可與之匹敵的人選。

二六四年三月，司馬昭因為滅蜀的大功勞被封為晉王，增封十個郡。晉國轄地達到二十個郡之多。兩個月後，曹奐追加司馬懿為晉宣王，司馬師為晉景王。司馬家族完成了王室譜系的建設。同時司馬昭通過朝廷制度改革來加強自身權威。他奏請司空荀顗訂禮儀，中護軍賈充正法律，尚書僕射裴秀議官制，太保鄭沖總負責，曹魏開始建五等爵位。

司馬昭本來想死後將權力傳回哥哥司馬師一系去，經過親信勸諫後，他猶豫再三，最終立中撫軍、新昌鄉侯司馬炎為晉王世子。

二六五年春二月，有藩屬貢獻貢品，再次歸之於相國府。四月，南深郡澤縣出現甘露祥瑞。這一切似乎都預示著本年是一個不平凡的年份。五月，司馬昭走到了距離皇帝寶座的最後一級臺階。曹奐命司馬昭配十二旒的王冕，建天子旌旗，出警入蹕，乘金根車、六馬，備五時副車。晉王王妃晉封為王后，司馬炎由世子改稱太子。遺憾的是，司馬昭的生命也開始走向了末路。朝廷為此大赦，希望挽回相國的生命。然而到了八月，相國、晉王司馬昭還是死去了。司馬昭生前，曾經有人勸說他稱帝。司馬昭指指司馬炎，然後對勸說他的人說：「魏武帝曹操也沒有稱帝。」他給自己的人生定位就是做曹操這樣的幕後英雄，也的確給太子司馬炎留下了紮實的政治基礎。

二

在司馬昭逝世的當月，襄武縣傳言出現了一個巨人，有三丈餘高，足跡長三尺二寸，白髮，黃單衣，黃巾。這個巨人拄著拐杖說：「今當太平。」

司馬炎就是在這樣的傳言中繼承父親爵位、總攝朝政的。一切都非常平穩，就像父親當相國時一樣。九月朝廷大赦。接著司馬炎建立了晉國的官員系統，以司徒何曾為丞相，以驃騎將軍司馬望為司徒，征東大將軍石苞為驃騎將軍，征南大將軍陳騫為車騎將軍。之後，司馬炎再為司馬昭舉辦了隆重的葬禮。

期間，康居、大宛進獻的名馬，依然是送到相國府中。朝廷的說法是為了嘉獎相國司馬家族的懷柔萬國、安定天下的功勳。

一切都很明朗，最後的受禪只是程序問題了。《晉書》和《三國志》中都對最後的禪讓儀式一筆帶過。我們綜合各本史書和《三國演義》的描寫，能夠大致還原當時的情景：

司馬炎與何曾、賈充等親信商議前途舉措。賈充等人勸道：「魏國天數已盡。臣等去勸說曹奐不可逆天而動，按照漢獻帝的先例重修受禪台，具大禮禪位與晉王。晉王您應該上合天心，下順民情，早登大位。」司馬炎在親信的勸說中下定了最終的決心。

曹奐不是傻子，非常清楚自己就是魏國的末代皇帝了。隨著司馬家族勢力日益飛揚跋扈，曹奐心驚膽戰地等待著最後審判的來臨。這一天，司馬炎率領何曾、賈充等人，沒有得到召見便進宮來。曹奐慌忙起身迎接。司馬炎問他：「魏國的天下是誰在出力維持？」

曹奐回答說：「皆賴晉王父祖三代之力。」

司馬炎點點頭。賈充冷冷地說：「陛下文不能論道，武不能經邦。天下深知魏室已經失職很久了，而歸心於晉王一家。陛下何不禪位於才德出眾的司馬家族？」

曹奐雖然將這最後的判決設想了許多次，但真正面對這樣的結果還是不能立即接受。他一下子懵在那兒，不能言語，許久才點頭默認。賈充等人立即修築受禪台。大家挑選了十二月甲子日作為受禪典禮的舉行日。

當日，文武大臣和藩屬使節雲集受禪台周圍。曹奐孤孤單單地捧著傳國玉璽，站在臺上，默然地看著周邊的一切。四十五年前，他的伯伯曹丕就是這個臺上的主角，等待著漢獻帝把玉璽交過來。現如今，他也成了主角，不過處在漢獻帝的角色上。群臣都在恭請晉王司馬炎登臺，沒有人在關注他。司馬炎在眾人的矚目中緩緩地登上臺來。曹奐將玉璽傳給他，走下臺去，穿上官服站在群臣的列首。司馬炎則端坐臺上。曹奐帶頭跪拜司馬炎，行君臣大禮。群臣在他行禮後，山呼萬歲，也行起君臣大禮。這一刻，中國換了統治者。

《三國演義》中有賈充執劍令曹奐伏地聽命的情節。賈充狐假虎威，說的一段話值得後人回味。他說：「漢建安二十五年，魏受漢禪，至今已經四十五年了。現在曹魏天祿已終，天命轉移到了晉室。司馬氏功德彌隆，極天際地，即皇帝正位，以紹魏統。新朝封你為陳留王，出居金墉城。立即起程，非宣詔不許入京。」這段話突出了因果報應的意味，也表現了司馬家族的無情。

時任魏國太傅的司馬懿弟弟、司馬炎叔祖父司馬孚見到此情此景，在曹奐身前跪倒哭泣說：「臣司馬孚，生為魏臣，終身不背魏。」情景感人。司馬炎因為司馬孚是本家長輩，也不能將他怎麼樣。司馬炎的親信慌忙將他拉開。

司馬孚這個人溫厚謙讓，讀了很多經史方面的書，是個君子。漢末亂世中，司馬孚與兄弟幾人有時也處在危亡之中，但是他粗茶淡飯，與世無爭，堅持讀書不倦。司馬孚成年後，正直清白，從不與人結怨，也沒擔任什麼實職。朋友曹植負才傲物，司馬孚就勸他不要鋒芒太露。曹植起初不聽他的話，在經過滄桑歲月的洗禮後，終於覺得司馬孚的話是對的。兩人保持了終生的友誼。司馬懿父子執政後，司馬孚因為是血親，位居高位。但是司馬孚對哥哥侄子們的執政是有意見的，常常自我退損，不參與紛爭。孫子輩的司馬炎圖謀受禪的過程，司馬孚也沒有參與。司馬師、司馬昭對這個忠於魏室的叔叔很頭疼，但又不敢進逼，只能進封他為長樂公。司馬炎即位後，更是不敢進逼。

話說受禪禮完畢後，司馬炎回到洛陽皇宮，在太極前殿正式宣布登基，國號為晉，改元泰始，大赦天下。司馬炎定都洛陽，史稱西晉。司馬家族最後成為天下的主人。

曹奐禪位後，降封為陳留王；魏氏諸王都降封為縣侯。曹奐的陳留王規定位在三公上。晉朝割十縣土地三萬戶人口建立陳留國。曹奐上奏可以不稱臣，接受詔書可以不拜，依然保持天子車服和飲食，郊祀天地的時候繼續使用魏國正朔。後來又規定，陳留王排位在皇太子之上。司馬炎對曹奐還算寬大，不像後世受禪的皇帝一樣對遜帝刀殺藥毒，而是讓曹奐平穩地度過餘生。他和漢獻帝劉協都算是結局比較好的遜帝了。

曹奐遜位時年僅二十歲，被安頓在金墉城（今洛陽市內）居住。不久，司馬炎又命曹奐遷居鄴城。曹奐在鄴城又生活了三十六年，於三〇二年病死。曹奐死後諡號為元帝。史家還習慣稱他為常道鄉公。這位末代皇帝被葬於鄴城東南五公里處，現在臨漳縣習文鄉趙彭城村西還有曹奐墓封塚。這個陳留國在曹奐死後依然保存。後來晉朝大亂，中原陷入異族之手。曹奐的後代跟隨西晉王朝南遷，繼續做東晉的臣子。陳留國在南方復國，傳國到南齊。

司馬孚一直堅持自己的信仰和忠誠。西晉建立後，朝廷規定沒有就藩的親王是不能設置一系列王國的官屬的。司馬孚被封為安平王，但留在首都，沒有直接治理封地，沒有必要設置完備的官屬，但是司馬炎特許他配置完備的安平王國官員，作為皇室親善的榜樣。司馬孚的輩分實在太高了，內有親戚，外有交遊，經常入不敷出。司馬炎就又給他增加了兩千匹絹的俸祿。每到朝會的時候，朝廷特允許司馬孚乘車上殿，司馬炎親自出宮殿在臺階下拜迎。司馬孚坐定後，司馬炎親自捧觴上壽，行家人禮，而不行君臣之禮。

司馬孚雖然在新的王朝裡備受尊崇，但不以為榮，常常面帶憂慮神色。每次皇帝司馬炎向他行家庭拜禮的時候，司馬孚都要跪地阻止。臨終，司馬孚交代的遺令幾乎就是自己寫給自己的墓誌銘：「有魏貞士河內溫縣司馬孚，字叔達，不伊不周，不夷不惠，立身行道，終始若一，當以素棺單槨，斂以時服。」（魏國忠臣溫縣司馬孚，字叔達，一生不偏不袒，安身立命，恪守道德，始終如一。死後用薄棺材和平常的衣服入殮即可。）司馬孚死於泰始八年（二七二年），時年九十三歲。這在古代中國，算是極其高壽了。司馬孚對魏國的忠貞固然是信仰使然，其中更有對自家在奪權過程中殘殺過度的反對和擔憂、後怕的情緒作用。

十、三家歸晉

一

西晉建立後的頭十五年，都沒有統一天下，而是和江南的東吳隔江對峙。

孫權晚年，東吳賦役苛重，吳國社會矛盾加劇。晚年的孫權「性多嫌忌，果於殺戮」，搞得朝臣人人自危。孫權死後，統治階層爭奪權力，爆發了一連串的宮廷內爭和帝位更迭，國家開始陷入混亂。孫權之後是孫亮，孫亮之後是孫休。孫休臨死時，指定丞相濮陽興、左將軍張布為顧命大臣，讓他們輔助太子繼位。當時蜀漢初亡，東吳南部交阯叛亂，國內震懼，人人貪得長君。濮陽興、張布看到太子年幼，竟然違抗孫休遺詔，迎立孫權之孫烏程侯孫皓為皇帝。二六四年，孫皓稱帝。他雖然是成年人，但胡作非為，絲毫沒有扭轉東吳的內憂外患，卻讓混亂進一步加劇。

孫皓是出了名的暴君，還動不動就敲碎大臣腦袋，殺人如麻。濮陽興、張布很快就後悔了，可惜還沒找到後悔藥就被孫皓砍了腦袋。孫皓還豪奢鋪張，盡情享樂，好酒色、興土木，搞得吳國「國無一年之儲，家無經月之畜」，人民揭竿而起，朝臣離心離德。孫皓對西晉的威脅，毫無戒心，還好大喜功，主動派兵攻晉，但多因草率而無功。名將陸抗認為晉強吳弱，不只一次上書反對主動攻晉，要求加強備戰，他還預見到晉兵會從長江上游順流而下，特別要求加強建平（今湖北秭歸）、西陵（今湖北宜昌東南、西陵峽口）的兵力。可孫皓迷信長江天險可保平安，從未認真在戰備上下功夫。

二六九年，西晉派大將羊祜坐守軍事重鎮荊州，主持對吳作戰。羊祜坐鎮荊州後，減輕賦稅，安定民心，採取了「以善取勝」的策略。羊祜每次交戰都告知東吳時間，從不發動襲擊。對於主張偷襲的部將，羊祜一律賞酒灌醉。西晉部隊越境搶糧作為軍糧，但每次都留下相同價值的絹作為交換。羊祜遊獵的範圍也往往局限於西晉境內。同時，羊祜向吳軍大施恩惠。由於孫皓揮霍無度，部隊士兵常常領不到軍餉，連飯也吃不飽。羊祜命人向吳軍送酒送肉，瓦解吳軍。這樣，不時有吳軍前來投降，羊祜下令說：吳軍來要歡迎，走要歡送。有一次，吳將鄧香被晉軍抓到夏口，羊祜部下堅持要殺掉，羊祜不但不殺鄧香，而且還親自為其鬆綁，把鄧香送了回去。有時，吳軍狩獵打傷的野獸逃到了晉軍領地，晉軍也把這些野獸送到吳軍帳內。因此，東吳和西晉兩軍不像敵人倒像是友軍，和睦共處。東吳官兵大多對晉軍抱有好感。

羊祜的對手是鎮守江陵的東吳大將陸抗。陸抗出身東吳世族，孫皓對陸抗非常客氣，除了不採納勸諫外，放手讓他負責西段軍事。陸抗到任後，積極採取守勢，鞏固長江防線。

陸抗和羊祜兩人交手，多數是在打「心理戰」，留下了許多惺惺相惜的佳話。陸抗一次生病竟然向羊祜求藥，羊祜馬上派人送藥過來，並說明這是自己新配製的藥，還未服，先送給陸大將軍吃。部將擔心其中有詐，勸陸抗勿服，陸抗認為「羊祜豈鴆人者」，放心服下。同樣，陸抗送給羊祜的酒，羊祜也飲之不疑。這看似奇怪，實際上卻是兩軍在打道德戰、士氣戰，比的是心理素質。

陸抗就告誡將士：「彼專為德，我專為暴，是不戰而自服也。各保分界而已，無求細利。」陸抗掌軍時，東吳並未在心理戰上分毫輸給西晉。

陸抗在勉力維持，孫皓又在後面搗亂。貪小便宜的孫皓多次派軍入侵晉國邊界，取得一些小成績，沾沾自喜，大吹大擂。陸抗認為此舉驚擾邊界百姓，有弊無利，上書勸諫說：「宜暫息進取小規，以畜士民之力，觀釁伺隙，庶無悔吝。」孫皓還是不採納，相反對陸抗和羊祜的做法很不理解，派人責問。陸抗回答：「一邑一鄉，不可以無信義，況大國乎！臣如果不這麼做，正是彰顯羊祜之德，滅了我方威風。」

但孫皓還是給陸抗帶來了大麻煩。鳳凰元年（二七二年）夏天，暴戾無道的孫皓逼反了陸抗的部下——昭武將軍、鎮守西陵的步闡。步闡世代為將，不忍孫皓迫害，以本部兵馬和西陵城向晉武帝司馬炎投降，並送侄子為人質，向西晉求援。司馬炎任命步闡為衛將軍，兵分三路予以支援：命荊州刺史楊肇進入西陵協防步闡，命車騎將軍羊祜率五萬軍隊進攻江陵，命巴東監軍徐胤率水軍進攻建平。西陵是四川出三峽的第一站，也是東吳長江防線的最西站。它的淪陷，將動搖整個長江防線。陸抗抽調西線各處兵馬，日夜兼程進圍，要不惜一切代價奪回西陵。

到了西陵，陸抗不急著攻城，而是命令各軍在西陵周邊構築高牆，割斷步闡和西晉援軍的聯繫。築牆的工程量巨大，時間又緊，東吳官兵晝夜築圍，非常辛苦。諸將多有怨言，紛紛勸陸抗說：「現在三軍銳氣正盛，可以速攻步闡，不等西晉救兵來西陵城就能攻下。何必大造圍牆，浪費勞力和物資呢？」陸抗說，西陵城地處險要，之前又把城牆修得牢固無比，還儲存了大量糧草和守城器械，都是陸抗親自督辦的。現在如果一味猛攻，不僅城池攻不下來，等西晉援軍來了就要內外受敵，沒法抵禦了。宜都太守雷譚不聽，言辭懇切，請求進攻。陸抗為了讓大家了解實情，同意雷譚帶部分軍隊攻城，結果大敗而歸。眾將這才相信西陵是塊硬骨頭，轉而抓緊修築圍牆，在西晉援軍到來前將西陵城團團圍住。

西陵戰鬥還膠著著，羊祜的五萬大軍到達江陵了。眾將請求陸抗去江陵督戰。陸抗再次力排眾議，以為江陵的情況和西陵類似，城牆堅固，兵精糧足，西晉短時間內攻不下來。即使敵人佔領了江陵，孤城也守不住，損失不大；如果西陵落到西晉手裡，整個長江防線就破了，吾寧棄江陵而赴西陵，況江陵牢固乎？」所以，陸抗堅持趕赴西陵督戰。當年年底，西晉楊肇部終於抵達西陵，徐胤的水軍也進抵建平。陸抗分兵防守這兩支敵軍，還派人防備羊祜南渡、攔截徐胤水軍順流東下，自率大軍依靠搶險修好的圍牆與楊肇對峙，以待戰機。

吳將朱喬、都督俞贊失去信心，叛逃晉軍。陸抗說：「俞贊軍中多舊吏，知道我軍的虛實，我常擔心某地防守有漏洞，敵人知道後肯定會先攻此處。」陸抗連夜撤換那處地方的軍隊，替換上精兵強將。第二日，楊肇集中兵力進攻那個防區弱處。陸抗指揮反擊，打敗晉軍。僵持到年關將近，楊肇計窮，在夜幕掩護下逃走。陸抗怕追擊後圍城力量空虛，被步闡出城襲擊，所以只擂鼓佯作追擊。楊肇卻被嚇破了膽子，丟棄鎧甲狂逃。陸抗只派出一隊輕兵追擊，竟然將晉軍逼回四川。羊祜本來就是掩護軍隊，知道主力失敗後主動撤兵。

西陵最終被西晉各軍拋棄，陸抗開始督率軍隊猛攻狂打，很快就攻克了西陵，俘殺步闡及其部屬數十人，全都誅滅三族。城內數以萬計的脅從者被赦免。陸抗重新修治了西陵城池後，陳軍東還。雖然勝利凱旋，陸抗卻「貌無矜色，謙沖如常」，因功加拜都護。

鳳凰三年（二七四年）西晉益州刺史王濬在巴蜀大造戰船，訓練水軍。部分造船材料和木屑順流而下，被東吳守軍獲得。吳建平太守吾彥取之以呈孫皓說：「晉必有攻吳之計，宜增建平兵。建平不下，終不敢渡。」當時陸抗已經病重，仍堅持上書說：「西陵和建平兩城是國家的屏障。如果敵人泛舟順流而下，瞬間就能到達這兩地，我軍根本來不及救援。此乃社稷安危之機，非徒封疆侵陵小害。臣父陸遜曾以為西陵是國家的西門，若有閃失，非但失一郡，整個荊州都不再為東吳所有。如果西陵有事，我們當傾全國之力爭之。臣所統地區方圓千里，四處受敵，外禦強敵，內懷百蠻，內在已經弊端重重，羸弱不堪，難以待變。乞求朝廷加以充實，補足疆場受敵的損失，讓臣所部兵馬滿員八萬，省息眾務，信其賞罰。如果軍隊不增，制度不改，而欲克諧大事，此臣之所深慽也。臣死之後，乞以西方為屬。」陸抗抱病直言，深深憂慮局勢，隱隱中看到了東吳兵敗國亡的命運。但強烈的責任感讓他不能不犯顏直諫。可悲的是，孫皓對陸抗、吾彥的建議和警告，一概不予重視。孫皓依然置之不理。陸抗在當年死去，從此東吳再無良將。

羊祜苦心經營荊州，志在滅吳。但陸抗在世時，他知道不容易成功，就沒有發起進攻。陸抗一去世，羊祜便上疏請命伐吳。他說：「今江淮之險不如劍閣，孫皓之暴過於劉禪，吳人之困甚於巴蜀，而大晉兵力，盛於往時。」羊祜預測滅吳要比滅蜀容易。賈充、荀勖、馮紞等人竭力反對伐吳。司馬炎將伐吳之議擱置。羊祜聞訊感歎：「天下不如意事，十常七八，天與不取，豈不令人抱憾！」咸寧四年（二七八），羊祜抱恨去世，臨終舉薦杜預繼任。

二

西晉內部在伐吳問題上呈現出完全相反的兩派意見。賈充、荀勖等人明確反對伐吳，認為東吳有長江天險難以取勝，當年曹操率幾十萬得勝之師就大敗而歸。在之前的歷史上，還沒有人征服過長江天險。賈充、荀勖等人精於權謀，爭權奪利是高手，卻疏於大勢，不是大氣的政治家。他們這一派人掌握著中樞實權，和司馬炎關係很近，所以在伐吳問題上佔據了上風。

順帶說一句，西晉的天下由陰謀篡位而來，開國君臣並無經過征戰磨礪。大臣中有很多賈充、荀勖這樣的人，政治操守和素質都欠佳。

張華、杜預、王濬等伐吳派，一再上疏求戰。咸寧五年（二七九），益州刺史王濬上奏：「臣作船七年，日有朽敗；臣年七十，死亡無日。」西晉建立已經十四年了，王濬等伐吳將領等待多年，實在是再經不起歲月的無情流逝。杜預也從襄陽七次上疏，尖銳地指出賈充等人既不同意出兵伐吳，又說不出用兵必敗的理由，只因為一些大臣反對用兵就耽誤天下統一大業，實在不應該。杜預的奏摺遞到之時，司馬炎正在和張華下棋。張華見了，推開棋盤說：「陛下聖武，國富兵強，吳主淫虐，誅殺賢能，當今討之，可不勞而定，願勿以為疑！」沒有不想一統天下的皇帝，司馬炎更是開國皇帝，本來就有意伐吳，如今被伐吳派一激，終於下定了伐吳決心。

當年，備戰多年的晉軍大規模伐吳。二十萬晉軍水陸並舉，杜預率荊州之兵在湖北渡江，司馬伷、王渾等率軍東出江淮，王濬率益州水軍出三峽順江而下。司馬炎任命賈充為大都督，統帥伐吳各軍。賈充缺乏軍事才幹，又對伐吳沒有信心，推說自己年老體弱不肯受命。司馬炎堅持不收回成命，說你如果不率兵出戰，朕就要御駕親征了。賈充無話可說，只好赴任。

各路晉軍直撲東吳。卻說荊州東吳在巫峽釘下了無數個鋒利無比的、長十餘丈的鐵錐，中間用粗大的鐵鍊相連，封鎖了江面。王濬的水軍先用大竹排放入長江，在船上載了無數根長數丈、麻油澆灌的火炬，點燃火炬後引燃竹排，用熊熊烈火燒斷鐵鍊。就這樣，東吳長江的防守設施被一個個排除了。荊州吳軍鬥志瓦解，在王濬和杜預水陸夾攻下望風披靡。杜預率軍攻克江陵後，荊州郡縣大多投降，杜預率軍南下，王濬則揮軍東進。在東邊，太康元年（二八〇）正月，長江北岸已經能看到王渾所部晉軍。孫皓這才慌張起來，急令丞相張悌等率兵三萬渡江迎擊。結果晉軍大勝，張悌等人戰死。吳國上下慌作一團，三月王濬的水軍逼近建業，孫皓遣游擊將軍張象率水軍萬人抵抗，無奈吳軍鬥志全無，望旗而降。張象敗後，孫皓還拼湊了二萬人的部隊，竟然在作戰的前夜都逃亡了。至此，吳國無兵可戰，首都建業被各路晉軍團團圍住。

東吳只剩下投降一條路了。投降的時候，孫皓要了個小伎倆，分別遣使奉書於王濬、司馬伷、王渾三處求降，企圖挑撥離間從中漁利。離建業最近的是王濬、王渾兩軍。出兵前，司馬炎規定王濬的水軍在荊州受杜預的節制，到揚州後受王渾的節制。收到降書後，王渾以議事的名義要王濬停止進軍。王濬不顧王渾的節制，在三月十五日率部鼓噪進入建業，搶佔了頭功。孫皓面縛出降，東吳滅亡。西晉統一了全國。唐代大詩人劉禹錫的《西塞山懷古》專門描寫東晉滅吳之役：「王濬樓船下益州，金陵王氣黯然收。千尋鐵鎖沉江底，一片降幡出石頭。人世幾回傷往事，山形依舊枕寒流。從今四海為家日，故壘蕭蕭蘆荻秋。」

孫皓投降前後，作為各路晉軍統帥的賈充駐紮後方，對前線戰況並不了解。王濬的大船都開進了建業，孫皓都投降了，賈充還上奏，認為春天來了，江南低濕，擔心晉軍爆發疾疫，建議立即班師。如果晉軍戰敗了，「雖腰斬張華不足以謝天下！」奏疏遞了上去，前方傳來了吳國投降的捷報，賈充追悔莫及，怕司馬炎怪罪，慌忙跑到洛陽請罪。司馬炎也沒有處分他。

孫皓投降後，司馬炎封他為歸命侯。見面時，司馬炎對他說：「朕設此座待卿已久。」孫皓回答：「臣在南方也設有等候陛下的座位。」一旁的賈充想獻媚，故意揭孫皓的短，想讓他難堪：「聽說您在南方鑿百姓雙眼，剝百姓頭皮，這算是什麼刑罰？」他以為孫皓必定慚愧請罪，不料孫皓冷言相向：「我這是用來懲罰那些弒君叛逆的。」這句話反倒戳到了賈充的痛處。他不就是殺害曹髦的元兇嗎？賈充頓時滿面羞慚，無言相對。司馬炎也沒有處分孫皓，一笑了之。

司馬炎雖然是西晉的開國帝王，統一了大亂分裂近九十年（一九四至二八〇）的神州大地，但靠的是祖父和父輩奠定的政治基礎，靠的是北方強大的經濟基礎。他本人就是個平常之人，沒有過人的膽略，也談不上有什麼才華。重臣何曾對家人評價司馬炎：「吾每宴見，未嘗聞經國遠圖，唯說平生常事。」

還有一個段子，說司馬炎曾問司隸校尉劉毅：「朕可與漢朝哪一個皇帝相比？」劉毅不客氣地答道：「漢桓帝、漢靈帝。」司馬炎見劉毅將自己比作東漢昏君，大為驚奇：「我還不至於那麼差吧？」劉毅答道：「桓靈二帝賣官鬻爵，可錢進了國庫，陛下卻將賣官的錢占為私有，如此相比，恐怕你還不如桓靈。」劉毅的指責十分尖銳，司馬炎也沒有生氣，反而笑道：「桓靈時沒有人說這話，如今朕有直臣，遠勝於他們了。」可見司馬炎還是比較寬容開明的，能聽得進諫言，可惜左耳進右耳出，聽了以後沒有行動。

總體來說，司馬炎資質平常，很大程度上適應了當時社會的需要。國家經過半個多世紀的分裂後重新統一，恰恰需要一個不折騰、安靜治國的守成之君。司馬炎的個性寬鬆和政治上的無為，適應了現實的要求。南北統一和若干經濟恢復措施，使西晉初期的社會經濟逐年增長，國家賦稅收入逐漸充裕，人口逐年增加。從西晉滅吳的太康元年（二八〇）到司馬炎臨死前一年、太康十年（二八九）的這十年，也被豔稱為「太康繁榮」。

十一、太子是個白癡

一

西晉初年，全天下都知道晉武帝司馬炎的太子司馬衷是個白癡。

司馬衷的白癡是先天性的，是那種一眼就能看出來不正常的白癡。他從小就不會正常走路，快十歲了還口齒不清，分不清楚大豆和大米的區別，更談不上讀書寫字了。

有兩件事，可以說明司馬衷白癡到了什麼程度：

第一件事是說在一年的夏天，成年以後的司馬衷帶著隨從到華林園去遊玩。走到一個池塘邊，一行人聽到池塘裡傳出咕咕的青蛙叫聲。司馬衷覺得很奇怪，於是便問隨從：「這些咕呱亂叫的東西，是為官呢還是為私？」隨從們聽到這樣的問題，心裡覺得好笑，可嘴上又不知道怎麼回答才好。也許是其中一個隨從對司馬衷的白癡問題習慣了，急中生智說道：「在官家裡叫的，就是為官的；若在私家裡叫的，就是為私的。」司馬衷覺得很有道理，頻頻點頭。

第二件事情說的是一年天下災荒，餓殍遍野；百姓流離失所，出現許多餓死的人。在朝廷上，自然有大臣議論起這件事情來。司馬衷突然發問說：「這些人沒有飯吃，為什麼不去吃肉粥呢？」

大臣們哭笑不得。但對於司馬衷來說，米飯和肉都是他日常吃的，現在沒有飯吃了，為什麼不去吃肉呢？

這麼一個明顯弱智、連生活都不能自理的人怎麼就成為太子了呢？

司馬衷是司馬炎和楊皇后嫡生的次子。司馬衷的哥哥司馬軌早夭，司馬衷很自然地成為皇位的第一繼承人。他被立為太子時，只有九歲。史書上沒有任何有關司馬衷立太子爭議的記載。也許對於一個九歲的孩子來說，還沒有接觸朝廷大臣，而且太子年紀也小，反應遲鈍一點也並不被視為大事情，所以群臣沒有就司馬衷被立為太子一事提出疑問。同時司馬衷的生母是皇后，正得到司馬炎的寵愛，大臣們也沒有人公開反對。隨著司馬衷開始長大，難以掩飾的智力缺陷暴露了出來。人們不禁在心中發問：太子將來能否勝任天子寶座？是不是應該及時更換太子？

最先對司馬衷的能力提出懷疑的是他的父親司馬炎。

史載：「帝以皇太子不堪奉大統，密以語后，后曰：『立嫡以長不以賢，豈可動乎？』」可見司馬炎認為自己的這個兒子勝任不了統治天下的重任，曾經悄悄地和皇后透露了想更換太子的意思。但是楊皇后非常袒護司馬衷，勸丈夫說：「自古以來，立嫡長子，而不考慮其能力高低。這樣的老規矩怎麼能更改呢？」晉武帝的另一個寵妃趙氏得到了楊皇后的好處，也跟著為司馬衷說好話：「太子司馬衷只不過是幼時貪玩，不長進。小時候就顯露出超常能力的人畢竟是少數。太子將來必大器晚成，繼承大統。」耳朵根軟的司馬炎被枕邊風一吹，也就打消了更換太子的意思。

朝野大臣對司馬衷也不滿意，希望更換太子。

咸寧初年（二七五），司馬衷到了出居東宮的年紀，開始接觸外廷大臣。隨著太子獨立建立東宮，朝野對其能否治理國家的懷疑越來越重。咸寧二年（二七六），晉武帝患病，病情還挺嚴重。朝野一度開始考慮最高權力轉移的問題。多數人屬意於司馬炎的弟弟、齊王司馬攸，希望以司馬攸來取代弱智的司馬衷。齊王妃是賈充的長女。河南尹夏侯和就對賈充說：「你的兩個女婿（司馬衷也是賈充的女婿），親疏相等。但是『立人當立德』，希望你能夠參與更立太子的行動。」賈充默默不答。後來晉武帝病癒了，聽說這件事，將夏侯和調任為有名無實的光祿勳（原來的河南尹掌握首都及周邊地區的政權），並奪去了賈充的兵權，公開表示對太子司馬衷的支持。司馬炎如此處理，一時間朝野上下不敢再提太子能力的問題。

就在大多數朝臣明哲保身，對太子一事默不作聲的時候，少數幾位重臣以自己的方式進行了勸諫，試圖讓司馬炎相信司馬衷能力太差，實在不是做皇帝的料。有著滅蜀大功的衛瓘就是其中之一。史載：「惠帝之為太子也，朝臣咸謂鈍質，不能親政事。」衛瓘很想勸皇帝廢掉太子，但每次想開口的時候，都找不到合適的時機和話題。後來有一次司馬炎在陵雲台舉辦君臣宴會，衛瓘裝著大醉的樣子，就勢跪在晉武帝的榻前說：「臣有些話想啟奏皇上。」晉武帝就說：「你想說什麼呢？」衛瓘三次都欲言又止，最後只是用手撫著晉武帝的座位說：「此座可惜了啊！」晉武帝非常聰明，一下子就明白了。他將錯就錯地說：「你真的是喝得大醉了。」衛瓘從此閉嘴，不再就太子廢立一事說話。侍中和嶠是另一位勇敢提出太子廢立意見的大臣，只是他採取的形式非常直接。和嶠怎麼看司馬衷都覺得是一個白癡，就趁自己經常陪侍皇帝左右的時候說：「皇太子有淳古之風，這是好事；但是現實是非常複雜的。恐怕將來就不僅只是陛下的家事。」司馬炎聞言，採取的對策是默然不答。

大臣們的勸諫多少還是對晉武帝產生了影響。他對群臣的意見雖然可以視而不見，或者採取間接的手段打壓下去，但他作為西晉王朝的開國帝王，不可能在關係到子孫後代、帝王萬世之業的事情上馬虎從事。沒有比他這個父親兼皇帝更明白司馬衷的實際情況。司馬炎決定再測試一下已經長大的太子的實際能力。

司馬炎的測試方法就是派遣幾位朝臣去考察太子，看太子能否承擔統治大任。他選中的朝臣是和嶠、荀顗、荀勖三位侍從近臣。司馬炎說：「太子近日入朝，我看他有所長進，你們三人可以一起去拜訪太子，談論世事，看看太子的反應。」三個人就按照皇帝的吩咐去做了，回來的時候荀顗、荀勖兩個人都稱太子明識弘雅，誠如明詔，沒有問題。和嶠則說：「聖質如初耳！」（還是和以前一樣白癡。）司馬炎很不高興，離席而去。

司馬炎決定親自試驗一下太子，考考傻兒子處理政務的能力。一次，晉武帝將東宮大小官屬都召到身邊來，為他們舉辦宴會。暗地裡，司馬炎密封了幾件疑難的政務，讓人送去給太子處理。他的想法是：我已經將太子身邊所有的人都支走了，現在就只能由太子自己來處理這幾件疑難問題了。如果處理得好，就證明了太子的能力沒有問題。如果處理不好，就是太子無能了。

司馬衷連五穀都分不清楚，哪能處理疑難政務，只能呆呆地看著父親送來的文件。正當他要將空白紙送還給父親的時候，太子妃賈南風非常害怕，忙找了外人來做「槍手」，幫傻丈夫作答。估計她請來的是迂腐的學者，在回答的時候旁徵博引，義正詞嚴，慷慨激昂。賈南風看了回答，非常滿意。但是給使（宮中的侍從）張泓在旁邊看了以後，提醒說：「太子不學無術，這是皇上非常清楚的事情。現在的答詔廣泛引用，文采飛揚，皇上肯定懷疑是否是太子親自寫的，並且追究作弊的人，根本過不了關的。還不如直接用大白話把問題給說清楚呢。」賈南風大喜，忙對張泓說：「來，你幫我好好回答，成功了與你共用富貴。」張泓平素有些小才，現在用大白話把所有疑難都說清楚了，再讓太子抄寫一份。

司馬炎看了太子抄的張泓的答案，覺得雖然用語簡陋粗淺，但還是將所有問題都談到、談清楚了，很高興。他先將太子「處理」的政務交給太子少傅衛瓘看。衛瓘先是非常吃驚，進而異常惶恐。大家都知道衛瓘先前有廢立太子的意思，現在見此，忙稱萬歲。事後，賈充曾暗地裡派人告訴女兒賈南風：「衛瓘老奴，幾破汝家。」從此，司馬炎對司馬衷基本感到滿意。廢立太子的風潮再也沒有出現過。

司馬衷太子的位置得以鞏固的另一個原因是他生了一個好兒子司馬遹。司馬炎非常喜歡孫子司馬遹，這為司馬衷太子之位的鞏固加分不少。皇孫司馬遹乖巧聰慧，司馬炎一度想將皇位傳給司馬遹，因此易換太子的想法也就更加淡薄了。

西晉之後有傳聞說司馬遹其實是司馬炎的私生子，所以司馬炎特別喜歡司馬遹，同時為了掩飾自己的過錯，也為了傳位給私生子，所以才鞏固了白癡兒子司馬衷的太子之位。

這得從司馬遹的生母謝玖說起。謝氏容貌清秀，美麗大方，很小就被選入晉武帝後庭做才人。司馬衷九歲被立為太子的時候，朝廷就開始準備挑選太子妃的人選了。「武帝慮太子尚幼，未知帷房之事。」也就是說，司馬炎怕自己的白癡兒子不知道兒女之事，決定先派個人給司馬衷性啟蒙。司馬炎挑選的就是自己身邊的才人謝氏。謝才人陪伴司馬衷一晚，就懷孕了。性情殘忍嫉妒的賈南風成為太子妃後對東宮的嬪妃隨意殺戮，獨獨對謝才人不敢胡來。謝才人也知道自己的處境，請求回到了司馬炎身邊，然後生下了司馬遹。司馬炎對司馬遹非常寵愛。幾年後，司馬衷進宮朝見父皇，看到一個三四歲的小孩子和自己的幾個弟弟一起玩耍，非常可愛，便走過去拉著那個小孩傻笑起來。晉武帝遠遠望見，走到司馬衷跟前，對司馬衷說：「這是你的兒子啊。」這段事情被記載在《晉書》中，引來了後人無數的猜疑。

二

除了司馬衷這個白癡外，難道司馬家族就沒有其他智商正常、能力出眾的政治繼承人了嗎？有。那就是司馬炎「明德至親」的胞弟、齊王司馬攸。司馬攸為人「清和平允，親賢好施，愛經籍，能屬文，善尺牘」，聲名良好，「才望出武帝（司馬炎）之右」，不論血統還是能力都有繼位的資格。司馬炎的兒子不行了，為什麼不傳位給親弟弟呢？

齊王司馬攸是晉武帝司馬炎同父同母的弟弟。當年，司馬炎的父親司馬昭見哥哥司馬師沒有兒子，就把自己的二兒子司馬攸過繼給了哥哥做兒子。後來，司馬師逝世了，司馬昭掌權成為晉王，其間多次想把二兒子司馬攸立為世子。當時司馬昭每次見到司馬攸，都拍著自己的座位親暱地用小名招呼二兒子說：「桃符，這是你的座位啊。」史載司馬攸「幾為太子者數矣」。

司馬昭老的時候，一度非常想把自己的權力重新轉移給哥哥司馬師一系，也就是傳給司馬攸。說到底，傳給司馬攸也就是傳位給自己的親生兒子，司馬昭非常希望能夠見到這樣的結果。但是左右親信何曾、賈充等人死死勸諫司馬昭說：「中撫軍（指在魏國擔任中撫軍、新昌鄉侯的司馬炎）

聰明神武，有超世之才。他髮委地，手過膝，此非人臣之相也。」他們堅決反對將權力轉移回司馬師一邊。司馬昭見親信反對，加上司馬炎畢竟是嫡長子，能力也不錯，最終打消了以司馬攸為繼承人的念頭。但是在司馬昭臨死的時候，他還掙扎著向司馬炎、司馬攸兄弟講解漢朝淮南王、魏朝陳思王與當兄長的皇帝之間不相容的故事，勸誡二人友愛相扶。司馬昭更是拉著司馬攸的手讓司馬炎好好對待弟弟。

司馬炎的母親王太后臨死的時候，也流淚對司馬炎說：「桃符性急，而你又不慈愛。我死後，恐怕你們兄弟不能相容。希望你這個當哥哥的能夠友愛自己的弟弟，勿忘我言。」

司馬炎成為晉武帝後，封齊王司馬攸「總統軍士，撫寧內外」。司馬攸在政治實踐中立了許多功勞，威望越來越高。司馬攸對晉朝以及自己封地內的官吏、人民恩養有加，「時有水旱，百姓則加振貸，十減其二，國內賴之」。他做人「降身虛己，待物以信」，並不時勸諫晉武帝務農重本，去奢即儉。到了司馬炎的晚年，各位皇子年弱無力，而太子司馬衷又是明擺著弱智。朝臣內外大多屬意於齊王司馬攸繼位。

司馬炎的確像父母擔心的那樣，對人不夠寬容，即使是對親弟弟也一樣。司馬攸的功勞和威望的增加讓司馬炎總覺得是對自己的威脅。他並不希望將皇位傳給弟弟。當時晉武帝左右一些反司馬攸的大臣則抓住皇帝的心思，進行了迫害司馬攸的活動。中書監荀勖、侍中馮紞等人害怕晉武帝死後司馬攸繼位，對自己不利，就老在晉武帝耳邊說司馬攸的壞話。他們說：「陛下萬歲之後，太子不得立也。」晉武帝大驚，問：「為什麼？」荀勖就乘機說：「朝內朝外官員都歸心於齊王，太子又怎麼能得立呢？陛下如果不信，可以假裝下詔書讓齊王回到封地去，肯定會出現舉朝以為不可的局面。」馮紞也進一步說：「陛下讓諸侯歸國，這是國家制度。親人理應遵守。皇上至親莫如齊王，他應該首先回應命令離開京城回自己的封地。」晉武帝對弟弟的猜忌被這幾個人的話語給挑逗了起來，認為他們的話很有道理，於是下詔令，先是把濟南郡劃入齊國封地，增加了弟弟的封地，再是封侄子、司馬攸的兒子司馬蹇為北海王，又贈六榆之舞、黃絨朝車等儀物，最後命齊王司馬攸回封地就藩。

詔書下達後，朝中王渾、王駿、羊琇、王濟等一幫大臣紛紛切諫。大家認為齊王是皇上至親，應該留京輔政。一些大臣還抬出司馬昭、皇太后的遺命，引經據典，勸晉武帝收回成命。司馬炎不聽，認為「兄弟至親，今出齊王，是朕家事」。

齊王司馬攸當時正在生病。他知道哥哥猜忌自己，也知道荀勖、馮紞等人於自己不利，就上書乞求去為死去的生母王太后守陵。司馬炎不允許，還連下詔書催促。眼見催促就藩的詔書一道比一道急，司馬攸急火攻心，病勢加劇了。司馬炎卻更加懷疑弟弟是在裝病。為了查明弟弟是否真的生病了，他不停地派宮中御醫到齊王府診視。御醫們久在皇帝身邊，自然知道晉武帝的心思。他們為了自身的利益，回宮後都稟告說齊王身體安康，並沒有生病。司馬炎自然是相信弟弟在裝病，對司馬攸越來越不滿了。

司馬攸的病情一天比一天沉重；司馬炎催促上路的詔書一天比一天多，一道比一道嚴厲，沒有絲毫迴旋的餘地。司馬昭夫婦生前擔心的事情終於發生了。司馬攸性情剛烈，見事情無法挽回，就掙扎著換上一身新朝服，梳洗穿戴停當，入宮面辭晉武帝。他雖然病得連路都走不穩了，精神疲憊到極點，卻還強裝著儀表，舉止如常。晉武帝見了，更加認定弟弟是在裝病了。在宮中，兄弟二人例行公事，司馬攸辭行回封地去了。沒幾天，病入膏肓的司馬攸就在路上吐血身亡，年僅三十六歲。

司馬炎接知齊王的死訊，才知道司馬攸不是裝病，真的是病死了。他不禁悲從中來，慟哭不已。畢竟齊王是自己的至親。馮紞卻開導司馬炎說：「齊王矯揉造作，聚攏天下人心。現在他暴病身亡，是社稷之福。陛下不必如此哀痛。」司馬炎想想，被說中了心坎，也就停止了哭泣。

朝廷為齊王舉辦了隆重的葬禮。臨喪之時，司馬攸的兒子司馬冏伏地嚎哭，控訴御醫指證父親無病，耽延了診治。司馬炎臉面無光，也就順坡而下，處死了先後派去為齊王診病的御醫。一場皇位繼承的較量就以司馬攸的徹底失敗告終了。

三

在太子位更易的較量中，司馬炎是勝利者。但是沒有出場的司馬衷也是勝利者，而且是更大的勝利者。

白癡司馬衷太子之位的確立和鞏固，是許多原因相互作用的結果。比如楊皇后對晉武帝的勸告，賈充及其黨羽對司馬衷的支持，太子妃賈南風的精明，皇孫司馬遹的聰慧等等。但是晉武帝司馬炎作為決策者本身構成了最大的原因，要為白癡皇帝的出現承擔主要的責任。司馬炎受主觀意願的影響，偏聽偏信。一方面，他堅持嫡長子繼承制度，即使看到了兒子的弱智，也下不了更換的決心。在後宮妃子的鼓動下，他從心裡鞏固了司馬衷的太子地位。另一方面，即使面臨著更優的選擇，司馬炎出於陰暗心理，排斥他人，只相信自己一脈的繼承者。

很奇怪的是，司馬衷自己卻毫無作為，輕易地成為太子並鞏固了地位。也許他對周邊的這一切明爭暗鬥都毫無感覺，但是他的出身和婚姻關係卻決定了他後半生的命運。

在中國古代根植於血統原則的世襲制度下，皇位繼承就是如此的有趣。它看重的不是一個人的能力和威望，而完全是基於血緣的身分。即便有人想改變血緣的強硬標準，也很難阻止像司馬衷這樣的白癡成為新的皇帝。

司馬炎強迫齊王司馬攸就藩的時候，駙馬王濟除了自己陳情外，還和另一個駙馬甄德一起發動各自的妻子，也就是公主入宮規勸父皇司馬炎收回成命。面對哭泣的女兒們，司馬炎發怒說：「朕和齊王是兄弟至親，齊王就藩是朕的家事，甄德、王濟怎麼能屢次讓老婆來哭哭啼啼的！」王濟是司馬炎非常喜歡的女婿，才氣逼人，招人喜歡，如今也因為這件事情被貶官外放。

不久，司馬炎又想召回心愛的女婿，就對和嶠說：「我想痛罵王濟一頓，然後給他加官晉爵，如何？」和嶠提醒他，這不是一個好主意。結果，司馬炎還是召回了親愛的女婿王濟，痛罵了他一頓，然後問他：「你慚愧嗎？」王濟回答：「民謠說，哪怕只有半尺布一斗粟，兄弟也要共同分享。每次我聽到這句民謠，就為陛下感到可悲。其他人能令親友疏遠，臣不能使陛下兄弟親愛，感到有愧於陛下。」司馬炎聞言，採取了一貫的應對方法：默然不語。

十二、鬥富大賽

一

西晉武帝和惠帝年間，洛陽城裡有一個高調的超級富豪，叫做石崇。一個人是不是富豪，不是自己說了就算的，也不是由他的銀行存款數目決定的。富豪是從比較中產生的。那個襯托出石崇富裕程度的冤大頭，就是晉武帝司馬炎的舅父、貴戚、後將軍王愷。

王愷飯後用糖水刷鍋，石崇就用蠟燭當柴燒；王愷做了四十里長的紫絲布步障，石崇便做五十里的錦步障；王愷用赤石脂塗牆壁，石崇便用花椒砌牆。反正石崇什麼都不求最好，只求比王愷家的「更好」。石崇和王愷長期居住在同一座城市裡，抬頭不見低頭見，石崇在三件日常生活小事上長期賽過王愷，讓王愷很不爽。第一件事情是豆粥很難煮，石崇招待客人的時候，想吃豆粥，只要吩咐一聲下人就能把豆粥端上來。王愷家就做不到。第二件事情是即使是在冬天，石崇家也能吃到綠瑩瑩的韭菜碎末兒。石崇家彷彿有蔬菜大棚，能夠生產反季節蔬菜。第三件事情是石崇和王愷出遊的時候，暗中卯勁看誰能先返回洛陽城。石崇家駕車的牛跑得像鳥一樣快，每回都把王愷遠遠甩到後頭。王愷在這三件事情上老輸給石崇，覺得特別沒面子，又找不到原因，就暗中買通了石崇的一個家人追問原因。石崇的下人揭祕說：「大豆的確很難煮成粥，石家事先將大豆煮熟研成末保存起來，等客人來的時候，把豆末投入白粥，就成了豆粥。冬天吃韭菜末並非全是韭菜，而是混雜了韭菜根末的麥苗碎。牛車的快慢，全靠駕車者，石家的駕車者從不約束牛，聽憑牛撒開蹄子跑，所以跑得快。」王愷知道祕訣後，照搬到自己家來，於是在以上三件事上都能和石崇一爭高低。石崇發現後，惱怒得很，查遍所有原因才發現是下人走漏的消息，氣得把下人殺了。

晉武帝司馬炎知道石崇和王愷鬥富後，決定幫助舅父王愷打敗已經佔有優勢的石崇。司馬炎可是擁有全天下的財富。他從皇家的珍藏中挑選了一株珊瑚樹賜給王愷。那珊瑚樹高二尺許，枝條繁茂，樹幹蔓延，世所罕見。王愷獲得如此珍寶，大肆渲染，遍示眾人。石崇也跟著大家到王家去參觀御賜珊瑚樹，只見他拿起一個鐵如意就砸向珊瑚樹，珊瑚樹應聲而碎。王愷惋惜極了，又認為石崇是嫉妒自己的寶貝，聲色俱厲地斥責石崇。石崇漫不經心地回答：「這有什麼可惜的，我現在就還給你。」石崇吩咐下人把自家珍藏的珊瑚樹都搬到王愷家來。結果原本是王愷舉辦的「珊瑚展覽」變成了石崇的「炫富大會」。石崇珍藏的珊瑚樹單單三四尺高的就有六七株，株株條幹絕俗，光彩曜日，像司馬炎賜給王愷那樣的珊瑚樹都算是小的了。石崇爽快地告訴王愷，看上哪株就搬走，咱倆還誰跟誰啊？

經過如此慘烈的一役，王愷不得不承認石崇比自己富裕。其他人更是甘拜下風。石崇的「西晉首富」的桂冠算是摘取了。

超級富豪的生活不是一般人能夠想像的。比如他們壓根就不和人群住在一起，而是自己開闢出一片土地來造城堡、建莊園。石崇就在洛陽城外洛河北邊的「金谷」造了別館，取名「梓澤」，一般的迎來送往和交往應酬都在裡面舉行。石崇圈了好大一塊地，有山有水有良田，依照地勢高低築台鑿池，建築了百丈高的崇綺樓，高到「極目南天」的地步。在園子裡，石崇「財產豐積，室宇宏麗」，生活享受極盡奢華，「絲竹盡當時之選，庖膳窮水陸之珍」。總之是晉朝人能夠想到的吃穿住行、山珍海味和樂器玩具都能在石崇家找到。

石崇養了數以百計的美女。這些美女都穿著刺繡精美無雙的錦緞，裝飾著璀璨奪目的珍珠美玉寶石。石崇要求侍女都要嘴含異香，以便講話的時候能夠讓話語噴香撲鼻。石崇又在象牙床上灑沉香屑，讓所寵愛的姬妾踏在上面，沒有留下腳印的賜寶珠一百粒；留下了腳印的人就要節制飲食，以使體質輕弱。

石崇這個首富當得太高調了，連晉武帝司馬炎都很好奇，很想到石崇的別館裡看看究竟。為了不至於被石崇比下去，司馬炎在穿著上頗費了一番心思。他把外國進貢的火浣布製成衣衫，穿著駕臨石崇家。到了石家，石崇的衣服倒是非常平常，但是石家的下人家奴五十人都穿著火浣布做的衣衫。

大臣劉寮出身貧寒，小時候砍過柴餵過豬，長大後位列公卿還保持著樸素的生活習慣，走路上班，騎馬出行，到別人家作客能自己動手的絕不勞費他人。一天，劉寮去石崇家作客，想上廁所了，就自己找了過去。他推開一扇看似廁所的屋子的門，差點沒被裡面的香氣給熏出來。劉寮定睛一看，發現自己進入的是一座美侖美奐的建築，裡面擺放著絳色的蚊帳，精美的墊子、褥子和各式香水、香膏、香袋，屋裡還有十多個穿著錦繡，打扮得豔麗奪目的婢女列隊侍候。劉寮還沒反應過來，這些婢女就拿著漂亮的衣服迎上來，要給他換衣服。劉寮趕緊退出來，轉身遇到石崇。劉寮苦笑著說：「抱歉抱歉，我誤入了你家的臥室。」石崇回答：「劉大人搞錯了，那是我家的廁所。」

二

現在的問題是：石崇的財富是怎麼來的？

《晉書．石崇傳》只有一句話涉及這個關鍵問題的答案，說的是石崇在荊州刺史的任上「劫遠使商客，致富不貲」。想像一下，荊州地區的最大長官，竟然指使人搶劫遠方的使節和過境的客商，以保護者身分行強盜之實，那將是怎麼樣的情景？石崇這個荊州刺史都公開上路搶劫了，更別說貪污受賄、中飽私囊等小兒科的腐敗行為了。荊州轄有現在的湖北、湖南地區，東漢末年劉表佔據這塊富庶之地割據數十年，如今石崇在荊州搜刮地皮多年，自然是賺飽賺足了。

除了荊州刺史，石崇一生宦海沉浮，擔任過職務無數，許多還是轄地管人的肥缺，其中不乏撈錢的機會。我們可以看看石崇的為官履歷。他在二十歲出頭就擔任了修武縣令，很快就被召為散騎郎，鍍了幾天金就榮升城陽太守，很快又因為伐吳有功封安陽鄉侯。不知道石崇在伐吳時立下了何功？城陽在今山東江蘇沿海，距離前線還有段距離，石崇這個城陽太守可能為西晉的水師提供了若干後勤支援，也可能是伐吳成功司馬炎大封功臣中的一員而已。其間，石崇因病辭去太守職務，沒過幾天又被任命為黃門郎，很快被提拔為散騎常侍、侍中。晉惠帝司馬衷即位後，石崇擔任南中郎將、荊州刺史，領南蠻校尉，又加鷹揚將軍銜；然後出任太僕，征虜將軍，假節、監徐州諸軍事，鎮守下邳；最後返回朝廷擔任衛尉，與潘岳等人投靠賈皇后。賈氏出行，石崇只要遇到了，都主動下車讓路，對著賈氏揚起的塵土叩拜。《晉書》直指石崇「其卑佞如此」。

像石崇這樣沒有政績卻劣跡斑斑，沒有操守且人品低下的人，為什麼在西晉王朝屹立不倒、官運亨通呢？

石崇不是一個特例，而是代表了一個群體。那就是西晉的勳貴權戚群體。

石崇的父親石苞，在晉武帝時曾官至大司馬。石崇憑著父親的光環進入仕途。在傳記中，石崇多次提到「先父之恩」、「先父勳德之重」。西晉初年有許多石崇這樣的貴戚子弟。司馬家族出於招攬人心，篡奪天下的考慮，對權貴和皇室成員採取了寬鬆優厚的籠絡政策，造就了整整一個勳貴權戚群體。石崇只是其中一員而已。

西晉王朝可算是中國歷史上獲得天下最容易的朝代。西晉的建立是司馬家族從一個陰謀走到另一個陰謀的成功過程。從高平陵政變司馬懿掃除曹爽勢力開始，司馬家族再也沒有遇到大的危機。之後除了忠於曹魏王朝的勢力在揚州發動了兩次反對司馬勢力的起義外，整個曹魏王朝相對平靜地被司馬家族篡奪了。曹魏的大臣和精英分子們集體轉向司馬家族，得到的是司馬家族對他們世代高官厚祿的回報。

曹魏的建立者曹丕和西晉的建立者司馬炎都是繼承家族遺產，逼前朝把天下禪讓給自己的。不同的是，曹丕親身經歷了東漢末年的亂世，本人還在亂世中奮鬥過；而司馬炎則完全是在富貴鄉中塑造出來的，他不知道創業的艱辛和天下的疾苦。因此，司馬炎及其時代是一個瀰漫著安樂和享受的時代，是石崇和王愷等貴戚鬥富、皇帝在一旁助陣的時代。盤旋在西晉王朝頂端的是一群和社會現實和普通百姓相對脫節的「食利者階層」。這個群體的典型特徵就是榮華富貴來得非常容易。

許多人是含著金湯匙降生，富貴唾手可得。他們沒有經歷過創業的艱辛，沒有在社會底層掙扎的經歷，甚至沒有經歷過殘酷的權謀鬥爭，可他們卻把持著一個朝廷，是西晉王朝開創時期的領導階層。

食利者的榮華富貴得來全不費功夫，這注定他們不會珍惜，只會率性地揮霍。

比如石崇就有兩次看似荒誕的罷官經歷。一次是石崇被徵為大司農，他得知後沒等徵書到手就擅自卸去了原來的官職，被罷官。還有一次是石崇去徐州監督軍事，到任後與徐州刺史高誕爭酒相侮，被免官。一般人看似再普通不過的職業規則，懶散的石崇都做不到，難怪要被罷官了。可人家不怕，反正過幾天馬上會被官復原職，說不定還會加官晉爵，石崇就是再被罷官幾次也無所謂。誰讓他是「食利者階層」呢，不需辛勞就能坐享其成。

於是，「食利者階層」的奢侈和揮霍也可以理解了。西晉王朝，社會風氣「性奢豪，務在華侈」，權貴人家「帷帳車服，窮極綺麗，廚膳滋味，過於王者」。我們現在能夠看到的是西晉墓葬，規格和陪葬品比曹魏時期突然高出了一大截，出現了「厚葬」風氣。太康六年（二八五）王愷去世的時候，葬在柏谷山，大營塋域，葬垣周長四十五里，松柏茂盛。

晉武帝司馬炎本人就生活奢華，帶了一個壞頭。據說司馬炎後宮佳麗數萬人，他難以選擇寵幸哪位佳麗，經常乘著羊車到處轉悠，拉車的羊停到哪裡司馬炎晚上就臨幸哪位佳麗。

司馬炎分別和太原王家和琅琊王家聯姻，把公主嫁給了太原王家的王濟和琅琊王家的王敦。王濟也是巨富。當時洛陽地價極高，王濟卻有能力在洛陽買地做大型馬場。別人的馬場用黃沙鋪地，王濟則用金銀銅錢鋪地，王家馬場因此被稱作「金溝」。有一次，司馬炎臨幸女婿家。王濟家百餘名婢女穿著綾羅綢緞伺候司馬炎，所有的供饌都盛在琉璃器裡——當時琉璃還只能通過西域從西方進口，普通人家能有一兩件小琉璃玩意就了不得了。司馬炎對這樣的排場都自歎不如，心裡很不是滋味。吃飯的時候，司馬炎覺得王家的豬肉蒸得非常鮮美，就問女婿是怎麼做的。王濟輕描淡寫地說：「豬崽是用人乳餵的。」司馬炎聞言，大驚失色，放下碗筷拂袖而去。

琅琊王家的發達晚於太原王家，同是駙馬的王敦當時還比較貧寒。一天，王敦進宮，找廁所方便。他發現廁所裡有一個裝飾漂亮的漆箱，好奇地打開一看，發現裡面裝著大紅棗，聞聞還有淡淡的香味。王敦大為感慨，到底是帝王之家啊，連廁所裡都擺放果品。於是，他一邊方便，一邊把箱子裡的紅棗都吃光了。這事很快傳為洛陽城裡的笑談。原來，那紅棗不是用來吃的，而是用來塞鼻防止異味的。王敦不知道許多富貴人家都在廁所裡放紅棗，專用名是「廁棗」。

西晉社會的豪奢，到達了這樣的程度。

三

西晉王朝的短命，和「食利者階層」的不珍惜和任意揮霍行為大有關係。

話說曹魏王朝對皇室成員限制非常嚴格。曹操、曹丕父子都有多疑的毛病，對同族兄弟採取了嚴格的防範措施。曹丕對弟弟曹植的防範，盡人皆知了。其實不但是曹植，曹魏王朝對所有諸侯王和皇室成員都嚴密控制，不允許他們帶兵、干政。諸侯王圍獵甚至擴充數量極其有限的衛隊都需要報告朝廷。西晉王朝對此大不以為意，認為曹魏王朝的覆滅和對皇室成員的嚴格限制大有關係，因此厚待司馬皇族，廣植諸侯王。西晉的皇室諸王有封地有軍隊，發號施令，權力大得很。司馬氏諸王也是典型的「食利者」。他們腦子裡除了享受榮華富貴，就是追求更大的榮華富貴，最後同室操戈，爆發了「八王之亂」。

而石崇最後也死於他高調的富豪生活。

石崇原本依附賈氏。「八王之亂」初期，賈皇后被誅，石崇因為是賈氏一黨而被罷官。石崇一點都不擔心，罷官後依然在他的安樂窩裡過著高調的奢華生活。趙王司馬倫、孫秀等人一度專權。孫秀聽說石崇的寵妓綠珠美豔，派人來求。石崇勃然大怒：「綠珠是我的，不能給別人。」孫秀派了幾次使者，石崇都不給。孫秀大怒，剛好石崇的外甥歐陽建和司馬倫有隙，孫秀就勸司馬倫誅殺石崇、歐陽建。石崇則與潘岳、歐陽建暗中聯絡淮南王司馬允、齊王司馬冏對付司馬倫、孫秀，事敗被殺。

武士來抓石崇的時候，石崇還在高樓上歌舞歡宴。武士衝到了門口，石崇還滿不在乎地說：「我不過是流徙交州、廣州而已。」長期的「食利者」心理讓他連最基本的危險意識都喪失了。結果，石崇全家，包括老母、兄弟、妻子、兒女十五人，無論長幼輩都被殺。石崇時年五十二歲。他的巨額珍寶貨賄、田宅奴僕都被罰沒。

臨刑前，石崇歎道：「這是小人貪圖我的家財。」行刑者反問他：「你既然知道多財害命，怎麼不早散之？」石崇啞口無言。

十三、悍婦亂政不得了

一

在司馬衷的一生中，賈南風的身分是妻子，但更像是司馬衷的幕後操縱者。

賈南風是西晉開國功臣賈充的女兒。太子司馬衷要娶親的時候，許多人推薦賈充的女兒。晉武帝司馬炎則想為傻瓜太子娶另一個功臣衛瓘的女兒為妃子。他告訴楊皇后：「衛家的女兒和賈家的女兒，優劣實在是涇渭分明。賈家夫人好妒殘暴，生子不多，生的女兒又黑又醜、身材短小。衛家夫人賢慧，多子多孫，生的女兒白皙漂亮，身材修長。你說該選誰呢？」但是楊皇后平時被賈氏及其黨羽包圍，收了很多好處，聽了很多好話，堅持要娶賈氏的女兒。大臣荀顗、荀勖兩人又在外面起鬨，說賈充的女兒賢慧美麗。司馬炎考慮到賈、楊、荀等家都是朝廷的支柱重臣，這才改變主意，決定迎娶賈充的女兒。

一開始，司馬炎選擇的是賈充的小女兒、十二歲的賈午。可是賈家女兒長得太小了，賈午連結婚禮服都撐不起來。沒辦法了，新娘換成了十五歲的姐姐賈南風。就這樣陰差陽錯，賈南風嫁給了比自己小兩歲的司馬衷，成了皇太子妃。

事實證明楊皇后、荀顗、荀勖等人完全是瞎扯。賈南風身材矮小，面目黑青，鼻孔朝天，嘴唇朝地，眉後還有一大塊胎記，完全和「美麗」兩字不沾邊。從她日後的表現來看，賈南風的腦子裡根本就沒有「賢慧」兩個字。賈南風的母親郭氏是有名的悍婦和醋罎子，看到丈夫賈充俯身撫摸保姆懷中的孩子就以為丈夫和保姆關係曖昧，竟然殺了保姆。她連續殺了兩個保姆，兩個親生兒子因為找不到保姆而夭折了。賈充被郭氏管得服服帖帖的，連女人都不敢多看一眼。賈南風深得母親郭氏真傳。

史載結婚後，賈南風「妒忌多權詐，太子畏而惑之，嬪御罕有進幸者」。她不僅其貌不揚，而且生性殘酷。當時東宮中有一些宮女已經懷了太子司馬衷的孩子，賈南風就用戟投擲孕婦的腹部，懷孕的嬰兒就隨著刀刃墮地。據說賈南風還親手殺掉左右侍女數人。賈南風又愛吃醋又有手段，將司馬衷弄得服服帖帖的，其他宮妃都很難接觸到司馬衷，成為東宮一霸。

晉武帝知道情況後，開始覺得賈南風不宜做太子妃。

當時的皇后是司馬衷生母楊皇后的堂妹楊氏。楊皇后臨終前曾請晉武帝迎娶她的堂妹。晉武帝流著眼淚答應。於是出現了新的楊皇后。這位新的楊皇后繼承了堂姐對晉武帝的掌控能力，也繼承了堂姐與賈家的良好關係。晉武帝又是先將有意廢除賈南風太子妃地位的想法告訴了楊皇后。新的楊皇后忙勸晉武帝：「賈充有大功於社稷，是朝廷重臣，其家即使有罪也應再三寬赦，更別說他的親生女兒了。太子妃現在還太年輕，正是嫉妒任性的時候，皇上不該以其小過掩其父大德。」晉武帝的毛病就是很容易被枕邊風吹倒，這次又很容易地打消了廢賈南風的主意。外戚楊珧在這件事情上也起到了巨大作用。他提醒晉武帝說：「陛下忘賈公閭耶？」意思是提醒皇帝不要忘記了賈家在幫助司馬家篡奪曹魏政權上的功勞。最後廢太子妃之事不了了之。

可見，賈南風因為晉武帝的優柔寡斷和父親賈充在西晉政權中的顯赫權勢坐穩了太子妃的地位。於是司馬衷繼續害怕她，又受她的誘惑，離不開她。太熙元年（二九〇）四月，晉武帝去世，太子司馬衷即皇帝位，是為晉惠帝。賈南風順理成章被冊封為皇后。晉惠帝依然黯弱無能，很自然地，國家政事都由賈南風干預。

如果說晉武帝在世的時候，賈南風還不敢太過分張揚，壓抑著自己的欲望。現在司馬衷即位了，賈南風將欲望和所有的劣性都暴露了出來，而且是徹底地暴露了出來，在歷史上寫下了許多不堪的紀錄。

首先是在個人作風上，賈南風廣樹面首，將後宮弄得烏煙瘴氣。《晉書》記載賈南風荒淫放恣，與太醫令程據等人淫亂宮廷。後來她不滿足於朝廷的面首，開始將目光投向了民間。洛南有個盜尉部小吏，容貌端莊漂亮，可惜只是衙門的廝役而已。突然有一天，這個小吏披金戴銀，出手闊綽起來。這在官場中是很顯眼和招人嫉妒的事情。於是很多人就懷疑他暗中盜竊財物，主管的尉官也懷疑這個小吏是盜賊，將他捉拿起來偵辦。剛好賈南風一個親戚家裡被盜了，聽說抓了盜賊，就過來旁聽審訊，希望能挽回損失。審訊的時候，小吏坦白說：「之前我在路上遇到一個老嫗。她說家裡有人得了疾病，占卜師說要找一個城南的少年來驅病，所以她想暫時麻煩我去幫忙治病，還說必有重報。於是我就跟著去了，上車下帷，藏在簏箱中，大概走了十幾里路，過了六七道門，簏箱才被打開。我忽然看到樓闕好屋，華麗壯觀。我就問這是什麼好地方，旁邊有人說是天上，還用香湯給我洗浴，供應我好衣美食。我又見到一個年紀大約有三十五六歲的婦人，身材短小，皮膚青黑色，眉後有疵。她挽留了我好幾個晚上，共寢歡宴。臨走的時候，是這個婦人送我這些東西的。」審訊的官員和賈南風的親戚聽到坦白後，都知道是賈皇后招這個少年去宮中偷歡了，慚笑而去。尉官也了解其中玄妙，將這個小吏釋放了事。這個小吏還算是幸運的。當時賈南風在外面找了很多男人入宮，完事後就將這些姦夫殺死，只有這個小吏，因為賈南風很喜歡他，才活著放他出去。

其次是在政治上。賈南風掌握了大權後，將朝廷變成了地獄。在太子妃期間，賈南風就已經暴露出了凶殘的本性，只是因為尚未掌握朝廷大權，所以沒能施展出來。這種性格的人，往往在掌權後會將凶殘成倍地誇大出來。賈南風掌權後，為了鞏固惠帝的統治地位，也為了一己私心，甚至有的時候是情緒導致，開始濫殺無辜，草斷朝政。

賈南風渴望的是權力。那麼，她是怎麼做到獨攬大權的呢？

二

晉武帝滅吳統一天下之後，就不像之前那樣勤政了，多數時間沉浸在酒色之中，朝中事務依賴外戚楊氏。當時楊駿、楊珧、楊濟位居三公，時號稱「三楊」，可謂權傾朝野。司馬炎臨終的時候，擔心傻兒子掌握不了天下，要給他安排輔助大臣。楊皇后召集相關大臣入宮，口宣帝旨，任命自己的父親楊駿為太尉、太子太傅、都督中外諸軍事、侍中、錄尚書事，從此內外大權完全集中到了楊駿一人的手中。當時司馬炎還沒死呢，據說是楊皇后趁他神志不清的情況下求旨騙來的。楊駿在皇后女兒和一幫人的幫助下，就這麼成了輔政大臣。

司馬衷即位之後，楊駿輔政，凡朝中之事，必親自過問，「百官總己」。楊駿害怕朝野上下出現不利於自己的陰謀，也為了鎮壓異己力量，任命外甥段廣、張勳為近侍，還讓同黨統領了禁兵。楊駿知道賈南風性情強悍，難以輕易壓制，心理也有些畏憚。「后欲預政事，而憚駿未得逞其所欲，又不肯以婦道事太后。」楊駿規定詔書先由自己認可，再通過女兒楊太后交給傻瓜皇帝蓋章，不經過賈南風之手。

賈家和楊家的關係很好。外戚楊家幫了賈南風許多忙，尤其是兩位楊皇后在鞏固司馬衷和賈南風的地位上出力不少。但是賈南風一點都不感激楊家，反而恨死了阻礙自己掌權的楊家人。

早在晉武帝挑選輔政大臣的時候，尚書褚契、郭奕就上書說：「楊駿小器，不可以託付社稷之重。」武帝不以為然。楊駿也是爛泥扶不上牆，專權後把國家治理得一團糟。他大肆封賞朝廷內外人士，以為這樣就能提高支持率。對於許多重要政務，楊駿並沒有成熟的想法，頻頻失誤，而對內外臣工甚至宗室諸王態度強硬，排斥任何潛在權力威脅，在朝廷上出現「公室怨望，天下憤然矣」的局面。與楊駿交往密切的孫楚勸楊駿說：「公為外戚，居重位，握大權，輔弱主，應效法前賢至誠謙順之道，不應獨斷專行。宗室諸王，分藩裂土，擁兵勢重，您不與他們共參大事，內懷猜忌，外樹私黨，恐怕大禍臨頭的日子不遠了。」但楊駿對旁人苦口婆心的勸說充耳不聞，依舊我行我素。

賈南風發現楊氏在朝野的行為已經激起了多數人的反對情緒，決心利用反對楊駿的勢力剷除楊氏，自己上臺。賈南風暗中聯繫汝南王司馬亮，請他發兵討伐楊駿。司馬亮是司馬懿的第四子，輩分極高，老成持重，不願意聽從賈南風指揮，拒絕出兵。賈南風又祕密聯繫楚王司馬瑋。司馬瑋是皇帝司馬衷的弟弟，年輕氣盛，有勇無謀，同意帶兵討伐楊駿。

元康元年（二九一）的一個深夜，傻呼呼的司馬衷被從被窩裡拉起來，賈南風黨羽李肇、孟觀兩人報告說楊駿謀反，要求皇上下詔書命楚王司馬瑋誅殺楊駿。當時在宮中的段廣是楊駿的外甥，聽到後跪在司馬衷跟前一個勁地叩頭為舅舅辯解，請皇上仔細考慮。司馬衷哪裡能想清楚那麼複雜的問題，半睡半醒中在草擬好的詔令上簽字了。

司馬瑋隨即帶兵包圍楊駿府邸。楊駿的府邸是原來曹爽的老家，他現在也和幾十年前的曹爽一樣猶豫不決。主簿朱振認為這是賈皇后和少數幾個人做的，建議楊駿集合家丁衝入東宮挾持皇太子，再召集忠於楊氏的兵馬，反過來消滅賈南風等人。楊駿不敢衝擊宮禁，只寄希望於黨羽、左軍將軍劉豫率兵來救援。

左軍將軍劉豫是個老實人，在率大隊軍馬救援楊駿的路上遇到了右軍將軍裴頠。裴頠是賈南風黨羽，騙他說楊駿已經逃跑出城去了。劉豫慌了，忙問自己怎麼辦。裴頠建議他去向廷尉「自首」。劉豫連這鬼話都信了，放棄軍隊，真的跑去自首了。結果，楊駿待在家中束手就擒，被司馬瑋的亂軍殺死。包括楊家老少在內的數千人被殺，府邸被焚毀。事後，楊駿全族及黨羽楊珧、楊濟、張劭、李斌、段廣、劉豫、武茂、楊邈、蔣駿等人和他們的家族無一倖免。

楊太后得到凶訊的時候，宮廷已經戒嚴了。她想救父親，苦於沒有辦法，只好寫了「救太傅者有賞」的絲帛射出宮外。不幸的是，賈南風的黨羽拾到了帛書。賈南風因此稱楊太后參與「謀反」，矯詔廢楊太后為庶人，遷往金墉城（不是一座城，而是在洛陽角落的一座冷宮）。第二年，楊太后被迫害至死。

除掉太傅楊駿和楊太后以後，老資格的汝南王司馬亮為太宰，同樣老資格的衛瓘為錄尚書事，兩人共同輔政。

司馬亮認識到了諸王威脅皇室和自己的權威，決心削弱諸王的權勢。他力主「遣諸王還藩」，也就是要把各位王爺分割限制到封地上去。衛瓘也完全贊成此舉。這就引起楚王司馬瑋對汝南王司馬亮和衛瓘的極大不滿。而賈南風任命了司馬亮之後也後悔了。因為司馬亮推行的集權也制約了她這個皇后的權力。而衛瓘很早就反對立司馬衷為太子，現在對賈南風的惡劣行為有所批評，賈南風把衛瓘也恨得咬牙切齒，決心剷除司馬亮和衛瓘二人。

賈南風找的還是楚王司馬瑋。司馬瑋誅殺楊氏，立有大功，現在卻要遭到司馬亮等人的限制，內心嚴重不平衡，又一次答應了賈南風。永平元年（二九一）的又一個深夜，賈南風又讓司馬衷下密詔，授權司馬瑋懲辦「圖謀不軌」的汝南王司馬亮與衛瓘。司馬瑋接到密詔後，對司馬亮和衛瓘的府邸發動突襲。結果，司馬亮和衛瓘死於亂刀之下。

兩位輔政老臣死於非命，第二天早上消息傳出後，朝野震動。大臣張華等人指責楚王司馬瑋矯詔擅殺，要求解散城中的亂軍。賈南風順水推舟，告訴司馬衷楚王司馬瑋擁兵作亂，形同謀逆，應當斬首。司馬衷再次不辨真假，在詔書上簽字。頭腦簡單的司馬瑋就這樣成了替罪羊，身首異處。

先是一齣「借刀殺人」，再來一場「卸磨殺驢」，賈南風初出政壇，就「精彩」不斷，獲得全勝。障礙一個個被除掉，賈南風從幕後走到了前臺，輪到她獨攬大權了。賈南風大肆委用親信、黨羽出任要職，將朝廷完全置於自己控制之下。她的凶殘、胡為，使她成了中國歷史上最殘酷最頑劣的皇后之一。

三

對於賈南風的所作所為，司馬衷無動於衷。因為他智商太低，理解不了許多事情。前文提到，在司馬衷即位前就多次有人向晉武帝提出司馬衷的能力問題，懷疑他不能治理政事。果不其然，司馬衷繼位後一直大權旁落，成為受人擺布的傀儡。

《晉書》載：「及居大位，政出群下，綱紀大壞，貨賂公行，勢位之家，以貴陵物，忠賢路絕，讒邪得志，更相薦舉，天下謂之互市焉。高平王沈作《釋時論》，南陽魯褒作《錢神論》，廬江杜嵩作《任子春秋》，皆疾時之作也。」也就是說在司馬衷當政時期，綱紀大壞，賄賂公行，社會動盪。朝廷上的官員相互推舉，就像是拿官職買賣一樣，為人不齒。天下沸騰，很多人寫文章譏諷時事。司馬衷對這一切都一無所知。

賈南風可以為所欲為了，唯一不如意的就是沒有生育皇子。為了有男性繼承人以便長期有效地控制朝政，賈南風詐稱自己懷孕了，在衣服裡填充上東西偽裝懷孕跡象。她深居內宮，不見外人，暗地裡把妹夫韓壽的兒子韓慰祖收養起來，作為所謂的「皇子」。有了假冒的皇子後，賈南風還有一個障礙，那就是現任太子司馬遹。

司馬遹很聰明，很得祖父司馬炎的喜歡，可惜當了太子後沾染了糜爛的宮廷惡習，熱衷遊樂，喜歡在宮中設市肆做買賣。太子屬官勸司馬遹注意言行，司馬遹就變著法子地戲弄他們。賈南風就利用了司馬遹不知輕重、輕率貪玩的弱點。元康九年（二九九）的一個冬夜，宮中突然傳來消息說司馬衷病重，要求太子覲見。司馬遹入宮後，沒有見到父皇，只有宮女端來三升酒，說是皇上賜給太子的。司馬遹輕率地喝了下去，喝得酩酊大醉，神志不情。這時，有人拿著一篇表文讓司馬遹照樣抄寫一遍。迷迷糊糊中，司馬遹抄了一份。誰知，這是一份以太子名義寫的逼宮信，要求司馬衷退位，不然就要造反。賈南風拿到手後，作為太子謀反的證據，要求嚴懲。

司馬衷本來就糊塗，如今看到兒子司馬遹寫了大逆不道的表文，就同意了賈南風的處理意見：賜死司馬遹。公卿大臣們大多對表文的真實性將信將疑。此事關係重大，有大臣建議核對字跡。核對來核對去，既不能證明造反的表文是偽造的，也不能證明是真實的。賈南風一定要將司馬遹處死，部分大臣堅決不同意隨意處死太子。最後，賈南風退了一步，要求廢太子司馬遹為庶人。大家通過了這個折中的意見，司馬遹也被送到金墉城囚禁起來。賈南風的讓步是為了更進一步地迫害司馬遹。不久就有一個小太監「投案自首」，供認曾與司馬遹謀反。隨後，司馬遹被押到許昌的舊宮幽禁起來，情況進一步惡化。

賈南風自以為對手都被掃清了，可以乾綱獨斷、為所欲為了。

卻說賈南風許多黨羽是靠赤裸裸的利益關係聯繫在一起的。右軍將軍、趙王司馬倫和大臣司馬雅、孫秀等人也是野心家，靠向賈南風獻媚逐步掌握權力。他們不滿賈南風胡作非為，又覬覦更大的權勢，立即臭味相投，串聯了起來。

趙王司馬倫是司馬懿的第九子，有輩分有兵權，就是沒有人品。司馬雅、孫秀與他串通，準備藉太子司馬遹興風作浪，推翻賈南風。孫秀提出了一個歹毒的計畫，設計讓賈南風先除掉司馬遹，然後再藉口為司馬遹報仇，起兵除掉賈南風。於是，司馬倫等人故意宣揚有人要匡復太子廢掉皇后。賈南風知道後自然感到恐慌，乾脆一了百了，決定除掉太子。永康元年（三〇〇）三月，賈南風矯詔派宦官前往許昌舊宮毒殺司馬遹。無奈司馬遹被廢後，唯恐遭人謀害，異常小心謹慎，足不出戶，連飲食都自己動手。宦官找不到下手機會，只好撕下偽裝，直接逼司馬遹吃下毒藥。司馬遹當然是堅決不肯，最後被宦官用藥杵活活打死，年僅二十三歲。司馬遹的死，天下震動。宗室諸位王爺對賈南風擅殺廢太子的行動普遍很憤怒。趙王司馬倫乘機祕密聯絡了梁王司馬肜（司馬懿第八子）、齊王司馬冏（司馬攸之子）共同政變。

四月三日深夜，司馬倫、司馬冏等人在宮中內應的幫助下，祕密率兵入宮，劫持了晉惠帝司馬衷。司馬倫依樣畫葫蘆，報告皇后賈南風無法無天的種種劣跡，要求皇上下詔懲辦賈南風。司馬衷還是難辨真偽，在別人遞過來的詔書上簽字了。

齊王司馬冏帶兵擒拿賈南風。賈南風見狀大吃一驚，問：「你來幹什麼？」司馬冏高喊：「奉詔收捕皇后！」賈南風更吃驚了：「詔書都是我寫的，你奉的什麼詔？」司馬冏也不搭理，綁了就往外押。跌跌撞撞中，賈南風終於想明白了，問司馬冏：「這是誰挑頭的？」司馬冏直言：「趙王和梁王。」賈南風聞言，悔恨不已：「拴狗當拴頸，我只拴住了你們的尾巴，才會有今天。只恨當年沒先殺了那兩條老狗（趙王、梁王按輩分是賈南風的叔祖），今日反被他們咬了一口。」世間沒有後悔藥吃，賈南風被廢為庶人，也成了金墉城的住客。黨羽被一網打盡。幾天後，司馬倫再次有樣學樣，派人給賈南風送去毒藥。賈南風被毒死了。

《晉書》給賈南風蓋棺定論：「南風肆狡，扇禍稽天。初踐椒宮，逞梟心於長樂；方觀梓樹，頒鴆羽於離明。褒后滅周，方之蓋小。妺妃傾夏，曾何足喻！中原陷於鳴鏑，其兆彰於此焉。」賈南風亂政禍國，這個評價是客觀公正的。

十四、八王之亂：同室操戈何其匆匆

一

賈南風死後，趙王司馬倫大權在握。

司馬倫有了權力不好好用，竟做起了當皇帝的美夢，要搶自己的侄孫司馬衷的皇位。一方面是司馬倫個人政治野心膨脹，另一方面是孫秀等人攛掇的。反對司馬倫稱帝的部分大臣很好處理，司馬倫等人排列武士一嚇唬，再拉出去幾個挑頭反對的大臣砍頭，基本就沒有反對的聲音了。司馬衷就更好對付了。永寧元年（三〇一）初，司馬倫把死去多年的老父親司馬懿搬了出來，說司馬懿托夢要他做皇帝，讓晉惠帝司馬衷禪位給他。司馬衷這個皇帝本來就當得癡呆，對尋常話都沒有分辨能力，更不用說司馬倫的鬼話了。於是，又一場禪讓上演了。司馬衷成了太上皇，搬到金墉城住去了。

司馬倫廢惠帝自立，完全是利慾薰心，上臺後除了大肆封賞，沒有任何方針政策。上自趙王的親信黨羽，下自王府的奴卒廝役都封官晉爵，朝廷之上頓時高官充盈。西晉的官員冠服要用貂尾裝飾。因為突然封賞了大批官員，整個洛陽城儲存的貂尾都不能滿足新官員官服製作的需要，只好找狗尾巴來代替。成語「狗尾續貂」由此而來。服裝不夠倒是其次，許多新晉官員連印信都沒有。因為國庫儲蓄根本不足以支撐司馬倫的濫封，朝廷沒有足夠的金銀給新封的人鑄造印信。這些司馬倫的黨羽因此被諷刺為「白版之侯」。

司馬倫篡奪了侄孫司馬衷的皇位，在西晉政治發展過程中具有轉折意義。之前的種種變亂，賈南風也好，楊駿也好，司馬亮和司馬瑋也好，他們的爭權奪利都沒有逃脫宮廷政變的範疇，再怎麼鬧畢竟範圍有限，和老百姓生活實際差距甚遠。司馬倫的篡位就不同了。它引起了天下的討伐，迅速演變成席捲大地的戰爭和殺戮。二十多年後，一個龐大的帝國就土崩瓦解了。

司馬倫篡位後，齊王司馬冏最先反對。司馬冏參與了司馬倫的政變，是誅殺賈南風的大功臣，事後卻被司馬倫排擠出了洛陽，去鎮守許昌。政變收益分配嚴重不均，司馬冏本來心裡就不平衡，憑什麼我出力你享受啊？而且你現在還大模大樣地做了皇帝，更不像樣了！於是，司馬冏聯絡鎮守各大城市的宗室諸王一起討伐司馬倫。鎮守鄴城的成都王司馬穎、鎮守關中的河間王司馬顒起兵回應。戰爭爆發了，從此以洛陽為中心的北方地區成了戰場。

這場戰爭一直延續到西元三〇七年晉武帝第二十五子豫章王司馬熾稱帝，改元永嘉為止。因為戰爭主要內容是西晉宗室諸王之間的內訌廝殺，發揮主要作用的是汝南王司馬亮、楚王司馬瑋、趙王司馬倫、齊王司馬冏、成都王司馬穎、河間王司馬顒、長沙王司馬乂、東海王司馬越等八位王爺，因此被稱為「八王之亂」。

戰爭首先突破了洛陽一地的範圍。篡位後的司馬倫面對多位親戚的圍攻，調兵遣將分頭迎擊。前線還沒有分出勝負，洛陽城中發生了內亂。部分禁軍不看好司馬倫，覺得他必敗無疑，「將功贖罪」殺死了司馬倫，迎司馬衷復位。司馬倫同黨被誅滅。

戰勝後的司馬冏、司馬穎和司馬顒三人面臨著同樣的問題：如何分贓。

司馬冏是首倡之人，出力最多，戰後被重新當了皇帝的司馬衷任命為大司馬，掌握朝政。這樣的安排，兩位回應的藩王起初並沒有意見。但是權力的腐蝕作用太大了，司馬冏掌權後也開始獨斷專行，排斥他人。司馬衷沒有子嗣，存在挑選繼承人的問題。成都王司馬穎和長沙王司馬乂都是司馬衷的弟弟，都希望當「皇太弟」，等傻哥哥哪天死了來個兄終弟繼。司馬冏不願意這兩位已經成年又掌握兵權的王爺當繼承人——那樣顯然會削弱司馬冏的權勢，就操縱冊立了司馬衷的侄子、年僅八歲的司馬覃為皇太子。這一下，司馬穎、司馬乂和司馬冏的關係破裂了。

新一輪的戰爭是太安元年（三〇二年）底，感到分贓不均的河間王司馬顒挑起的。他討伐司馬冏得到了司馬穎的回應。但勝利果實則落入了當時在洛陽城中的長沙王司馬乂的手中。司馬乂判斷司馬冏氣數已盡，搶先殺了司馬冏，掌握了政權。

河間王司馬顒、成都王司馬穎更不幹了。明明是我們倆出了力氣，怎麼最後讓司馬乂撿了便宜！第二年，兩人合兵討伐司馬乂，司馬顒命都督張方率數萬精兵自函谷關向洛陽推進，司馬穎調動大軍二十萬從西向東進攻洛陽。前線正打得熱鬧，洛陽城裡又先失火了。當時在城裡東海王司馬越和部分禁軍對司馬乂失去了信心，合作擒拿司馬乂，將他交給張方。張方將司馬乂燒死。

這一回合結束後，成都王司馬穎擔任了丞相，成了勝利者。但他盤踞在老窩鄴城專政，遙執朝政，又廢掉太子司馬覃自己當了皇太弟，一時政治中心由洛陽移到鄴城。這就侵犯了在洛陽的東海王司馬越和禁軍將領的利益，引發不滿。他們的優勢是手裡掌握著皇帝。於是，司馬越率領禁軍挾持晉惠帝司馬衷北上進攻鄴城，討伐司馬穎。不幸的是，司馬越在蕩陰（今河南湯陰）一戰中被司馬穎殺得大敗。不僅皇帝司馬衷成了司馬穎手中的俘虜，司馬越本人都差點當了俘虜，倉皇逃往封國東海（今山東郯城地區）。

司馬穎先放下喘息未定的司馬越不管，派軍佔領了洛陽。正當他取得大勝利之時，後院起火了。并州刺史司馬騰是司馬越的弟弟，他和幽州刺史王浚聯兵，從北往南攻破了鄴城。司馬穎只好退踞洛陽。可憐的洛陽城經過這麼多輪的政變和殺戮，每經歷一次就血流成河，已經變成斷壁殘垣的空城了。司馬穎在洛陽根本沒吃的，將士們只能把人肉和馬肉摻在一起充饑。沒辦法，司馬穎只好挾持晉惠帝，放棄洛陽奔赴長安。成都王司馬穎和河間王司馬顒兩派力量就在關中合併一處了。

永興二年（三〇五），司馬越捲土重來，從山東起兵進攻關中，擊敗司馬顒。第二年（三〇六），司馬越迎晉惠帝回到洛陽，並殺死司馬穎、司馬顒等人，獨攬大權。宗室諸王大規模的內訌自此才基本平定下來。司馬越笑到了最後。

二

歷史上宗室諸王內部爭權奪利的事件屢見不鮮，但像西晉的各位王爺這樣大動干戈，天天動刀動槍，殺得生靈塗炭、天昏地暗的，則僅此一例。

這是西晉王朝制度性的積弊。西晉建立後，晉武帝認為曹魏滅亡的重要原因就是沒有廣樹藩王，危急時刻沒有人捍衛皇室。於是西晉大封宗室，並且給予這些宗室軍政實權。數以十計的司馬家族子弟被封為王爺。受封的諸王並沒有去藩鎮，而是留在京師兼任各種實職。西晉的公卿大臣中有許多是宗室王公。有些藩王還掌握有相當的兵權，包括指揮中央禁軍——禁軍在政變中發揮了關鍵作用。與曹魏猜忌宗室諸王不同，西晉王朝聽任各位王爺參與政務，相互交接聯絡，很少加以限制。諸王的存在反而威脅到了西晉皇權。

制度性問題放大了宗室諸王之間的個人恩怨和利益糾葛。其實內訌諸王中，除了趙王司馬倫品行不好外，其他各位王爺人品都還可以，一些人的聲望還很高。比如東海王司馬越年輕時就譽滿天下，為人謙虛又樂於助人，受到普遍的尊敬。但是沒有一個好的制度調節他們的內部矛盾，相反寬鬆的環境和過大的權力很容易讓他們選擇暴力解決。比如楚王司馬瑋，從小就不受父親司馬炎喜歡，長大後被封的地盤和利益最少，心裡不滿。他慷慨響應賈南風兩次號召，充當槍手，本意是藉機名利雙收，並非要置天下於水火之中。遺憾的是，殺戮一旦開始，血腥味就會四散開來，超脫個人的控制範圍。這是宗室諸王無奈和可悲的地方。比如那個品行不錯的司馬越就被認為「此人亂天下」，最後死於戰火，屍骨無存。

八王之亂持續了十六年。參戰的親王遠遠不只八人，起主要作用的是八位親王。這些藩王相繼敗亡，西晉統治集團的力量也消耗殆盡。在戰爭中，百姓被殺害者眾多，社會經濟破壞嚴重。在洛陽十三歲以上的男子全部被迫服役，城內米價貴到一石萬錢，不少人饑餓而死。人民又重新陷於苦難的深淵，掀起了大規模的流亡的浪潮。尤其是諸王利用少數民族的貴族參加這場混戰，造成了嚴重的後果。如成都王司馬穎引匈奴劉淵為外援，讓其長驅入鄴；東瀛公司馬騰引烏桓羯人襲擊司馬穎，讓其乘機入塞；幽州刺史王浚召遼西鮮卑攻鄴，短暫統一後，西晉王朝出現了分裂的趨勢。原來隱伏著的民族矛盾迅速爆發。最後是漢化歸附的匈奴民族起兵滅亡了西晉。

在整個八王之亂過程中，作為皇帝的司馬衷反倒是一個旁觀者。他成了造反謀逆者的爭奪的目標和軍中俘虜，幾度易手，顛沛流離，受盡驚嚇。除此之外，司馬衷沒有做出任何有用的決定，沒有發出任何聲音。

但是人非草木，即使是司馬衷這樣的弱智也多少在亂世中顯現出人性正常的一面。散騎常侍司馬威依附趙王司馬倫。司馬倫要篡位的時候，司馬威奉命來逼司馬衷退位，還動手奪了皇帝璽綬。司馬倫篡位後任命司馬威為中書令。司馬倫失敗後，晉惠帝重新成為皇帝。一干人議論對失敗者的處理問題。處理司馬威的時候，大家本來想放他一條生路（估計都是一路貨色）。這時候，一向沉默不語的司馬衷說話了：「阿皮（司馬威的小字）捩吾指，奪吾璽綬，不可不殺。」司馬衷畢竟是皇帝，既然皇帝發話了，群臣們不好違抗，殺了司馬威。

在成都王司馬穎與東海王司馬越混戰的過程中，司馬衷一直被裹脅在軍中。他的處境極其危險。一次大戰，司馬衷臉上給砍了一刀，身中三箭，周圍的侍從都跑光了，只有侍中嵇紹用自己的身軀護衛了司馬衷。兩個人被亂兵包圍，士兵們上來就要殺嵇紹。晉惠帝這時候大喊：「侍中是忠臣，你們不許害他。」亂兵卻說：「奉皇太弟（指司馬穎）之命，我等只不傷害陛下一人。」結果嵇紹被亂刀砍死，鮮血濺到了晉惠帝的衣服上。司馬衷後來安全了，依然穿著被鮮血染汙的衣服。侍從們要他把衣服換下來清洗。晉惠帝卻說：「這是嵇侍中的血，為什麼要洗呢？」這話聽起來傻呼呼的，其實包含著亂世難得的正義光芒，成了司馬衷留在歷史上的正面名言。南宋的文天祥在《正氣歌》裡還特地提出「為嵇侍中血」。

三〇六年，司馬越的軍隊攻入長安，大肆搶劫，兩萬多人被殺。這年九月，司馬穎被俘後被殺。十一月庚午，晉惠帝於長安顯陽殿去世。司馬衷極可能是被司馬越毒死的，據說他在死前吃下了一塊毒餅。晉惠帝死後葬太陽陵。豫章王司馬熾被司馬越立為新皇帝，史稱晉懷帝。

《晉書．惠帝紀》評論晉惠帝司馬衷：「不才之子，則天稱大，權非帝出，政邇宵人……物號忠良，於茲拔本，人稱褉孽，自此疏源。長樂不祥，承華非命，生靈板蕩，社稷丘墟。古者敗國亡身，分鑣共軫，不有亂常，則多庸暗。豈明神喪其精魄，武皇不知其子也！」司馬衷的弱智給剛建立的西晉王朝帶來了極大的危害。

西晉迅速衰亡的責任在司馬衷，更在他的父親司馬炎。司馬炎優柔寡斷，既不願意得罪扶持司馬家族奪取天下的楊家、賈家等勳臣勢力，又受到枕邊風的影響，不能堅持己見，而且厚待放任藩王勢力發展的制度就是司馬炎制定的。說到底，司馬家族不是通過底層革命奪取的政權，而是靠政治權謀篡國奪權的，終究不敢和權貴家族和藩王勢力翻臉。這是西晉王朝從娘胎裡帶出來的毛病。

十五、文人不合時宜

一

晉惠帝太安二年（三〇三），河北鄴城發生了一起冤案。成都王司馬穎大開殺戒，將南方世族代表陸機、陸雲、陸耽三兄弟，還有陸機之子陸蔚、陸夏等人斬首，誅滅了陸家滿門。時人孫惠評論說：「不意三陸相攜暗朝，一旦湮滅，道業淪喪，痛酷之深，荼毒難言。國喪俊望，悲豈一人！」

一個家族的衰亡為什麼值得一書呢？因為吳縣陸家是江南氏族的代表，在東吳時期出過陸遜、陸抗等丞相顯貴。它的興亡折射出了西晉王朝的政權移轉和人才困境。

東吳末年，孫皓曾問丞相陸凱：「卿家有幾人在朝為官？」陸凱回答說：「二相五侯十將。」孫皓讚歎說：「盛哉陸家！」西晉初年，北方貴族盧志大庭廣眾之下問陸機：「陸遜、陸抗是你的什麼人？」陸機回答說：「如同你和盧毓、盧珽的關係一樣。」盧志正是魏朝司空盧毓的孫子、魏朝衛尉卿盧珽的兒子。晉朝人極重避諱，陸機和盧志兩人互稱對方父祖名諱，從此結下深仇大恨。誠然這件事情是由盧志挑釁而起的。盧志敢在大庭廣眾中直呼陸家父祖姓名，從反面表明吳縣陸家傳到陸機這一輩已經門庭下降，大不如往昔了。陸家衰落最主要的原因是東吳政權的滅亡。任何政治世家都需要依託一定的政權，離開了政權的庇護就成為無源之水，無本之木了。東吳滅亡後，連孫皓都稱讚不已的江東第一家陸家就喪失了所有的封爵和地位，成為新王朝的平民百姓。無可奈何東吳滅亡，作為「亡國奴」的陸機兄弟就只能受到北方貴族的奚落了。

陸機兄弟面臨著如何適應新朝以及如何從中重奪權柄的艱巨任務。

從能力上看，陸機具有復興家業的很大希望。史稱陸機：「身長七尺，其聲如雷。少有異才，文章冠世。伏膺儒術，非禮不動。」可見陸機長得魁梧高大，還精通文章儒術。東吳滅亡的時候，陸機年紀尚輕，在吳亡後十年時間裡他和弟弟陸雲隱居吳縣華亭（今上海郊區）老家，閉門苦讀。勤學苦讀的結果是陸機、陸雲兄弟成為著名文人，詩詞歌賦出色。同時代的文人張華稱讚陸機：「別人寫文章的時候都恨自己才少，你寫文章的時候卻擔心文才太多，湧出難以控制。」陸機還把對政治的理解融入了作品之中。陸機在吳亡後寫了《辨亡論》，「欲述其祖父功業」，探究東吳滅亡的原因，總結經驗教訓。這在西晉剛統一的政治環境下，陸機的行為是相當冒險的。而他得出來的結論是用賢乃興國之本。之後，兄弟倆經常追思家族功業，如《陸機集》中有《思親賦》、《述先賦》和《祖德賦》三篇，《陸雲集》中也有《吳故丞相陸公誄》、《祖考頌》等文章。政治的文字之旅讓陸機、陸雲的決心更加強烈：恢復祖輩的榮耀，復興家族！

西晉初年的華亭還是一片沒有開墾的處女地，遠處海天一色，近處滿目灘塗，中間點綴著若干蘆葦叢和飛翔而過的白鶴。陸機、陸雲兄弟徜徉在家鄉的土地上，追思過去，暢想未來。他們有高貴的出身、美妙的詩文、滿腔的抱負和樸實的心靈。如果東吳還在，他們又會走上父祖濟世報國的老路。但是政權更迭了，他們遇到了新問題，老路走不通了，他們必須像眼前的白鶴一樣去更廣闊的政壇上搏擊長空。於是，陸機、陸雲兄弟倆與家鄉告別，在西元二九〇年來到洛陽——新王朝的首都。

陸家兄弟為什麼要入洛呢？一年前，晉武帝司馬炎下詔「內外群官舉清能，拔寒素」，陸機兄弟是應召前往。「生亦何惜，功名所歎」，他們是來建功立業，光宗耀祖的。

陸機兄弟對前途的期望值很高，也做了精心的準備。剛到洛陽之時，兄弟倆造訪了太常張華。當時當官還需要高官引薦徵辟，恰好張華也是文人，很欣賞兩個晚輩，一見如故。交談中，張華誠懇地指出陸機不論說話還是遣詞造句，都帶有濃重的南方口音，希望他改正。新王朝畢竟是北方王朝，陸機兄弟必須要過語言關。所以陸家兄弟回去後就開始學習洛陽官語。驛站裡伺候官員的僕役為洛陽人，陸機、陸雲就向這些下人學洛陽話。張華又指出洛陽正流行玄學，如果新人不事先揣摩玄學難免無法應對一些場合。陸機、陸雲又開始啃玄學相關書籍。最後，張華出面做了陸機、陸雲兩兄弟的推薦人。太傅楊駿辟陸機為祭酒，不久轉為太子洗馬、尚書著作郎。陸雲成為了吳王的郎中令，不久出任浚儀縣令。陸雲到任後為政肅然，將一個號稱難治的縣城治理得井井有條，深得百姓愛戴。

吳縣陸家是江東的頭號名門望族，陸機、陸雲兄弟入洛帶動了江東士人的入洛潮。南方士人紛紛北上求仕，吳郡陸、顧、張各家，會稽賀、虞等大姓皆有人北上，門第稍低的各家子弟應召北上的更多。這對於南北交流也好，對於新政權鞏固對南方的統治也好，都有好處。作為先行者，陸機兄弟在舉薦鄉里，照顧老鄉仕途方面費盡心機。陸雲曾寫信對陸機說：「近日得到洛陽的消息，某某得了驃騎司馬，又云似未成，已訪難解耳。某某做了司馬參軍，此間復失之，恨不得與周旋。某某拜訪了大司馬。」他倆對同鄉的官運仕途如同自身，患得患失。陸機曾將戴若思推薦給趙王司馬倫，稱他是「東南之遺寶，朝廷之貴璞」。賀循是東吳名臣之後，入晉後歷任陽羨、武康兩縣縣令，多有政績，但朝中無人，久久不能升官。陸機就拉人一起上書推薦賀循，認為他的才望資品可擔任尚書郎，賀循後來升為太子洗馬、舍人。

陸機、陸雲兄弟為什麼對同鄉仕進這麼熱心腸呢？陸機、陸雲出身江東的名門領袖，自覺有提攜同鄉其他大族的責任。而心中對東吳政權隱隱的懷念，也讓陸機、陸雲兄弟將東吳舊地的名門子弟當作一個整體，希望能夠一起在新的王朝共榮共進。

陸機兄弟對新政權是熱心的，但是新政權並沒有敞開火熱的胸懷。

晉武帝司馬炎一再下詔令「吳之舊望，隨才擢敘」，可只是在開空頭支票。南方士人的仕途坎坷低微，而且遭受北方貴族歧視。陸雲在給同鄉楊彥明的信中也承認：「階途尚否，通路今塞，令人罔然。」所以南方豪傑之士大多隱居不仕。

陸機、陸雲初到北方，認為自家門第高貴，頗有與北方規則抗衡的念頭。「初，陸機兄弟志氣高爽，自以吳之名家，初入洛，不推中國人士。」陸機兄弟拜見王濟。王濟指著案上的數斛羊酪問陸機：「你們江東有什麼可以和它相比嗎？」這是帶有輕蔑的問話，像懷疑鄉巴佬的見識一般。陸雲回答說：「有千里蓴羹，還有未下的鹽豉！」這還算好的，盧志先前的挑釁要過分得多。出盧家門後，陸雲對陸機說：「何至於鬧得這麼僵呢？他可能真是不了解我家底細。」陸機憤怒地說：「我父親、祖父海內知名，豈有不知？」說完，陸機狠狠地罵盧志「鬼子無禮」。傳說盧志的遠祖盧充曾誤入鬼府，與崔少府的亡女結婚生子，所以陸機罵盧志是鬼子（鬼的子孫）。北方士人沒有陸機那樣高談理想抱負的，最多是聚在一起談談宇宙和人生，談談物動心動等虛幻的話題。他們根本不關心陸機所說的那一套。在屢屢受挫之後，陸機等人不得不面臨現實：北方貴族並不友好，自己也很難融入北方政壇。

南北相隔百年後，差異越來越大。江東遠離中央集權，個人思想比較寬鬆自由。而北方經過東漢末年、曹魏時期的不斷思想整肅，從孔融、楊修等人的死到「竹林七賢」受的迫害，北方文人受到了政治的摧殘，不得不與政權妥協，放棄政治上的獨立思考。從曹魏早期的王朗開始到荀勖、賈充之流，為人不齒的文人反而顯達於世。陸機等人沒有經受過思想洗禮，更沒有見過思想迫害，很難理解北方社會相對沉悶又追求虛幻的清談的逃避態度。他們還沒學會在政治夾縫中求生存。而陸機、陸雲兄弟門第越高、抱負越大、思想越樸實，受到的傷害可能就越大。

事實上，許多南方士人來北方後很快就察覺到了政治氣氛不對，折返家鄉。顧榮、戴若思等人就都勸陸機與其在北方鬱鬱寡歡，不如回老家。陸機依然相信自己的才華和名望，自負地要實現匡世救難的志向，沒有聽從。家族未興，何來衣錦還鄉？

二

很多人痛心地看到陸機、陸雲兄弟變了，變得急功近利、攀附富貴，中了權力之毒。

陸機變得「好遊權門，與賈謐親善」。這個賈謐是賈充的外孫，被賈充守為子嗣。賈家出了賈充、賈南風，賈謐又「權過人主」，整家人聲名狼藉。正因如此，賈謐為撈取聲名，招攬名人雅士。陸機、陸雲投身其門，被列入「二十四友」，為正人君子所詬病。有陸機、陸雲的崇拜者堅持說陸機兄弟此舉是被迫的。既然陸機選擇留在洛陽追求功名，就不存在被迫與否一說。陸機、陸雲並非一定附逆，但依附權貴自古以來都是文人發跡的終南捷徑。陸機和賈謐相互利用，未嘗沒有可能。

遺憾的是，賈謐這棵大樹並沒有給陸機兄弟帶來多大功名。相反卻給兄弟倆開了一扇仕途之門，兩人從此在一個個權貴之間徘徊。

八王之亂爆發，陸機投靠了趙王司馬倫。司馬倫輔政後，陸機被引為相國參軍，並因參與誅殺賈謐一事立功，賜爵關中侯，進而為中書郎。但司馬倫這個人並不比賈謐好到什麼地方去。趙王司馬倫性極貪鄙，才能極其平庸，殺人奪權卻是一套一套的。輔政後，司馬倫妄想更進一步，篡位當皇帝。陸機竟然參與了賜司馬倫九錫的詔書和司馬倫禪讓詔書的寫作，被視為大逆不道之舉。趙王司馬倫敗亡後，齊王司馬冏以陸機附逆，寫作九錫文和禪詔的罪名將他投入獄中準備殺頭。成都王司馬穎、吳王司馬晏等人相救，陸機得以不死。出獄後的陸機聲名下降，僥倖逃生的他本應該對仕途有所醒悟，灑脫返回故土也不是不可以。但陸機投靠了成都王司馬穎，選擇繼續留在政治漩渦之中。

成都王司馬穎相貌堂堂，但貪婪殘暴，優柔寡斷，性情多變。陸機怎麼越投靠越所投非人呢？可悲之處就在於，文人選擇投靠對象的能力是非常有限的。就像現在的大學畢業生一樣，挑選工作單位的可能性越來越小，關鍵是看哪家會接納你。陸機屢受排擠，還經歷了一次牢獄之災，對營救自己的成都王感激之情溢於言表。加上司馬穎正處於勢力上升期，陸機又從他身上看到了復興王朝和家族的希望，因此進入成都王幕府當了名參軍。而弟弟陸雲在浚儀縣令的崗位上幹得好好的，卻老被嫉妒自己的太守訓責，憤而辭官，也被哥哥陸機拉入了成都王司馬穎的幕府，任清河內史。陸機不久被司馬穎升為大將軍參軍、平原內史。此外，陸家弟弟陸耽、南方士人孫惠、孫拯等都進入了司馬穎幕府。其中陸機二人參預機要，是成都王幕中南方士人的核心。這群南人追隨成都王穎，其主要目的還是乘亂建功立業。

陸機、陸雲兄弟在司馬穎手下幹得很認真，很起勁，無奈幕府內的權力結構太複雜了。司馬穎寵愛宦官孟玖，盧志又在幕府中擔任左長史。孟玖曾打算讓老父親當邯鄲縣令，陸雲堅決反對，說：「擔任大縣縣令必須具備一定資格，怎麼可以任用宦官之父？」孟玖的弟弟孟超被安排為司馬穎麾下的將領。孟超放縱部屬大肆搶掠，陸機逮捕了肇事官兵，孟超率騎兵一百餘人衝進陸機營帳搶走犯人，還罵陸機是南蠻。孫拯勸陸機尋機誅殺孟超，陸機沒有同意。相反孟玖等人恨死了陸機、陸雲兄弟，必欲除之而後快。

彷彿是迴光返照，事事不順的陸機突然被司馬穎任命為後將軍、河北大都督，統帥成都王麾下二十餘萬兵馬，討伐在洛陽的長沙王司馬乂。陸機欣喜若狂，自從東吳滅亡之後陸家還是第一次領軍，而且是如此重大的任務。陸機興奮地判斷建功立業的機會來了！

出征前，司馬穎向陸機許諾：「如果功成事定，當封卿為郡公，位列台司。將軍勉之矣！」

陸機說：「歷史上齊桓公任用管仲，建九合之功；燕惠王懷疑樂毅，結果功敗垂成。今日之事，在公不在機也。」

可見陸機對自己的能力很自信，但對戰鬥結果不太自信。他怕司馬穎設置的出征將領隊伍。陸機是主帥，但有冠軍將軍牽秀、北中郎將王粹分兵協助。王粹、牽秀等主要將領出身北方貴族，不僅不聽從陸機指揮，作戰時還從中作梗。他們聯合孟玖、盧志等人，嚴重限制了陸機施展拳腳。司馬穎用了陸機，同時又用了一系列的宵小之輩，怎能不讓陸機擔心呢？同鄉孫惠勸陸機讓位給王粹，陸機又猶豫不決，最終不願放棄榮華富貴的希望，領兵奔洛陽去了。

果然戰鬥一開始，孟超就不聽指揮，貪功冒進，全軍覆沒。成都王大軍在洛陽郊外被打得潰敗而逃，幾乎全軍覆沒。兵敗回來後，全軍上下非但不總結經驗教訓，反而開始推卸責任，尋找替罪羊。南方來的、與北方政治空氣格格不入、看起來上躥下跳的陸機等人就是最好的替罪羊。盧志趁機向司馬穎進讒言，說陸機有異心，故易戰敗。司馬穎不分青紅皂白，將陸機、陸雲等南方士人逮捕下獄。

江統、蔡克、棗嵩等上書司馬穎，為陸機鳴不平。「如果要為戰敗負責，誅殺陸機一人就足夠了。有關陸家等人叛逆的事情，應該列出證據，不可草率。等證據確鑿了，再誅殺陸雲等人不遲。」司馬穎遲疑不決，拖了三天。蔡克直接指出這是宦官孟玖等人迫害陸雲的醜行，遠近無人不知。求情的人多了，都言辭懇切。司馬穎流露出了寬恕陸雲等人的表情。一旁的孟玖趕緊把司馬穎扶進後房，催促他火速誅殺陸雲、陸耽，誅滅陸家三族。陸機知道難逃一死，反而流露出瀟灑大度來，洋洋灑灑寫下長信，給成都王司馬穎，然後從容受刑，面不改色。

為了搜集「證據」，孟玖對孫拯嚴刑拷打，直到血肉模糊、骨頭外露，孫拯都堅稱陸機冤枉。最後孟玖等人不得不杜撰了一份假口供。司馬穎本來對誅殺陸家的事情感到後悔，現在見到孫拯認罪狀，竟然大喜，誇獎孟玖說：「要不是你忠心，怎麼能追查出這等叛逆陰謀來。」司馬穎此舉完全是為自己脫罪。他糊塗成這樣，陸機等一代名士屈身相隨，真是令人扼腕歎息。

陸機臨刑曾對弟弟陸雲感歎：「欲聞華亭鶴唳，可復得乎？」是啊，華亭海邊遠眺海天一色的壯闊美景，仰頭看藍天中隻隻飛過的白鶴，聽那聲聲鶴唳，這樣的日子曾經享受過，也多次有機會回去重溫，可惜一一錯過了，現在已成絕響。功成名就的熱望、復興吳縣陸家的責任感，讓天性高傲、才華橫溢的陸機、陸雲兄弟為之奮鬥終生。他們趕上了一個壞時代，鋒芒畢露又不懂委曲求全，不懂韜光養晦，更不會識人。後人評價陸機「不知機」，急功近利，貪圖名利，最終賠上了性命，賠上了整個吳縣陸家。

李白《行路難》第三首感歎道：「華亭鶴唳豈可聞，上蔡蒼鷹何足道。君不見吳中張翰稱達生，秋風忽憶江東行。且樂生前一杯酒，何須身後千載名。」「華亭鶴唳」從此成為形容陸機這樣不合時宜的權力敗客的專用詞。

十六、五胡十六國

一

西晉有過短暫的統一，在政績上幾無建樹可言。尤其是在民族問題上，它曾經有機會解決日益嚴重的少數民族內遷問題，卻毫無作為。

在廣袤的中國北方，各個少數民族從兩漢時期就可以陸續內遷，成了歷代王朝必須面對的問題。到西晉建立初年，內遷各族遍布從幽州（今河北、京津地區）、并州（今山西）到司隸（今陝西）、涼州（今甘肅、寧夏、青海等地）的廣大地區，深入益州（四川地區）、冀州（河北地區）等地，繁衍生息。漢末魏晉時期的連年征戰，華北的漢人背井離鄉，向江淮和江南地區遷徙，空出來的土地都被少數民族佔據。到西晉初年，北方一些郡縣的少數民族人口超過了半數。他們雖然開始漢化，部分也從事耕種，但還保留著挎刀躍馬的習俗和部落的形式，有事相互聲援連接成軍。對中央王朝來說，這些少數民族很危險。因為僅從地理位置上看，各個少數民族呈半月形包圍著長安、鄴等重鎮，並威脅著首都洛陽。

當時北方各個少數民族統稱為「胡族」，其中最強大的有五大民族：匈奴、鮮卑、羯、氐、羌，並稱「五胡」。

匈奴人興起於蒙古高原，是中國北方的古老民族，一度統治著東起遼水、西到西域的北方大地，從戰國時就開始侵擾中原，是中原政權的大患。長城就是為他們修的。漢武帝時，匈奴遭到沉重打擊後，開始衰落，進而分裂為南北匈奴兩部。其中南匈奴在漢宣帝時入關投降漢朝，西漢王朝將他們安置在并州、司隸等地。南匈奴逐漸在并州離石的左國城（今山西呂梁離石區）建立了王庭。東漢時，北匈奴繼續遭到重創，部分沿著歐亞大陸消失在了西方，不願意遠遷的部眾則南下投降了漢朝，也被安置在上述地區。東漢王朝對匈奴安撫與分治並用；曹操則將匈奴分為東西南北中五部，各立酋長為都督，基本上延續了東漢的戰略。匈奴民族和漢族的融合時間最久，上層人士漢化很深，很多人擔任朝廷官員。

羯人，是歸化匈奴的一支，被安置在上黨郡的羯室（今山西左權縣）。他們和漢人的差別比較明顯，百姓多高鼻深目，有歐洲人特徵，還保持游牧生活。

鮮卑人興起於東北，晚於匈奴人。匈奴人在中原王朝的打擊下西遷或者南附，空餘出來的土地被鮮卑人填補。鮮卑人兇悍強幹，很快成了塞外大地的霸主。但是鮮卑民族的發展歷史較晚，曹魏時期，鮮卑貴族軻比能曾想統一鮮卑各部，結果被幽州官員誘而殺之。到西晉初年鮮卑民族還部落林立。各部落以酋長的姓氏為號，分別有慕容、拓跋、段、宇文、禿髮等部落，其中以慕容和拓跋兩個部落最為強大。

氐和羌都屬於西南夷，地處益州和涼州之間（甘肅東南、山西西南）。三國時期，曹魏和蜀漢都利用氐人和羌人來為己所用，拉攏來攻擊對方。許多人被強制遷徙關中各郡。到西晉時期，氐人主要分布在武都郡（今甘肅成縣）、略陽郡（今甘肅秦安），人數遠少於匈奴和鮮卑。羌人的分布大致相同，但人數更少。不過在魏晉南北朝時，這兩個小民族卻扮演了大角色。除了這五大民族外，還有烏桓、丁零等其他少數民族。

西晉王朝面對越來越嚴重的民族問題，卻沒有提出可行的政策，除了奴役各個民族、扣押各族人質外聽任各族恣意發展。地方官員奴役各族，橫徵暴斂，除了把逃亡百姓的稅賦強加在少數民族身上外，還強徵異族子弟入伍、肆意打罵、拆散家庭。民族矛盾激化。亂世中，少數民族百姓們的生活壓力本來就大，如今日子更難過了，開始傾向造反。少數民族的叛亂貫穿了西晉始終。元康四年（二九四），并州匈奴人郝散起兵攻上黨。兩年後，其弟郝度元聯合關中各郡的羌、氐族百姓起兵反晉，打敗太守、刺史多人。各族人民紛起響應，還推齊萬年為帝，擁兵數十萬。關中震動，西晉朝廷不得不集結大軍鎮壓，直到元康九年（二九九）正月才粉碎起義軍，俘殺齊萬年。起義被鎮壓後，山陰令江統有鑒於民族問題危重，深感四夷亂華，寫作了《徙戎論》，為我們留下了當時人思考的第一手資料：

晉惠帝時「關中之八百餘萬口，率其少多，戎狄居半」。少數民族「非我族類，其心必異，戎狄志態，不與華同」，畢竟少數民族的心理和習俗都與漢族不同，難免起糾紛。江統吸取之前少數民族和漢族屢起糾紛、朝廷費力鎮壓的教訓，建議將胡族百姓遷出漢族區域，「今我遷之，傳食而至，附其種族，自使相贍，而秦地之人得其半穀，此為濟行者以廩糧，遺居者以積倉，寬關中之逼，去盜賊之原，除旦夕之損，建終年之益」。「夫為邦者，患不在貧而在不均，憂不在寡而在不安。以四海之廣，士庶之富，豈須夷虜在內，然後取足哉！此等皆可申諭發遣，還其本域，慰彼羇旅懷土之思，釋我華夏纖介之憂。」

江統的建議是因噎廢食的做法，因為朝廷沒有解決好內遷少數民族的問題就要把他們全部趕出漢族區域，代表了一大批朝野官員的觀點。說起來簡單，但沒有可操作性。少數民族內遷生活了上百年，突然要他們全部拋家棄土，回到傳說中的塞外故鄉去，勢必激起各族的仇恨和反抗。江統的意見遞交上去後，晉惠帝看不懂，掌權者則忙於爭權奪利，將之束之高閣，沒有下文了。各族繼續恣意發展。

胡族武裝之所以沒有釀成大禍，只是因為西晉王朝實力尚在，還不是隨起隨落的少數民族軍隊能夠傾覆的。八王之亂的空前內訌，掏空了西晉王朝的軀體。晉軍損失慘重，鎮不住胡族武裝了。實力天平開始朝著有利於五大民族的方向傾斜。

二

就在八王廝殺得不可開交的時候，關中、隴西一帶的百姓正掙扎在生死線上。

元康後期，當地連年荒旱。聽說四川天府之國糧食充足，元康末年，天水、略陽、武都等郡數萬戶百姓攜家帶小，南下「就穀」，希望能討口飯吃。其中有漢族人，但主要是氐族人，在巴蜀北部形成了連綿的流民潮。在應付沿途管理刁難盤剝，組織流民移動協調糾紛的過程中，略陽氐族人李特、李庠、李流兄弟輩被推舉為流民的首領。李特兄弟雄壯有力，家境不錯，曾在西晉王朝中擔任過中下級軍官，有政治經驗又仗義疏財，很適合擔當流民首領的角色。前後兩任益州刺史趙廞和羅尚將洶湧而來的流民潮視為洪水猛獸，對素有威望的李特兄弟等人必欲除之而後快。矛盾就這麼產生了。三〇一年，李特兄弟利用流民的無助和怨怒，在綿竹（今四川德陽北）聚眾起義，正式拉開了少數民族大規模反叛的序幕。

之後，北方和巴蜀地區先後出現了二十個割據政權，主要有十六個國家：前涼、後涼、南涼、西涼、北涼、前趙、後趙、前秦、後秦、西秦、前燕、後燕、南燕、北燕、夏、成漢。其中只有前涼、西涼、北燕三國是漢人政權。此外，還有代國、冉魏、西燕、吐谷渾四國因為地小時短，沒有計算在內。這些政權主要為少數民族政權，在長達一百三十多年的時間裡此起彼伏反覆交戰，直到北魏統一北方為止。歷史上將這一時期稱為「十六國時期」。

十六國起於三〇一年的李特兄弟起義，但因為起義局限於巴蜀一地，沒有直接撼動西晉王朝。史學界通常將三年後（三〇四）匈奴貴族劉淵獨立稱王視為十六國的開始。

匈奴貴族為什麼姓劉呢?因為匈奴人漢化後，搬出漢高祖劉邦「成親」制度，自認為漢朝皇室的外甥，冒姓劉氏，以漢室後裔自居。這也說明匈奴貴族漢化之深。劉淵從履歷上看就和漢族人無異，從小就酷愛讀書，拜上黨名士崔游為師，遍習《詩經》、《周易》、《尚書》等儒學經典，又博覽《史記》、《漢書》和諸子學說。當時鄉黨品評人物入仕的風氣很盛，劉淵就得到了當時太原名流王昶、王渾等人的器重。加上射藝精熟、膂力過人、體貌偉岸，劉淵的前途一片光明。

但是劉淵卻不能像同學一樣入仕，因為他是匈奴人。曹操分匈奴為五部，其中的左部帥為劉豹，劉淵就是劉豹之子。曹魏咸熙年間，劉淵作為人質，留居洛陽。齊王司馬攸見劉淵文武雙全且得到眾人推崇，就勸哥哥司馬炎殺掉劉淵，不然恐怕并州不得安寧。幸虧司馬炎和司馬攸的關係不好，沒聽弟弟的建議，劉淵才倖免於難。根據後來的史實看，司馬攸對劉淵的評價不太準確：劉淵不僅讓并州不得安寧，還直接推翻了西晉王朝。

西晉很快進入亂世，各派勢力都借重匈奴武裝，劉淵雖然是人質，卻在很長時間裡成了各派拉攏的對象。楊峻輔政時，署劉淵為建威將軍、匈奴五部大都督。劉淵原本在匈奴中威望很高，如今更禮賢下士、輕財重義，幽冀的人才紛紛不遠千里依附匈奴，讓匈奴力量進一步壯大。司馬穎逐鹿中原，想以匈奴為外援，拜劉淵為北單于、參丞相事。他敗退長安時，急需重振軍勢，讓劉淵回并州招募匈奴助戰。劉淵很高興地返回左國城。

劉淵一去不復返。匈奴貴族見西晉朝廷呈現崩潰之勢，開始策劃「興邦復業」。劉淵的族祖父劉宣就宣稱：「昔我先人與漢約為兄弟，憂泰同之，自漢以來、魏晉代興，我單于雖有虛號，無尺土之業，自諸王侯，降同編戶。今司馬氏骨肉相殘，四海鼎沸，興邦復業此其時也。」劉淵一到左國城就被五部匈奴推為大單于。匈奴人尚存的部落形式很快就組織起了數萬軍隊。西晉永興元年（三〇四），劉淵自稱漢王，以恢復漢朝號召天下。匈奴連續祭天，大祭漢高祖劉邦、光武帝劉秀和昭烈帝劉備，還追尊劉禪為孝懷皇帝，起點很高，一開始就擺出要與西晉爭奪天下的架勢。

匈奴起兵，起到了領頭羊的作用。漢人王彌、羯人石勒及鮮卑人陸逐延等紛紛拉起隊伍造反，名義上公推劉淵為主。中原很快不復是西晉的天下。

我們先說劉淵政權的發展情況。他們很快打敗并州的西晉勢力司馬騰。戰火和激烈的民族矛盾讓并州的漢族百姓生活絕望，集體組織起來要去冀州「乞活」。「乞活」二字，從字面上看就很悲壯，就是為了生存而背井離鄉四處闖蕩，為了一頓飽飯不惜血汗乃至生命。并州流民組織成「乞活軍」，司馬騰率領他們東去流亡冀州。劉琨繼任為并州刺史，無力回天，只能據守并州西北部部分城池。劉淵很快據有河東全境，在永嘉二年（三〇八）正式稱帝，遷都平陽（今山西臨汾），國號為漢。匈奴漢朝建立後，一心要攻佔「故都」洛陽。劉淵派子侄劉聰、劉曜等人率精騎進攻洛陽，遭到東海王司馬越的拒阻，沒有攻下。永嘉四年（三一〇）夏天，劉淵病死。

劉淵在位僅兩年，也沒有將匈奴漢朝推向強盛，但為異族的後來者樹立了起兵和建政的榜樣。

三

劉淵死後，兒子劉和繼立為帝。劉和能力不論，品德很差，「內多猜忌，馭下無恩」。衛尉劉銳、宗正呼延攸等人因為沒有被劉淵委託為輔政大臣，懷恨在心，就慫恿劉和誅殺劉聰等功勳卓著的宗室。事機不祕，劉聰知道後，率軍反攻皇宮，殺死劉和、劉銳、呼延攸等人。

劉聰是劉淵的第四子，漢化程度很高，除了通讀儒家經典外，還精通兵法，寫得一手好字好文章。他留下了詩百餘篇，賦頌五十餘篇。

劉聰殺劉和自立為帝，將匈奴漢朝推向了強盛的巔峰。劉聰執政時期，有兩大成就。首先是在制度建設上做出了努力。漢朝雖然是匈奴王朝，但劉聰深知要長治久安，非採用漢族的政治制度不可。於是他創建了兩套行政體制，用游牧民族的「單于」制度治理匈奴各部，用漢族的公卿制度治理漢人，並吸納漢人進入政權。劉聰努力的方向沒有錯，但很不徹底，政權基本上還掌握在匈奴貴族手中，還保持著殘暴的特性。《晉書》稱漢朝「終為夷狄之邦，未辨君臣之位」。匈奴等胡族和漢族民眾的矛盾依然很嚴重，漢朝的統治很大程度上是形式上的。王彌、石勒等強藩在東方擁兵自重，陽奉陰違，劉聰也奈何他們不得。這注定了匈奴漢朝雖然有許多開創性成就，也在形式上統一了華北，但很快就崩潰了。

劉聰的第二大成就是滅亡了西晉，開疆拓土。他派遣族弟劉曜聯合中原的王彌、石勒武裝，採取農村包圍城市的方式，將黃河南北乃至江淮一帶的西晉城池陸續攻克，孤立洛陽。永嘉五年（三一一），困守洛陽的司馬越和晉懷帝不和，率領大批王公大臣和晉軍主力離開洛陽。途中司馬越憂鬱而死，餘部被石勒武裝包圍屠殺。西晉王朝最後的主力喪失了。同年，劉曜、王彌、石勒合兵攻破洛陽，殺王公大臣等三萬人，俘晉懷帝司馬熾，押送平陽。劉聰封懷帝為會稽郡公。這就是「永嘉之禍」。第三年，關中西晉殘餘擁戴司馬鄴為皇帝，又支持了四年。建興四年（三一六），司馬鄴向劉曜投降，被送至平陽為奴。至此，西晉滅亡。此時的北方大地，基本上是匈奴漢朝的天下。北方只有零星地區還在忠於西晉的官吏手中，分別是并州刺史劉琨、幽州刺史王浚與河西的張氏勢力。劉聰對劉琨發起了進攻，又命石勒進攻幽州刺史王浚。王浚被石勒殺害，劉琨兵敗投奔鮮卑段氏被殺。

取得這些成就後，劉聰開始驕傲享樂起來。劉聰統治後期以荒淫著稱，他正式立了四位皇后，此外佩皇后璽綬者又有七人。劉聰沉湎於後宮之中，不理政事，常常出外遊獵或乾脆在宮中晝夜遊戲。漢朝政務很快紊亂，出現黨爭。劉聰立弟弟劉義為皇太弟，而以兒子劉粲為丞相。劉粲能力出眾，當了丞相以後把能力都用在了驕奢專政和遠賢近佞上。中護軍靳準是個野心家，想渾水摸魚，就百般親近劉粲，慫恿他對付皇太弟劉義。建武元年（三一七），劉粲誣陷劉義謀反，劉聰不辨真偽就相信了，廢殺劉義及其官屬，坑殺一萬五千人，平陽城的街巷為之一空。劉粲被立為太子。劉粲還殺害了投降的晉帝司馬鄴。

劉聰、劉粲父子享樂無度，朝野賄賂公行，綱紀敗壞，政權迅速走向衰敗。漢朝有功之臣不用，奸佞小人飛黃騰達，內部矛盾激烈。中山王劉曜佔據關中地區，王彌舊部曹嶷佔領山東，石勒佔據河北，都保持半獨立地位。朝廷能實際控制的地方，也就是現在山西、陝西、河南三省交界的狹窄地區，只相當於之前的三四個郡的地盤。

東晉太興元年（三一八），劉聰病死。他在位八年，把王朝推向了高潮，又推上了下坡路。太子劉粲即位，以靳準為大將軍、錄尚書事。劉粲以為萬事大吉，終日遊宴後宮，軍國大事都由靳準裁決。靳準也以為萬事大吉，把劉粲抓起來，一條條數說他的罪名，殺了劉粲，又把居於平陽的劉氏宗室無論老幼都斬於東市。靳準自號大將軍、漢天王，遣使向東晉稱藩。

平陽城大亂了，覬覦最高權力的雄藩劉曜和石勒馬上拉上隊伍，行動起來。

中山王劉曜是呼聲最高的匈奴王朝繼承人選。劉曜有和冒認的祖宗劉備一樣的外表，據說他也「垂手過膝」，而且性格「與眾不群」，也像劉備。兩人都讀書求博不求專，喜歡射技，有「神射手」的稱呼。劉曜是劉淵的養子，在劉淵、劉聰時代戰功累累。大功有三：一是在河南一帶攻城掠地，孤立了洛陽；二是在永嘉之禍中會同石勒、王彌攻破洛陽；三是進攻關中，攻克長安，俘獲晉湣帝。此後，劉曜盤踞關中，聽到靳準叛亂後親自帶軍趕赴平陽「平叛」。平陽還沒走到，劉曜在途中藉口「眾望所歸」，登基稱帝。這是三一八年的事情。

石勒也正從河北帶兵赴平陽，半途聽說劉曜搶先當了皇帝，又接到劉曜對自己大將軍的任命，勃然大怒。石勒不聽劉曜的命令，催軍急攻平陽。城中，靳準為部下靳明所殺，靳明出城投降劉曜。石勒更加生氣，攻下平陽，搶佔了劉聰原先控制的大部分地區。

劉曜同石勒頓時劍拔弩張。石勒咄咄逼人，劉曜處於弱勢。劉曜在關中有後顧之憂，面臨隴西張氏的威脅，同時軍隊數量和戰鬥力都遜於石勒。劉曜主動示弱，封石勒為趙王，封地是東方的二十四個郡——反正地盤早就在石勒手裡，不需要劉曜撥地盤。第二年（三一九），劉曜定都長安，改國號為趙，史稱前趙。石勒的趙政權史稱後趙，與劉曜常相攻伐。

北方進入了「兩趙對立」的混戰階段。

十七、當割據勝地巴蜀遇到流民梟雄

一

「蜀道難，難於上青天。」四川地區自古有天險可恃，群山峻嶺將富庶的天府之國與中原和江南隔絕開來，是個割據立國的好地方。每逢天下大亂，朝廷權威衰微之時，野心家和梟雄們紛紛將覬覦的目光投向這一地區。晉惠帝元康六年（二九六），當李特從漢中經過劍閣進入四川，看到懸崖夾道、「一夫當關，萬夫莫開」的險要形勢的時候，大為驚歎。他歎息道：「劉禪有如此之地而面縛於人，豈非庸才邪！」

在李特身邊，流民十餘萬人正衣衫襤褸，扶老攜幼，緩緩行進在川北的棧道山路之間。之前，關中爆發氐族暴動，混戰一場，又趕上饑荒，略陽、天水等六郡的老百姓紛紛逃亡漢中躲避並「乞食」。這些老百姓中有氐人、羌人，也有漢族人。氐族出身的李特和哥哥李庠、弟弟李流、李驤一起加入了逃難的大軍。老百姓逃到漢中後，發現本地的情況也不太好，就進一步南下四川，尋找生機。李特曾在州縣當過軍官，胸懷謀略，所以看到劍閣的雄渾險要後大發感慨。他的一聲感慨，得到了兄弟和周邊青壯年的附和。大家都惋惜蜀漢亡於曹魏。

隨著十多萬流民和隱藏起來的豪傑的湧入，西晉在四川的統治變得岌岌可危了。益州官員的首要對策就是對流民進行疏導，有效組織起來，免得動亂社會。可當時的益州刺史趙廞卻不這麼做，而是琢磨著怎麼利用流民實現自己的割據夢想。趙廞看到西晉內亂，而四川偏遠，就起了割據之心。剛好趙王司馬倫政變廢殺皇后賈南風，召趙廞去洛陽擔任大長秋，派耿騰取代他。趙廞是賈南風的親戚，接到通知後心中恐懼，乾脆正式起兵造反。他依靠的生力軍就是關中流民。流民因為生活無著，常常為了生存而扛槍當兵。趙廞開倉放糧，接濟流民的同時將他們編組為軍隊，任命李庠、李特兄弟為部將，殺死了接任的耿騰。這是永康二年（三〇一）初的事情。

李庠率領的流民武裝，沒有旗幟和繁瑣的紀律，行軍打仗全靠李庠的表率，令行禁止，陣勢嚴正。趙廞看了心中忌憚，找了個機會將李庠抓住殺害。殺了李庠後，趙廞竟然還想利用流民武裝，前去籠絡李特、李流等人。李特在哥哥死後，在綿竹聚集七千餘人的流民武裝，向趙廞的政府軍發動進攻，消滅了十分之八九，一路攻進首府成都。趙廞眾叛親離，帶著家眷乘船逃跑，途中為人所殺。四川大亂的時候，朝廷已經任命羅尚為新的益州刺史查辦趙廞。李特剛剛和趙廞大戰一場，急需休整的時候，羅尚已經帶兵七千進入了四川。李特無力抵抗，不得不扮演西晉的忠臣，派弟弟李驤奉迎政府軍，並獻給羅尚珍玩財寶。羅尚也就默認了李特起兵殺戮趙廞的行為。

羅尚有心安定四川，但也找不出處理流民問題的好方法。他想出了「遣送回籍」的餿主意來。先不說關中饑荒戰亂流民回去後衣食無著，就說經過幾年的流浪後，流民已經四散到巴蜀各地充當勞力、當兵打仗，遣送一事不具備操作可能。然而羅尚依然在七月下達了強制流民返鄉的命令。十數萬流民聞訊憂心忡忡，不知如何是好。益州官員又沿途設關卡，掠奪流民的財物，增強了矛盾。

李特三番兩次為流民求情，要求羅尚寬限時日，先是要求等待秋收以後再遣返，後來又因為當年水雨將降年穀未登乞求再寬限時日。流民們都非常感激，自覺不自覺地以李特為首領，唯他馬首是瞻。

羅尚認定李特等人是在拖延時間，採取更加嚴厲的政策逼走流民。官府張貼公告，懸賞緝拿李特兄弟。李特早有異心，想藉機把事情鬧大，派弟弟李驤暗改布告為：「能斬獲六郡首領李、任、閻、趙、上官及氐、叟酋長首級的，賞布一百匹。」這一改，把羅尚的打擊面從李特兄弟擴大到了各大流民首領（李、任、閻、趙、上官），甚至連氐、叟（這是四川本地的少數民族）等少數民族首領也在打擊範圍內。矛盾一下子被激化了，所有流民武裝和少數民族都擁戴在李特兄弟周圍，決心與羅尚為敵而自保。李特在旬月間招募了兩萬軍隊，於是修繕甲胄訓練士卒，磨刀霍霍。

羅尚也不是庸庸碌碌之人，入蜀後已將部隊擴充到了數萬人。他見流民武裝不斷增長，決定先下手為強，派出精銳步騎三萬人，偷襲流民大營。李特事先得到情報，設下埋伏嚴陣以待。晉軍衝入流民大營後，發現營寨中空無一人，心知中計，可大軍已經進營一半，衝在前面的要後撤，後面的不知虛實還一個勁往前衝，亂作一團。李特率伏兵從四面包抄過來，晉軍死傷慘重，狼狽逃跑。大勝後，六郡流民共推李特為鎮北大將軍，假借西晉皇帝的名義封官拜爵，正式建立獨立的武裝，浩浩蕩蕩佔據廣漢，造起反來。羅尚無力回天，只能固守成都，同時向朝廷求援。羅尚為人貪婪腐敗，為政苛刻，而李特施捨賑濟，提拔賢才，主政肅然有序，很快得到四川百姓的認可。民諺說：「李特尚可，羅尚殺我。」三〇二年，李特打敗了河間王司馬顒派來的援軍。三〇三年，李特親自領兵進攻成都。羅尚部隊一觸即潰。蜀郡太守投降，獻出了成都外城，羅尚只守著內城，遣使求和。

勝利在望，李特不合時宜地驕傲輕敵了起來。因為戰亂和收成不好，四川本地百姓也結村築堡，自衛自保。李特大軍處於優勢，本地武裝紛紛表示歸附。李特因為軍糧不足，就分派流民到各個本地村壘裡「就食」，這就分散了自身力量、埋下了流民和土著的矛盾隱患。弟弟李流提醒李特，土著未必真心歸附，應該讓本地的大姓豪族派遣人質過來，作為約束。李特不以為然。益州從事任睿趁機建議羅尚：「李特侵暴百姓，又分散流民到諸村堡，驕怠無備，是天亡之也。我們可以暗中與各村約定時間，內外偷襲李特，破之必矣。」羅尚欣然答應。任睿又假裝投降李特，李特問他城中虛實，任睿謊稱：「城裡米穀快吃完了，只剩貨帛。」李特信以為真，警惕更加鬆懈。任睿請求回家省親，李特也答應了。任睿轉身就去遊說各個土著武裝一起偷襲李特。恰好西晉朝廷為挽救益州局勢，從荊州調水軍三萬逆江而上救援羅尚。各個土著武裝原本首鼠兩端，見羅尚援兵到達，紛紛同意出兵偷襲李特。而李特為了阻擋荊州的援兵，又不得不分兵抵擋，力量再次削弱。羅尚趁機猛攻李特大營，各處土著居民聯合出兵，流民武裝大敗潰散，李特陣亡。四川形勢為之一變。

李特的弟弟李流收攏殘餘力量，繼續與羅尚對抗。他率李特的兒子李蕩、李雄與羅尚軍死戰，扭轉了敗退的局面，把羅尚軍隊逼回成都閉門自守。不幸的是，李特的長子李蕩馳馬追擊過程中觸倚矛重傷而死。李流見兄長、侄子相繼戰死，而荊州援軍節節逼近，對前途喪失信心。部下李含勸李流投降，李流竟然心動了。侄子李雄見叔叔要投降，自告奮勇要去迎戰荊州援軍。李流被年輕人的勇氣所激勵，決定放手一搏，對李雄說：「你如果能打敗晉軍，三年後我讓位給你。」李流把軍權交給李雄，讓他節制各部奮勇作戰。李雄抖擻精神，先集中軍隊猛攻晉軍遏制住敵人的氣焰，使羅尚緊緊龜縮在成都不敢外出，再攻佔郫城作為大兵營。但是流民武裝的處境依然不妙。四川連年戰亂，百姓築壘自保、城邑皆空，流民武裝既沒有持續的後勤供給，又和土著百姓隔閡很深，始終處於半饑半飽的流動作戰狀態。只有爭取四川百姓的支持，李流、李雄叔侄才能站穩腳跟。怎麼才能爭取四川民心呢？

二

羅尚方面也在琢磨這個問題。參軍徐舒鞏向羅尚推薦一個人：范長生，建議羅尚委任范長生為汶山太守。范長生是誰呢？

范長生是魏晉時期的奇人，據說活了一百歲。他本是涪陵丹興（今四川黔江）人，家族是當地大族。蜀漢初期涪陵百姓叛亂，諸葛亮討平後，遷徙百姓充實成都。漢末，張道陵在四川地區開創了「天師道」，蜀漢時期在成都一帶盛極一時。天師道是原始道教，講求與世無爭，提倡個人修行，能夠給飽受戰亂與生活之苦的百姓們以精神慰藉，在亂世的土壤中滋長蔓延。不僅是漢族百姓，就是氐族和羌族百姓也紛紛入教信奉。范長生年輕時代就加入了天師道，並逐漸成為了魏晉時期的宗教領袖。他長期住在成都西山（青城山），聚集千餘家信眾百姓獨立生活和修行。其他沒有上山的百姓也尊重范長生的說教和博學，像神一樣敬服他。

羅尚對范長生沒有興趣，也許是他不願意和范長生分享權力，所以拒絕了參軍徐舒鞏的建議，徐舒轝憤憤不平，覺得羅尚缺乏眼光勝利無望，跑去投降了李流。作為見面禮，徐向李流推薦了范長生，說如果爭取到范長生的支持流民武裝的軍糧問題都會得到解決。李流果然決定重禮交好范長生，派徐去青城山請范長生站出來說說話，支持一下。范長生同情流民，不僅答應傾向流民武裝，還親自出山，以天師道首領的身分號召四川百姓支持李流。流民和四川百姓之間的矛盾頓時緩解，范長生並且親自為流民武裝籌集糧秣，招募兵馬。流民武裝力量大增，聲威復振。

李流對李雄之前的反降勸告開始信服了，覺得這個侄子穩重，有勇有謀，有長者之德，逢人便說：「興吾家者，必此人也。」他要求兒子們尊奉李雄，還公開立李雄為繼承人。李流的身體很不好，局面改觀不久就病逝了。李雄繼任為主。

李雄是李特的第三子。母親羅氏，曾經夢見雙虹自門升天，一虹中斷，生下了長子李蕩。後來羅氏在汲水的時候突然打瞌睡，夢見大蛇繞身，醒後竟然懷孕了，懷胎十四個月才生下李雄。相士曾預言，羅氏的兩個兒子如果有一個先死，那麼剩下的那個兒子必能大貴。李蕩之前戰死了，這個預言就應在了李雄身上。李雄身材魁梧，容貌出眾，鄉里都很器重他。道士劉化預言：「關隴之士皆當南移，李雄有奇表，終為人主。」這句大逆不道的話，足可以要了劉化和李雄的命，因為西晉統治衰微，也就沒有人去追究了。

卻說李雄繼位後，羅尚以為他年輕好欺負，趁機出兵攻打。李雄正好揚威，大敗晉軍。叔叔李驤又攻犍為，斷絕了羅尚的糧道，晉軍士氣大減。李雄乘勝急攻成都。如今的流民武裝今非昔比，既有鬥志高昂的流民，又有土著百姓的支持，羅尚連戰連敗，在一天夜裡偷偷逃往四川東部，留下牙門將羅特固守。羅尚前腳剛走，羅特就開門投降，李雄攻克成都。佔領成都，標誌著西晉的益州地方政權被推翻。李雄又主動造訪青城山，來到范長生穴居處，表示要迎立范長生為君。范長生堅持推辭，再一次申明了對李雄的支持。

永興元年（三〇四），李雄稱成都王，正式建立割據政權。范長生下青城山來到成都表示祝賀，李雄出城門迎接，執版延坐，拜他為丞相，尊稱「范賢」。范長生勸李雄稱帝。兩年後（光照元年，三〇六年），李雄稱帝，定國號為「成」，史稱成漢政權。李雄進一步尊范長生為天地太師，封西山侯。成漢政權可以看作以氐族貴族統治，得到四川百姓支持的割據王朝，在十六國中享國最長。

成漢建立後，向北驅逐西晉的梁州刺史，佔領漢中；堅守四川東部巴郡的西晉益州刺史羅尚不久病逝，土地被李驤攻佔；西晉寧州刺史投降成漢，南中之地也成了成漢領土。至此，成漢疆域佔有益州、梁州、寧州大部地區，相當於現在的陝西南部、四川大部和雲貴部分地區。

三

成漢地區在李雄統治的三十年間成了世外桃源，在亂世中做到了「夜不閉戶，路不拾遺」。這不可謂不是一個奇蹟。

李雄是怎麼做的呢？史稱李雄「為國無威儀，官無祿秩，班序不別，君子小人服章不殊」。簡單地說，李雄執政就做到了一條原則：清靜無為，與民便利。西晉末期造成天怒人怨的主要原因就是官府統治殘暴，苛捐雜稅太多，李雄只要反其道行之就能安定民心，富國強民。所以李雄廢黜西晉複雜而殘暴的政令，簡行約法，奉行簡單方便的原則。成漢政權是流民建立的，李雄最清楚田園荒蕪百姓流離失所的痛苦，注意農業生產。四川本來就是天府之國，農業生產條件優越，只要政府能保境安民、當政者與民方便，農業生產就會迅速恢復，幾年後就呈現出繁榮景象。范長生的涉世思路是「清心寡欲，敬天愛民」，勸告李雄「休養生息，薄賦興教，切莫窮兵黷武」。李雄把這個執政思想奉行了三十年。范長生活了一百多歲，青城山建立了長生宮為其專祠。此山因范長生的緣故，開始顯赫，道觀林立，成了四川名山。

李雄的善政，源於李雄個人寬容和善的性格。苻成、隗文兩人曾是李雄的部將，後來叛變投降了羅尚，在流民武裝最艱難的時刻來攻打李雄，曾經手傷李雄的生母羅氏。四川平定後，苻成、隗文二人又來求降，李雄准許了，並沒有因為歷史問題罪責二人，而且厚加待納。成漢政權剛建立的時候，國庫空虛，李雄一度允許賣官鬻爵，百姓進貢金銀珍寶多就能得官。丞相楊褒進諫：「陛下為天下主，當網羅四海，何有以官買金邪！」李雄立即採納，果然停止賣官。李雄曾醉酒，責罰了中書令和太官令。楊褒又勸諫：「天子穆穆，諸侯皇皇，安有天子酗酒逞兇的！」李雄也能虛心接受。李雄喜歡出去走走，沒什麼事也出去逛逛，楊褒就騎馬持矛跟著。李雄好奇地問他幹嘛，楊丞相說：「陛下要以天下為重，不能像我這樣乘馬持矛，跑快了跑慢了都可以出差錯。」李雄虛心納諫，馬上勒馬回宮，不再輕易外出。

在外交上，李雄處置也很得當。成漢外交的基本原則是：和平相處，不出頭，不折騰。割據西北涼州的張駿以東晉藩鎮自居，可和江南沒有領土相接，要借道成漢政權和建康進行公文和人員的往來。李雄與人方便，從不阻攔涼州和東晉朝廷的往來。張駿借道的同時，順便對李雄展開「統戰」，勸李雄去尊號，向東晉稱藩。李雄回信說：「我被士大夫所推為帝，本無心於帝位。我的志向是：進思為晉室元功之臣，退思共為守藩之將，掃除氛埃，以康帝宇。可惜啊，晉室陵遲，德聲不振，偏安東南。如果晉室能夠復興、一統天下，我一定奉土稱臣。」一次，巴郡告急，說東晉在集結大軍企圖進攻成漢。李雄竟然高興地說：「我還擔心石勒跋扈，司馬睿難以對抗，想不到還能對我用兵，令人高興。」當然了，李雄沒有與東晉兵戎相見，始終向東晉示好。對於中原、西北各個割據政權也一樣，李雄都謹守天險，與世無爭。

有了穩定的外部環境，農業逐漸恢復後，在草長鶯飛二月天，四川的孩子們又可以去讀書了。李雄辦學興文教，鼓勵人文，文治和武功一樣可圈可點。

《晉書》評價李雄治下的成漢政權「時海內大亂，而蜀獨無事」，「事少役稀，百姓富貴，閭門不閉，無相侵盜」。這是相當高的評價了。

十八、永嘉之禍

一

晉武帝司馬炎一共有二十五個皇子，其中最小的第二十五子叫做司馬熾，太熙元年（二九〇）被封為豫章郡王。司馬熾的豫章王是遙領的，沒有「就藩」（到封地去），留在洛陽做京官。八王之亂爆發後，司馬熾自然沒有實力參與同室操戈，而是沖素自守，不交賓客，不問世事，一心攻讀史籍。他這麼做，獲得了意想不到的兩大效果：一個是得到了輿論的好評：「多好的王爺啊，一點名利心都沒有，就知道學習！」另一個效果是等八王之亂沉寂下來後，司馬熾成了倖存的司馬炎的三個兒子之一（另兩個是晉惠帝司馬衷、吳王司馬晏）。

光熙元年（三〇六），東海王司馬越毒死惠帝，挑選司馬熾繼位，次年改元永嘉。司馬熾就是晉朝的第三個皇帝，歷史上稱為晉懷帝。

司馬熾和永嘉時代就這麼稀裡糊塗地被推上了歷史舞臺。

司馬熾在皇帝生涯的多數時光裡就是個傀儡，朝政全由司馬越把持。司馬越以太傅身分輔政，兼任了華北六州的刺史或者州牧，並拉攏大世族王衍為太尉，在朝野到處安插親信。晉懷帝司馬熾原本就沒有根基，如今更沒有可能施展拳腳了。

司馬熾即位前，和中庶子繆播關係很好，即皇帝位後任命繆播為中書監，任繆胤為太僕卿，此外還叫來舅舅、散騎常侍王延和尚書何綏、太史令高堂沖協助自己處理機要事務。這是司馬熾能夠拼湊起來的可憐的班底。司馬越對這個力量微弱的小幫派也不能容忍，在心腹劉輿、潘滔等的勸說下誣陷繆播等人「謀反」，派將軍王秉率領三千兵士進入皇宮，當著司馬熾的面逮捕繆播等十餘人。司馬熾眼巴巴看著自己的班底被一網打盡，唯有歎息流淚而已。最後，繆播等十餘人被全部斬首。司馬越分析了八王之亂以來皇帝被藩王利用的歷史，覺得屢次變故的根源在於宮殿侍衛力量的人心向背。為了將司馬熾徹底控制在手掌中，司馬越決定重組宮廷侍衛。當時宮廷中的武官都封了侯，司馬越就上奏請求將有侯爵身分的宮廷侍衛全部罷免。很快，司馬熾身邊的武官都被解職，司馬越改派右衛將軍何倫、左衛將軍王秉帶領幾百名東海國的士兵擔任皇宮禁衛，等於將司馬熾看管了起來。

司馬越個人權力鞏固了，洛陽城的形勢卻不太妙。八王之亂的惡果充分顯現了出來：晉朝的精銳部隊損失殆盡，洛陽府庫空虛，而匈奴、羯族等少數民族武裝縱橫黃河南北，晉朝地方郡縣望風披靡。洛陽城就好像是一艘裝飾華麗，卻缺乏水手和給養的大船，周圍全是兇神惡煞般的異族小舢板；司馬越就是大船的舵手，面臨的已經不是大船駛向何方的航向問題了，而是如何保證洛陽不被異族武裝攻陷的生存問題。他想到的辦法就是派出羽檄徵調地方軍隊入援京師，號召藩鎮和地方將領們勤王。

在求援問題上，皇帝司馬熾和權臣司馬越的利益是一致的。使者臨行前，司馬熾叮囑使者們，要他們轉告地方守臣：「現在增援，洛陽可能還有得救；晚了，洛陽就沒有了！」華北、西北的部分州縣，南方的大部分州縣都還在晉朝官吏的手中，但是他們勢孤力單（高度中央集權和連年征戰的結果），而且自顧不暇（自身也面臨異族武裝或者農民起義的問題），都不具備增援洛陽的能力。山濤的兒子、鎮南將軍山簡鎮守襄陽，有心報國，派出一支小規模的部隊前往洛陽，不想走到宛城的時候被當地流民武裝消滅了。而派出援兵後，山簡自身力量削弱了，不得不閉城自守，後來乾脆棄城南逃。另一個有心增援的人是荊州刺史王澄。他的刺史官職是司馬越任命的，而且族兄王衍還在洛陽城中，所以派部隊前往洛陽。當山簡失敗的消息傳來，王澄害怕步其後塵，趕緊召回部隊，一心保境安民。其他地方官員，情況也類似。所以，司馬熾望眼欲穿，沒看到一個援兵進入洛陽。

在絕境中堅持了三年多，洛陽的情況更加不妙了。異族武裝力量越來越強大，朝廷能控制的郡縣越來越少。太傅司馬越絲毫沒有改變朝廷困局，又攬權專政，大失所望。永嘉四年（三一〇），司馬越陣營意識到這樣下去遲早要完蛋，就有謀士建議道：與其在洛陽坐以待斃，倒不如集合城裡尚有戰鬥力的軍隊，向外發展，也許能打開一片天地。司馬越接受了這個帶有冒險性的建議，穿上戎服去向司馬熾辭行。他藉口討伐石勒（石勒正在橫掃黃河以南和漢水以北地區），要率軍向兗州、豫州方向發展。司馬熾憂心忡忡地說：「現在胡人日漸逼近首都，洛陽官民鬥志全無，朝廷社稷正倚賴太傅支撐。你在節骨眼上，怎麼可以遠離洛陽，孤立首都呢？」司馬越辯解道：「臣此次出戰，如果能夠幸運地擊破賊軍，則國威可振，總比坐待困窮要好。」應該說，司馬熾和司馬越對時局的看法各有各的道理。晉朝發展到這一步，要麼坐以待斃，要麼僥倖取勝。

當年十一月，司馬越孤注一擲，集合在洛陽城內外的四萬軍隊，聲稱討伐石勒，向許昌開拔而去。太尉王衍擔任軍司，與司馬越同行。洛陽官民見司馬越軍隊要棄城而去，人心惶惶，多數人都想搭上司馬越這艘救生船，逃離勢必沉沒的洛陽大船，於是各顯神通往軍隊裡面擠。到最後，四萬軍隊膨脹成人數超過十萬的逃難大軍，裡面有大大小小的洛陽各級官吏、家眷、富翁和其他關係戶、難民等等。一路上塵土飛揚、人聲鼎沸，有拖家帶口的，有丟三落四的，有被百姓打亂行伍佇列的部隊，也有在百姓隊伍中橫衝直撞的騎兵，場面蔚為壯觀。

當然，司馬越也沒有完全放棄洛陽——畢竟它是帝國的首都，畢竟晉懷帝司馬熾還有政治號召力。他留下了王妃裴氏、世子司馬毗在洛陽，並留親信龍驤將軍李惲、右衛將軍何倫率少量軍隊守衛城池，以防萬一。

等龐雜混亂的出征部隊都消失在了遠處的塵土中，洛陽城頓時變為了一座死城。官署中的大多數官吏、軍營中的大部分士兵，都隨司馬越走了，衙門沒有人守衛，治安沒有人維持，最惡劣的是橫七豎八的屍體都沒有人去埋葬。每天都有人逃離死城。不願意走和不得不留下的人，也忙於掘壕溝築工事，以求自保。

司馬越此行，能否幸運地擊敗石勒呢？晉朝的前途又如何呢？

二

晉懷帝司馬熾對司馬越的冒險出征，義憤填膺。司馬越前腳剛走，司馬熾就於永嘉五年

（三一一）正月給東邊的青州刺史苟晞發去密詔，任命他為大將軍討伐司馬越。

晉朝的天下，已經分崩離析了，各塊尚在晉朝官吏手中的領土，像淹沒在異族和農民武裝的海洋中的一座座孤島。大的勢力，在黃河以北主要是并州刺史劉琨和幽州刺史王浚，在江南主要是琅琊王司馬睿，在關中地區主要是南陽王司馬模，苟晞是晉朝在黃河中下游碩果僅存的地方實力派，是司馬熾討伐司馬越的唯一人選。

苟晞是職業官僚，身經百戰才躋身高位的，有著奮鬥成功後的老官僚的精明和市儈。他見朝政日亂，擔心有禍害上身，花了很大力氣交結達官顯貴，每次得到寶物都往洛陽的親貴家裡送。他在兗州時，駐地離開洛陽五百里，苟晞怕送往洛陽的土特產到達時候不夠鮮美，挑選了千里牛，每天凌晨馱著禮物出發晚上回來，日夜不休，用心良苦。苟晞靠此在亂世中求生存謀發展。在政治上，苟晞是個不折不扣的強權者，建立了龐大的官署和幕僚系統，專斷轄區內的人事，追求戰功，對付異族武裝和流民起義毫不手軟，日加斬戮，流血成河。兗州、青州一帶百姓苦不堪言，暗地裡罵苟晞是「屠伯」。

苟晞的青州刺史是司馬越任命的，司馬越還封他為郡公。兩人的關係一度很好。如果能夠深入合作，司馬越有可能藉助苟晞的實力，在黃河下游站穩腳跟，和石勒、王彌等人決一雌雄。遺憾的是，兩人的關係在司馬越出洛陽前，不幸破裂了。司馬越的親信潘滔、劉望等人誣陷苟晞，可能是想奪苟晞的官職；苟晞生氣了，向司馬越要潘滔等人的腦袋，又向司馬越建議了幾項人事變動，司馬越一概沒有答應。苟晞於是認為：「司馬越為宰相，不能平定叛亂，使天下淆亂，我怎麼能坐視不顧呢？今將誅國賊，尊王室，匡扶天下的霸業可成！」他移告諸州縣，公布司馬越的罪狀，宣布和司馬越決裂。司馬熾正是看中這一點，讓荀晞去討伐司馬越的。主觀上，荀晞有討伐司馬越，甚至取代司馬越的心思；可惜他在客觀上已經自顧不暇。流民武裝領袖王彌所屬的曹嶷部隊之前大舉進入青州，志在佔領領土長期經營。荀晞抵抗得很辛苦，節節敗退，部隊日漸零落，完全沒有力量討伐司馬越，兩面作戰了。他能做的，就是在文字上積極回應司馬熾的號召，對司馬越口誅筆伐。

離開洛陽後，司馬越的日子也不太好過。所謂的討伐石勒，不過是逃離的藉口而已。全軍上下，從司馬越到普通士兵，都沒有戰勝石勒的信心。不幸的是，二月，石勒大軍從漢江北上，朝著司馬越部隊的方向衝殺過來。司馬越匆忙躲避，向東方逃去。當月，石勒佔領了重鎮許昌。三月，司馬熾又公開發布詔書，討伐司馬越。司馬越還截獲了荀晞和朝廷往來討伐自己的文書。在石勒、司馬熾、荀晞三方的巨大壓力下，東海王司馬越覺得自己走投無路了，對前途完全喪失了信心，心力交瘁加上急火攻心，死在了項城。

司馬越死後，官民們要推舉太尉王衍為首，率領大家謀出路。王衍不敢擔當如此大任，百般推辭說：「我年少時就沒有做官的欲望，這些年來全是熬資歷才升遷到如今的地位。今天的大事，怎能讓我這樣一個沒有才能的人來擔任統帥呢？」他要推舉隨軍的襄陽王司馬范為新首領，司馬范堅決不答應。最後實在沒辦法，王衍心不甘情不願地繼承了司馬越的位置。

王衍，山東琅琊人，在琅琊王家的興起過程中起到了重要作用，日後琅琊王家在南方的發達，實在應該感謝他。從年輕時代起，王衍就精通玄理，擅長清談，專以談論《老子》、《莊子》為事。清談時，王衍喜歡手持白玉柄的麈尾，手和玉柄的顏色一樣白皙。雖然是玄學大師，王衍卻沒有留下系統的言論，就連隻言片語也很少。主要原因是他純粹是為了清談而清談，沒有成熟的觀點，經常談著談著覺得話語有什麼不妥的地方，就隨口改過來。世人稱之為「口中雌黃」。正如他承認的，因為資歷老、家底硬，王衍被視為士族的首領。在人品和能力上，王衍都沒有稱道的地方。他的夫人郭氏是個悍婦加守財奴，連親友的錢財都要貪霸。王衍對郭氏的貪財很鄙夷，堅持口中不提「錢」字。郭氏偏要試試他究竟會不會說錢，就讓奴婢用錢繞床一圈，把王衍圍在床上。王衍醒來後看到錢，大喊：「把這些堵著我的東西拿走！」在政治上，王衍沒有絲毫建樹，專謀自保，甚至不惜為了討好賈南風而犧牲女兒的婚姻（王衍的女兒原本許配給了湣懷太子，王衍看賈南風不喜歡湣懷太子，竟然悔婚）。可就是他，連續擔任尚書令、司空、司徒等宰相級的高官。王衍年輕時曾去拜訪山濤，山濤對別人評價王衍道：「王衍看起來很不錯，然而亡國敗家的，正是這樣的人！」

王衍當了東海王部眾首領後，有三條路可以走。第一條路就是回歸洛陽，和司馬熾會合，號令天下，與叛軍對抗，維持困局；第二條路是與其他晉朝勢力會合，比如與茍晞的青州勢力拋棄前嫌合兵一處謀求自保，或者繼續往東南方向發展，渡過長江去與司馬睿的勢力會合（與其他勢力會合似乎難度很大）；第三條道路是就地佔領郡縣，準備後勤和工事，以之為根據地防禦敵人、謀求發展。應該說，這三條路都不失為現實的選擇，在石勒軍隊逼近的情況下都具有危險性。然而，王衍做出了匪夷所思的選擇：對司馬越的死祕不發喪，扶著靈柩向東海進發，準備在司馬越的封地安葬他。於是，以王衍為首，襄陽王司馬范為大將軍，全軍向東踏上了塵土飛揚的征途。

石勒親自帶人追趕東海王的部隊，最終在苦縣追上了。石勒的部隊只有兩萬人，而王衍統帥的有十萬之眾，可這十萬之眾抱著逃難的心離開洛陽，中途又經歷首領更迭，漫無目的地在河南遊蕩，士氣越來越消沉。將軍錢端勉強出兵與石勒作戰，戰死，引起了全軍大崩潰，十幾萬人被石勒的軍隊團困住了。兵無鬥志，大家從東跑到西又從西跑到東，都在尋找逃生的縫隙，卻沒有一個人思考抵抗。石勒指揮軍隊射殺晉軍，將一場決戰簡化成了屠殺。一圈圈的人被射死，屍體一層壓著一層，「相踐如山」。十多萬西晉的官吏、軍隊和家眷就這麼消失了。這可是西晉在北方最後的主力。

石勒下令焚燒司馬越的靈柩，給司馬越極為惡劣的評價：「此人亂天下，吾為天下報之，故燒其骨以告天地。」石勒是西晉末年黑暗政治的受害者，他是有資格說這話的。王衍等幾十名權貴成了俘虜，石勒把這些人都叫到跟前。除襄陽王司馬范神色自若拒不畏死外，其餘的人都紛紛哀求石勒饒命。石勒倒沒有馬上大開殺戒，而是詢問王衍許多朝廷往事。王衍陳說了西晉敗亡的原因，但解釋責任不在自己，並說自己年輕時就不喜歡參與政事，只求避禍保身。王衍甚至勸說石勒稱帝（當時石勒還是匈奴漢朝旗幟下的將領）。石勒對王衍強言狡辯、卑躬屈膝的行徑極為不屑，怒喝道：「你名聲傳遍天下，身居顯要職位，年輕時就得到朝廷重用，如今頭生白髮了，竟然還說沒有參與朝廷政事？天下殘破不堪，正是你這類人的罪過！」把俘虜押下去後，石勒對參謀孫萇說：「我行走天下多年，從來沒有見過如此無恥的人，還應該讓他活下去嗎？」孫萇說：「王衍一定不會為我們盡力，殺這樣的人有什麼值得可惜的呢？」石勒不屑於用刀殺他，就命令士兵在半夜裡推倒牆壁把王衍等人壓死了。據說王衍臨死前，終於懺悔道：「我們雖然趕不上古代賢人，但如果平時不崇尚浮華虛誕，勉力來匡扶天下，也不至於落到今日的下場。」

留守洛陽的司馬越王妃裴氏和黨羽何倫等人，聽到司馬越去世的噩耗後，倉皇無措，竟然棄城南逃。洛陽最後一丁點武裝力量被他們帶走了，這就好像一片枯黃的葉子被抽走了最後一絲綠色。何倫等人也沒有逃遠，很快就被石勒的軍隊攔截住了。一場接觸戰過後，何倫、東海王世子司馬毗等人都被亂軍殺死。王妃裴氏被擄掠賣掉，若干年後輾轉來到了江南，才恢復了身分。當時司馬睿已經在江南稱帝，他是司馬越的黨羽，裴氏當年對他也多有照顧。所以，司馬睿為司馬越舉辦了象徵性的葬禮，並把自己的兒子過繼給司馬越。這些都是後話了。

三

話說司馬越勢力被剷除後，洛陽的情勢危如累卵。

苟晞看到洛陽無兵無糧、敵人兵臨城下，勢必陷落，上表奏請遷都，還派出由數十艘船隻組成的船隊，運送了五百名士兵、上千斛穀米進入洛陽。同行的苟晞使者請求司馬熾前往倉垣（今河南開封東北）避難。這也許是挽救朝廷免於覆亡的最後機會。

司馬熾非常願意遷出洛陽。但公卿大臣們堅決反對，他們有的擔心遷到苟晞的地盤後自己官爵不保，朝廷可能被苟晞控制；有的則捨不得洛陽的府邸家財。結果，司馬熾和大臣們爭論了好久，沒有馬上就走。幾天後，形勢越來越緊張，再不走就要被匈奴人抓走了。司馬熾不想再爭論了，決心逃亡。他找不到車子，就徒步出宮，身邊只有幾十名官員、宮人跟從。君臣一行人在洛陽大街上竟然遭遇盜匪搶劫，狼狽異常，只得返回宮殿。沒有一定的力量保護，司馬熾君臣是沒有能力，也沒有膽量逃出洛陽城去了。城外，劉曜、王彌、石勒各部叛軍，正不斷逼近。

六月十一日，叛軍從南邊進入洛陽城，將官署、宮殿的珍寶、美女搶劫一空。司馬熾在宮殿中被俘（一說在逃往長安的路上）。皇太子司馬詮、吳王司馬晏、竟陵王司馬楙、尚書左僕射和郁、尚書右僕射曹馥、尚書閭丘沖、袁粲、王緄、河南尹劉默等被殺，百官士庶死者三萬餘人。史稱「永嘉之禍」。洛陽城經過八王之亂和此番洗劫，成為一座廢墟。

永嘉之禍的發生，是西晉開國以來種種矛盾累積的惡果。晉武帝司馬炎時期的大臣何曾曾悲觀地預測王朝很快就會覆滅，對兒子們說：「你們還能夠免禍。」指著孫子們說：「他們一定會遭到國難。」何曾判斷的依據是司馬炎君臣聚會的時候，都是談家長裡短、談如何享受，沒有一個人在關心國計民生。這樣的王朝怎麼能長久得了呢？即使何曾這樣有先見之明的人，也要對王朝覆滅負責。他們何家一頓飯吃幾萬錢，還說沒有下筷子的地方，本身就是窮奢極欲的統治階層的一員，對國家發展毫無裨益。如果沒有八王之亂這樣的內亂，西晉可能還能多維持幾年，八王之亂的爆發，大大加快了王朝的滅亡。果然到永嘉末年，何曾一家已經沒有子孫留存在世了。

永嘉三年（三〇九），匈奴人判斷「不出三年，必克洛陽」，他們果然做到了。

十九、西晉被徹底埋葬

一

永嘉之亂在事實上宣告了西晉王朝的覆滅，但北方晉朝的殘餘力量又慘澹經營，勉強把晉朝的旗幟在北方多扛了幾年。

永嘉之亂中，皇帝被俘，皇太子遇害，宗室親王四十八人遇害，但是司馬熾的兒子、豫章王司馬端奇蹟般地從亂軍中逃了出來。他隱約記得大將軍苟晞要迎接父皇司馬熾前往倉垣，逃出洛陽後就拼命向東跑，還真讓他跑到了倉垣。苟晞得知洛陽的慘狀後，先和部下大哭了一陣，然後尊司馬端為皇太子，建立西晉的臨時政府。因為司馬熾還活著又不能行使職權，所以司馬端這個皇太子只能代行皇帝職權（承制）。司馬端承制任命苟晞領太子太傅、都督中外諸軍、錄尚書。苟晞樹起大旗後，帶著臨時政府從倉垣遷移到蒙城（今河南商丘東北）駐紮，希望能走出危局。

苟晞出身孤微，如今位至群臣之上，志頗盈滿，不顧時局艱難追求起享受來了。他有奴婢將近千人，侍妾美女數十名，終日累夜不出戶庭，縱情肆欲。對外，苟晞刑政苛虐，部下閻亨勸諫他要勤奮振作，苟晞大怒，殺了閻亨。另一個部下明預在家養病，抱病勸諫苟晞：「朝廷正當危難之機，明公親稟廟算，將為國家除暴。閻亨美士，奈何無罪一旦殺之！」苟晞大怒：「我殺閻亨，關你什麼事，竟然抱病來罵我！」這樣一來，部下為之戰慄，再也沒有人勸阻苟晞的荒唐行為了。西晉臨時政府大失人心，加上又遇到疾疫、饑饉，將軍溫畿、傅宣等人紛紛叛變投敵。苟晞實力迅速削弱。

苟晞在危難時刻扛起朝廷大旗，完全有可能把北方還忠於皇室的人士、反對異族統治的人士聚攏在自己周圍，可惜白白浪費了機會。很快，在石勒的進攻面前，苟晞地盤越來越少。最後蒙城被石勒偷襲攻陷，苟晞被俘。石勒先任命他為自己的司馬，一個多月後又殺了他。皇太子司馬端在亂軍中下落不明。

話說洛陽淪陷的時候，司馬熾的侄子、十二歲的秦王司馬鄴也逃了出來。司馬鄴跑到密縣（今河南密縣東南），遇到了舅舅、朝廷司空荀藩。荀藩收留了司馬鄴。巧的是，前豫州刺史閻鼎是西北天水人，在密縣糾集了數千流民，準備返回西北故鄉。荀藩去找閻鼎，閻鼎毅然決定保護秦王，延續王朝血脈。全靠這支流民武裝，司馬鄴暫時穩定了下來。

苟晞勢力覆滅後，離司馬鄴最近的朝廷勢力就是關中的司馬模了。永嘉之亂發生時，晉朝將軍趙染投降了劉聰，引匈奴劉粲的部隊進攻長安。司馬模戰鬥失利，竟然獻出長安投降了，還是被劉粲處死。司馬模的兒子司馬保繼立為南陽王，堅持作戰；關中未曾失守的一些地方官吏也紛紛堅持抵抗。忠於晉室的軍隊和劉曜、劉粲交戰，連連得勝，包圍了長安。永嘉六年（三一二）四月，劉曜、劉粲等人堅守不住，放棄長安逃跑了。閻鼎與關中眾人聯絡，雙方一致擁戴司馬鄴。司馬鄴隨即進入長安。九月，閻鼎等人推舉司馬鄴為皇太子，建立了新的臨時朝廷。這個小朝廷一建立就陷入了內戰，兩大支柱河南的流民武裝和關中的郡縣武裝相互不買帳。閻鼎與關中諸將爭權，搶先痛下殺手，無奈力量不濟，遭到關中諸將群起攻之，兵敗被殺。

可憐的晉懷帝司馬熾被俘後，被送往平陽。匈奴首領劉聰對他的態度很好，封他為左光祿大夫、平阿公，次年又進封為會稽郡公。當然了，這些官爵都是虛的，司馬熾實際上處於被軟禁狀態。一次，劉聰對司馬熾說：「愛卿為豫章王時，朕曾經由王濟介紹，認識了愛卿。愛卿當時說聞朕名久矣，還把自己所制樂府歌展示給朕看，對朕曰：『聞君善為辭賦，試為看之。』朕當時與王濟都背了篇《盛德頌》，得到卿家的誇獎。愛卿又引朕到皇堂賭博，朕得十二籌，卿與王濟都只有九籌。朕贏了，愛卿還送給朕柘弓、銀研。愛卿還記得嗎？」劉聰一口一句「朕」、「愛卿」的，表面看來是敘舊，是恩寵，可對前朝皇帝司馬熾來說，卻是莫大的諷刺。而司馬熾只能回答：「微臣怎敢忘記，只恨當日沒有早識龍顏。」劉聰又說：「卿家骨肉相殘，何其甚也？」司馬熾再放低身段，回答：「此殆非人事，皇天之意也。大漢將應乾受曆，故為陛下自相驅除。且臣家若能奉武皇之業，九族敦睦，陛下何由得之！」司馬熾只能奉承匈奴人建立的漢國取代司馬家族的晉朝是「天命所歸」。

儘管司馬熾戰戰兢兢，一心委曲求全，劉聰還是對他起了殺心。永嘉七年（三一三），劉聰命令司馬熾在正月的朝會上穿著奴僕的青衣，給大家倒酒。晉朝的侍中庾珉、王俊等人見狀號哭不止。劉聰殺心更重了，隨即派人毒死司馬熾。司馬熾死時只有三十歲，葬處不明。晉朝祕書監荀崧曾對人說：「懷帝天資清劭，少著英猷，若遭承平，足為守文佳主。而繼惠帝擾亂之後，東海專政，無幽厲之釁，而有流亡之禍。」一個守成之才，偏偏在社稷飄搖、權臣當道的時候被推上皇帝的寶座。這不僅是他個人的不幸，也是王朝的不幸。

晉懷帝司馬熾遇害的消息傳到長安，司馬鄴不用再「承制」了，登基稱帝，是為晉朝的第四個皇帝晉湣帝。

二

司馬鄴即位後，最大的手筆（也可以說是唯一的手筆）就是決定對匈奴漢國發動「總攻」。根據五月司馬鄴發布的詔書，這次總攻的目的是「掃除鯨鯢（指漢），奉迎梓宮（懷帝的棺木）」，收復中原；具體安排是兵分三路：幽州王浚和并州劉琨出兵三十萬直取匈奴都城平陽，任命南陽王司馬保為右丞相，率兵三十萬保衛長安，任命琅琊王司馬睿為左丞相，率兵二十萬進攻洛陽。整個計畫雄心勃勃，規模宏大，可惜無異於癡人說夢。晉朝哪裡還有八十萬軍隊啊！三路之中，情況最好的是江南的司馬睿，估計把正在和南方異己勢力作戰的軍隊拼湊一下，能有幾萬之眾；情況最不好的是關隴一帶的司馬保，地方殘破，朝不保夕，不要說三十萬軍隊，連三千人估計都沒有。

接到詔書後，真正採取行動的只有并州刺史劉琨。劉琨一向愛國，苦於手頭沒有軍隊，就向北邊的鮮卑部落「借兵」。會合了鮮卑援兵後，劉琨勇敢地向平陽進攻了。匈奴人迎頭抵抗，鮮卑人懼戰退兵。劉琨只能無可奈何地跟著撤退了。有人把祖逖北伐也算在響應司馬鄴總攻號召的行列中。但他只能算是部分南遷的中原人士出於恢復家園目的的自發行為，只得到了司馬睿象徵性的支持（可能是司馬睿也要對晉湣帝的詔書敷衍一下）。祖逖北伐的戰果離晉湣帝要求的「進攻洛陽」，相差甚遠（參見之後的「祖逖北伐」）。

夢境破滅後，現實顯得更加殘酷。匈奴軍隊西進侵蝕關中，長安的力量日漸空虛。建興四年（三一六）八月，劉曜對長安發動總攻，西晉君臣進行了持續抵抗。到十一月，長安外城失陷，君臣退守小城。城中糧草全無，一斗米貴至黃金二兩，甚至出現了人吃人的慘劇。司馬鄴見國家已經到了窮途末路，不願意連累更多百姓，表示要「忍恥出降，以活士民」。有大臣痛哭流涕，拉著司馬鄴不讓他出降。十一日，晉湣帝司馬鄴按照傳統的君主投降儀式，乘羊車，肉袒（去袖，露出左臂）、銜璧（以口銜璧）、輿櫬（車子上裝著棺木）出城投降。西晉至此徹底滅亡。

劉聰接受了司馬鄴的投降，將西晉君臣安置在平陽。司馬鄴被封為懷安侯。一天，劉聰外出打獵，讓司馬鄴穿上戎裝，像衛兵一樣執戟前導。沿途，老百姓見了，都指點說：「這是原來的長安天子！」有些老人看著司馬鄴，淚流滿面。太子劉粲見狀，主張殺掉司馬鄴以除後患。劉聰沒有馬上接受。十二月，劉聰大宴群臣，就像當年侮辱晉懷帝司馬熾一樣，要求晉湣帝司馬鄴給大家倒酒、清洗杯具。更過分的是，劉聰起身上廁所，命令司馬鄴執蓋隨從。在座的不少晉朝舊臣見狀流淚涕泣，有的還哭出聲來。尚書郎辛賓甚至搶步上前，抱住司馬鄴大哭。劉聰大怒，命令把辛賓拖出去，立即斬首。幾天之後，司馬鄴也被害死，年僅十八歲。

關隴殘餘的南陽王司馬保，在司馬鄴死後自封晉王，企圖以王朝正統自立，無奈他志大才疏，加上無兵無將，不久在隴西遇害。晉朝存續的希望，就看南方的司馬睿的作為了。

二〇、石勒：從奴隸到皇帝

一

劉曜的前趙，定都長安。石勒的後趙，以襄國（今河北邢臺）為都城。兩個趙國一西一東，基本囊括了北方，與南方的東晉形成南北對峙。

前後趙這對仇家，一開始卻沒有打起來，維持了多年的和平。因為前後趙內部都不穩定，需要先處理好內務才有能力對外。

前趙的內部麻煩主要有兩個：第一是關中隴右一帶的氐、羌等少數民族並不服從匈奴的統治，有數以萬計的人接連叛亂反抗前趙政權。劉曜採取安撫和遷徙並舉的政策平定叛亂，遷徙二十餘萬人充實長安。第二是安定烏氏（今甘肅平涼西北）人張軌趁中原大亂之際，割據涼州建立前涼政權，名義上向東晉王朝稱臣，威脅前趙的後方。前趙對張氏政權用兵，雖然沒有消滅前涼，但迫使前涼服軟稱臣。

再說說後趙的情況。說到後趙，得大書特書它的建立者石勒。石勒是并州的羯人，年輕時遇到大災荒，被當時的并州刺史司馬騰抓起來當作奴隸押到山東出賣。這個司馬騰是司馬越的弟弟，在荒年竟然想出販賣異族百姓為奴賺錢「以充軍實」的餿主意來，嚴重激化了民族矛盾。在山東，石勒表現突出，很有威望。主人最終釋放了他。石勒在山東地區遊蕩了幾年，結識了馬牧帥汲桑。三〇五年，石勒和汲桑趁亂集合幾十個夥伴，起兵為寇。在民族矛盾激化的背景下，石勒很快就組織了以羯族為核心的武裝力量。他和汲桑曾攻下河北重鎮鄴城，殺死了販賣過他的司馬騰。汲桑戰死後，石勒率部投靠了匈奴劉淵。當時匈奴漢朝的力量主要集中在并州、關中和河南地區，在山東、河北地區的擴張主要依靠投靠匈奴的各支雜牌軍。

除了石勒，當時東部打著匈奴漢朝的旗號作戰的還有王彌的軍隊。王彌是漢族人，趁亂起兵，軍隊以漢族人為主，實力足可與石勒相對抗。東部地區基本就是石勒和王彌的天下。他們掃蕩了東部地區的西晉軍隊，並和匈奴的劉聰軍隊相配合製造了「永嘉之禍」，各自殺戮了數以萬計的西晉王公官吏。共同的敵人被消滅後，並肩作戰的朋友就變成了敵人。

一山難容二虎。石勒和王彌首先開始內訌。王彌圖謀石勒，可惜缺乏政治技巧，思想覺悟也不高。他幻想通過恭維拍馬屁，讓石勒放鬆警惕。石勒在青州大獲全勝後，王彌故意寫信給石勒說：「石公俘獲苟晞卻赦免了他，何其神勇啊！讓苟晞為公左膀，我王彌來做您的右臂，石公就可以平定天下了。」石勒當然不相信王彌的鬼話，開始提防著王彌。王彌軍隊數量不少，卻分散兵力，分兵攻略地方。他親自領兵南下，和東晉大軍在壽春（今安徽壽縣）相持，情況不妙，就向石勒求援。石勒當時正在和「乞活軍」陳午的隊伍鏖戰，不想增援王彌。石勒的漢族謀士張賓勸他：「您常常擔心王彌的掣肘，這次是個解決他的好機會。陳午小豎，何能為寇？王彌人傑，將為我害。」石勒聽從張賓的意見，親自率軍增援，擊敗晉軍。王彌以為石勒和自己推心置腹，先對石勒放鬆了警惕。不久，石勒請王彌赴宴，王彌不顧部屬勸阻，貿然前往，結果在席間被伏兵殺害。王彌的部下或散或降。石勒軍隊成了東部最強大的勢力。

石勒和王彌名義上都是匈奴漢朝的大將。石勒擅自殺害王彌，匈奴朝廷嚴斥，可又不能追究石勒的罪責，只能默認了石勒在東部的獨尊地位。石勒名義上仍為匈奴之臣，實際上已獨立行動了。

石勒軍隊起初都是流動作戰，沒有後方，沒有給養，沿途劫掠，是不折不扣的流寇。永嘉六年（三一二）初，石勒計畫攻克建業，劫掠富庶的東南地區，在江淮地區遭到晉軍的層層抵抗。司馬睿會集江南兵力防禦石勒，江淮地區又連降大雨，石勒軍隊陷入了困境。饑餓和傳染病奪走了半數官兵的生命。石勒真真切切地感受到了沒有土地和人民就沒有立國之本。環顧天下，長江流域、關中和巴蜀都有主人了，剩下的就只有山東、河北了。石勒毅然回軍北上，去爭奪河北和山東。

漢代以來，河北最重要的城市是鄴城（今河北臨漳縣內），石勒長驅直入進攻鄴城，苦於鄴城高大牢固一時難於攻下，退而佔領襄國。從此，石勒以襄國為根據地，四處消滅河北地區的塢堡，收集糧草和人口充實襄國。石勒在襄國做大，逼迫北方幽州的西晉殘餘勢力不能等閒視之。西晉幽州刺史王浚集合數萬主力，聯合遼西鮮卑段匹磾等人進攻襄國。石勒在這場關鍵戰役中，死死支撐了下來，陸續消滅西晉部隊，對段氏鮮卑先擒後縱再贈送厚禮重金。段氏鮮卑感念石勒，與他結盟，並收兵撤還遼西。段氏鮮卑從此傾向石勒。王浚見勢不妙，撤軍北逃。建興元年（三一三）四月，石勒侄子石虎攻克鄴城，冀州盡入石勒囊中。

幽州刺史王浚為晉朝堅守北方的飛地，名為晉臣，長期脫離朝廷起了不臣之心，奢縱淫虐，署置百官，就差割據稱王了。石勒依張賓之計，利用王浚割據之心進獻厚禮，表示擁戴其稱帝，還厚賂王浚的女婿棗嵩。為了麻痹王浚，當晉朝的范陽守將游統暗中派遣使者聯絡石勒投靠時，石勒殺死使者送給王浚。晉廷為了保持飛地，升王浚為大司馬，把幽州、冀州託付給他；升劉琨為大將軍，把并州託付給他。晉朝的使者先到襄國。石勒將之視為一個機會，把精銳軍隊都隱匿起來，在晉朝來使面前故意示弱，再寫信給王浚，假稱要親赴幽州勸進，又寫信給棗嵩，吹噓他功勞顯赫，要為他請官晉爵。王浚得到使者回報，相信石勒兵力薄弱，輕信石勒勸進的假話，毫無戒備。王浚做著白日夢，石勒卻領兵日夜兼程偷襲幽州，兵不血刃地迅速推進到薊城（幽州州治，在今北京市西南）城下。途中有官員見石勒來意不善，派人報警。王浚竟然殺死報信人，此後再無人報警了。石勒看到薊城沒有防備，擔心有伏兵，藉口獻禮，先驅趕牛羊數千頭入城，塞住街巷，讓城內一片混亂，然後殺入城去，俘獲王浚，押送襄國斬首。幽州也成了石勒的領土。

此後就發生了匈奴內亂，劉曜和石勒分立。劉曜要處理關中的麻煩，石勒則要與割據青州的曹嶷作戰。曹嶷是漢族人，是王彌的餘部。當初王彌分兵派遣曹嶷攻略青州。曹嶷在王彌死後獨立於各派勢力，在感情上傾向晉朝。石勒為了籠絡曹嶷，對他拜將封爵。曹嶷勢單力薄，覺得東晉過於遙遠難以為援，不得不接受了後趙的任命。原來的青州州治淄博地處平原，難以防守，曹嶷找了靠山臨水、易守難攻、交通發達的地方，修建了廣固城（今山東青州市益都鎮），做了長期堅守的打算。太寧元年（三二三），石勒派遣石虎率步騎四萬討伐曹嶷。曹嶷自知不敵，計畫避徙海中保存實力。不想疾疫流行，曹嶷還沒成行，石虎大軍就包圍了廣固城。曹嶷投降，押送襄國遇害。攻陷廣固城後，殘忍的石虎坑殺軍民數萬人，揚言要殺盡居民。後趙新任命的青州刺史劉徵說：「沒有居民，我做什麼刺史？我乾脆回去算了！」這樣石虎才留下幾百人，交由劉徵這個青州刺史統治。

青州也納入後趙版圖。

雙方內部事務都解決了以後，前後趙開始兵戎相見。前趙劉曜的軍力弱於石勒，便先下手為強，聯合東晉軍隊搶先對石勒發動進攻。東晉司州刺史李矩、潁川太守郭默等人將石勒看作是製造「永嘉之禍」的元兇，都願意與匈奴聯軍。東晉太寧三年（三二六），前趙聯合東晉的北方軍隊進攻石勒。兩趙戰爭正式爆發。石勒派石虎迎戰。雙方在成皋（今河南滎陽）激戰，戰火蔓延到并州，前趙軍隊大敗。劉曜敗歸長安，東晉軍隊或南逃或投降後趙。今天的河南地區完全被後趙軍隊佔領。

兩年後（三二八），輪到後趙軍隊主要進攻了，石虎率兵進攻蒲阪（今山西永濟縣）。劉曜親率精銳馳救，殺敗石虎。石虎狂奔數百里逃到朝歌（今河南淇縣）。劉曜乘勝進軍，包圍了洛陽。後趙軍隊堅守城池，劉曜就採取掘堤水淹的辦法沖灌城牆，洛陽危在旦夕。石勒很重視軍情，幾乎是傾國而出分兵三路救援洛陽。這時劉曜犯了一個錯誤，沒有在外線部署軍隊狙擊援軍，結果導致後趙援軍蜂擁而來。見勢不妙後，劉曜舉止失措，既沒有加緊圍攻洛陽，也沒有後撤進行必要的挽救部署，反而撤圍洛陽，將十萬大軍都排列在洛河以西，和石勒隔河對峙，等於坐等挨打。石勒主動出擊，命石虎等人攻擊前趙大軍各處，自己也提刀上陣夾擊劉曜。前趙大軍在這場決定性的戰鬥中潰敗。石勒大獲全勝，斬首五萬餘級。當時是冬天，劉曜騎馬從洛河冰面上撤退，結果馬墜於冰上。劉曜身上被創十餘處，成了後趙的俘虜。石勒讓劉曜寫信令留守關中的兒子劉熙投降。劉曜卻寫信要求劉熙：「與大臣匡維社稷，勿以吾易意也。」石勒見劉曜剛硬不降，就殺了他。

劉曜本以為兒子劉熙堅守關中，還可同石勒一搏。實際上主力覆滅劉曜身亡，前趙立即分崩離析。關中大亂，三二九年正月，劉熙得知父親的死訊後，竟然逃離長安，躲到上邽（今甘肅天水市）去了。留守長安的前趙軍隊投降後趙。劉熙這時候又後悔了，在夏天反攻長安，沒有成功，將前趙最後的實力也折損了。石虎乘機攻克上邽。前趙亡。

至此，除了遼東慕容鮮卑建立的前燕政權和河西張氏外，石勒統一了北方其他地區。後趙領土東接大海、北到長城內外、西達隴西與張氏政權接壤、南到江淮與東晉王朝對峙。三三〇年石勒稱帝。從奴隸到皇帝，石勒創造了一個奇蹟，這是只有亂世才有可能的奇蹟。石勒可能是中國歷史上出身最底層的皇帝。同時期，只有賭棍出身的南朝宋武帝劉裕的經歷才能和石勒的奇蹟有一拼。

二

石勒是一個有作為的皇帝。他出身少數民族，又當過奴隸，對社會實情和百姓疾苦有切身的感受，尤其是對西晉末年百姓流離失所、流民充斥鄉鎮的亂局記憶深刻，建立趙王政權後，石勒就留意農業生產，派遣使者巡行州郡，招募流民，勸課農桑。隨著後趙政權的穩定，流民相繼歸附石勒，之前農田荒蕪、百業凋敝的景象有所緩解。

石勒所代表的羯族整體漢化水準不高，政治體制比較落後。石勒能夠認識到漢族政治制度的優越性，在征戰過程中吸納漢族政治文明。張賓是石勒早期任用的漢人謀士，為後趙建立奉獻了許多智慧，石勒非常敬重他，尊稱為「右侯」，凡大事必詢問他。張賓死後，石勒一度痛不欲生。石勒不識漢字，就找儒生讀書給自己聽。一次，儒生讀《漢書》，讀到酈食其勸劉邦分封六國後人時，石勒大驚，說這樣做會天下大亂的。後來聽到張良勸阻，石勒連忙說：「賴有此耳。」說明石勒對漢族政治文化已經有了相當的認同。雖然後趙也像匈奴政權一樣保留了許多游牧民族制度，但已經大量採納漢族的制度。石勒初起時，對西晉王公大臣、塢堡主及士大夫大開殺戮。後來他逐漸認識到爭取漢族上層，尤其是留在北方的氐族豪門支持的重要性。石勒在俘虜中區分士庶，將士族集為「君子營」，以示優待；在戰亂中下令梳理地方家族譜系，明令不准侮易衣冠華族。建立政權後，石勒恢復魏晉以來的九品中正制度，吸收氐族進入後趙政權。河東裴氏、京兆杜氏、清河崔氏、潁川荀氏都有人被後趙政權擢用。氐族大家出於保全性命和家族利益的考慮，在形式上願意加入後趙政權，卻並不能真心地效忠異族統治者。范陽盧堪被後趙委以要職，就一直以屈身事胡為恥，一再告誡子孫，在他死後不要在墓碑上刻上他在異族政權中任職的經歷。這一方面和北方漢族人堅持「夷夏有別」、奉南方的東晉為正朔的觀念有關，一方面也反映出北方激烈的民族矛盾始終存在。

儘管有所自我約束，石勒骨子裡還是個殘暴的人，奉行民族壓迫政策。石勒忌諱別人提及他的異族出身，後趙法令明確規定：無論說話寫文章，一律嚴禁出現「胡」字，違者殺無赦。百姓們不得不將日常食用的胡瓜改名為「黃瓜」。至於殺戮漢人、強迫移民等措施，更是激化了漢族與少數民族的矛盾。胡族政權在數百年中，從沒有真正得到北方漢人的擁戴與合作，以致始終不能在北方建立絕對的權威和牢固的基礎。這可以說是少數民族政權雖然迅速崛起開朝立國，卻又迅速崩潰的主要原因。

三三三年夏，石勒病死，遺詔令太子石弘繼位。他從極其卑微的起點出發，創下了一份碩大的產業留給子孫，不知道子孫能否發揚光大？

二二、冉魏：放把火就死

一

石勒死時，後趙的實權被鐵腕人物石虎所掌握。石虎是石勒的侄子，為人殘暴，善於征戰，為後趙的建立立下汗馬功勞，本人也逐步掌握了軍政大權。石虎野心勃勃，就等著石勒死後自己做皇帝，都布置好武士要搶位置奪權了。太子石弘知道自己不是對手，嚇得主動聲明自己無才無德，石虎才是真龍天子。但石虎考慮到石勒屍骨未寒，強登皇位容易樹敵，恐怕還會受到世人的唾罵，就虛情假意地擁戴石弘稱帝。石弘稱帝後，完全是石虎的傀儡，封石虎為丞相、魏王、大單于，總攝朝政。石虎將兒子親信紛紛安排在重要部門，進一步控制了政權，終於在咸和九年（三三四年）廢石弘，自稱居攝趙天王。之後，石虎誅殺了石弘及石勒的其他兒子，從襄國遷都鄴城，三四九年稱帝。

石虎繼承了石勒兇殘的性格和民族壓迫政策，掌權後強化胡漢分治政策，設置大單于統治各少數民族，與漢族的行政管理制度完全分開，又強行規定稱漢人為「趙人」，胡人為「國人」，並嚴禁呼羯為胡。為了充實新首都鄴城，石虎強迫各族人民遷往鄴及其周圍地區。據說石勒和石虎兩代人殺戮漢人超過百萬，「至於降城陷壘，不復斷別善惡，坑斬士女，鮮有遺類」。建政後，石虎故意對漢人徵發繁重的賦稅與徭役，進一步激化了後趙內部各種矛盾。石虎本人漢化程度不高，對游牧生活很留戀，將黃河以北中原地區的數萬平方公里土地劃為狩獵圍場，規定漢人不能向其中的野獸投一塊石子，否則即是「犯獸」，將處以死罪。結果發生了許多百姓被野獸害死或者吃掉的慘劇，漢人地位竟不如野獸。而石虎對此解釋說：「我家父子如是，自非天崩地陷，當復何愁？」當時「北地蒼涼，衣冠南遷，胡狄遍地，漢家子弟幾欲被數屠殆盡」。

石虎的荒淫無度、率性胡為，讓各種矛盾糾結在一起，把後趙政權推到了火山口上。比如石虎追求個人享樂，在鄴城修建宮殿台觀，又營建長安、洛陽的宮殿，長期役使百姓超過四十萬；為征討前燕，石虎又徵召超過五十萬百姓準備軍資。石虎統治期間，徭役繁興，徵調頻仍，能夠安心從事農業生產的百姓不過十分之二三。令人髮指的是，石虎為了充實後宮，強徵民間數萬女子入宮，如果已經婚配就將丈夫殺死強拉妻子入宮，導演了一幕幕人間悲劇。百姓紛紛用各種形式加以反抗，石虎一味加重刑罰，統治更加殘暴。

石虎的家庭生活也一團糟糕。太子石邃因為父皇寵愛弟弟石宣和石韜，擔心地位不保而陰謀叛亂篡位，事洩後被殺。石虎立石宣為新太子，卻加倍寵愛石韜，再次激化兒子內部矛盾。新太子石宣嫉恨石韜，兩兄弟經常發生衝突。石宣殘忍地將石韜砍掉手足、刺爛雙眼、挑破肚子，石韜慘死。石宣藉石韜喪禮的計畫，一不做二不休，計畫暗殺石虎篡位。石虎知道真相後，用同樣的酷刑將石宣處死。石宣之死，是三四八年的事情。石虎殺太子後，把無辜的東宮官吏、衛士十餘萬人謫戍涼州。

三四九年，一萬多獲罪的東宮官兵被押送到雍城（今陝西鳳翔）的時候，發動起義。這場起義點燃了大叛亂的引信，關中各族百姓揭竿而起，加入起義隊伍。起義軍所向披靡，攻略長安，殺出潼關，人數超過十萬。石虎派大司馬李農調集重兵鎮壓，反而被起義軍打敗。後趙的軍隊經過一叛一敗，元氣大傷。石虎不得不利用其他少數民族武裝來鎮壓心腹大患。氐族貴族苻洪和羌族貴族姚弋仲紛紛組織軍隊，合兵進攻，終於鎮壓了起義。起義雖然失敗了，後趙的根基也被掏空了。後趙自己的軍隊在重重矛盾中基本失去了戰鬥力，其他少數民族的武裝尾大不掉，開始威脅石虎的統治。石虎生命的最後幾年籠罩在一片憂愁和驚恐之中，在三四九年一命嗚呼。

二

石虎死後，諸子爭立，骨肉相殘，導致帝國分崩離析。第二年（三五〇），政權落入一個漢人的手裡。這個人就是石閔。

石閔原名冉閔，是并州「乞活軍」的後代。「乞活軍」是特殊年代的產物。西晉末期，北方連年災荒，大災之後又趕上瘟疫和之後的八王之亂、五胡亂華，人們最基本的生存條件都喪失了。許多地區赤地千里，餓殍遍野，牛羊貓狗都被吃了，老鼠草根也被刨出來吃了，最後出現了「易子而食」、「人相食」的人間慘劇。人禍接踵而來。比如在并州「寇賊縱橫，道路斷塞」，又「數為胡寇所掠」，到處是跨馬持刀的凶徒，弱肉強食，簡直是人間地獄。西晉各級官府「府寺焚毀，邑野蕭條」，「郡縣莫能自保」，更談不上保護百姓。於是，數以十萬計的流民四處流徙，尋找一切可以吃的東西和安全的地方。在流蕩哄搶的過程中，流民既要搶掠生存又要自衛，逐漸形成了自發的武裝組織。軍官出身的田甄、李惲、薄盛等人最後將并州流民組織起來，隨司馬騰「就穀冀州，號為『乞活』」。這就是乞活軍的來歷。

乞活軍在五胡十六國前期是一支重要的政治軍事力量，先是跟隨司馬騰鎮守鄴城，與成都王司馬穎作戰。後來石勒和汲桑殺死了司馬騰，乞活軍在田甄的帶領下，替司馬騰報仇，殺死了汲桑。失去司馬騰這個首領後，乞活軍發生了分裂：一部分在李惲、薄盛帶領下投奔了司馬騰的哥哥、東海王司馬越。司馬越死後，這部分乞活軍流竄在山東河南等地，與石勒軍隊多次交戰，最後被石勒消滅；另一部分乞活軍在田甄率領下前往上黨（今山西長治一帶），最後也被石勒打敗，餘部陳午等投降石勒。正宗的乞活軍就此消失了。不過日後陸續還有一些流民冒用「乞活」的旗號，悲壯地起兵造反。

傳說，投降的陳午部隊中，有一個人叫做冉瞻，只有十二歲，卻精明能幹，很受石虎喜愛。石虎將他收為養子，冒姓石。石瞻後來生下一個兒子，取名「石閔」，石虎認石閔為養孫。還有一種說法是石閔是石虎的養子。雖然說法不同，但石閔原名冉閔，是漢人子孫的史實是確定的。《晉史》描述冉閔「身高八尺，善謀略，勇力絕人，攻戰無前」。在後趙時期，冉閔臨戰都衝鋒在前，奮勇殺敵，深受石虎的器重，進而掌握了部分軍隊。石虎死後諸子爭位，當時漢族百姓普遍要求驅逐殘暴的羯族統治者，擁護漢族出身的冉閔發動政變推翻後趙。冉閔就是在這樣的背景下於三五〇年奪取政權稱帝，改國號為魏，建都鄴城，史稱冉魏。這是十六國時期唯一一個在中原建立的漢族政權。

冉魏政權非常短暫，僅僅存在三年時間。它僅僅依靠部分漢族武裝趁羯族內亂倉促建立，統治區域局限於黃河中游的南北地區——其他地區為後趙殘餘或趁亂割據的其他少數民族佔領。就是在冉魏有限的統治區域內，民族矛盾惡化。支撐這個政權的精神動力就是驅逐胡族，光復漢家天下。冉閔本人就是狂熱的民族主義者，掌權後就下令鄴城城中：「今日以後，與官同心者留，不同者各所任之。敕城門不復相禁。」鄴城大門晝夜不關，供百姓選擇到底是支持新政權還是反對新政權。羯族和其他少數民族驚恐不安，紛紛逃出城去；而漢族人熱誠支持新政權，紛紛湧入城來，「於是趙人百里內悉入城。胡、羯去者填門」。漢族和少數民族的矛盾極端激化，百姓互不信任。冉閔見少數民族都不支持自己，殺胡之心頓起。他宣布：「趙人斬一胡首送鳳陽門者，文官進位三等，武官悉拜門牙。」這便是公開的「殺胡令」。一日之中，數萬胡人被殺。積怨已久的漢人大開殺戒，凡是見到眼廓深刻、鬚髮發黃等胡人特徵的人一律殺死。被冉魏政權屠殺的胡人估計超過二十萬。胡人或者拿起武器自衛，反攻漢人，或者成群結隊返遷塞外。華北陷入一片混亂，人們相互攻殺，屍橫遍野。各少數民族經過數十年的遷徙征戰，依然分布各地，組織相對漢人嚴密，在殺胡令的威脅下群起圍攻冉魏政權。形勢很快就對冉魏政權不利了。

冉閔對南方的東晉王朝抱有好感，派遣使者聯絡東晉，希望聯合起來驅逐胡族。東晉君臣對冉閔很不信任，聽說冉閔竟然已經稱帝，斷然拒絕聯軍的要求。冉閔只能靠奮勇作戰來挽救局面。冉閔政變後，石虎的兒子石祗在襄國自立，並起兵討伐冉閔。三五一年，冉閔將後趙殘餘劉顯的部隊殺得大敗，劉顯請降，願殺石祗以報。劉顯回軍殺死石祗。三五二年正月冉魏攻克襄國。後趙滅亡。連年作戰，冉閔賴以征伐的軍隊疲憊不堪。慕容鮮卑的前燕政權趁亂先攻佔幽州，如今又趁機大舉進攻冉魏。冉閔又向東晉王朝求援，東晉對冉閔依然沒有好感，相反對一再上表稱臣的前燕政權很有好感，所以坐視前燕政權步步強大，冉魏日日削弱。冉閔集結漢族軍民，以一萬之眾抵抗十四萬鮮卑大軍的進攻。在決戰中，冉閔奮勇衝鋒，在敵陣殺進殺出。傳說他左手執雙刃矛，右手執鉤戟，殺死燕兵三百餘人，最後馬倒被擒，死於燕都龍城（今遼寧朝陽）。同年夏，鄴城陷落，冉魏滅亡。

冉魏驟亡後，華北東部地區為前燕佔領，關中地區被前秦佔領，北方進入了前燕和前秦對立的階段。

二二、慕容家有內訌傳統

一

鮮卑人的祖先居住在鮮卑山（今內蒙古東北），故而稱為鮮卑。一般認為鮮卑人是東胡的一支。「鮮卑」一詞最早出現在東漢。在《三國志》、《後漢書》中鮮卑與烏桓並稱東胡，東漢初年烏桓人大量遷入塞內，與之相鄰的鮮卑人也跟著南遷，這些鮮卑部落大多聚居在遼東一帶。後來又有鮮卑部落內遷至遼西，因此又有遼東鮮卑、遼西鮮卑之分。慕容鮮卑是遼東鮮卑的一部分。南遷的這些鮮卑部落依然過著豪邁的草原生活，「放馬大澤中，草好馬著膘」，尚武崇力，聚散不定，呼嘯成軍。

話說遼東鮮卑一共有三部。慕容鮮卑部位於遼東鮮卑的中部，東西分別為宇文鮮卑和段氏鮮卑所包圍，而實力弱於兩部。慕容家族的首領莫護跋在曹魏初年率領其部內遷到遼西一帶。司馬懿討伐公孫淵時，莫護跋隨戰有功，被封為率義王，在遼西的昌黎大棘城（今遼寧義縣西北）建國。莫護跋家族開始學漢人戴上「步搖冠」，邁著方步走路，被稱為「步搖」，後轉音為「慕容」。慕容鮮卑以此得姓。莫護跋的孫子慕容涉歸也因為協助朝廷征討立功，被晉武帝封為鮮卑大單于。慕容部又轉遷到遼東北部。在不斷的遷移過程中，慕容部落越來越接近漢族地區，逐漸漢化。

歷史此時賜予了鮮卑族一位傑出的領袖：慕容涉歸的兒子慕容廆。

慕容廆小的時候就被譽為「命世之器，匡難濟時」。父親慕容涉歸死後，叔叔慕容耐通過政變奪取了部落大單于之位，還派人刺殺慕容廆。年幼的慕容廆只好向南逃，開始亡命遼東，幸好被好心的漢人收留掩護才倖免於難。在漢人地區生活期間，慕容廆自覺不自覺地接受了許多漢人的文化和政治智慧，深深烙上了漢文明印記。不久，慕容耐被手下人所殺。慕容族人公迎慕容廆為新單于。

慕容廆上臺之初就將從漢人那裡學來的智慧運用到了部族的內政外交上。他首先發現了並不被祖先和其他部落重視的西晉王朝的價值，主動遣使覲見晉武帝，接受了晉朝官職，表面上自為藩屬，實際上使弱小的慕容部鮮卑獲得了「尊王」的金字招牌，多了一重保護；其次，慕容部重金聯絡其他兩部鮮卑。段氏鮮卑是當時遼東各部中實力最強者，慕容廆便迎娶了段部單于的女兒為妻。慕容廆深知，稱霸必先圖強。中原八王之亂正酣，稱王稱霸者前仆後繼。遼東最強的段氏鮮卑排斥避難而來的中原移民和漢族士大夫。而慕容廆政法分明、用人唯才，很快集中了北方五州的大量流亡士人。慕容廆移居大棘城，教人耕種，制訂與漢人相似的法令法規。慕容鮮卑加速了漢化過程，迅速繁榮起來。

晉惠帝太安元年（三〇二），慕容部近鄰宇文鮮卑的首領宇文莫圭統一了塞外的東胡各部，自稱單于，將進攻矛頭指向慕容部。氣勢洶洶的宇文大軍進攻慕容部邊境各城。慕容廆沉著冷靜，親自迎戰，首戰告捷。宇文部很快又集結了十萬大軍捲土重來，將慕容廆包圍在大棘城中。一時間，亡國陰雲籠罩慕容部落。慕容廆卻談笑自若，說：「敵兵雖多，但卻毫無章法可言。勝負早在我的算計之中了。諸位只管拼力一戰，沒什麼好愁的！」他激勵士氣，主動出戰。宇文軍隊多而不精，面對衝擊亂作一團，潰敗得一塌糊塗。此戰，慕容部追擊上百里，斬首數以萬計。宇文鮮卑不得不遠逃塞外，慕容部一躍由弱而強。

慕容廆戰後又花了多年時間消化建設已有的疆域，整編訓練軍隊。他採納漢王朝的郡縣制，建立完備的政權系統與機構，設宰相、司馬、列卿將帥等官職，同時「起文昌殿，乘金銀車，駕六馬，出入稱警蹕」。《晉書》也承認慕容氏政權「皆如魏武、晉文輔政故事」。晉室早已南逃，司馬睿在南京稱帝，遙拜慕容廆為龍驤將軍、大單于。慕容廆繼續尊奉東晉為正統，派遣使者通過海路通使東晉，從而以東晉皇命討伐各部，收斂人心。

慕容鮮卑勢力的壯大促成了遼東的晉朝殘餘勢力和高句麗、段氏鮮卑、宇文鮮卑等勢力的集體敵視。遼東此時是南遷建康的東晉王朝的一塊「飛地」。東晉任命的平州刺史崔毖表面上是本地區的「最高軍政長官」，實際上他的話只在衙門裡算數。而高句麗和兩部鮮卑不願意慕容鮮卑坐大——他們不懂合作共贏的道理，就在崔毖的撮合下組成了四方聯軍討伐慕容部，挑起遼東史上規模最大的一戰。

晉太興二年（三一九），聯軍浩浩蕩蕩攻入慕容部的境內。

慕容鮮卑遇到了崛起路上的第一條「大坎」。

四方聯軍潮水般湧來，很快就將大棘城圍得水洩不通。慕容廆知道本部兵馬不足以硬碰硬，在戰爭初期以逸待勞，拼死頂住。慕容廆透過戰火，很快就判斷出四方聯軍的致命缺陷。那就是他們的瘋狂進攻只是表象，沒有一致的戰鬥目標。宇文鮮卑的鬥志最強，段氏鮮卑和高句麗是因妒忌而出兵，而崔毖就是一個空頭司令。慕容廆制定了分化瓦解，各個擊破的戰略。聯軍畢竟是烏合之眾，缺乏統一指揮系統。三國的軍隊日日圍攻大棘城，慕容廆只管閉門固守。聯軍長期求戰不得，沒事做就開始互相猜忌。這時慕容廆乘機派人帶著牛肉美酒出城，以崔毖的名義犒勞宇文鮮卑軍隊。宇文部也是太大意了，和來人把酒言歡起來。段氏鮮卑和高句麗看到宇文部與慕容廆聯歡，很自然懷疑他們在搞對自己不利的把戲，當即領軍退卻，在戰場上觀望起來。宇文部首領宇文悉獨官得知中計後惱怒異常。他也不向盟軍們解釋（有些事情越解釋可能越說不清楚），只得盡起本部數萬士兵，連營三十多里，單獨加緊攻城。

恰巧慕容廆兒子慕容翰的軍隊從外地回援都城。慕容廆命令兒子回城協防，慕容翰見城內防衛力量足夠，認為不如留駐城外充作奇兵，等候時機內外夾攻。於是慕容翰軍遊弋戰場之外。悉獨官感覺慕容翰是個禍患，決定分派數千騎兵突襲慕容翰。慕容翰的情報工作做得很好，事先得知了宇文部的偷襲計畫，當機立斷，派人冒充段氏鮮卑的使臣半路攔截悉獨官的騎兵，請求帶路，協助打擊共同的敵人。宇文部不長記性，又一次輕易地信以為真，隨同來人闖進了慕容大軍的埋伏圈。一戰下來，宇文部騎兵全軍覆沒。慕容廆、慕容翰父子乘勝追擊，內外夾擊。世子慕容皝率領精銳部隊突襲悉獨官大營。宇文部潰不成軍，三十里連營一片火海。宇文鮮卑被擊垮後，晉朝殘餘勢力匆忙撤出遼東，鮮卑其餘各部紛紛向慕容部稱臣；高句麗之後兩次被慕容翰等人擊敗，從此對遼東事務敬而遠之。

慕容廆囊括整個遼東，派使到建康報捷。司馬睿順勢封他為平州刺史，遼東郡公。

晚年的慕容廆日子過得很瀟灑，主要在遼東操練兵馬，偶爾指點一下越來越混亂的天下局勢。據說他曾經寫信勸東晉名將陶侃——大文豪陶淵明的爺爺率軍北伐，消滅匈奴人建立的趙國，表示鮮卑族願為北方接應。計畫沒有執行，陶侃和慕容廆先後去世。

二

任何事業的開創都離不開偉大人物的領導。如果偉大人物不只一個，就面臨著誰是領袖的選擇問題，畢竟領袖只能有一位。

對於迅速崛起的少數民族來說，艱苦的環境和複雜的鬥爭能夠錘煉許多領袖級人物。中國歷史上的少數民族在崛起之時總是人才濟濟，於是也就面臨著領袖之爭。上天眷顧慕容家族，賜予了他們精明強幹的頭腦。遺憾的是，慕容家族在立國後就爆發了骨肉猜忌的內訌。

慕容廆病逝後世子慕容皝繼位。慕容皝非常猜忌庶長兄慕容翰的功績和能力。慕容翰於是投奔了夙敵段氏。段氏大喜，擁戴著慕容翰要去與慕容皝爭國。段氏鮮卑的軍隊很快湧入慕容部的土地。眼看慕容皝即將大敗，慕容翰不忍祖國滅亡，與段氏臨陣淚別，跑到宇文部裝瘋行乞流落街頭。段氏鮮卑轉勝為敗，慕容皝轉憂為喜。

那一邊，同是慕容廆之子的慕容仁和慕容昭看到慕容皝迫害慕容翰，心裡不能不有所「想法」。他倆也是闖蕩過刀槍劍雨的，決定狠心殺掉慕容皝，既為自保，也為權力。慕容皝察覺後，先下了手，將兩位同胞兄弟殺死。

經過這件事情後，慕容皝開始想念哥哥了。他派人將慕容翰接回了本國。慕容翰不計前嫌，為弟弟攻滅了宇文部鮮卑，並東敗高句麗。隨著哥哥功績聲望日增，慕容皝再次害怕慕容翰奪位。重燃的猜忌之情迅速膨脹，一次慕容翰受傷在家養病，慕容皝以慕容翰常在家中練劍圖謀造反為由，送去毒酒賜死。慕容翰流淚道：「今天我死，命當如此。但是中原還被逆賊佔領，國家並不平靜，我常常以掃平天下，完成父王遺願來激勵自己，現在不能滿足心願了。命也奈何。」說完飲鴆身亡，令人扼腕。

慕容皝死後，子慕容儁繼立。冉魏取代後趙，中原大亂，冉閔又大開殺戒激化了矛盾，這給慕容家染指中原提供了可乘之機。三四九年，慕容鮮卑大舉進攻後趙，奪得幽州，遷都於薊（今北京）。這個發源於遼東的割據政權從此越過長城，開始進軍中原。三年後慕容部擊滅冉魏，佔有河北，慕容儁正式稱帝，定都鄴城，國號燕。慕容家族得以在第三代人手中登上了皇位，建立了前燕王朝。前燕在強盛之時基本繼承了後趙除關中之外的其他領土。

前燕建國之後，父輩骨肉猜忌的內訌就再次重演。慕容皝的兒子們都能力出眾，尤其以慕容儁、慕容恪、慕容霸為最。慕容皝特別喜愛屢立軍功的慕容霸，令太子慕容儁非常嫉妒。慕容霸少年時喜歡打獵，有一次從馬上跌下來，折斷了牙齒。慕容儁登基後，以敬仰春秋時晉人郤缺為藉口，命慕容霸改名為「垂夬」，後來又去掉「夬」，定名叫「垂」。「垂」是個非常不吉利的名字，遠遠不如「霸」字。可慕容霸沒辦法，只好垂下腦袋聽命。慕容儁的老婆吐谷渾皇后以嫉妒強悍著稱。慕容垂的結髮妻子段氏清廉自守，與丈夫恩愛異常。但是吐谷渾皇后妒忌地尋機將段氏治死，並逼慕容垂迎娶自己的妹妹長安君。慕容垂卻喜歡上了段氏的妹妹。惱怒的吐谷渾皇后竟對慕容垂動了殺機。慕容垂不得不委曲求全，韜光養晦，不談政治，更不去招惹皇帝和皇后。

三六〇年，慕容儁病死，十一歲的太子慕容暐繼位，慕容儁臨死前想把小皇帝託付給慕容恪，可又不信任慕容恪，於是試探他說：「我想把社稷交給你。」慕容恪不肯接受。慕容儁假裝生氣說：「我們兄弟之間何必虛飾！」慕容恪回答：「陛下如果認為臣擔當得起天下重任，難道就不能輔佐少主？」慕容儁這才放心，說：「你能像周公輔佐周成王那樣輔佐我的兒子，我就完全放心了。」

新皇登基後，慕容恪以太宰身分輔政。慕容恪被後世稱為「十六國第一名將」。在他主政期間，燕國不僅穩固了華北，還一度攻佔了東晉的河南、淮北等地，使國家疆域達到極盛。

大名鼎鼎的東晉桓溫在三六九年率五萬晉軍北伐，要來復仇，燕軍連敗失地。慕容垂臨危受命，領兵迎戰。他派弟弟慕容德去劫斷晉軍糧道迫使桓溫後撤。慕容垂率軍追擊，在襄邑大敗晉軍。據說慕容垂在戰鬥中採用了最早的「拐子馬」和「鐵浮圖」的戰術。好在桓溫北伐只是為自己立威，無心再戰，逃回江南內鬥去了。慕容垂逼退桓溫，幾乎成了國家再造功臣。

誰想，慕容垂回到家中卻得到了心愛的段氏的妹妹被吐谷渾太后殺死的噩耗。慕容垂品味到了功高震主的危險。好心人還悄悄告訴慕容垂歹心的吐谷渾太后有將他治死的陰謀。慕容垂只能淡淡一笑，守在家裡過起更加謹小慎微的日子。好在他功勳卓著，吐谷渾一時難以在肉體上消滅他。

三六七年，慕容恪走到了生命盡頭，臨死前對少主慕容暐說：「皇叔慕容垂才能勝我十倍，先帝因長幼的次序，用臣輔政。我死後他可做大司馬，號令全國軍隊。如果那樣，我國必能一統天下。」慕容恪又叮囑慕容暐的兄長慕容臧說：「你們的叔叔慕容垂總統六軍，人才不可忽視。我死之後，以親疏而言，應該輪到你和慕容沖。你們弟兄雖然才能出眾，畢竟年紀還輕，不見得能夠挑得起這副擔子。慕容垂是人中豪傑，智謀無人能及。你們若能推舉他做大司馬，必能一統天下。你們千萬不要貪戀官職，不以國家為意。」弟弟慕容評來探望，慕容恪再一次推薦慕容垂，認為如果不加重用，恐怕對國家不利。少主慕容暐兄弟和慕容評等人聽了慕容恪的話，卻沒有遵守。慕容恪死後，皇叔慕容評主政，慕容臧、慕容沖兄弟掌權。

當時的北方格局是前燕和前秦東西對峙。前燕的領土和人口都超過前秦，勢力原本強於前秦。慕容恪死後，前燕國勢江河日下，這主要是統治階層無能造成的。主政的慕容評能力平庸，極力搜刮百姓的財產，橫徵暴斂，連百姓喝水都要交稅。貴族官僚大量佔有庇蔭戶，總數超過國家控制的戶口，致使國家的賦稅徭役減少，府庫空虛，士氣低落。前燕在短短幾年後敗落。慕容評等人還將慕容垂看做潛在的權力威脅，欲除之而後快。一幫人整天想著謀害慕容垂。慕容垂決定效仿伯伯慕容翰逃亡。他本意是逃往老家龍城，據有燕的舊疆，但沒有成功，不得不帶了兒子慕容令、慕容寶等投奔了燕國的敵人前秦去了。

慕容垂如此的人生經歷已經非常傳奇了。也許有人認為慕容垂的一生也大致如此了。可謂是「天將降大任於斯人也，必先苦其心志，勞其筋骨，餓其體膚，空乏其身」。這只算是慕容垂傳奇人生的前期。我們會在後面看到他作為主角的表演。

慕容垂投奔的前秦，國勢蒸蒸日上。三七〇年前秦苻堅命王猛率大軍攻燕，以慕容垂為先鋒，攻破鄴城，俘虜慕容暐，滅亡了前燕。北方歷史進入了前秦的短暫統一時期。

二三、那個叫王猛的猛人

一

後趙席捲中原的時候，青州北海郡劇縣（今山東壽光東南）誕生了一個叫做王猛的漢族人。不幸身逢亂世，王猛年幼即隨家人顛沛流離，輾轉黃河南北，最後在魏郡（在河南河北交界處）住下。

王猛家貧如洗，為了糊口很小就在外販賣畚箕。苦難是一所大學，王猛沒有自暴自棄，也沒有隨波逐流，而是在困境中學會了讀書認字。王猛在艱難困苦之中，博學多才，喜讀兵書，學的都是經世致用之學。他沒有沾染上魏晉士人普遍的清談務虛的風氣，性格又有些清高孤傲，那些口若懸河的名士都看不起出身低微又不合群的王猛。不過，就好像那些偉人卑微時總能得到神助一樣，王猛雖然不被世俗所喜愛，卻得到了世外高人的支持。傳說王猛一次在洛陽賣畚箕，一個人要出高價買他的畚箕，因為身上沒帶錢，請王猛跟他到家裡取錢。王猛跟著那人走，一直走到深山裡，看到一位鬚髮皓然、侍者環立的老翁。王猛向老翁揖拜，老翁連忙說：「王公，您怎麼好拜我呀！」那老翁給了王猛十倍於常價的畚箕錢，還派人送行。王猛出山後，回頭一看才發現自己入了中嶽嵩山。

王猛長大後，很希望滿腹經綸能夠有施展的舞臺。當時，後趙統治著北方大部分地區。王猛來到後趙都鄴城，觀察有無入仕的可能。羯族統治者、達官顯貴們都瞧不起出身卑微的漢族求職者，王猛屢屢碰壁。唯獨侍中徐統「有知人之鑒」，覺得王猛與眾不同，召他擔任自己的功曹。王猛見後趙政權逐漸荒淫，統治者並沒有得到百姓的支持，對後趙失去了信心，拒絕了徐統的徵召，前往華山隱居。在華山，王猛靜觀世間風雲變幻。

後趙政權果然在不久後崩潰，東部為前燕取代，關中地區被氐族的前秦政權攻佔。三五四年，東晉大將桓溫北伐，打敗關中的苻健，駐軍灞上，與漢人舊都長安一步之遙。關中父老夾道歡迎晉軍收復失地，爭以牛酒勞軍。王猛畢竟是漢人，心中傾向出仕東晉，可又不知道東晉朝廷和桓溫的虛實。於是，他身穿麻布短衣，逕直前往桓溫大營求見。

桓溫是一代名士，在待人接物方面有其過人之處。他認真接待了王猛，還請王猛談談對時局的看法。只見王猛大庭廣眾之中，坐在席上一邊捉掐蝨子，一邊縱談天下大事，滔滔不絕，旁若無人。桓溫暗暗稱奇，問道：「我奉天子之命，統率十萬精兵北伐逆賊，為蒼生除害，而關中豪傑卻無人效勞王師，這是何緣故呢？」王猛直言：「桓公不遠千里深入敵境，離長安城近在咫尺卻不渡灞水攻城。關中豪傑摸不透您的心思，所以不來。」王猛的話，戳中了桓溫的心事。桓溫北伐本心並非要解救北方百姓於異族統治和戰亂頻仍的水火之中，而是藉北方來提升名望和實力。他之所以沒有進攻苻健固守的長安城就是不願消耗實力。聽了王猛的話，桓溫默然良久，無言以對。最後，桓溫對王猛感歎道：「江東沒有一個人能比得上您的見識啊！」

因為軍中乏食，士無鬥志，桓溫很快就退兵了。臨行前，桓溫賜王猛華車良馬，授予他都護官職，邀請王猛一起南下。王猛知道在世族橫行的東晉自己很難有所作為，追隨桓溫必將助其篡晉落下汙名，於是他再次拒絕官職，回華山繼續隱居讀書。

幾年後，前秦尚書呂婆樓把王猛介紹給了一個人。這個人不能向王猛許諾任何東西，王猛卻毅然出山與他結成了牢固的政治同盟。這個人就是苻堅。

二

苻堅是氐族酋長苻洪的孫子。後趙滅劉曜攻佔關中後，遷徙了氐、羌十萬餘戶充實關東地區。後趙政權任命本民族酋長為首領加以羈絆，苻洪就是氐族的流民都督，率氐族百姓徙居枋頭（今河南汲縣）。石虎後期，不得不藉助苻洪等少數民族力量維護統治。苻洪大約在這個時候組織起了氐族的武裝。石虎死後，冉閔殺戮少數民族，苻洪一度投降東晉。他在冉魏的壓力下無法在東方立足，就率領關中流民西歸故鄉。途中，苻洪被人殺死，其子苻健繼領部眾，西入潼關。關中氐人紛起回應，苻健很快就攻佔長安，割據關中。永和七年（三五一年），苻健在長安稱天王、大單于，國號大秦。歷史上稱之為「前秦」。

前秦的建國基礎非常差。首先，氐族是一個弱小的民族，之所以能夠迅速在關中建國，主要是在後趙大亂關中空虛的情況下得了便宜。前秦建國後，關中其他勢力群起反對，統治極不安定；境內偏偏又連續遭遇饑荒和蝗災，草木凋敝，牛馬餓死。建國第三年，東晉桓溫大舉北伐。苻健率軍迎戰不利，退縮回長安固守，採取堅壁清野的政策，搶收莊稼，封剿物資，希望能逼退桓溫。桓溫很快退卻了。苻健又花了大力氣去鎮壓境內的反抗。三五五年，苻健病重，臨終前囑咐太子苻生：「六夷酋帥和執政大臣，如果不聽你的命令，可把他們殺掉。」苻健的遺囑是在國內動盪、統治不穩的情況下說的，有他的現實考慮。偏偏苻生性格殘暴，喜好武藝，將父親的遺囑誤以為要他嚴苛暴政，繼位後兇殘無比，激化了矛盾。

丞相雷弱兒為人剛直，在朝堂上批評苻生的親信，苻生竟將他和九子、二十七孫全部殺死。苻生身體不舒服，讓太醫令程延診治。程延說苻生吃棗子太多吃出病來了。苻生大怒：「你怎麼知道我吃棗子！」立即命令將程延拉出去斬首。一次宴會，氣氛不太好，飲酒的賓客不多，苻生藉口在宴會上做酒監的尚書令辛牢勸酒不力，當場一箭將辛牢射死。苻生夢見大魚吃蒲（苻氏本姓蒲），又聽說長安有民謠說「東海大魚化為龍，男皆為王女為公」，就把太師魚遵及其七子十孫都殺了。諸如此類，劣跡斑斑。

苻生的殺戮完全沒有標準，只要對誰起疑心或者誰忤逆了他的意思，就毫不猶豫地殺之。大臣為他好，勸他幾句，苻生就以誹謗的罪名殺之；大臣討好他，說他的好話，苻生會認為這是獻媚，殺之。為了殺人方便，苻生接見群臣時，旁邊的武士弓上弦、刀出鞘，自己則把錘鉗鋸鑿等放在手邊，隨時準備殺人。最後，朝中人人自危，都希望苻生早死。

我們的二號人物苻堅就在這時出場了。他不僅希望苻生早死，而且要取而代之。

苻堅是苻生的堂弟，受封東海王。兩人性格迥然不同。苻堅漢化比較深，為人溫文爾雅，從小最受爺爺苻洪的喜歡。他八歲的時候，突然請求苻洪聘請兩位家庭教師教導自己。苻洪驚喜地說：

「我們氐族從來只知喝酒吃肉，如今你有心向學，實在太好了。」他給孫子請的老師教授的是漢族的文化和政治制度，結果苻堅對漢族制度非常了解，期待著自己也能做個開創盛世的明君。苻堅見苻生殘暴，有心推翻他，可惜力量單薄。苻堅找尚書呂婆樓商議對策。呂婆樓就推薦了王猛，誇王猛是世間少有的奇才，得他相助可以成就大事。苻堅就通過呂婆樓把王猛請到府裡。他們二人雖然沒有劉備訪諸葛亮「三顧茅廬」的曲折，卻像劉備和諸葛亮一樣一見傾心、賓主暢談甚歡。兩人在撥亂反正、發展經濟和統一天下等問題上不謀而合。苻堅對王猛的見識、才能和品格都佩服得五體投地，直呼自己發現了第二個諸葛亮。王猛也為苻堅的抱負和設想所吸引，答應結束隱居，輔佐苻堅一起闖蕩天下。

就在苻堅積聚力量準備政變的時候，苻生似乎嗅到了什麼味道。升平元年（三五七年）六月的一天夜裡，苻生睡覺前對侍婢說：「苻法、苻堅兄弟也不可信任，明天要把他們殺掉。」侍婢痛恨苻生，連夜跑出來把消息洩露給了苻堅。苻法是苻堅的哥哥，受封清河王。兄弟兩人一合計，刀都架在脖子上了，不能再猶豫了，就算力量不夠也要孤注一擲，拼死一搏。

於是，清河王苻法、東海王苻堅領頭造反，率領幾百人就向皇宮殺去。原以為這是一次以弱搏強勝算不大的冒險，可是苻生早已喪失人心，積怨潛伏，就差有人挑頭點火了。苻堅等人很順利地衝進了皇宮。宿衛將士們自動放下武器，有的還倒戈參加了苻堅的政變。苻生當晚喝得酩酊大醉，睡得正熟，聽見喧鬧迷迷糊糊醒來，還沒弄清楚狀況就被人捆綁了起來。苻堅宣布將苻生廢為越王，軟禁起來，不久把他殺死，並殺死苻生的親信黨羽。

政變成功了，苻法和群臣都擁戴苻堅。苻堅於是繼位為前秦第三代君主，以王猛為柱石，開始大展拳腳。

三

苻堅、王猛面對的前秦局面，困難重重，矛盾紛雜，讓人不知道從何下手。關中屢經戰亂，領土小而百姓疲弱，在與前燕、東晉等政權的對峙中處於劣勢。前秦內部政治黑暗，權力分散，法令不通；社會缺乏公正，豪強橫行，普通百姓承擔繁重的賦役；自然災害頻繁，田地荒蕪，鄉村頹廢。種種不利導致官民對前秦政權普遍缺乏信心，氐族的統治很不穩定。說不定，前秦又是一個一閃而過的割據王朝。

苻堅和王猛選定的下手點是整頓吏治。他們認為一切的困難和矛盾都需要官府去解決，所以官府本身的鞏固與否、效力強弱直接關係到國政的施展。只有先建立一個強大的中央集權的政府，才能進行其他創舉。而整頓的具體方法，就是「治亂世用重典」。王猛上任之初就殺戮不法豪強，苻堅有些動搖，詢問王猛國家本來就不穩定，百姓持觀望態度，驟然殺戮過重是否對國對民不利？王猛認為，國家貧弱人心不附，恰恰是因為之前政府力量不足，沒有讓天下看到朝廷的實力與決心。現在要撥亂反正，壓制豪強，非下猛藥不可。苻堅表示贊同，放手讓王猛去「下猛藥」。

姑臧侯樊世是跟隨苻健殺入關中、建立前秦的氐族豪強，與苻氏關係密切。他自恃資歷功勞，對苻堅重用王猛非常不滿，曾當眾罵王猛：「我輩和先帝共興事業，如今大權旁落。你沒有尺寸之功，怎麼能執掌大權？這樣豈不是我種了田地你收莊稼！」樊世在朝堂上和苻堅說話口氣強硬。一次，王猛在旁指責他沒有君臣之分。樊世與王猛吵了起來，大發雷霆，竟然捋起袖子就要毆打王猛。被人拉開後，樊世氣呼呼地大罵：「不把王猛的腦袋掛在長安城門口，我絕不甘休！」苻堅大怒道：「必須殺掉這個老氐，才能整肅百官。」苻堅命令將樊世立即斬首。樊世被殺後，氐族貴族常向苻堅告王猛的狀。苻堅一概斥責，甚至在朝堂上鞭打告狀的人，公開表示對王猛的支持。從此，前秦公卿以下官吏都畏俱王猛，不敢對他的施政指手畫腳了。朝堂為之肅然。

為了壓制豪強，王猛兼任了京兆尹（長安的長官）。光祿大夫強德仗著是太后的弟弟，酗酒，豪橫，掠人財貨、子女，是長安一大禍患。王猛一上任就抓捕強德，根本不向苻堅稟報就將其殺死，陳屍通衢。苻堅得知強德被抓後，連忙派使者前來赦免。可等使者到的時候，強德已經身首異地了。御史中丞鄧羌很贊同王猛的強權治政，與王猛通力合作。兩人疾惡糾案，無所顧忌，數旬之間殺戮豪強貴戚二十餘人。此後，豪強紛紛小心翼翼，夾著尾巴做人，不敢再橫行鄉里，更不敢與官府作對。王猛施政旗開得勝，前秦王朝權威驟然上升，迅速實現了政令暢通。苻堅感歎：「吾始今知天下之有法也！」

政治改革成功了，王猛迅速著手其他方面的改革。作為統治民族的氐族文化水準較低，即便是當官的氐族人也有許多大字不識幾個。苻堅和王猛在統治區大興文教，恢復儒家思想教學，收氐族和其他民族子弟入學。前秦還規定，俸祿百石以上的官吏必須「學通一經，才成一藝」，不通一經一藝者一律罷官為民。自八王之亂以來，北方還是第一次有人提倡文教。通過這樣的強制措施，前秦整體文化水準有了很大提高。

苻堅和王猛非常重視農業。苻堅招攬流民，鼓勵百姓安定下來，從事耕種。為了給百姓安居樂業創造條件，苻堅「與民休息」，盡量不打擾百姓。前秦徵發貴族豪強的僕役庇戶三萬多人，在關中興修水利，讓關中許多荒廢田地重新得到了灌溉。苻堅親自參加耕種，他的皇后則在長安郊區開闢田地養蠶，作為天下的表率。

王猛執政，除了政策得當外，政品頗足稱道。首先是公平，王猛對跋扈橫行、貪贓枉法等事痛下殺手，自己也絕對做到了廉潔自律。即使身居相位，王猛克己奉公，生活儉樸，從不驕橫凌人，讓人抓不住把柄。其次是高效，王猛通過派遣巡查使者，掌握地方情況和政策落實的情況，及時做出回饋。他本人精力旺盛，工作勤勉，從不讓政務拖遝，當日決定的事情晚上就開始推行。關中良相唯王猛，他被公認是魏晉南北朝時期北方最傑出的丞相。

經過苻堅和王猛二十多年的勵精圖治，前秦出現了國富民強、安定清平的局面。史載，當時秦境「自長安至於諸州，皆夾路樹槐柳，二十里一亭，四十里一驛，旅行者取給於途，工商貿販於道」。百姓歌唱道：「長安大街，楊槐蔥蘢；下馳華車，上棲鸞鳳；英才雲集，誨我百姓。」關中地區迎來了十六國期間最穩定和繁榮的時期，而「兵強國富，垂及升平，（王）猛之力也」。

二四、前秦：我統一北方了！

一

一個政權的外部表現建立在國內發展的基礎上。隨著前秦國內情況的好轉、實力的增長，苻堅開始邁出統一天下的步伐。

天下大亂之時，豪傑梟雄能拉起數千人馬便能縱橫州縣，因為大家的力量都是半斤八兩，都在低水準上徘徊，誰都吞併不了誰。可一旦遇到統治堅固、兵強馬壯的政權，這些縱橫州縣的草頭班子不是四散解體就是繳械投降。前秦衰落的時候，割據各地的小政權不少。王猛大治秦國，小的割據政權自忖混不下去了，紛紛主動投降。匈奴劉氏部、烏桓獨孤部、鮮卑拓跋部等就先後降服前秦。三六七年，西部羌族叛亂，前涼君主張天錫想渾水摸魚，出兵擴大地盤，結果遇到王猛親自率兵平叛。王猛年輕的時候最喜歡讀的書就是兵書，行走各地也常常設想如果自己是指揮官該在本地如何布陣攻守，所以王猛不僅是治國的丞相，更是文武全才、智勇雙全的主帥。張天錫偷雞不成蝕把米，和叛亂的羌族一起被王猛殺得大敗。王猛斬首前涼官兵一萬七千級，張天錫縮回河西走廊，奉表向前秦稱臣。前秦的外部形勢大為好轉。

話說苻堅的皇位是從堂兄苻生手裡奪來的。苻堅為人寬厚，這在生活交友上是好品格，但在政治上不一定是好事。苻生被殺後，他的弟弟晉公苻柳、趙公苻雙、魏公苻廋、燕公苻武四人分別鎮守地方。他們四人鎮守的都是要衝，直接掌握著軍隊，威脅苻堅的統治。王猛力勸苻堅除去苻柳等人。苻堅念及堂兄弟之間的骨肉之情，沒有採納。

王猛在西北與張天錫作戰的時候，苻柳在重鎮蒲阪（今山西永濟）起兵反叛，苻雙、苻廋、苻武三人同時宣布叛亂。四位公爵同時起兵，氣勢很大，亂軍揚言要一舉攻下長安，卻沒有採取實際行動。第二年（三六八）春，王猛從容率軍前來討伐。苻柳以割讓要地陝城（今河南陝縣，地處三門峽，扼守關中東門）給前燕為籌碼，向前燕借兵。當時前燕由慕容評掌權。慕容評才能平庸，主動放棄了這麼一個藉前秦內訌獲利的良機：「我等智略，非太宰（指慕容恪）之比，能閉關保境足矣，平秦不是我等之事。」苻廋則寫信向慕容垂和皇甫真等明白人求救，說苻堅、王猛都是人中俊傑，前燕君臣不早日取之，只怕日後追悔莫及。慕容垂知道苻廋所言極是，可惜他在前燕自身難保，哪裡還能左右出兵大事？

苻柳他們只能靠自己的力量迎戰了。苻柳主動迎戰，王猛高掛免戰牌。他以為王猛怯戰，對王猛掉以輕心，留下兒子守城，自己親率精銳偷襲長安。王猛偵知了情報，暗中派鄧羌設伏，將苻柳精銳殺得丟盔棄甲，只剩數百騎逃回蒲阪。苻柳主力損失殆盡，無力堅守蒲阪。城破後，苻柳被殺。其他三位公爵被各個擊破，陸續被殺。苻廋被俘後，苻堅親自審問他為什麼造反。苻廋實事求是地說：「我的弟兄都謀逆造反了，臣怕受連累而死，所以索性一起造反。」苻堅賜他自盡，沒有株連其他人，連苻廋的兒子也被赦免了。苻堅的寬厚就體現在這些地方。

四公爵叛亂被平定後，前秦內外肅清。苻堅、王猛開始四出攻伐敵國。而頭號敵人就是東方的前燕了。

前燕的基礎比前秦要好得多，經過二十多年的發展後卻遠遠落在了前秦的後面。這裡面除了苻堅和王猛治國有方的原因外，另一大原因是前燕的內訌。慕容家族的第二代慕容皝、慕容翰內訌過，第三代內訌得更過分，導致一代梟雄慕容垂被排擠到了前秦。而掌權的慕容評等人才能平庸，國內民族和經濟矛盾重重，人心不穩，士氣渙散。前秦正想著如何吞併前燕，南方的桓溫又開始北伐了。這給前秦創造了機會。

三六九年，桓溫北伐的主要目標是前燕，進展非常順利，七月就攻至枋頭。燕都鄴城震動。前燕皇帝慕容暐求救於前秦，答應割虎牢關（今河南滎陽汜水鎮）以西領土給前秦。前秦的多數大臣目光短淺，反對救援前燕，對前燕敗於桓溫有幸災樂禍的感覺。王猛則認為前秦和前燕唇亡齒寒，如果坐視桓溫消滅前燕，則前秦大事不妙。他向苻堅建議先出兵與前燕擊退晉軍，然後乘前燕戰後虛弱、缺乏防備再吞併它。苻堅採納王猛的意見，出兵聯合前燕與東晉北伐軍作戰。九月，燕秦聯軍大敗晉兵，桓溫敗歸南方。戰後，前燕毀約，不願割地給前秦。王猛要的就是一個藉口，前燕此舉引來了前秦的大舉討伐。虎牢關以西的土地，前燕不是不願意給嘛，王猛帶上三萬兵馬親自來拿了。三七〇年正月，秦軍包圍秦燕交界處的重鎮洛陽。洛陽燕軍鬥志全無，開城門投降。

三七〇年夏，王猛統帥楊安等將領，率戰士六萬大舉伐燕。前燕慕容評率兵三十萬迎戰。面對著五倍於己的強敵，王猛採取四處出擊的戰略，掌握主動權。他自己一舉攻下太行山口的要塞壺關。楊安北上進攻晉陽。晉陽重兵把守，楊安連攻兩月沒有攻克。王猛即率軍馳援。他見晉陽城牆高大堅固，改變策略，督促士卒連夜挖通地道，輸送壯士數百人潛入城中。約定時間，城內伏兵鼓噪而出，殺盡守門兵丁，打開城門迎大部隊入城。偷襲成功，秦軍迅速佔領晉陽，俘虜前燕王公和官兵無數，動搖了前燕原本就不頑強的抵抗決心。慕容評的主力，裹足不前。王猛不給慕容評喘息的機會，率得勝之師迅速南下，逼慕容評進行主力決戰。慕容評判斷秦軍孤軍深入，不能持久，想拖垮秦軍。誰知王猛一心要速戰速決，挑選五千精銳騎兵偷襲燕軍輜重，放火燒個精光。這把火瓦解了燕軍的士氣，連坐守鄴城的慕容暐都看不下去了，派人嚴責慕容評。慕容評平日巧取豪奪、貪贓枉法，聚斂了大量財富。慕容暐嚴令他將財富散發給士兵，鼓舞士氣，然後迫令他出戰。外有聖旨逼戰，內無隔夜糧草，慕容評想不決戰都不成，結果倉促決戰的結果是燕軍大敗。慕容評只帶少數親隨逃回鄴城。王猛長驅東進，包圍了鄴城。

當年十一月，苻堅以投降的慕容垂為前鋒，親率十萬精兵與王猛會師，準備對鄴城發動最後攻勢。慕容暐、慕容評棄城逃走，大臣開門投降。秦兵佔領鄴城後，追上慕容暐將其俘獲。慕容評逃到高句麗，被高句麗捆綁起來送給前秦。至此，前燕滅亡。

滅亡前燕後，前秦用兵西方。當初大敗張天錫時，前秦俘虜了前涼官兵五千人。如今，王猛將這些俘虜全部放回涼州，並捎給張天錫一封親筆信。在信中，王猛分析了天下形勢，前秦已經基本統一北方，鐵騎數以十萬計，而前涼割據河西一隅，早已元氣大傷。王猛為張天錫的利益考慮，勸他納土歸降。張天錫本是小國之君，就怕遇到獨步天下的大國，如今偏偏就遇到了蓬勃興旺的前秦。他寢食不寧，翻來覆去了幾天，覺得王猛的意見還是最現實的方法。於是，張天錫向前秦投降，前涼滅亡。前秦和平獲得了河西之地。在此基礎上，三八二年苻堅又命將軍呂光率軍經營西域。呂光攻破焉耆、龜茲等三十六國，俘獲大量珍寶和馬匹，自東漢以後再次將中原王朝的統治衍生到西域。

在西南方向，前秦也有「意外的收穫」。在西部，前秦和東晉原本沒有直接對峙，中間隔著一個楊氏仇池政權。仇池楊氏原也是氐族的一個分支，早在蜀漢和曹魏爭鬥時期就游離在蜀魏之間，西晉末期佔據現在甘肅南部和四川北部一隅，割地為王。其國甚小，不包括在十六國之內。前秦強盛後，於三七一年滅仇池。屏障一去，東晉的梁、益二州就直接與前秦對峙了。與前秦相比，東晉梁、益兩州的情況不太樂觀。桓溫擅權引起了東晉內鬥。梁州（主要在今陝西南部漢中地區）和益州（四川大部）遠離東晉政治核心，朝廷無暇顧及這一地區。和前秦的生龍活虎相比，對峙的晉軍長期武備不修、城池破敗。東晉梁州刺史楊亮守土有責，終日滿臉愁容，不知如何是好。楊亮認為原仇池地區是南北拉鋸的屏障，關係漢中存亡，與其坐以待斃，不如冒險出擊。於是，楊亮在三七三年主動對前秦發動進攻，試圖奪取仇池地區。前秦的梁州刺史楊安反擊，打敗晉軍。晉軍冒險行動失敗後，引發了惡劣的連鎖反應，梁州各郡縣長官聞風而逃，引得前秦軍隊殺入梁州。苻堅敏銳地把握住機會，將這個邊界小衝突擴大為全面戰爭，加派兵力分路南下，志在奪取巴蜀。其中一支秦軍進攻漢中。楊亮糾集殘軍和本地少數民族軍隊再戰，再敗，漢中失守。梁州被前秦佔領。另一支秦軍直撲四川的北部天險劍閣。劍閣由晉梓潼太守（今四川綿陽）周虓防守。周虓文人出身不懂軍事，只知道防守郡城，竟然沒有派兵扼守一夫當關，萬夫莫開的劍閣，導致前秦軍隊順利通過天險，包圍梓潼。兵臨城下，周虓首先想到的是一家老小的安危，竟然率軍放棄城池，保護老母幼子奪路向湖北逃去，途中為秦軍俘虜。周虓投降。川北形勢急劇惡化，益州的東晉官吏也聞風而逃，秦軍兵不血刃開進成都。東晉朝廷令荊州軍隊救援四川，不想荊州軍隊膽寒，拖延不前，等到秦軍佔領四川全境後終於把救援的任務給拖黃了。反倒是四川軍民不滿前秦的統治，各地騷亂、起義不斷，前秦鄧羌、楊安等花了一年多時間才真正把四川給穩定下來。

至此，前秦基本統一了北方，並佔領長江上游地區，疆域達到十六國的極盛。十分天下，秦居其七，剩下的三分在戰慄發抖的東晉手中。

二

就在前秦統一北方的前夜，三七五年六月，王猛病倒了。

苻堅和王猛的關係，真如魚水。王猛比苻堅大十三歲，苻堅一直以長輩之禮尊敬王猛。王猛病後，苻堅親自為他祈禱，並派侍臣遍禱名山大川。七月，王猛病情還是轉重，彌留之際對前來探望的苻堅留下遺言：「晉朝雖然僻處江南，卻是華夏正統，目前上下安和。臣死之後，希望陛下千萬不可圖謀伐晉。鮮卑、西羌等歸降貴族終懷二心，是我們的仇敵，遲早要成為禍害，應該逐漸剷除他們，以利於國家。」王猛還囑咐其子以十具牛耕田務農，其餘一無所求。

前秦上下聽到噩耗，哭聲震野，三日不絕。苻堅三次臨棺祭奠，都慟哭不能自已。他對太子苻宏說：「上天不讓我統一天下，怎麼這樣快就奪去我的王猛啊！」前秦按照漢朝安葬大司馬大將軍霍光的最高規格，隆重地安葬了王猛，謚王猛為「武侯」。這個謚號和蜀漢給諸葛亮的謚號一樣，取的就是王猛和諸葛亮一樣都是國家柱石、勤政無私的意思。

苻堅的成功的確是在王猛的精心輔佐下才取得的。王猛死後，苻堅的許多政治弱點開始放大。

首先，苻堅為政最大的紕漏就是待敵過於寬鬆，厚待投降和被俘的各割據政權統治者。前涼還沒投降的時候，苻堅就為張天錫造好了府邸，等著張天錫入住。張天錫投降後，苻堅立即任命他為尚書，封歸義侯，沒有絲毫防備。（卻說這個張天錫在前秦崩潰後又投奔東晉，因為張家割據涼州始終以晉臣自居，東晉朝廷將張天錫樹立為政治花瓶。張天錫在「祖國」東晉的處境和生活品質不太好，遠不如在前秦時。不過他總算是十六國亡國之君中唯一一位得以善終的。）又比如前燕滅亡後，慕容暐等皇室成員都在長安擔任了新職，其中慕容暐受封新興侯，全家人依舊過著錦衣玉食的生活。慕容暐的母親死了，苻堅竟然以燕國皇后之禮安葬；入宮做了苻堅妃子的燕國清河公主很得苻堅的寵愛，史稱「寵冠後庭」。羌族姚氏政權進攻前秦失敗，姚萇不得不率部投降，苻堅也允許他繼續統領舊部，還予以安置。其他政權的亡國宗室的待遇大抵如此。我們都知道苻堅為人寬厚。害人之心的確不可有，對被俘或者投降的敵人也應該慈悲為懷，這都沒錯，可是防人之心不可無。苻堅就一點都不防備身邊的前敵人，還讓他們出任官職掌握軍隊，埋下了日後帝國崩解的隱患。

其次，苻堅在民族政策上處理失誤。氐族在五大胡族中人少力弱，要統治廣大的北方地區實屬不易。為了鞏固統治，苻堅採取遷徙氐人分鎮四方的政策。他消滅其他割據政權後，往往實行徙民政策，將被征服的鮮卑、烏桓、羌等民族十萬戶徙至關中，一來充實京畿地區，二來也便於控制。同時，苻堅將關中氐族十五萬戶移至關東，安置在各個要鎮，以此來加強對新征服區的控制。這一進一出，本意是好的，但客觀上分散了原本就薄弱的氐族勢力。苻堅所能依靠的本民族力量本來就有限，如今又被分散了，一旦遇到反叛難以集中力量。在前秦國勢蒸蒸日上、蓬勃發展的時候，這個隱患不會暴露出來，和前一個隱患一起潛伏著。等國勢一旦衰微，兩大矛盾一起爆發，就會要了前秦的性命。

最要命的是，苻堅沒有了王猛的輔佐，開始「升心獨斷」，在三八三年一意孤行，傾全國之力南征，終於爆發了淝水之戰。

現在，我們要把北方的局勢暫且放到一邊，把目光投向南方，將時間拉前幾十年，看看長江中下游地區在過去的幾十年中的政局發展、社會變遷，看看南方和北方是如何在淝水之戰中迎頭相撞的。

二五、搞分裂是沒有前途的

一

北方和四川陷入混亂的同時，南方的長江中下游地區的某些人也在蠢蠢欲動，圖謀獨立。與北方因為皇室內訌和少數民族入侵造成的分裂不同，南方的分裂傾向有更為深刻的社會原因。

南方第一次滑向分裂邊緣是在晉惠帝太安二年（三〇三年），北方八王之亂高潮之時。為了鎮壓四川李氏兄弟領導的流民起義，荊州（今湖北湖南大部）官府強徵青壯年入伍去四川作戰。百姓們都不願意去，官府只知道一味催逼。義陽（今河南新野）人張昌乘機糾合那些不願遠戍的百姓，再籠絡南下荊州要飯的北方流民，揭竿而起。張昌順利地打敗荊州官兵，佔領了江夏郡，隊伍很快發展到數萬人。

有記載說張昌是「義陽蠻」，認為他是少數民族人。張昌的軍隊裝束很奇怪，將士們都頭戴紅帽，拿馬尾當鬍子掛在臉上，很有少數民族特色。但張昌即便真的是少數民族，也是漢化很深的少數民族後裔。他祖父都在州縣為吏，張昌本人的行為方式也完全是漢化的。他改名李辰，鼓吹「會有聖人出來為民之主」，然後找到做過縣吏的丘沈，把他改名叫劉尼，詐稱漢室後裔，立為皇帝。

張昌自己做相國，正式開朝建國了！張昌政權趁南方空虛，四處攻略，擴大地盤。張昌親自北上，進攻襄樊和宛城，殺死司馬懿的孫子、新野王司馬歆；部將陳貞向南下攻陷武陵、零陵、長沙、武昌（今湖北鄂州）、豫章（今江西南昌）等地；另一個部將石冰東進，在長江下游埋下了巨大的隱患。至此，張昌政權佔據了荊、江、徐、揚、豫五州的許多州縣，儼然是一個大的割據政權。

南方糜爛，眼看不將為朝廷所有，西晉王朝緊急調年長而幹練的大臣劉弘出任荊州刺史，全權負責鎮壓張昌。

劉弘主要做了兩件事。第一是與民為善，消除百姓對朝廷的不滿情緒；第二就是破格提拔了一個人：廬江潯陽（今湖北黃梅西南）人陶侃。這後一件事深刻影響了東晉早期歷史。

陶侃，出身寒門，少年喪父，家境至貧，與母親湛氏相依為命。湛氏非常堅強，對陶侃管教很嚴，日夜紡織甚至割髮賣錢培養兒子，希望兒子能夠有所作為。陶侃從小嚴肅勤勉，自強不息，好結交朋友。儘管能力出眾、名聲在外，卻因為出身低賤，陶侃只能出任一些雜役閒差。他先是在縣功曹周訪的薦引下當過縣主簿，後來去洛陽四處求官，受到侮辱，後來補任荊州南部的武岡縣令。此時陶侃已經四十多歲了，感歎命運不濟，加上與太守關係緊張便棄官回家，以後又當過郡離的小中正。劉弘知人善任，平地一聲雷，任命陶侃為南蠻長史、大都護，領兵打張昌。陶侃連戰連勝，張昌敗亡，荊州的叛亂很快就被平定了。劉弘非常高興，對陶侃說：「我從前在羊公（羊祜）手下做參軍，羊公說我日後會做到他當時的官職。現在看來，你會做我的後任的。」陶侃時年四十五歲，剛嶄露頭角，算是高齡了。

張昌餘部石冰還在江東一帶發展。西晉建立後，原先東吳的世家大族紛紛在江東佔地自守，保存了強大的實力。他們紛紛起兵，自發與石冰作戰。義興（今江蘇宜興）周氏是江東大族中的「強宗」。周氏代表周玘聯合另外兩個大族賀循、甘卓一齊起兵，攻殺石冰委派的官吏和軍隊，迫使石冰向北發展，進攻淮南重鎮壽春（今安徽壽縣）。鎮守壽春的征東將軍劉準嚇得不知如何是好。陶侃的同鄉陳敏，和陶侃一樣廉潔能幹，可惜出身低微，在郡吏位置上徘徊。當時，陳敏恰好在壽春運糧。他自告奮勇，組織運糧兵，再從劉準手裡要來了部分正規軍，迎戰石冰。陳敏指揮得當，作戰勇敢，鎮壓了石冰的軍隊。朝廷任命他做廣陵相。

如果說張昌、石冰的造反還屬於傳統的農民起義的範疇，那麼，南方接下來的又一場大亂則是有著明確政治意圖、影響廣泛的「獨立運動」。

立下大功的陳敏本身也是個野心家，能幹又有地盤。永興二年（三〇五年），東海王司馬越用陳敏做右將軍、前鋒都督。他不看好司馬越，藉口回江東擴充軍隊，於當年十二月攻佔歷陽（今安徽和縣），公開反晉，派兄弟陳恢與錢端南取江州（今江西、福建、鄂南）、兄弟陳斌東取長江下游各郡。西晉官吏望風而逃。

陳敏有著強烈的政治目的：割據江南，恢復東吳時期南北對峙的局面。東吳的建立者孫堅父子就是趁北方大亂，奪取江東各郡為根據地逐步發展起來的。巧合的是，孫堅也出身低微，長期在郡吏的位置上徘徊。所以，陳敏對南方各地以「恢復故國」相號召，對江東的豪傑、名士注意收羅禮待。西晉統一後對南方的歧視導致南方各個階層，尤其是在新王朝仕途不順的士人階層，普遍對東吳政權有所留戀，傾向趁北方大亂重新獨立。大族甘卓主動向陳敏示好，把女兒嫁給他的兒子；顧榮和陸機、陸雲兄弟並稱「江南三駿」，在洛陽很不順利，如今欣然接受了陳敏政權右將軍的任命。賀循、周玘兩人雖然裝病觀望，沒有加入反叛隊伍，但也沒有起兵鎮壓，默認了陳敏對江南各地的佔領。江東既定，陳敏自封為都督江東諸軍事、大司馬、楚公，建立了「楚」政權，加九錫，為稱帝做準備。

陳敏安撫了江東地區，只是恢復了東吳一半的領土，位居上游的荊州還在劉弘的控制下。陳敏既以復國相號召又要保障江東安全，計畫集中精銳攻取荊州後再登基稱帝。陳敏西進的第一關就是江夏郡。江夏太守恰好是陶侃。考慮到陶侃和陳敏是廬江老鄉，荊州許多人擔心陶侃不可靠。荊州刺史劉弘用人不疑，堅決不調離陶侃。陶侃自己也很擔心，又不願意放棄與陳敏鏖戰再立新功的機會，就把一子一侄送到劉弘處做人質。劉弘不接受，說：「匹夫之交，尚不負心，況大丈夫乎！」陶侃大受感動。

江夏一戰，陶侃勝，陳敏敗。楚政權的攻勢被遏止了。

陳敏的失敗並不嚴重，主力尚存。但失敗引起的心理反應卻給他的政權造成了毀滅性的打擊。之前，江東官民支持陳敏立國，心裡多少缺乏底氣。陳敏凱歌高奏，會提高大家的信心，而江夏的失敗一下子抽走了大家的信心。楚政權內部離心傾向增強了。

永嘉元年（三〇七年）二月，原本觀望的大族周玘策動陳敏的部將錢廣在建業（今江蘇南京）舉兵反陳敏，並詐稱陳敏已經被殺。陳敏發兵趕赴秦淮河，把鎮壓錢廣的任務交給了親家甘卓。顧榮也開始轉向反對陳敏，趕來勸甘卓說：「如果陳敏能夠立國江東，我們可以同他合作到底。但你看現在的局勢，他有成功的希望嗎？陳敏才能平常，政令反覆，子弟驕縱，敗局已定。我們如果再接受他的官爵，事敗之日我們的頭顱就會被送往洛陽，上書『逆賊顧榮、甘卓之首』，遺臭萬年，豈不可恥！」甘卓於是裝病，派人接女兒回家，並毀壞秦淮河上的朱雀橋和渡船，宣布討陳。陳敏親自帶領一萬多兵馬和甘卓隔秦淮河對峙。甘卓這邊的將士大喊：「我輩為了相信顧丹楊、周安豐（陳敏任顧榮做丹楊內史、周玘做安豐太守）才願意替陳公出力。現在二公都不跟他了，你們還跟著他做什麼！」陳敏部下面面相覷，猶豫不前。顧榮走到陣前，拿著白羽扇向對岸揮動。將士們一看果然是顧榮，才相信陳敏已經失去了世家大族的支持，紛紛潰散了（由此可見，江南世家大族們有多大的號召力）。陳敏見大勢已去，單騎逃走，在長江邊被殺。陳敏的兄弟和部將也紛紛被地方人士所殺。江東各地很快「反正」，重新「效忠」西晉朝廷。

陳敏死去剛剛半年，琅琊王司馬睿來到了建業。

二

司馬睿也是抱著在江南建國的目的來的。但是他的起點實在不高。單單從地盤上來說，司馬睿佔據的僅是揚州一隅。當時長江中下游從上到下依次為荊州、江州、揚州，大致對應現在的兩湖、皖贛和江浙。荊州、江州都聽命於洛陽朝廷，已有都督或刺史。沒有廣袤的土地，沒有穩固的上游，司馬睿想在揚州下游立國很困難。

江州刺史華軼差不多和司馬睿同時來到南方，也是東海王司馬越的黨羽。他在江州恩威並施，交好江州豪傑士人，收攬南方逃亡來的官民，史載「得江表之歡心」，比司馬睿遜色不到哪裡去。華軼藉口「洛京尚存」，不聽從司馬睿的指揮（人家本來就是朝廷命官，和司馬睿沒有上下級關係）。所以，儘管同屬一個派系，司馬睿一派卻和華軼勢同水火。永嘉五年（三一一年），司馬睿以王敦為都督西征，統甘卓、周訪等人逆江而上，企圖武力吞併華軼勢力。

話說江夏之戰後，荊州刺史劉弘病故，陶侃也因為母親病故辭官服喪去了。一晃幾年過去了，陶侃喪期滿後，投奔了東海王司馬越。司馬越任命陶侃督護江州諸軍事，華軼也需要借重陶侃的聲望和能力，表陶侃為揚武將軍，率兵三千屯夏口防備下游。華軼與司馬睿矛盾公開後，擔任江州刺史參軍的是陶侃的侄子陶臻。陶臻認為司馬睿會戰勝華軼，裝病辭官，勸說陶侃：「華軼有憂天下之志，可惜才不足，且與琅琊王不平，恐怕在劫難逃。」陶侃覺得背棄華軼有違忠義，氣憤地將陶臻抓起來送給華軼。陶臻中途偷偷跑到建業投奔司馬睿去了。為了爭取陶侃，司馬睿「提升」陶侃為奮威將軍，給予「假赤幢曲蓋軺車、鼓吹」的待遇。當時朝廷政令不通，藩鎮長官各行其是，人事變動向朝廷彙報一下（所謂的「表」），不管朝廷有沒有收到同意不同意，就製造既成事實了。陶侃權衡再三，倒向了司馬睿陣營，結果導致華軼在王敦等人的進攻面前，兵敗身亡。事後，陶侃再升為龍驤將軍，實授武昌太守。

司馬睿爭奪江州的同時，西邊的荊、湘兩州（拆分荊州南部為湘州）陷入了杜弢之亂。這是繼張昌之亂、陳敏之亂後的第三次南方大亂，再次幾乎分裂了南方。四川大亂後，大批巴蜀居民東遷避難，有好幾萬家進入荊湘二州。流民常和本地人發生摩擦，又受官府歧視，就推四川人李驤（與成漢政權李雄的叔父同名同姓）造反。當時的荊州刺史是王衍、王戎、王敦等人的族兄弟王澄，是個能說會道卻不知軍務的公子。流民起義起初規模很小，遭到各地方官府的鎮壓，李驤不得不向王澄投降。這事本來就這麼過去了，王澄畫蛇添足，假意答應流民投降，暗中乘其不防偷襲起義軍，並株連百姓，屠殺了八千多流民。流民更加怨恨，於永嘉五年（三一一年）正月再次推舉成都人杜弢在湘州起義。

杜弢領導起義，完全是局勢所迫。他祖父和父親都是晉朝的縣令，本人是地方秀才（那時的秀才一州才能推舉一人，很金貴），因避四川戰亂才遷居荊州。李驤領導第一次流民起義時，杜弢是醴陵縣令，率軍鎮壓起義。如今，杜弢卻被流民推舉為起義的領導人，真是命運多變。他自稱梁益二州牧、平難將軍、湘州刺史，發兵進攻長沙、零陵、桂陽、武昌等郡。王澄和杜弢作戰，屢次敗北，卻滿不在乎。後來，原新野王司馬歆帳下牙門將聚眾起兵，自稱楚公；原荊州刺史參軍王沖叛變，自稱荊州刺史。王澄這個荊州刺史成了空頭司令，才倉皇順江東下，逃亡建業。司馬睿很客氣地將他調任閒官（軍諮祭酒），任命了河南世族周顗為新的荊州刺史。周顗到荊州，對杜弢之亂束手無策。在江州的王敦勢力，於是派遣陶侃、周訪、甘卓等進入荊州鎮壓杜弢。

建興元年（三一三年），杜弢率軍進攻周顗駐地，陶侃前往救援。流民武裝擅長遠途奔襲和流動作戰，不利於硬碰硬的陣地戰。杜弢充分發揮這一特點，主動放棄周顗，想趁陶侃大軍在荊州的機會奔襲陶侃的大本營武昌。陶侃聽說杜弢撤圍後，估計杜弢乘虛去襲擊武昌了，立即撤軍，搶在杜弢前面返回武昌，給予敵人迎頭痛擊。杜弢的流民武裝第一次遭到重創，大敗逃向長沙。陶侃派參軍王貢到王敦處報捷。王敦喜出望外：「若無陶侯，荊州將非國家所有！」他向司馬睿推薦陶侃為荊州刺史。陶侃以卑微的出身，在極端重視家世的晉朝、用短短十年時間升任藩鎮首腦，創造了一個奇蹟。

陶侃樂得有點飄飄然。危險就在這個時候來臨了。胡亢造反時，命原南蠻司馬杜曾為竟陵太守。杜曾勇冠三軍，身穿甲冑還能在水中游泳，見胡亢猜忌暴虐，連殺部將數人，擔心大禍臨頭，在當年（三一三）暗中聯合王沖殺掉胡亢，併吞了荊州方向的亂軍武裝。陶侃派去報捷的參軍王貢返回時，路過竟陵，不知道是立功心切還是膽大妄為，以陶侃的名義聯絡杜曾，說服杜曾和王沖火拼。杜曾輕易殺死了王沖。陶侃得知變故，召王貢詢問。王貢怕陶侃責怪，不敢去，竟然和杜曾合作偷襲陶侃。陶侃大敗，連坐船都被叛軍鉤住，僥倖跳上一隻小船才得以逃脫。陶侃因這次慘敗被革職。但荊州前線實在找不到比他更合適的負責將領，王敦讓陶侃以平民身分執掌荊州刺史職權。

陶侃面對的敵人，分別是北邊荊州的杜曾亂軍和南邊湘州的杜弢流民。陶侃先北後南，先集中軍隊討伐杜弢。他和周訪聯合，屢次戰勝杜弢，因軍功很快恢復了官職。杜弢的流民武裝在幾年征戰中，損失慘重，後續乏力，託舊時相識的南平太守應詹出面斡旋，希望能投降朝廷，保全性命。杜弢本不願造反，寫的降書言辭懇切優美，司馬睿同意了，派使者去受降，還任命杜弢為巴東監軍。然而，前線眾將貪功，仍不斷地向流民進攻。杜弢氣憤不過，殺掉受降使者，堅持造反到底。直到建興三年（三一五年）八月，陶侃才擊潰流民武裝，平定湘州。王貢投降，杜弢逃亡不知所終。

陶侃鎮壓杜弢後，乘勝北上討伐杜曾。杜曾不敢戀戰，收攏軍隊北上，圍攻宛城。鎮守宛城的是都督荊州、江北諸軍事的荀崧。荀崧無兵無糧，形勢岌岌可危，想向襄城求救又找不到適當的人選。年方十三歲的女兒荀灌自告奮勇，率領幾十名勇士，在夜幕掩護下縋出城牆，突圍而去。她邊打邊走，最終擺脫追兵，到達襄城求援。同時，荀灌還以父親的名義，向周訪求援。各支援兵到達，杜曾解圍而去。這便是「荀灌娘突圍求救」的歷史佳話。

杜曾和杜弢不同，勇而無謀，沒有遠略，並不難平定，只需給陶侃等人些時間。這個時候，官軍內部矛盾開始滋生，延誤了整個荊州局勢。陶侃之前的勝利，離不開王敦的幕後支持。隨著陶侃軍功鼎盛聲名鵲起，王敦左右錢鳳等人妒忌起來，開始向王敦進讒。王敦對陶侃的信任大打折扣，也產生了猜忌的心理。他召陶侃相見，要解除陶侃的職務。陶侃的部將都勸他不要去見王敦。陶侃堅持去了，果然被王敦扣留，調他出任廣州刺史。廣州遠在南粵，在西晉人眼中是極偏遠之地（當時湘州、江州就被認為是邊緣之地了），陶侃的這項任命等於流放。王敦再任命堂兄弟王廙為新的荊州刺史。荊州諸將怨恨王敦處事不公，起兵抵制。王敦認為這是陶侃指使，披甲執矛竟想殺陶侃，猶豫著進進出出好幾回。不想，陶侃過來正色對他說：「使君之雄斷，當裁天下，何此不決乎！」說完，坦然自若地去上廁所。王敦佐吏提醒說，陶侃的親家周訪統兵在外，如果殺害陶侃恐怕再激起周訪兵變。王敦這才改變主意，設宴歡送。

陶侃連夜出發，趕赴廣州。在廣州，陶侃平定了南粵的騷亂，做了十年的刺史。每天早晨，他都搬一百塊磚到室外，晚上再搬回室內。旁人奇怪，問他為什麼這樣做。陶侃說：「我方致力中原，生活太安逸恐怕以後不堪事，所以堅持鍛鍊。」這便是「陶侃運甓」的故事，當時陶侃已經是個花甲老人了。

陶侃被排擠走後，荊州將領鄭攀、馬雋等人為陶侃鳴不平，遭到王敦訓斥，便率領軍隊叛變，加入杜曾亂軍。而遠在長安的晉湣帝任命的新荊州刺史（司馬睿勢力在江南任命了一系列人事，都是在形式上向朝廷上個表打個招呼便自行決定了。朝廷並不認可，甚至可能聞所未聞）、一個名叫第五猗的人恰好趕到荊州赴任。杜曾、鄭攀等亂軍就擁戴第五猗為正派刺史，與司馬睿勢力的荊州刺史王廙作戰。局勢更複雜了。建武元年（三一七年），杜曾連戰得勝，大軍向江陵挺進。司馬睿命周訪迎戰。周訪是陶侃的同鄉兼親家，之前和陶侃並肩作戰多年，如今領兵八千，在沌陽（今漢陽西）和杜曾亂軍激戰。戰鬥從清晨起激戰到傍晚，周訪軍隊漸漸不支。周訪挑選八百名精兵，親自敬酒，鼓勵大家死戰，先靜候不動聽到鼓聲再行動。杜曾大軍湧到周訪中軍陣前三十步時，周訪親自擊鼓，敢死隊奮勇出擊，大破杜曾的軍隊，扭轉了戰況。周訪連夜乘勝追擊，把杜曾大軍打得潰不成軍。戰後，周訪因功升任梁州刺史，擔起了鎮壓杜曾的主要責任。太興二年（三一九年），周訪最終攻殺杜曾，俘虜第五猗。

如何處理第五猗，是個難題。第五猗是晉湣帝任命的官，在法律上是正牌刺史。周訪向王敦求情，希望不要殺第五猗。王敦不聽，照殺不誤。因為當時司馬睿已經在江南稱帝，在王敦眼中，司馬睿才是晉室的正宗。

二六、司馬睿當皇帝，真不容易

一

木秀於林，風必摧之，而混在森林深處的小灌木則是最安全的，有樹蔭可以遮蔽又不需要承擔風險。西晉末年，皇室內訌，多少皇親貴胄身首異處血流滿地，司馬炎一系的近支子弟更是損失殆盡。作為皇室遠支疏宗的琅琊王司馬睿倖存了下來，並發展壯大，在西晉滅亡北方淪陷以後建國江南，開創了東晉王朝。琅琊王司馬睿是司馬懿的曾孫，和晉惠帝、晉懷帝同一輩分。司馬睿在皇室中的地位很低。他的爺爺司馬伷是司馬懿的小妾伏夫人所生（伏夫人還生了在八王之亂中火過一把的汝南王司馬亮），是庶出的少子，被封為琅琊王。琅琊這個地方大約在今天山東臨沂地區，是諸葛亮的老家。司馬伷就娶了諸葛亮的族孫女為妻。當時社會上流傳「牛繼馬後」，司馬懿正在篡奪曹魏政權，認為這是在預示牛氏將取代司馬家族，於是對朝廷中的牛氏大臣起了疑心。恰好有個大將叫牛金，不幸被司馬懿給毒死了。想不到，「牛繼馬後」的預言應在琅琊王這一支血脈上，第三代琅琊王司馬覲的王妃夏侯氏私通小吏牛氏，生司馬睿。後來司馬睿成了東晉皇帝，可不是「牛繼馬後」？司馬睿的身世之謎雖然對皇室不敬，卻被正兒八經地記錄在《晉書》中。

司馬睿十五歲世襲了琅琊王的爵位，整個少年時代和大半個青年時代都是在沒沒無聞中度過的。他既沒有血緣優勢，又無權無兵，是一系列政治活動的看客。如果說有過人的地方，就是他能在紛繁複雜的環境中保全自身，一直安然無恙。八王之亂前夕，司馬睿「每恭儉退讓，以免於禍」。到永興元年（三〇四），政治鬥爭更加尖銳，一件事情把司馬睿給牽涉了進去，導致他不能再獨善其身了。當時晉惠帝被挾持到鄴城，司馬睿也跟著去了。東安王司馬繇勸掌權的成都王司馬穎對晉惠帝客氣優待，司馬穎不僅不聽還把他殺了。司馬睿是司馬繇的親侄子，怕遭牽連，趕緊化裝逃走。成都王司馬穎下令一切關口、渡口都不准貴人通過。司馬睿到達黃河渡口，就被攔住了。情況緊急，幸虧有個叫宋典的隨從急中生智，拿馬鞭朝司馬睿身上一拂，笑道：「舍長（看管房子的小吏），官府把你當作達官顯貴拘留了，看來你很有貴相啊！」守渡口的官兵信以為真，就把司馬睿等人放行了。

司馬睿逃亡後，堅定地站到了東海王司馬越的陣營一邊。永興二年（三〇五）司馬越授意司馬睿去守下邳，並派自己的參軍王導給司馬睿當助手。王導出身琅琊王氏，是世族大家子弟，眼光獨到，看到天下已亂，決心尋找一個可靠的盟友開創新局面。王導找到的這個盟友便是司馬睿。他看中了司馬睿的低調和沒有歷史包袱的清白背景。司馬睿的封地就是王導的老家，他對王氏很有好感，刻意籠絡。史稱王導「傾心推奉」，司馬睿「亦雅相器重，契同友執」。司馬睿跟著司馬越在洛陽，王導不斷勸他脫離洛陽，藉口回封國而去東方開闢新局面。這才有了司馬睿出鎮下邳，王導再跟著來到下邳，開始了兩人的搭檔生涯。王導和琅琊王司馬睿同齡，當年都三十歲。

中原大亂愈加激烈，王導和堂兄弟王敦、王曠（王羲之的父親）三個人關在小屋子裡，嘀咕了半天，覺得中原局面混亂，沒有可以作為的地方，不如去相對安定的南方東吳古地開闢新局面。於是，王導建議司馬睿去東南地區獨當一面。司馬睿很贊成，向司馬越申請移鎮南方。朝廷中的王氏兄弟王衍、司馬越的妃子裴氏二人被司馬睿和王導做通了工作，都鼓動司馬越同意司馬睿的請求。司馬越也想給自己在南方安排一個後路，萬一北方不濟了可以去東南地區棲身，就答應了。沒想到司馬越很快身死覆滅，生前安排的後路成了司馬睿的飛來橫財。永嘉元年（三〇七），司馬睿出任安東將軍、都督揚州諸軍事，和王導拉上一幫子人馬，搬到了建業。

司馬睿前往東南，名義上是移鎮，其實類似逃亡，帶動了北方官民的南逃浪潮，史稱「永嘉南渡」。

二

司馬睿到建業時，距離陳敏覆滅才過了半年光景。南方局勢也不是一潭靜水，世族大家和一般百姓都心存觀望，就看著司馬睿如何作為了。司馬睿到建業大半個月了，竟然沒有一個江東士人前來拜訪。

建業是東吳的故都，不是誰坐在這裡都能得到東南地區支持的。西晉平吳後，江南童謠稱：「局縮肉，數橫目，中國當敗吳當復。」「局縮肉」是對司馬皇室的蔑稱；「橫目」就是一個「四」字，「數橫目」就說西晉壽命只有四十年左右；四十年後「中國當敗吳當復」。而從二六五年司馬炎建立西晉王朝到三〇七年司馬睿南下，已經四十年了，恰好天下大亂，很多東南百姓就認為改朝換代的時候到了。又有民謠說：「宮門柱，且當朽，吳當復，在三十年後。」這個說得更明白，意思是東吳滅亡三十年後將會復國。東吳是二八〇年滅亡的，三十年後就是三一〇年，離司馬睿到建業還差三年。當年陳敏反叛，在東南能迅速掀起大風大浪，和民心反晉思吳有很大關係。琅琊王司馬睿要想在東南站穩腳跟，必須安撫本地區的對立情緒，首要便是取得江東大族的支持。

司馬睿初到江東，當地人對他很冷淡。西晉王朝已經分崩離析了，皇室成員在江東士人心中早已大大貶值。而司馬睿這個琅琊王又是西晉皇室中的邊緣人物。現在，司馬睿帶著一大幫人逃到南方來，誰又能保證他們能長久在南方立足？鐵打的州縣流水的官，司馬睿說不定過幾年就被人給撤了，說不定連西晉王朝都不存在了呢！所以，江東的世族大姓輕蔑地稱司馬睿、王導等人為「傖父」，很不禮貌。東南人心不附。王導著急了。對於他們那些南下的北方世族來說，司馬睿的命運就是他們的命運。南方土著排斥司馬睿就是間接地排斥包括王家在內的北方南下士人們。司馬睿在南方站不住腳，王家等人也站不住腳。

於是在南下建業的一個多月後的三月三日「修禊節」，王導在秦淮河邊導演了這麼一幕：

司馬睿坐在奢華的肩輿之上，在皇家儀仗的簇擁下，緩緩而來。王導、王敦等北方世族和名流都恭恭敬敬地騎馬跟隨其後。整個隊伍威嚴肅穆又不失豪華熱鬧，將西晉王朝的泱泱皇室風範展現給了當時在江邊過節的江南世人。江東的紀瞻、顧榮等著名大族都在江邊搭著席位，佔著地盤過節。目睹這一幕，他們的內心受到了極大震撼。皇室骨肉相殘之後竟然還能保持這麼威嚴的陣勢；原來司馬睿在北方的地位這麼高，得到了這麼多大人物的支持；原來司馬睿等人還知道南方的節日，主動參加，與民同樂。震撼之餘，南方人士紛紛拜倒在路旁。司馬睿落座後，江東各大族的代表人物紛紛前來拜見。司馬睿、王導等人專門挑一些南方人不知道的新聞、禮儀、賞賜來說事，那些世代居住在江東的世族大家聽得暈頭轉向的。回家後，世族大家們紛紛感歎，司馬睿這批人不可小瞧啊！

緊接著，南方各大人物和名流先後接到了司馬睿的聘書。司馬睿一下子徵辟了一百六十個幕僚，許諾以高官厚爵。司馬睿任用顧榮為軍司，加散騎常侍，遇到軍國大事都向他諮詢；任用賀循為吳國內史，將東南核心的吳郡託付給本地人治理。紀瞻、周玘、張闓等江東世族也都被委以重任。東吳滅亡後，江東士人的仕途變得很不順暢。如今司馬睿大施恩惠，迅速將帶士人團結在身邊。史載：「由是吳會風靡，百姓歸心焉。」

在這其中，王導發揮了重要作用。譙國龍亢（今安徽懷遠）世族桓彝南渡過江之初，看到司馬睿勢力微弱，擔憂地對同樣南渡的汝南世族周顗說：「我們因為中原大亂才到此間來求生存，不料官府如此微弱，怎麼能維持下去！」後來桓彝見到了王導，交談之後對周顗說：「我剛才見了管仲，再也不擔憂了。」（這個桓彝只是個一晃而過的配角，終於太守，卻生下了不起的兒子桓溫和孫子桓玄，掀起了驚濤駭浪。）王導在建業協助司馬睿收拾人心，王敦領兵在外四處攻城掠地擴充地盤，揚州、江州、荊州、廣州、交州紛紛歸附司馬睿，南下的其他北方世族共同出力穩固南方政局，很快就打開了局面。對於北方世族來說，他們內部肯定存在爭權奪利和黨同伐異，但在北有強敵南有土著的不利情況下，擁戴司馬睿，同心協力在江南一隅打開局面，是維持各自門第和利益最現實的選擇。所以，我們看到在「永嘉南渡」之初的幾年裡，北方世族空前地團結。這種團結僅此一回，當局面穩固後，北方世族很快起了內訌，觸發了多次內戰。

在這空前團結期間，北方世族在江南漸漸站住腳跟，穩定下來，而土著的江東世族則受到擠壓，不再是南方社會起主導作用的力量了。

西晉末期，義興周氏、吳興沈氏領銜江東世族，號為強宗；緊隨其後的是吳郡四大家張朱陸顧。北方世族初來，都不敢直接和他們對抗，紛紛避開現在的蘇南和太湖流域，深入浙江、江西一帶圈地佔田，發展勢力；再其後的有會稽的孔魏虞謝四家。這些家族的勢力強大，張昌之亂中石冰侵略江南、陳敏反叛主要是江東世族，特別是義興周家起兵平定的。石冰、陳敏之外，有個叫錢璯的人找出了孫皓的兒子孫充造反，再次企圖恢復東吳政權。義興周家的周玘組織家族力量，再配合鄉里民兵就平定了這次造反，史稱周家「三定江南」。可見江東世族最初力量之強大。

但是江東世族在東吳滅亡後，就沒有統一的組織，也沒有進行必要的思想溝通，無法形成合力。比如義興周氏往往是有事就組織軍隊，打完仗後便解散部隊，主要目的是保衛鄉土，維護家族利益。始終沒有一個強權人物成功領導江東世族與西晉朝廷對抗。

也許是出於穩定多次騷亂後的江南，在「永嘉南渡」初期江東世族沒有反抗北方世族的南下，坐視他們逐漸站穩腳跟。等到北方世族開始擠壓土著勢力的發展空間，江東世族們開始後悔了。周玘被司馬睿懷柔任命為吳興太守，他聯絡一部分人要殺死北方官員，改用南方人士。機密洩露後，司馬睿不敢公開鎮壓，先調周玘為南郡太守，等他離開吳興後突然改任他為軍諮祭酒，不再讓周玘掌握實權。周玘最後憂憤而死，臨終對兒子周勰說：「殺我的是諸傖子（吳人對北方人的蔑稱），能報此仇，才好算我的兒子。」司馬睿明知周玘造反，仍然謚他為「忠烈」。周勰繼續父志，聯絡族人陰謀起兵反晉。叔父周札不願意造反，向司馬睿告密。司馬睿還是不敢公開鎮壓，利用周家內部矛盾採取暗殺手段鎮壓了起義。周玘卻沒有受到懲處，司馬睿待之如初，只是日後不再對江東世族委以實權了。這時，江東世族的勢力還是強大得讓朝廷不敢小覷。

隨著統治的逐漸鞏固，北方世族在籠絡策略之餘，採取分化方法讓江東世族自相削弱。王敦親近吳興沈家，以沈充為心腹和謀主，後來派沈充帶兵消滅了義興周家。沈充依靠王敦勢力做大，一度私鑄錢幣，還參與了王敦之亂。王敦造反被平定後，沈充被部下所殺。吳興沈家轉衰。周、沈兩家內耗衰落，標誌著江東世族力量下滑。在整個南朝時期，江東世族都處於北方世族的優勢之下。

話說司馬睿在南方算是安定下來了，北方則出了大麻煩。三一六年，匈奴人攻陷長安，晉湣帝投降。司馬睿成為僅存的、握有實權的藩鎮宗室。殘存的晉朝州縣，比如北方并州的劉琨、南方揚州、荊州、江州的王導、王敦等人紛紛向司馬睿勸進，希望他延續晉室血脈。第二年，司馬睿在建康（為了避晉湣帝的名諱，建業改稱建康）稱晉王，改元建武作為緩衝。東晉開始了。建武二年（三一八）三月，晉湣帝遇害的消息傳到建康，王導趕緊勸說司馬睿繼承帝位。晉王司馬睿順理成章稱帝，他就是晉元帝。

據說司馬睿剛到建業的時候，君臣等人連吃一回豬肉都是奢侈的享受。最好的豬脖頸肉自然是司馬睿獨享，其他人只好眼巴巴看著他吃。那塊肉因此被稱為「禁臠」。十年後，南渡的北方官民就完全改變了局面，開創了一個新的王朝。司馬睿和王導的搭檔關係也就升級為了司馬睿當皇帝，王導當丞相的政治結構。至此，王導讓司馬睿勢力在南方紮下了根，也讓琅琊王家和北方世族在南方紮下了根，奠定了富貴百年的基業。

二七、沒有條件創造條件也要北伐

一

祖逖，范陽遒人（今河北淶水人），出身官宦世家，卻性情豁達，爭強好勝，喜歡耍手腕伎倆，到十四五還大字不識。父親早死，哥哥們很為祖逖擔心，擔心他日後破壞官宦世家的名聲，或者乾脆就當了江洋大盜。儘管家人很擔心，祖逖卻很受鄉黨宗族的好評，因為他輕財好俠，慷慨助人，每次看到有困難的人都大把大把地散發穀帛接濟，卻假稱是哥哥們的意思。

祖逖很有成為一代梟雄的潛質。可是「梟雄」是一個中性詞，既可以指那些為朝廷蕩平群寇藩鎮一方的重臣大將，也可以指那些流寇四方、塗炭生靈的叛臣大盜。祖逖會是前者還是後者呢？幸虧，祖逖長大後心性改變，開始博覽群書，記憶力超群，古今軍政都了然於胸，往來京師見者都稱祖逖有贊世之才。他開始當官，不過都不是正兒八經治民辦公的官職，而是頻繁進出各個王爺和權臣的幕府，當的都是些參軍之類的職務。大抵上，他是長於處理重要事務或者棘手的事，而不善於坐在衙門裡埋頭於文山案牘。可惜，王爺們都沒能給他施展才能的舞臺，埋頭於內訌爭鬥。所以，祖逖的前四十多年都湮沒在茫茫人海中，沒能露出鋒芒來。

祖逖擔任司州主簿時，劉琨也擔任司州主簿。劉琨比祖逖小五歲，兩人都有匡扶國家之心，感情很好，住在一起同被而眠。祖逖、劉琨兩人都是俊傑，常常談論時政，有時通宵達旦，都認為晉朝將「四海鼎沸，豪傑並起」。想到動盪的前景，二人互相勉勵，約定「相避於中原」。一天凌晨，荒野響起雞鳴，祖逖醒來，踢踢劉琨說：「這不是惡聲。」於是，兩人天沒亮就出來舞劍，鍛鍊身體。「聞雞起舞」由此而來。劉琨實際能力要弱於祖逖，但因為是漢朝宗室後裔、名冠一時，提拔得比祖逖快，後來成了西晉在北方的支柱。

八王之亂高潮時，祖逖率領親黨數百家從河北向江淮地區逃難。途中，祖逖把所乘的車馬讓給同行的老弱病殘，自己徒步前進，把藥物、衣糧都拿出來和大家分享。百姓們見祖逖有權略重義氣，公推祖逖為「行主」。所謂「行主」，本質上是北方流民領袖。天下大亂，人口流動頻繁，人數眾多，形成多股流民潮。流民在遷徙過程中，有各種問題，很容易組織起來。流民組織有領袖，有武裝，遷徙到某地定居後常常建造堡壘自守，平時耕種周圍土地，有事就收縮回堡壘。這些流民堡壘少的能拉起幾百人的武裝，多的能拼湊數千軍隊，遍布江淮地區。各個政權分別委以流民領袖縣令、太守乃至刺史職務，籠絡流民武裝，不至於與己為敵。八王之亂時，多支北方流民武裝南下，在江淮地區建立了許多流民武裝堡壘，稱為塢堡，流民領袖被稱為塢主。其中大的武裝則南下佔領城池，比如祖逖這支武裝就進駐泗口，此外還有蘇峻、郗鑒等武裝入駐徐州、揚州等地。司馬睿就任命祖逖為徐州刺史，以為籠絡之策。

祖逖進一步帶著隊伍南下丹徒的京口（今江蘇鎮江）。在這裡，祖逖招攬勇士為賓客義徒，待之如子弟。當時揚州突然大旱，出現饑荒，南下流民多為盜竊，攻剽富室。頗有俠氣的祖逖睜隻眼閉隻眼，不聞不問，遇到有流民為官府捕獲，祖逖也千方百計解救。因此，祖逖在南下流民中的威望越來越高。

祖逖因為朝廷傾覆，常懷振復之志。北方流民背井離鄉、流離失所，也有強烈驅逐胡族恢復故土的要求。整個東晉時期，南方都存在強烈的北伐復國的呼聲。祖逖雖然不斷向南走，但沿途散播調轉槍頭打回北方區的言論，號召南方各派力量團結起來北伐。在江南稍微站穩腳跟後，祖逖就上奏司馬睿，鼓吹北伐：「晉室之亂，並非朝廷無道百姓怨叛造成的，而是由於藩王爭權，自相誅殺，導致戎狄乘隙毒流中原。如今，百姓遭受殘酷殺戮，人人有奮擊反抗之志。大王誠能發威命將，如果讓祖逖我統兵北伐，則郡國豪傑必爭相來投，沉弱之士欣然擁護，不久國恥可雪。」分析祖逖的這個奏摺，他對西晉王朝覆滅很不甘心，認為是少數民族武裝趁朝廷內亂僥倖取勝的，現在有民心可用，只要南方同仇敵愾，定能光復故土。

司馬睿、王導等人肯定清楚南方的北伐呼聲。他們並不熱衷北伐，因為對於南渡的司馬睿政權來說首要的是在南方紮根，鞏固統治。和江州、荊州軍方爭奪地盤、爭取江東世族的支持、調節南下世族的內部矛盾，樣樣事情都比北伐重要得多。再說，北伐奪回北方故土，對司馬睿等人的壞處很明顯。首先，司馬睿的名望很低，萬一哪個重臣大將北伐成功了，名聲大漲功高震主，對司馬睿有什麼好處呢？其次，司馬睿是皇室疏宗，萬一北伐找到幾位皇室血統更近更高的宗室，司馬睿往哪裡放啊？所以，司馬睿、王導力主集中軍力、物力、財力去擴充領土、穩定南方，不願意分兵北伐。但是北伐的理由很充分，具有不容辯駁的道德力量，司馬睿和王導又不便反對。他們能做的只能是口頭讚賞，暗地裡布置種種障礙，盼望著北伐不要成功。

對待北伐「政治第一位」的指導思想和「陽奉陰違」的做法，司馬睿和王導首創，被之後的東晉歷代朝廷所繼承。

接到祖逖自請北伐的奏摺後，司馬睿任命祖逖為奮威將軍、豫州刺史。豫州（今河南地區）大部分在石勒手裡呢，司馬睿給祖逖的職位是虛的，需要祖逖自己去奪回。那麼司馬睿給祖逖多少北伐軍需呢？一千人份的軍餉，三千匹布，沒有一兵一將，沒有一副鎧甲一把刀。王導向祖逖解釋說，我們現在很困難，你就勉為其難，自行招募軍隊北伐吧。

三一七年，祖逖率領百餘家跟隨自己的北方流民渡江北上，勇敢地開始了悲壯的北伐。渡到長江中流，祖逖敲擊著船槳立誓：「祖逖不能清中原而復濟者，有如大江！」他辭色壯烈，大有壯士一去兮不復返的慷慨悲涼，旁人聞之慨歎不已。「中流擊楫」典故在此，如今已成了雄心壯志實踐理想抱負的代名詞。渡過長江後，祖逖在江陰停留了一會，冶鑄兵器，並招募北伐的志願軍。他得到了流民的支持，組織起二千餘人的粗糙軍隊，繼續前進。

永嘉南渡後的豫州實際掌握在各支流民武裝手中。西晉政府之前籠絡塢主張平為豫州刺史、樊雅為譙郡太守，他們是兩支最強大的流民武裝，此外還有董瞻、于武、謝浮等十幾支隊伍，各有數百到幾千人馬，各自為政。祖逖來到後，採取拉攏一派打擊一派的方法，大力削弱流民武裝。他先引誘謝浮進攻張平，殺掉了張平。樊雅大驚，在一個夜裡突襲祖逖，攻破了北伐軍的營壘。樊雅拔戟大呼，親自衝向祖逖的營帳。北伐軍大亂，祖逖在危急時刻體現出了梟雄本色，命左右列陣防守，從容指揮部下反擊，擊破了樊雅。樊雅失敗後，聯合張平餘眾繼續與祖逖作戰；祖逖則聯合自封陳留太守的塢主陳川與之對抗。陳川派遣部將李頭率兵增援祖逖。雙方聯軍攻克譙城。戰鬥中李頭勇敢向前、戰功赫赫，戰後祖逖得到了樊雅的坐騎駿馬，李頭很想要卻不敢說，祖逖知他的意思後主動送上門去。李頭感念祖逖的恩遇，歎息道：「若得此人為主，吾死無恨。」陳川知道後，大怒，這不是吃裡扒外嘛！他竟然因此殺死了李頭，李頭的部下四百人逃奔祖逖。陳川更生氣了，與祖逖決裂，派兵劫掠豫州諸郡，搶劫人口車馬。祖逖指揮軍隊制止陳川部隊的搶劫活動，陸續剿滅搶劫的兵丁，將贓物盡量物歸原主，嚴明紀律，不讓北伐官兵留有私產。

陳川自忖戰勝不了祖逖，向石勒投降。祖逖聞訊，率眾討伐陳川，石勒派石虎領兵五萬救陳川。祖逖北伐正式進入與外族作戰的階段。這是永嘉南渡以來，晉朝軍隊第一次與外族軍隊正面作戰。祖逖兵少，追求巧勝，屢次埋伏石虎，取得小勝。雙方相守四旬，北伐軍的糧草接濟不上——他們離江南基地越來越遠，軍需運輸困難，而司馬睿政權本身就沒給予多少軍需支援。祖逖知道石虎的軍需也很困難（後趙政權的經濟基礎不行），就看敵我雙方誰先支持不住了。他想出一條計策來，用布囊盛土做出米袋的模樣，派千餘人佯裝運糧，途中令幾個人裝出疲憊的樣子掉隊在路旁休息。後趙軍隊看到後，上前進攻，那幾個人趕緊放下米袋逃跑。偏偏這幾個人運的米袋裝的是真米，石虎檢查截獲的米袋，誤以為北方軍糧草充足，頓時對戰鬥前景失去了信心。石勒得知前線缺糧，派將軍劉夜堂趕了上千頭驢運糧支援石虎。祖逖在汴水伏擊劉夜堂，俘獲後趙軍糧。石虎更是喪失了堅持的膽氣，主動撤軍了。北伐軍推進到雍丘（今河南杞縣）。

此後，祖逖和石勒在雍丘僵持了起來。祖逖多次主動進攻，讓後趙的屯戍防不勝防。北伐軍偵察兵常常俘虜後趙領土內的濮陽人，祖逖款待後遣歸故里。這些人回去後感念祖逖的恩德，陸續率鄉里投奔北伐軍。陸陸續續北方有五百家投奔祖逖。石勒曾經抽調精騎萬人進攻祖逖，希望有所斬獲，結果反被祖逖所敗，此後陷入被動防守態勢，再無主動進攻。

北伐形勢一片大好，歸附者甚多。當日黃河南北趙固、上官巳、李矩、郭默等流民武裝相互攻擊，祖逖遣使為他們和解，曉以民族大義和切身禍福。這些流民武裝都接受祖逖的指揮。黃河北岸有許多堡壘的塢主不得不送兒子在後趙政權中當人質，不能旗幟鮮明地投靠祖逖。祖逖也悉聽尊便，默許他們的「兩屬」狀態，有時還派遣小股部隊佯攻這些堡壘，讓後趙知道他們沒有投靠北伐軍。塢主們對祖逖的細心考慮感恩戴德，更加傾心北伐軍，後趙政權有什麼計畫和陰謀事先都偷偷報告祖逖。北伐軍的優勢更加明顯了。

由於祖逖指揮得當，手腕靈活高超，「黃河以南盡為晉土」。

二

北伐的勝利讓東晉復國大業，現出了一絲曙光。祖逖收復了河南，現在的山西北部和河北北部一帶也還在晉朝殘餘勢力手中。在領土格局上，晉朝力量對河北的石勒政權和關中的劉曜政權形成了夾擊的態勢。

先前，堅守河北北部的是西晉任命的幽州刺史王浚。王浚利令智昏，自以為掌握幽州天高皇帝遠，自不量力，妄想割據，最後被石勒吞滅，遺臭萬年。堅守山西北部的就是當年和祖逖一起聞雞起舞的劉琨，時任并州刺史。劉琨的并州刺史是劉淵在并州建國、司馬騰帶領山西軍民東出「乞活」，并州十室九空的情況下上任的。他在黃河邊上組織了幾百士卒，邊打邊走穿越匈奴的領土才趕到晉陽（今山西太原）上任的。劉琨有愛國之心，在晉陽慘澹經營，與劉聰、石勒兩派不斷拉鋸作戰。晉湣帝遙授劉琨為司空，都督并、冀、幽三州諸軍事，把北方的亂局託付給了他。遺憾的是，劉琨志大才疏，富貴慣了，生性豪奢，又誤信讒言，始終不能團結并州軍民組建強有力的軍隊，最終還是被石勒趕出了并州。段氏鮮卑傾向晉朝，劉琨向北投靠了鮮卑，並和段匹磾歃血為盟，結為兄弟，發表檄文號召各族擁戴晉朝。三一七年，劉琨派妻侄溫嶠到建康報告北方情形，並勸司馬睿即位做皇帝。臨別，劉琨對溫嶠說：「晉祚雖衰，天命未改，我當立功河朔，使卿延譽江南。」溫嶠後來果然在江南舉足輕重、盛譽一時。劉琨聽到老友祖逖北伐成就斐然，高興地致信祖逖：「我夜間都枕著兵器睡覺等天亮，一心期待消滅敵人，如今你跑到我前面去了。」他時刻準備殺敵，天不佑他，第二年被背信棄義的段匹磾殺害，時年四十八歲。他的死意味著晉朝勢力在華北地區全軍覆沒。

劉琨死後半個世紀，桓溫北伐遇到一個善於手工的老婢，原來是劉琨的伎女。老婢一見到桓溫，潸然而泣。桓溫問其故，老婢回答：「桓公酷似劉司空。」桓溫十分高興，出外整理衣冠，再呼老婢進來詳細詢問。老婢又說：「桓公和劉司空面甚似，恨薄；眼甚似，恨小；鬚甚似，恨赤；形甚似，恨短；聲甚似，恨雌。」意思是桓溫還是比不上劉琨。桓溫於是褫冠解帶，昏然而睡，不高興了好幾日。可見劉琨身後聲望之高。

卻說祖逖北伐初勝後，立志將河南建設為根據地。他的豫州刺史開始名實相符，為政儉樸節約，自己廉潔自律，不蓄私產；勸督農桑，恢復農業生產，親自率領子弟耕耘砍柴，又收葬枯骨，為之祭醊。亂後初定的豫州百姓紛紛擁戴祖逖。祖逖曾置酒大會相親，豫州耆老流涕放歌：「幸哉遺黎免俘虜，三辰既朗遇慈父，玄酒忘勞甘瓠脯，何以詠恩歌且舞。」司馬睿不得不提升祖逖為鎮西將軍。

石勒處於劣勢，不敢窺兵河南。他採取務實的通好政策，派人修繕了成皋縣的祖逖母親墓地，寫信給祖逖要求相互通使、交市。石勒是不共戴天的仇敵，且被朝廷視為蠻夷，祖逖自然不能與之通使交好。這雖然是形式問題，卻關係政治大局。但交市通商有利於南北方百姓，也有利於河南經濟的恢復和發展。祖逖要了個手腕，對石勒的來使置之不理，對南北方自發的通商交往也不加制止，聽任互市。河南百姓在互市中獲利十倍，民富而政府強，很快河南就公私豐贍，北伐軍強盛。祖逖滿懷信心地要「推鋒越河，掃清冀朔」。

太興四年（三二一），晉元帝司馬睿派戴淵為征西將軍、都督司兗豫并雍冀六州諸軍事、司州刺史，這就在祖逖的豫州刺史上面加了一道緊箍咒。祖逖認為這是朝廷派來監督他的，對他不信任。祖逖猜對了一半。面對聲望和軍隊都成倍增長的祖逖，司馬睿不能不心裡酸酸的，手心發汗。戴淵出身東南寒門，必須依賴司馬睿來獲取權勢，所以效忠司馬睿。司馬睿需要的是戴淵。祖逖沒有猜到的是，司馬睿派戴淵到河南搶奪勝利果實，除了監視祖逖還有分割琅琊王家權勢，防範荊州王敦的目的在。祖逖過分關注北伐，幾年來對東晉王朝的政治格局缺乏了解，自然不清楚司馬睿的第二個目的。祖逖見戴淵是南方人，雖有才望但並不熱衷北伐。河南收復後形勢大好，如果拖延過久不再接再厲，一旦民心洩氣石勒緩過勁來，北伐難度將大為增加。可北伐已經不是自己說了算的，祖逖只能怏怏不樂。

戴淵出鎮河南，王敦的反應最強烈，表露出與朝廷公開決裂的態勢。祖逖擔心朝廷將起內訌，更加拖累北伐大業，憂慮過度而發病。

在病中，祖逖還在籌畫進一步北伐。他營繕了武牢城，該城北臨黃河，西接成皋，計畫建設成向北向西進軍的據點，又在河南築壘，鞏固戰果，以備北伐失利時堅守。城沒修成，祖逖在雍丘病逝，時年五十六歲。豫州百姓若喪考妣，百姓為之立祠。朝廷追贈祖逖為車騎將軍。據說王敦久懷逆志，畏懼祖逖的北伐軍才不敢與朝廷決裂，聽到祖逖死訊後王敦開始肆意作亂。

祖逖原本可以在東晉獲得絲毫不遜於劉琨的聲望，可惜接替他的祖約日後率領這支流民武裝參加叛亂，又投降了石勒，祖家被族誅，間接損害了祖逖的聲譽。隨著時間的推移，祖逖作為無私的愛國者和無畏的戰士越來越得到後人的尊崇。

二八、王與馬不敢共天下

一

西晉末年，八王兵戎相見，天下大亂。山東琅琊國臨沂（今山東臨沂）的王家決定舉族遷徙到相對安定的東南地區去。王家的王導即將渡過淮河的時候，擔心前途，找到大占卜家郭璞算命。郭璞給算了一卦，說：「吉，無不利。淮水絕，王氏滅。」於是王家高高興興南下去了，果真如郭璞所言在南方繁衍生息，成為南朝第一大名門望族。

王家的舉族遷徙，只是發生在西元三一〇年前後的著名的永嘉南渡的一部分而已。

在永嘉南渡中，許多北方的名門望族、朝野大臣帶著族人，裹著金銀細軟，吆喝著家丁下人和家禽家畜，逃過淮河，來到了長江下游沿岸。亂哄哄的這股移民潮，給東南地區帶來了近百萬新人口。琅琊王氏除了王導外，還有王廙、王含、王舒、王彬等兄弟和王羲之、王胡之、王彪之等子侄輩，統統搬遷到了原來的東吳舊都建鄴（今江蘇南京）。王家在秦淮河邊一條叫烏衣巷的街道裡聚族而居。來自陳郡的謝家緊隨而來，也搬到了巷子裡，和王家做起了鄰居。

此時的王家，還只是晉朝若干二流家族之一，和政治權力的關係並不緊密。琅琊王家最大的驕傲是家族道德凜然，家風高尚。王導的曾祖母朱氏是曾祖父的續弦，對王導的伯祖父王祥和祖父王覽極盡虐待之能事。王祥兩兄弟無怨無悔，真心侍奉後母。朱氏就變著法子地折磨兩個孩子。寒冬臘月，朱氏深夜要吃魚，逼王祥去捉活魚。王祥跑到河邊，開始鑿厚厚的冰層，準備捕魚。不料，冰面自動裂開，兩條鮮活的鯉魚蹦到王祥腳下。這就是《二十四孝》中「臥冰求鯉」的故事。王覽則進入了《二十四悌圖》，為了防止朱氏毒死王祥，每次飯前他都替兄弟嘗毒。兄弟倆的道德故事感天動地，驚動了以道德作為選拔官員標準的漢朝政府。東漢政府多次徵辟兩兄弟做官，都被兄弟倆拒絕了。直到年老了，王祥才千呼萬喚始出來，出任了曹魏王朝的徐州別駕。這是琅琊王氏家族步入政壇的開始。

可見，王家的政治根基並不深。但他們一來沒有「歷史遺留問題」，沒有政治冤家和夙敵，二來樹立了超高的道德標準，把握了官場升遷的利器，官越當越大。王祥、王覽兩人先後擔任了朝廷重臣。等到甘露五年（二六〇），司馬昭發動政變，殺死小皇帝曹髦的時候，圖謀篡位的司馬家族已經不得不考慮王家的意見了。當時小皇帝的屍體還沒有入殮，司馬昭一再催促王祥來商量後事。王祥很聰明，來了後先抱著小皇帝的屍體大哭一場，自責救駕來遲，可又贊同司馬昭的後事安排。在這裡，王祥給家人樹立了既重視道德說教，又注重政治實效的好榜樣。王祥死前，對王覽說：你的後人會大紅大紫的。果然王覽的孫子輩飛黃騰達。先是王衍擔任了太尉，成為掌權人物，再是王澄出任荊州刺史，王敦出任青州刺史。王衍很得意地說：「荊州有江、漢之固，青州有負海之險，卿二人在外，而吾留此，足以為三窟矣。」王衍這個人平日裡不幹正事，迎合西晉初年社會思想觀念開始從儒家道德向虛幻的玄學轉變的趨勢，整天拿著一把拂塵誇誇其談，信口雌黃。暗地裡，王衍意識到了危險，早設計了王家「狡兔三窟」的退路，得到了祖父輩的真傳。王家政治上崛起的時期，正是西晉八王之亂時期。王衍後來被石勒抓住，壓死在牆下。但是王導、王敦等人有了博取進一步榮華富貴的紮實基礎。

二

王導這個人，是東晉王朝和琅琊王家的關鍵人物。他繼承了王家與人為善，為政務實的作風。在王朝南遷、萬事草創的東晉初期，王導的這一性格和執政思想，適應了形勢的需要。一個初建的王朝最需要什麼？安定。這種安定既包括政治軍事上的安定，也包括人心上的安定。南北方世族勢力之間的矛盾，中原少數民族對南方的覬覦，都威脅著東晉的安全。王導覺得，內亂也好，北伐也好，都會給脆弱得經不起折騰的新王朝帶來致命的危險。最好的對策就是以不變應萬變，不出亂子就好。所以王導的執政核心就一個字：靜。調和南北方世族的關係，在政策上清靜無為。

王導經常大擺筵席、款待賓客。鄰居謝家的小孩子謝安在若干年後依然對王導談笑風生的形象和王家氣氛和洽的酒席留有深刻的印象。一次，南方名士劉真長來拜訪王導。時值盛夏，王導正把大腹便便的肚子貼在彈棋盤降暑。他看到劉真長來，忙自嘲自己的不雅動作，說：「何乃渹？」渹是南方方言中冷的意思，整句話就是「真涼快」的意思。劉真長出來後，旁人問他：「王公這個人怎麼樣啊？」他感歎：「沒有什麼特別的，只是聽到他在說吳語。」小小的一句吳語，一下子就拉近了政府和南方世族的距離。還有一次，眾人在長江邊的新亭觀賞江南美景。周顗感歎道：「風景沒什麼不同，但卻只能看到長江，看不到黃河了啊！」想起國破南逃，在座的許多人落下淚來。王導見狀愀然變色：「當共戮力王室，克復神州，何至學作楚囚，相對哭泣！」王導其實是不贊成北伐的，但他能用一句口號振奮人心，扭轉士氣，不愧有政治家風度。

朝廷剛成立的時候，國庫空虛，只有練布數千端。王導靈機一動，做了一套寬大的布衣服，穿在身上出去走了一圈。結果，朝野官員和建康的士人認定這是服裝界的新風尚，紛紛購買練布做衣服。國庫中的練布很快就以「一端一金」的高價銷售一空。府庫充裕了，王導在士人中的號召力也得到了驗證。

正是因為王導有這樣的號召力，他的思想和言行直接影響了東晉人的世界觀和處世態度。王導的執政，客觀上「鎮之以靜，群情自安」，把「靜」和「無為」抬到了極高的地位。東晉的政局和人心得到了穩定，但政壇的進取心和事業心也受到了壓抑。對於世族大家來說，平靜固定的統治符合他們的利益。因為他們是既得利益者，在王導時期擴充了政治和經濟利益。可隨著時間的推移，我們會看到，世族勢力在南朝惡性膨脹，大家族大人物們以清談玄學為風尚，恥於幹具體政務了。南方各大家族（包括琅琊王家）日後的思想轉變，多少是由王導推動的。

司馬睿登基之日，感慨萬分，對王導的輔助和擁立之功深深感激。他竟然在莊嚴肅穆、百官佇列的時候，拍拍龍椅的空處，招呼王導「升御床共坐」。當皇帝哪能是排排坐分果果的事情，王導連忙推辭。司馬睿招呼他三四次，言辭懇切。王導眼看再僵持下去，登基大典要泡湯了，只好跪地啟奏：「如果天上的太陽和地下的萬物一樣升列高位，蒼生到底要仰照哪一個呢？」司馬睿一想，原來皇帝是天上的太陽，一天的確不能有二日，這才不再堅持要王導同坐了。民間用一個俗語形象地形容這一幕：王與馬，共天下。這句俗語恰如其分地表現了當時王家的權勢。東晉初期，司馬睿完全信任王導，叫他「仲父」，把他比作自己的蕭何。王導也經常勸諫司馬睿克己勤儉，優待南方，與人為善。司馬睿和王導在草創期上演了一場君臣相敬相愛的佳話。琅琊王家也達到了權勢的高峰，除了王導擔任丞相，王敦控制著長江中游，兵強馬壯；四分之三的朝野官員是王家的人或者與王家相關的人。另外，王家在南朝時期出了八位皇后。王導主觀上不敢與司馬睿共坐龍椅，但說王家和司馬家族共用天下，也並不過分。

等司馬睿坐穩了龍椅，慢慢開始享受獨一無二的太陽的感覺後，開始對「王與馬，共天下」的傳言產生了酸酸的感覺。王家勢力的膨脹侵犯了皇權獨尊的敏感神經。司馬睿開始暗中限制、削弱王家的勢力。他提升重用琅琊王時的王府舊人劉隗和刁協。劉刁兩人沒什麼本事，但對尊馬抑王一事不遺餘力，不斷出頭打壓王家勢力。

王導被疏遠了。我們知道王導既與人為善又很務實，面對皇權的打壓，他採取了謙抑自守對策，退居家中靜觀時局變化。司馬睿一時也找不到理由，也不想進一步把王導怎麼樣。可王導忍得了，堂兄弟王敦就忍不了。王敦和王導是兄弟，性格則截然不同。王導主靜，王敦好動。他放蕩不羈，性情外露，對王家受到打壓憤慨難平，並把怒氣表現了出來。鑒於王敦控制著長江中游各州的政權和軍隊，司馬睿派劉刁二人出任地方刺史，企圖鉗制王敦的勢力。這一下，王敦乾脆造反了，招呼兄長王含等人帶上大軍，順江而下，衝向建康找司馬睿等人算帳。

對王導來說，司馬睿的打壓不是什麼大問題，王敦的造反卻帶來了棘手的大麻煩。造反是誅滅滿門的重罪。王導趕緊給領軍衝在前面的王含寫信，勸他罷手。王敦、王含等人堅持造反。王導只得選擇堅定地站在司馬睿一邊，反對王敦等人造反。王導認為東晉初建，安定是最大的王朝利益；王家還不具備推翻東晉，出頭當皇帝的實力，必須依靠東晉政權，才能保持權勢。所以，王導從琅琊王氏的安全和最高利益考慮，必須與王敦劃清界限，擁戴司馬睿。聽說劉隗和刁協已經在勸司馬睿誅殺王導和王家的所有成員了，王導趕緊帶上王邃、王彬、王侃等在朝廷任職的王氏宗族二十多人，每天跪到宮門外候罪。

王家的危險得到了許多朝臣的同情。王導平日經營的人情關係在關鍵時刻起作用了。尚書僕射周顗就認為：「皇帝又不是神仙，怎麼可能不犯錯呢？但大臣（指王敦）怎麼可以舉兵造反？」他決定進宮保王導等人。周顗來到宮門口，王導情急之下衝著他大呼：「伯仁（周顗的字），我一家老小百餘口性命都交到你手上了！」周顗是來幫王家的，卻不能把它外露出來，讓司馬睿覺得自己就是來當說客的——這是說服的技巧。所以周顗看都不看王導，從他身邊逕直進宮去了。在宮中，周顗竭力向司馬睿擔保王導的忠誠，言辭懇切。本來，勸完皇帝，周顗可以出來安慰王導了。可周顗是個酒鬼，在宮中喝得酩酊大醉才出來。王導在宮外跪了一天，又向周顗呼救。大醉的周顗還在偽裝，這次不但不答理王導，還轉頭對隨從說：「我要殺盡亂臣賊子，換取金印，掛在手肘後！」在這種情況下，換了誰，都會對周顗產生誤會。王導就對周顗恨之入骨，不知道他在力保自己，更不知道他回家後還上書力證王家無罪。在周顗等人的力保下，司馬睿在宮中召見了王導。王導跪地請罪：「逆臣賊子，何代無之，不意今者竟出臣族！」司馬睿被感動了，光著腳走下龍椅，扶起王導，拍拍他的手，表示絕對相信王導。

王家的危機解決了，不想王敦的軍隊攻佔了建康。劉隗和刁協一個逃亡北方，一個被殺。王敦把持了朝政，官員進退操於其手。王敦因為周顗聲望很高，想讓他出任三司，特地跑來徵詢王導的意見。王導沒說話。王敦就想降低任用周顗，王導還是沉默。既然周顗不能用，王敦說：「那就只有殺掉了。」王導依然不說話，看著王敦下令斬周顗。後來王導從文書中得知真相，大哭道：「我雖不殺伯仁，伯仁因我而死。」

王敦的叛亂，並沒有給東晉王朝造成太大的傷害。只有少數人死於戰亂，朝野官員基本各安其位。司馬睿依然做他的皇帝，只是王敦不願意見他。繼續當丞相的王導就在王敦和司馬睿之間充當溝通的橋樑，努力維持著朝廷的穩定。對於王敦進一步擅權逼宮的做法，王導堅決抵制。王敦起初也沒有自己做皇帝的想法，不久退兵長江中游，局勢進一步降溫。不想，王敦退兵後身體越來越差，在周邊宵小的蠱惑下，重新發兵進攻建康。這次他擺出了傾覆朝廷的模樣。王導再次堅決站在司馬睿一邊，主動掛帥，提兵與王敦叛軍作戰。王敦隨即病死，兄長王含、繼子王應被殺，叛亂徹底消除。

王導對策得當，讓琅琊王家非但沒有沒有受牽連，還因討伐王敦有功被加官晉爵。王導以司徒進位太保，王舒升湘州刺史，王彬任度支尚書。王家跨過這道檻，保持了天下第一望族的地位。

三

王敦之亂後，王導作為世族大家的代表和朝廷的穩定中堅，繼續存在。

王導的老搭檔司馬睿在王敦第一次叛亂後不久鬱悶而死。王導等人擁立太子司馬紹即位。司馬紹當了三年皇帝，也死了。王導等人又擁戴五歲的皇太子司馬衍即位。

司馬紹臨死前，考慮到繼承人年幼，留下遺詔，讓太保王導錄尚書事，與小舅子、中書令庾亮一同輔政。司馬衍即位，司馬紹的皇后庾氏以皇太后身分臨朝稱制。庾亮仗著庾太后的勢力，很快就把實權集中到了自己家族手中。儘管王導是三朝元老，皇帝對他下詔書都是用敬語，但王導離實權越來越遠了。見慣榮辱浮沉的王導淡然處之。庾亮是個有很多想法的年輕人，雄心勃勃。有人曾經向王導進讒，說庾亮可能舉兵擅權，對王導不利，勸王導多加防備。王導說：「他若逼我，我就一身布衣服，回家養老去，有什麼可怕呢？」後來蘇峻起兵叛亂，建康遭焚。朝廷一度考慮遷都，有人建議遷都豫章，有人要求南遷會稽。王導則哪都不去，堅持定都建康。許多朝臣對照王導的恬淡無爭，引為榜樣。之後儘管東晉屢次出現政治變動，朝廷始終保持了大致穩定，變動也沒有波及普通百姓的生活。王導的「靜」和「無爭」在其中起到了不小的作用。朝廷一有動靜，政治一有裂縫，他就上前和稀泥。

東晉朝臣給晚年的王導起了一個雅號：糊塗宰相。原因是王導每年考察官員的時候，都流於形式，考察的結果你好他好大家好。有人有意見，王導就說，害國之魚我們都能容忍，何必每年糾纏於那些小魚小蝦呢？的確，王導的一生對威脅王朝利益的大問題都採取拖延、打太極的對策，讓時間去消化它們，根本就沒必要在每年的官員考核上較真。他晚年常說：「現在說我糊塗，只怕將來有人還要懷念我的糊塗呢！」

咸康五年（三三九），王導病逝，終年六十四歲。

王導一生最大的成就是建立了「王與馬，共天下」的權力格局。他堅定地認為只有司馬家族的東晉王朝穩定了，才有琅琊王氏遮風擋雨的地盤。結果王導輔助司馬家族為王家贏得了一份遠遠超過了遮風擋雨需要的大地盤，風光得很，都可以和皇帝「排排坐分果果」了。好在王導是個成熟老練的政治家，恭敬自律，沒有反稱司馬睿「你真是我的劉邦啊」，更沒有跑上去坐在龍椅上拍拍司馬睿的肩膀套近乎，所以琅琊王家在東晉初期根基日漸深入，繁衍昌盛。

二九、豪傑王敦的「過豪死」

一

西晉末期，豫章郡（今南昌）曾經發生一樁震驚一時的兇殺案。揚州刺史王敦殺害了途徑豫章去建鄴的堂兄、曾任荊州刺史的王澄。

事情是王澄挑起的。他在荊州當地頭蛇當慣了，加上性格桀驁不馴、出道比王敦早，所以在豫章盛氣凌人，對王敦很不客氣，多有謾罵之語。王敦也是桀驁不馴的人，也很傲慢，竟然對堂兄弟起了殺心。可是王澄功夫不錯，隨身帶有玉枕自衛，還有衛士二十人，如何下手呢？知情者描述是這樣的：王敦先招待荊州的衛士痛飲，將他們灌醉，然後向王澄借玉枕「欣賞」。拿到玉枕之後，王敦臉色突變，隨即誣陷王澄叛亂，要就地正法。王澄發覺上當，馬上撲過來和王敦拼命。王敦被他撕掉了衣帶，成功逃脫了。在激烈打鬥中，王澄爬上了房樑，對王敦破口大罵，可惜寡不敵眾，被王敦帶人殺死了。這樁血案將王敦的豪傑性格暴露無遺。

王敦性格的形成有複雜的社會背景。首先，他出身世族大家，擁有很高的政治起點和寶貴的政治財富。世族大家對子孫的影響，一是從豐富的政治實踐中得出的經驗教訓，積累的做事穩重、言行成熟的風範（王導就繼承了這點）；二是豪邁爽快，言談睿智，行為瀟灑的風範（王敦主要繼承了這點）。其次，當時社會清談灑脫的風氣，對王敦影響深刻。王敦從小就是個瀟灑的公子哥，放蕩不羈，豪俠仗義，自尊心強，睚眥必報，是那種一眼就能從人堆裡看出來的焦點人物。長大後，王敦名列清談名士行列。在講述魏晉士人豪爽灑脫風範的《世說新語》一書中，他是當仁不讓的主角之一。按照現在的心理分析，王敦是個無畏的破壞者，不為世俗和他人所約束，勇敢直前，所向豪邁。因此日後司馬睿可以用他來打地盤定天下。可另一方面，王敦卻不是合格的建設者。他破壞了舊的東西後提不出自己的東西，樹立新的規範。因此日後王敦位極人臣、出將拜相的時候，卻再沒有什麼作為，鮮有政績。寂寞的他只能繼續破壞下來，最後導致了人生悲劇。

晉武帝司馬炎曾經召集當時的名流和世家子弟，討論伎藝。在座的人都暢所欲言，爭著在司馬炎面前表現自己，只有王敦一副與己無關、滿臉不屑的樣子。司馬炎注意到這個年輕人，就問他會什麼。王敦回答說會打鼓，司馬炎就給了他一面鼓。王敦捲起袖子，離開座位，「揚槌奮擊，音節諧捷，神氣豪上」，旁若無人，自我陶醉起來。當時是滿座皆驚，司馬炎很喜歡王敦這個相貌不凡、舉止雄豪的孩子，就把女兒襄城公主嫁給了他。族兄王衍則讓王敦當上了青州刺史。

可並不是所有的人都喜歡王敦，家族內外都有人把他看作「問題少年」。太子洗馬潘滔曾評價王敦「處仲（王敦的字）蜂目已露，但豺聲未振，若不噬人，亦當為人所噬」。（王敦的樣子不是一般人，不是害人，就是被別人害死。）王愷和石崇比富的時候，王愷宴請賓客時都讓美女陪酒，如果客人不飲就殺掉陪酒女郎。王敦去他家作客的時候，堅決不喝酒，陪酒的美女悲聲哀求，王敦都傲然不視。先後三個陪酒美女都被殺了，王敦一直無動於衷。王導也去了，不會喝酒的他不忍心美女被殺，逼著自己一杯杯喝酒。後來，王敦去石崇家作客。石家的廁所裡有十多個婢女充當服務員。她們穿著華麗的衣服，捧著甲煎粉、沉香等東西，服侍賓客上廁所，賓客出來前還給他換上新衣服。客人們一般都不好意思在石家上廁所。王敦卻大方地接受婢女們的服侍，脫衣穿衣，噴香抹粉，神色傲然。婢女們私下裡議論：「這個客人日後一定做賊！」

賈南風專權，將太子陷害到許昌幽禁。她下令太子離京時，官屬不得相送。時任太子舍人的王敦和太子洗馬的江統、潘滔等人卻不畏強權，公開前往相送。從青州刺史任上調回洛陽擔任中書監時，王敦將襄城公主的侍婢都分發給將士，又分發金銀財寶給部眾後才回到洛陽。可見，特立獨行的王敦身上也有令人稱讚的一面。

二

王敦這樣的人很適合亂世。

八王之亂時，王敦投靠了東海王司馬越，轉任管轄江東的揚州刺史，在南渡風潮中來到的建業。司馬睿移鎮建業，短期招他為軍諮祭酒，很快復任揚州刺史，負責軍事討伐南方的異己力量。在東晉建立前後的這段時間，王敦建立了卓越的政績。他勇往直前，縱橫長江中下游各州；知人善任，重用陶侃等人數載苦戰，肅清了境內的亂匪。因為他掌握軍隊，能力不俗，更因為王家對東晉王朝的擁戴之功，王敦在東晉初年成為大將軍，都督江揚荊湘交廣六州軍事，被封為漢安侯，控制著長江中游地區，成為東晉最大的實權人物。他和王導，一個在外，一個在內，是朝廷的中流砥柱。

東晉和南朝時期，朝廷的重心是揚州（今江浙）和荊州（今兩湖）。兩地人口密集、經濟發達，又都能製造兵器軍械。其中首都建康在揚州，揚州就成了朝廷的中樞；而荊州處於上游，虎視揚州，給建康的朝廷很大的心理壓力。如果鎮守荊州的大臣再擁兵自重，飛揚跋扈，朝廷和荊州的矛盾就難以避免了。奇怪的是，儘管朝廷對荊州刺史的人選慎之又慎，鎮守荊州的大臣不是不聽調遣便乾脆就是野心家。

東晉建立後，王敦出鎮武昌，總管長江中游軍事和政務後，飛速膨脹。他既然是豪傑，又是一個閒不住的人。王導的清靜無為和朝廷的安然無事，讓王敦「淡」出心理問題來了。他不適應處理公文往來的平淡生活。同時，王敦身邊聚集了一批別有用心的部屬，比如錢鳳和沈充等寒門出身的士人，都希望藉助王敦的政治飛躍來實現各自的政治夢想。不安分的權臣身邊容易聚集奸佞小人，就像有裂縫的雞蛋容易招來蒼蠅一樣，這是中國歷史的一個小規律。同時王含、王廙等同族也聚攏在王敦身邊，恭維慫恿他，王敦開始驕橫專擅起來。

司馬睿對王家的猜忌，推動了輕狂的王敦造反。王家勢力太強大了，司馬睿提拔一批寒族來制約王家的勢力。在司馬睿的授意下，御史中丞劉隗和尚書左僕射刁協全力抑制王氏勢力，暗中作軍事部署。戴淵鎮守合肥，劉隗鎮守泗口，預防王敦順江東下。皇叔司馬承擔任湘州刺史，在南邊監視王敦。王敦對此憤憤不平，常常在酒後手持玉如意，邊擊痰盂邊吟誦曹操的「老驥伏櫪，志在千里，烈士暮年，壯心不已」，最後把痰盂都打缺了口。

王敦開始行動了。他先是上書指責司馬睿，為王導抱不平。上書送到建康後，先到達王導手中，老好人王導把它退給了王敦。王敦不甘心，第二次直接給司馬睿上書，更加相信王敦要發兵造反了。王敦畢竟是名門之後，先客氣地給劉隗寫了一封信。他在信中以國家大義勸說劉隗和自己聯手，共扶朝政。「聖上信重閣下，今大賊未滅，中原鼎沸，欲與您戮力王室，共靜海內。如果大家同心，帝業得以興隆，否則，天下永無望矣！」可劉隗是個得志小人，粗魯地回信說像他這樣的朝廷股肱之臣，是不會和王敦同流合污的，他要效忠皇室，做個大忠臣。這分明是把王敦推到了對立面。他忘記了王敦是個自尊心很強的人。王敦果然大怒，決心給劉隗一個去地獄做忠臣的機會。於是，王敦就這麼造反了。王敦在武昌興兵東進，舉起的大旗是「清君側」。他說司馬睿寵信奸臣，弄得民不聊生，他這才出兵清除奸賊，拯救百姓的。黨羽沈充在吳興起兵回應王敦，叛軍迅速推進到建康附近。司馬睿派出的刁協、戴淵、劉隗等人，都不是王敦的對手。早在王敦起兵之初，劉隗和刁協就勸司馬睿盡誅王氏全族。司馬睿離不開王家的支持，沒有答應，劉隗等人「始有懼色」。從一開始，這就是一場最高層間的權力遊戲，劉隗這樣的初學者注定是犧牲品。三個月後，建康石頭城的守將、義興周家的周札給王敦打開了城門，叛軍兵不血刃入城。王敦勝利了！

城破後，刁協和劉隗向北逃亡。刁協年老，隨從又逃散了，結果獨身被殺死在長江邊；劉隗逃亡北方，最後投靠了石勒。司馬承堅守湘州百餘日，兵敗被俘，押送建康途中遇害。

王敦攻入石頭城後，一時也不知道應該怎麼辦，放縱士卒劫掠（可見他破多於立）。司馬睿陷入狼狽的境地，身邊一度只剩下一個警衛將領和兩個侍中。防虎反為虎所傷，司馬睿事到如今反而看開了：「王敦沒有忘記社稷宗廟，則天下尚可共安；如果想要我的龍椅，早點說嘛，我自己會回琅琊去，何必騷擾百姓？」王敦的性格決定社稷宗廟在他心中沒有多少分量，而他又不想尊奉司馬睿這個打壓王家的皇帝。但司馬睿和王敦兩個人，誰都不能徹底離開誰。司馬睿固然需要世族支援他的政權，各個世族大家也需要司馬睿這塊招牌來遮風擋雨。各大家族還接受不了王敦替換司馬睿登基稱帝，王敦也沒有南向稱君的準備。他沒有廢黜司馬睿，更沒有對他動刀子，而是保留了司馬睿政權。

司馬睿派公卿百官去石頭城拜見王敦。王敦絲毫不改豪傑本色、名士風範，坐在上座，先去戲問手下敗將戴淵：「之前打仗，你輸了。當時還有餘力嗎？」戴淵坦言：「哪裡還有餘力，真的是力量不足！」王敦問他：「天下會怎麼看我今天的所作所為？」戴淵暗中頂了一句：「見形者謂之逆，體誠者謂之忠。」意思是說，只有真正理解你內心的人才知道怎麼回事，從表面來看是亂臣賊子所為。王敦哈哈一笑，誇戴淵是「能言之人」。王敦又對周顗說：「伯仁，你對不起我！」周顗依然滿不在乎地說：「王公舉兵，下官親率六軍，沒有成功抵擋住貴軍，致使朝廷軍隊落敗。在這一點上，我對不起你！」既然是清君側，就要殺死幾個奸臣。王敦最後挑選了周顗、戴淵殺雞儆猴，並在朝野職位上安插了若干黨羽，從法律上來說，王敦所做的真的僅僅是「清君側」，沒有絲毫違法謀逆之處。司馬睿下詔大赦，赦免參與叛亂諸人的罪過，並封王敦為丞相、都督中外諸軍事、錄尚書事、江州牧，晉爵武昌郡公。王敦對停留在朝廷處理繁瑣的政務沒有興趣，打道回武昌，遙控建康。

王敦的這一次叛亂，輕率地置王家於族誅的危險邊緣，在家族內部遭到了反對。王導戰前勸說王敦、王含罷兵，戰後努力做王敦和司馬睿溝通的橋樑，盡量讓事件平安結束。另一個堂兄弟王彬在王敦殺周顗時，公開去和周顗哭別，哭得悲切異常。王彬見王敦時，並沒有一絲悲痛之情。王敦不解，王彬回答：「我哭周顗倚是情不自禁。」對於王敦，王彬痛批他不義，批得聲淚俱下。王敦當場大怒，揚言要殺掉王彬。王導連忙做和事佬，拉王彬跪下謝罪。王彬卻說：「我腳有病，在天子面前都不下跪，更別說你了！」王敦差點氣背過去，逼問：「腳疼和脖子疼，你選一個！」王彬依然不卑不亢地看著他。王敦畢竟厚道，對同族人很客氣，沒有把王彬怎麼樣。

王敦的豪傑性格決定了他做不了政治家。王敦不屑於花時間去學習繁瑣的政治技巧、營造各種人脈關係，更沒時間像兄弟王導那樣參與實際事務。他起兵反對司馬睿，是倉促起兵，並沒有成熟的設想，更談不上詳細的善後措施了。他的成功只是反證了劉隗等人更加無能，證明了離開王敦等實力人物支持的司馬睿政權是多麼的虛弱，根本不能說明王敦的強大和正確。掌握了絕對的、碩大的權力又沒有奮鬥目標之後，王敦迅速腐化墮落。史載「敦既得志，暴慢滋甚，四方貢獻多入其府，將相岳牧皆出其門」。他沒有收斂張揚的個性，更沒有學會穩重地處理好各方面關係，在瘋狂享受著從各地搜刮來的珍寶財富和支配人事調動的樂趣。更糟糕的是，王敦寵信沈充和錢鳳，聽任他們二人胡作非為。這兩個人出身土豪，也不是政治家，得勢後「大起營府，侵人田宅，發掘古墓，剽掠市道」，把所有得罪他們的人都整死。朝野上下、官僚百姓都希望做盡壞事的沈王等人早點死去，順帶也希望王敦集團早點失敗才好。

建康的司馬睿經過王敦的一大打擊後，病倒了，病情越來越重，很快身亡。素來為王敦不喜歡的太子司馬紹即位，史稱晉明帝。晉明帝憋著一口氣，立志剷除王敦，王敦也對晉明帝看不順眼。江南很快爆發了第二次王敦之亂，仗還在打，王敦就因病去世了。具體請見下一個專題「黃鬚鮮卑兒」。

王敦的命運很悲慘，葬入了墳墓還被挖出來，屍體被戮，腦袋被割下來掛在朱雀橋上示眾。王敦是個很有才華、很有個性的人物，是一代豪傑，弄不好還能做個開國皇帝或者割據君主。但他被過於放蕩不羈的個性，被要求安定團結的東晉政治大環境給埋葬了。

王敦之後的亂臣賊子，幾乎沒有人能夠做到他那樣的豪爽、率性、不羈和驚天動地。王敦因此成為許多雄心勃勃或者蠢蠢欲動的豪傑志士的標杆、榜樣。後來人曾說：「恨卿輩不見王大將軍！」這句話可以看作對王敦豪傑一生的莫大評價。

三〇、黃鬚鮮卑兒

一

司馬睿憂憤死後，繼位的司馬紹是整個東晉時期唯一一個算得上強勢和振作的皇帝。

司馬紹是司馬睿的庶長子，據說生母荀氏是燕趙地區的鮮卑人，出身微賤，當婢女時得到司馬睿的寵愛生下了司馬紹。司馬紹長得不像一般的漢族人，體格健壯，而且鬍鬚發黃。討厭司馬紹的王敦因此叫他「黃鬚鮮卑兒」。司馬睿的虞皇后沒有生育，按照「無嫡立長」的原則，司馬紹成了皇太子。

司馬紹從小聰慧過人，小時候司馬睿常常抱他坐在膝蓋上玩耍。一次，司馬睿問他：「太陽與長安相比，哪個更遠些？」司馬紹回答：「太陽遠，沒聽說有人從日邊來，只聽說有人從長安來。」司馬睿很驚喜，覺得兒子的邏輯推理能力很強。第二天，司馬睿宴請群臣，就想在大家面前炫耀一下兒子的聰明，當眾重新問司馬紹：「太陽與長安相比，哪個更遠些？」不料司馬紹一本正經地回答：「太陽近！」司馬睿大驚，怎麼才過了一天答案就不一樣了呢？他就問司馬紹：「為什麼呢？」司馬紹抬頭看看天空，從容說道：「舉目見日，不見長安！」

不過，考慮到司馬紹的生母荀氏出身低微，司馬睿一度想廢掉司馬紹改立寵妃鄭夫人的兒子司馬昱為太子。他的提議遭到了大臣們的集體反對。原因有兩個：第一是司馬紹個人表現無懈可擊。他禮賢下士，雅好文辭，和文士、大臣們的關係很好。王導、庾亮、溫嶠等大臣與司馬紹的關係密切。司馬紹曾和王導辯論（當時流行清談辯論），王導竟然辯不過司馬紹。朝野臣工都喜歡司馬紹，而不了解司馬昱。第二是東晉朝廷剛剛建立，世族們都要求穩定，不想出現廢立太子這樣的波動來。穩定的要求，壓倒了一切。所以，朝野上下都說廢長立幼於理於倫不合，都稱讚司馬紹聰亮英斷，是一位好太子。周顗、王導等大臣更是言辭懇切，為司馬紹苦保太子之位。只有刁協支持司馬睿改易太子，想從中牟利。司馬睿狠狠心，孤注一擲要廢司馬紹立司馬昱。他怕大臣們不奉詔，就想出一條歪主意。

司馬睿召王導、周顗入宮，等二人來了就派人請他們到東廂少歇。司馬睿計畫把王導、周顗兩個反對最激烈的重臣軟禁在東廂，讓刁協趁機將廢立太子的詔書向大臣頒布，給群龍無首的大臣們一個措手不及。等生米做成了熟飯，王導、周顗等人只能無可奈何。司馬睿連詔書都寫好了，就等王導、周顗兩人中計。周顗嗜酒，常常喝得迷迷瞪瞪的，進宮這天正好迷糊著，拔腿就要向東廂房走去，王導卻一把撥開使者，逕直走到司馬睿面前，問道：「不知陛下因何召見臣等？」司馬睿支支吾吾說不出話來，半天後從懷中取出一張黃紙詔，撕得粉碎，揚手扔掉。司馬紹的太子位就這麼保住了。這時候，周顗慚愧地慨歎：「我常自以為勝過王導，今天才知道我不如他！」

沒當上太子的司馬昱是司馬睿的小兒子，半個多世紀後被權臣桓溫重新搬了出來，擁戴為皇帝，史稱簡文帝。這是後話了。

王敦第一次叛亂的時候，司馬紹的太子位第二次受到衝擊。王敦佔領建康後，沒有廢黜皇帝司馬睿，卻要廢黜司馬紹這個太子。一方面，王敦將以此立威；一方面，王敦不希望強健聰明的司馬紹日後當皇帝，對自己不利。於是，王敦召集大家，想以「不孝」的罪名廢掉司馬紹。他述說了許多司馬紹不孝的「罪狀」，說：「這些都是溫嶠所說。溫嶠常在東宮身邊，後來擔任我的司馬，對司馬紹一清二楚。」不一會兒，溫嶠來了，王敦威嚴地喝問他：「皇太子是什麼樣的人？」溫嶠回答：「小人沒法估量君子。」王敦聲色俱厲，憤怒地重問溫嶠：「太子怎麼能算是君子呢？」溫嶠還是說：「太子才識廣博、學問精深，確實不是我這樣認識膚淺的人所能評價的。太子能按照禮法侍奉雙親，似乎可稱為孝。」頓時，王敦理屈詞窮，廢太子之事作罷。

三二二年，二十四歲的司馬紹順利繼位稱帝，史稱晉明帝。也許是鮮卑血統起了作用，司馬紹一改父親時代庸碌無為的作風，銳意進取，全心全意鞏固統治、加強皇權。他的當務之急就是剷除上游的王敦集團。

二

司馬紹登基對遙控朝廷的王敦來說無疑是個噩耗。王敦憑藉強大的實力優勢，決定給司馬紹來個下馬威。太寧元年（三二三），王敦諷諫朝廷徵召自己，並率大軍東移進駐姑孰湖城（今安徽蕪湖）。司馬紹還沒有力量與王敦直接對抗，以退為進，親手寫詔賜予王敦加黃鉞、班劍武士各二十人，可以奏事不名、入朝不趨、劍履上殿。司馬紹還派侍中阮孚設牛酒犒勞王敦。在這個回合裡，病不見。司馬紹身處弱勢，不卑不亢，王敦就是有篡位之心也沒有篡位的藉口。對於司馬紹的犒勞，王敦稱病不見。

暫時穩住了王敦，司馬紹需要組建自己的勢力。司馬紹登基前娶世族女子庾氏，繼位後以庾氏為皇后，提升妻弟庾亮為中書監，分王導的權勢。那在軍事上怎麼制約王敦呢？司馬紹直接指揮的是建康附近的宿衛六軍，由紀瞻統轄。王敦第一次叛亂的時候，宿衛六軍潰不成軍，根本無法指望他們來鎮壓王敦。紀瞻也知道自己的部隊不中用，就向司馬紹推薦了流民首領郗鑒。郗鑒是高平金鄉（今山東金鄉）人，出身世族家庭，中原大亂時被家鄉百姓推為首領避難於嶧山（山東鄒城境內），抵抗石勒軍隊的進攻。他固守嶧山三年，成為山東地區碩果僅存的晉朝據點，被司馬睿遙授為兗州刺史。三年後，郗鑒實在抵擋不了石勒的進攻，率民眾南遷，沿途將武裝發展為數萬人，成為江淮主要的流民武裝之一。晉朝君臣在危難時刻想到郗鑒，是因為他是「同類人」：首先出身世族，這點在東晉時期很重要；其次，郗鑒和其他流民領袖不同，並非武人，而以儒雅著稱，飽讀詩書，和朝臣上的袞袞諸公有共同語言；第三，郗鑒在西晉朝廷做過官，和司馬越走得比較近，和司馬紹一系是同道中人。司馬紹馬上引之為外援，任命郗鑒為安西將軍、都督揚州江西諸軍，率部鎮守合肥，給予他統轄各部流民部隊的權力。（這個郗鑒後來把女兒嫁給了書聖王羲之，女婿比老丈人要有名得多。）

王敦得知郗鑒鎮守合肥，忌憚這支流民武裝。他想出了明升暗降的招數，上表朝廷推薦郗鑒任尚書令。尚書令掌握朝政政令中樞，是實際上的宰相，可惜不統軍，郗鑒如果擔任此職就失去了對本部流民的指揮權。司馬紹尚未具備和王敦翻臉的實力，不得不召郗鑒入京就職。郗鑒上任途中經過姑孰，被王敦扣留了。黨羽勸王敦殺掉郗鑒，王敦沒有聽，軟禁了郗鑒幾個月後最終放他去了建康。

王敦開始留意剷除司馬紹倚重的大臣，防備司馬紹成就氣候。溫嶠是司馬紹倚重的另一位大臣，擔任中書令。王敦就要求調溫嶠回自己幕府擔任左司馬。司馬紹還是只能答應。溫嶠來到王敦身邊後，虛與委蛇，身在曹營心在漢。王敦對幕僚沈充、錢鳳幾乎言聽計從。沈充是吳興沈氏子弟，企圖依靠王敦來提升家族權勢，前往東南地區推行王敦的政策。他聽命王敦，殺戮義興周氏，蓄養力量，準備配合王敦奪權。長期在王敦身邊的就是錢鳳。溫嶠假意和錢鳳交好。錢鳳出身寒門，也仰仗溫嶠提升名望。溫嶠就逢人稱讚：「錢世儀（錢鳳的字）精神滿腹。」錢鳳大喜，和溫嶠成了好朋友，在王敦面前力保溫嶠。溫嶠在王敦身邊擔任左司馬有驚無險。

恰好丹陽尹出缺。丹陽尹雖是一郡太守，但因為轄區內有首都建康和長江要害，地位相當重要。溫嶠有意競爭丹陽尹，藉機逃離王敦，就對王敦說：「丹陽是咽喉之地，朝廷任命的人不會和明公一心。明公宜自選其才。」王敦覺得有理，就問溫嶠：「誰能夠勝任？」溫嶠馬上推薦了錢鳳。錢鳳以為是溫嶠抬舉自己，投桃報李，推舉溫嶠擔任丹陽尹。溫嶠佯裝推辭，王敦不聽，奏請溫嶠出任丹陽尹，為他設宴餞別，暗中囑咐他窺察朝廷動靜。溫嶠擔心走後錢鳳回味過來制止自己上任，在宴會上給錢鳳敬酒的時候佯裝酒醉，用手板擊落錢鳳的頭巾，變臉斥責：「錢鳳，你是什麼人，我溫嶠祝酒你膽敢不喝？」王敦以為溫嶠醉了，把雙方勸解開。溫嶠在向王敦道別時涕淚橫流，三次出門三次返回，無限眷戀。第二天，錢鳳果然想明白了，提醒王敦：「溫嶠與朝廷關係極為密切，並且與庾亮有深交，不能信任。」王敦反而責備錢鳳：「溫嶠昨天醉了才斥責你的，你怎麼能轉身就詆毀他呢！」溫嶠安然回到建康，把王敦的虛實和陰謀一五一十告訴了司馬紹。王敦知道受騙，勃然大怒，大罵溫嶠。

王敦喜歡侄兒王允之，留他在身邊。一天，王允之在王敦的床上休息，聽到王敦在外面和部下討論篡權的計畫。王敦突然想起床上還有王允之，趕緊過來查探。王允之早有準備，倒頭假睡，還摳出口水沾染被褥床單，讓王敦相信自己熟睡多時，騙過了王敦的迫害。後來，王允之回家告訴了父親王舒，王舒和王導商量後報告了司馬紹。所以，王敦的篡位計畫在家族內部都沒有得到支持，且早在司馬紹的掌握之中。

三二四年，王敦的身體狀況越來越差。人將死的時候，頭腦都特別清醒。王敦意識到自己和王家的力量都不能推翻東晉王朝，而在無力推翻朝廷的前提下做個與朝廷不和的權臣是沒有前途的。病重的王敦很明白自己的繼子王應年紀很小，擔心自己死後王應掌控不了部隊。他給部屬設計了上中下三策：上策是解散軍隊，歸身朝廷，保全門戶；中策是退兵武昌，屯兵自衛，同時和朝廷和睦共處；下策是趁著自己還活著，集中全力推翻朝廷，萬一僥倖就能開創一個新王朝了。錢鳳和沈充等人要的是當開國元勳，要的是榮華富貴，一致認為王敦的下策是上策，決定挾著王敦的餘威，與兵作亂。

王敦身不由己，便由著下面的人造反。他自命為揚州牧，並大肆任命黨羽為朝官和地方官吏。王敦沒有兒子，兄長王含把兒子王應過繼給他。現在，王敦假傳聖旨拜王應為武衛將軍，拜王含為驃騎大將軍，讓沈充在江東起兵回應。司馬紹於是正式下詔討伐王敦。王敦理當迎戰，無奈身體每況愈下，只好委派王含率領水陸大軍，氣勢洶洶殺向建康。第二次王敦之亂爆發。

戰爭開始後，司馬紹著戎裝跨駿馬，僅帶兩名隨從去王敦大營，仔細偵察營中虛實。當時，王敦正臥床觀書，累了以後打盹，迷迷糊糊中夢見太陽在營壘上空盤旋。他心中一動，醒來驚呼：「此必黃鬚鮮卑奴來也！」馬上派出輕騎搜索營壘附近。王敦部下士兵也發現有晉軍探子偵查，覺得司馬紹不是常人，向上報告。司馬紹三人很快就被王敦的騎兵追上了。情況緊急，司馬紹看到路邊有個老太太，就把御用的七寶鞭遞給她，囑咐說如果有騎兵追來就拿鞭子給他們看，然後他們又用冷水把馬糞澆透才騎馬再逃。一會兒，追兵趕到，看到老太太就問有沒有看到一個黃鬍鬚的騎馬人經過。老太太說看到了，跑過去很久了，說完把七寶鞭拿給追兵看。七寶鞭鑲金嵌玉，引起追兵圍觀，追兵又發現馬糞已冷，相信司馬紹已經跑遠，放棄追趕，怏怏而還。

司馬紹回到建康，郗鑒建議朝廷徵召蘇峻、祖約等入衛京師。司馬紹採納了。蘇峻、祖約等人覺得王敦勝算不大，紛紛出兵飲馬長江，護衛建康。在軍力對比上，王敦並不佔優勢。諷刺的是，王導是政府軍方面的大都督，總督各軍與王敦作戰（這也算是司馬紹過人之處）。我們知道王導是個頭腦很清醒很務實的政治家，知道王敦病重且失去了人心，就堅定地站在了司馬紹的一邊。他揚言王敦已死，帶著建康的王氏家族子弟為王敦發喪，讓大家以為王敦真的死了。政府軍士氣大振，叛軍氣焰下挫。司馬紹適時下詔數王敦之罪，表示除了要治罪王敦和錢鳳，「餘眾一無所問」！

王敦見詔暴怒，病勢更加沉重，不能統兵打仗，命令王含起兵。三二四年秋七月，王含率水陸大軍五萬殺向建康，攻至長江南岸。溫嶠則焚燒秦淮河上的浮橋，率軍固守北岸。司馬紹意氣風發，要帶兵應戰。郗鑒拉住他，建議堅守建康，以逸待勞，等王敦軍隊銳氣過後再聯合援兵痛擊。司馬紹還是組織勇士，夜渡秦淮河偷襲王含大營，大敗之。王敦聽到王含失利的消息，哀歎：「我兄長就是個老婢；門戶衰敗，大勢去矣！」他運起最後的力量，要親赴前線，無奈病入膏肓，掙扎起來後馬上又躺倒在地，壽命將盡了。臨終前，王敦叮囑王應：「我死後祕不發喪，一定要把建康打下來！」說完，王敦病死，時年五十九歲。

嗣子王應果然不給王敦發喪，草草埋在營帳中，然後自己去花天酒地，盡量享樂去了。紙包不住火，幾天後大軍不見指揮和命令，面對晉軍的攻勢節節敗退，漸漸知道王敦真的死了，兵敗如山倒。王含、王應和錢鳳倉皇西逃。另一個黨羽沈充正從東邊向建康進攻，無奈大勢已去，逃亡途中被舊將所殺，首級傳給朝廷。錢鳳逃到江州，被地方太守所殺。王含、王應拋棄王敦親手帶起來的軍隊，一路逃到荊州投靠族人、荊州刺史王舒。王舒不是王敦那樣的豪傑，也不是王含那樣志大才疏的小人，做出了最平穩的選擇：大義滅親。王舒把王含父子倆痛毆一頓後扔進長江餵魚去了。王敦勢力煙消雲散了。

平定王敦之亂是晉明帝司馬紹最大的政績。戰後，他果真沒有株連他人，凍結對王敦黨羽的追究。王敦之亂在戰爭期間並沒有造成大的破壞，戰後又沒有株連殺戮導致社會動盪，整個南方付出的成本比較少。司馬紹處理得當，得到了世族大家和百姓的支持。之後，司馬紹一度寵愛美人宋禕。宋禕國色天香，善吹笛，是石崇愛妾綠珠的弟子。宋禕沒有名分，且司馬紹的寵愛有些過分，群臣紛紛進諫，要求驅逐宋禕。司馬紹也能忍痛割愛，竟然問群臣誰想要宋禕。群臣面面相覷，最後吏部尚書阮遙斗膽提出了申請，司馬紹還真把宋禕送給了阮遙。

太寧三年（三二五）秋，晉明帝司馬紹病死，只有二十七歲。太子司馬衍繼位為帝，史稱晉成帝。

三一、有槍就是草頭王

一

蘇峻是山東掖縣人，是一方世族，擔任過郡主簿。北方大亂時，蘇峻聚攏了家鄉百姓結壘自守，後來在永嘉南渡的大潮中率部眾泛海南行來到廣陵（今江蘇揚州）。因此，蘇峻也算是南下的北方世族之一，不同的是蘇峻的勢力沒有體現在官爵和封山占澤上，而體現在始終掌握一支流民武裝上。晉元帝司馬睿時期，朝廷與北方胡族政權對峙全賴蘇峻這樣南下的流民武裝領袖。蘇峻先後擔任東晉淮陵內史和蘭陵相，既是朝廷命官，又是所統流民的首領。

王敦第一次叛亂的時候，司馬睿召蘇峻帶領部隊南渡長江「勤王」。蘇峻沒有從命，率部在江北觀望。對他來說，誰當皇帝並不重要，司馬睿和王敦沒有什麼區別。王敦第二次叛亂的時候，晉明帝司馬紹又召蘇峻率部「勤王」。這回，蘇峻帶著部隊來了，因為他看到王敦不得人心，勤王有利可圖。果然王敦敗亡後，蘇峻因為立有戰功，被提升為冠軍將軍、歷陽內史，封邵陵公。此時蘇峻有銳卒萬人，器械甚精，東晉朝廷視之為江北重鎮，希望他能抵擋來自北方的威脅。不幸的是，蘇峻自恃實力不斷強大，逐漸驕橫起來，招納亡命之徒、隱匿罪犯和流亡戶口擴充部隊，心懷異志。

太寧三年（三二五）晉明帝司馬紹英年早逝，五歲的晉成帝即位。國舅庾亮內靠庾太后，外得世族支持，以外戚身分輔政。蘇峻原以為晉明帝會命他為顧命大臣，掌握政權的，不想被庾亮橫搶了過去，憤憤不平。庾亮覺察到了蘇峻勒兵江北對朝廷的巨大威脅和蘇峻的不滿情緒，力排眾議，徵蘇峻到朝廷擔任大司農，意圖通過明升暗降的方式剝奪蘇峻的軍權。蘇峻多次拖延不赴任，又請求去青州荒涼郡縣任職，都被庾亮拒絕。庾亮一次又一次地派人催促蘇峻上任，最終在咸和三年（三二八）逼反了蘇峻。

庾亮這個人，為朝廷利益考慮，有心辦成幾件事情，可惜做事情不講方法，捅了這麼大一個婁子。比如庾亮為鞏固皇權，派將軍趙胤殺宗室、南頓王司馬宗，貶逐晉元帝司馬睿皇后的弟弟虞胤，就不穩妥。六歲的晉成帝好久沒有看見司馬宗了，偶然問庾亮：「從前常常看見的白頭公公哪裡去了？」庾亮說因謀反被殺了。晉成帝哭了：「舅舅說別人造反，便殺了；如果別人說舅舅造反，該怎麼辦呢？」綜合庾亮一生的事蹟來看，他有心作為光復晉室皇權，卻不知道他所效忠的晉朝皇帝本來就是世族大家們裱糊的一座簡易房，用來遮風擋雨而已，沒有幾個人會出錢出力加固和裝飾房子，加上個人素質有限，就更不得人心了。庾亮一輩子幹的事情，削藩強化皇權也好，支持北伐也好，都沒有成功。這不，蘇峻就以討庾亮為名，起兵反晉了。他還邀請同為南下世族兼流民武裝領袖的祖約一起造反。

祖約是祖逖的弟弟，在西晉時擔任過成皋縣令，永嘉末隨哥哥祖逖南下。和哥哥熱衷北伐不同，祖約主要在司馬睿身邊做掾屬。祖逖死後，祖約接任了哥哥的豫州刺史，統領哥哥留下的武裝力量。任命之初，祖約同父異母的哥哥、光祿大夫祖納就祕密向司馬睿進言：「我弟弟祖約內懷陵上之心，可以使用他，卻不能讓他獨掌一面，不然恐怕會作亂。」司馬睿沒有接納，時人也以為祖納和祖約因為是異母兄弟，祖納嫉妒祖約富貴，才有此言。事實證明祖約的確不是做一方藩鎮的料，上任後沒有馭下之才，祖逖留下的部隊軍心浮動，戰鬥力大減。王敦叛亂時，祖約率部「勤王」佔領壽陽（今安徽壽縣），驅逐了王敦任命的淮南太守任台，事後因功封鎮西將軍，駐屯壽陽，為朝廷的北部屏障。

庾亮執政後，祖約也忌恨晉明帝沒有讓他當顧命大臣，對庾亮不滿。他又多次向朝廷申請開府，遭到庾亮拒絕；他向朝廷申辦的許多事情，也遭到了庾亮的否決。祖約身處前線，曾遭到後趙軍隊猛烈進攻，屢次向朝廷請求增援，結果連一個援兵的影子都沒看到；後趙退兵後，朝廷卻商議要在南邊挖塗塘遏制北方騎兵的進攻，祖約見本部兵馬被劃在戰壕的外面，以為朝廷要拋棄自己，於是恨死了庾亮（客觀地說，庾亮也有不當之處）。

現在接到蘇峻的造反邀請，祖約馬上回應，派侄子、祖逖的兒子、沛郡內史祖渙和女婿、淮南太守許柳率領本部兵馬和蘇峻會師。蘇峻會合祖約部隊，帶上韓晃、張健等將領，浩浩蕩蕩殺向建康而去。

蘇峻和祖約的武裝主力是北方逃難的流民，他們久經磨難、進出戰場，戰鬥力遠強於南方未經疆場的政府軍。庾亮指揮頻頻出錯。先是不聽勸告，沒有布置堅守江北，接著江州刺史溫嶠忠於朝廷，請求帶兵勤王，庾亮又不准：「我更擔心荊州的陶侃造反，你的任務是監視陶侃，不准越過雷池（今安徽望江縣境）一步。」蘇峻反叛進展順利，屢次戰勝晉軍，乘風渡過長江，很快佔領了建康城外的蔣山。這是五月間的事情。庾亮親自領兵在建康南門布陣，不料士氣崩潰，官兵不斷拋棄武器逃散。庾亮只好與幾個兄弟上船逃往潯陽（今江西九江）去了。蘇峻抓住晉成帝司馬衍，逼他遷居石頭城（今南京城西）。司徒王導極力爭辯，蘇峻不聽。司馬衍哭著登車而行，在一片慟哭聲中成了蘇峻的人質。

流民武裝的缺點這時候暴露了出來，那就是破壞性極強。他們在山上放火，火藉風勢燒向都市，將建康的台省、諸營、寺署燒為灰燼。建康大亂，流民武裝順利攻陷宮城，蘇峻縱兵大掠。東晉朝廷積蓄又布二十萬匹，金銀五千斤，錢億萬，絹數萬匹等，事後統計都被亂軍搶劫一空。流民武裝還驅役百官，包括著名世族、光祿勳王彬在內的百官被當成苦力捶撻，強迫他們到蔣山做搬運工；亂軍搶劫百姓，往往將士人和女子搶得赤身裸體，可憐的人們只能用茅草遮蓋身體，連茅草都找不到的就只能坐在地上以土自覆。哀號之聲震動建康內外、長江南北。蘇峻和流民武裝迅速失去了百姓的支持，遭到了江南上上下下的反對。

蘇峻也做了一些政治建設工作。他劫持了晉成帝，矯詔大赦，除了庾亮兄弟不在赦免範圍外，其他人都赦免無罪，希望以此來籠絡人心。他自封為驃騎領軍將軍、錄尚書事，「朝廷政事一皆由之」；封遠在壽陽的祖約為侍中、太尉、尚書令，酬謝許柳、祖渙等人太守、將軍的職位；又派韓晃、張健、管商等部將攻略長江下游各地。

庾亮逃到潯陽投靠江州刺史溫嶠。溫嶠有救國赴難之心，無奈有心無力。江州是個小州，溫嶠又兵少將寡，不熟悉軍事，無力平定蘇峻之亂。於是，溫嶠邀請荊州刺史陶侃出兵同赴國難。

二

終於又輪到陶侃上場了。

陶侃在廣州刺史的任上，遇到了王敦兩次作亂，雖然兩次都明確表示擁護朝廷，並且實際介入，更沒有直接與王敦兵戎相對。然而在王敦之亂平定後，司馬紹卻任命陶侃回任極端重要的荊州刺史一職，還讓陶侃都督荊、湘、雍、梁四州軍事，等於將長江中游的軍政都交付給了陶侃。這是對陶侃莫大的寵信，更是司馬紹的精心安排。司馬紹致力於加強皇權，採取的手段主要是在世族大家和大臣內部製造權利均勢。所以，他提拔庾亮、制約王導，在世族內部製造均勢；提拔江東士族，在南下世族和江東士族間搞平衡。任命陶侃主持荊州，固然看重陶侃的輝煌經歷和崇高聲望，更有在寒門地主和世族大家之間、在各大藩鎮之間製造均勢的打算。同時，司馬紹也任命應詹為江州刺史。應詹既是討王敦的功臣，又與陶侃同在劉弘部下做過官，是雙方都能接受的人物。

庾亮主政後，把削藩的刀子也舉到了手握重兵的陶侃頭上。應詹正好死了，庾亮就派老世族、和自己關係深厚的溫嶠出任江州刺史。應詹死前給陶侃寫信，希望陶侃能「竭節本朝，報恩幼主」，大約是他看出了陶侃對朝廷的不滿情緒。陶侃也和蘇峻、祖約一樣，滿以為自己能被晉明帝指定為顧命大臣，結果發現上臺的是庾亮，自然對庾亮不滿。蘇峻之亂是庾亮處置失當引起的，陶侃很有一種在一旁看熱鬧的心理。接到溫嶠的出兵邀請後，陶侃答覆說：「我是個疆場外將，不敢越局干預朝政。」溫嶠多次勸說，陶侃就是不答應。

蘇峻這時犯了一個大錯誤，就是殺害了陶侃的兒子陶瞻。陶侃晚年喪子，悲痛萬分，馬上戎服上陣，集結部隊，日夜兼程東下討伐蘇峻去了。

荊州大軍先到江州。江州官民都以為陶侃要誅殺庾亮，一為洩私憤，二為謝天下。庾亮有知錯能改的優點，主動跑到陶侃面前謝罪，謙虛地承認錯誤，請求陶侃處分。要知道，庾亮出身北方世族豪門，從小就名聲在外，是名士翹楚，竟然主動向寒門小吏出身的陶侃謝罪。陶侃大為意外，驚呼：「庾元規（庾亮字）乃拜陶士行（陶侃字）邪！」既然庾亮引咎自責，陶侃也就冰釋前嫌了。於是，陶侃與庾亮、溫嶠合兵一處，準備收復建康。

我們知道，東晉的重鎮一為揚州，一為荊州。揚州已是蘇峻和流民武裝的天下，只有同樣兵多將精、久經沙場的陶侃和荊州軍才有可能與蘇峻一戰。因此，庾亮和溫嶠主動推舉陶侃為盟主，號令天下討伐蘇峻。蘇峻得知陶侃起兵後，分兵抵抗。庾亮率軍衝在最前面。北方流民驍勇善戰，很快將庾亮的部隊打敗。庾亮撤退回來向陶侃謝罪。陶侃答：「古人三敗後勝，君侯才敗了二回，當今事急，不宜數而。」諸將知道後，都不以失敗為意，繼續催軍奮戰。

卻說北方南下的流民武裝除了蘇峻、祖約兩支外，還有在廣陵（今江蘇揚州）的郗鑒一支。郗鑒擁戴皇室，率本部兵馬勤王，向陶侃提出要扼守京口（今江蘇鎮江），阻礙蘇峻從建康向東邊州縣的侵蝕，得到了陶侃的同意。郗鑒於是自廣陵渡江佔領京口，對蘇峻形成東西夾擊之勢。之前，長江邊上的建康和東邊蘇南、浙江州縣的聯繫缺乏暢通的管道，郗鑒經營京口後使之成為建康與東方聯繫的樞紐。京口開始崛起。

戰爭初期，蘇峻的部隊東西抄掠，勝多敗少，又有北方的祖約遙相呼應，佔據優勢。勤王諸軍勝少敗多，不免氣餒；溫嶠的江州軍又缺糧，影響了士氣，全靠陶侃發揮中流砥柱作用，勸慰眾人不要輕舉妄動，要做長期抗戰的準備，又分糧草接濟溫嶠，渡過了最初的困難時期。咸和三年（三二八）七月，祖約被後趙軍攻擊，潰敗至歷陽。九月，晉軍燒毀了蘇峻大軍在句容、湖熟的軍需積累，流民武裝開始缺衣少糧。戰爭局勢開始逆轉了。陶侃率軍隊急攻石頭城，觸發了決戰。蘇峻和兒子蘇碩、部將匡孝率領八千人迎戰。蘇峻派蘇碩和匡孝帶領數十騎進攻晉將趙胤，竟然大敗趙胤。這個只能算是特例的小勝利沖昏了蘇峻的頭腦，他看到趙胤的部隊大敗而逃，大喊：「匡孝能敗敵，我反倒不如他嗎！」於是，只見蘇峻以主帥之軀撇下大部隊，也率領數名騎兵向北突擊晉軍。晉軍大喜過望，大批大批地向蘇峻幾個人湧來，蘇峻見無法取勝，準備逃回，不想坐騎失足顛躓。陶侃的部將彭世、李千等望見，用長矛投射，蘇峻墜落馬下，被晉軍追上斬首，遭到剮割肢體、骨骸焚燒的下場。蘇峻就這麼戲劇性地死了，勤王三軍將士都高呼萬歲。

蘇峻死後，建康的餘部推舉其弟蘇逸為主帥，閉城自守。其子蘇碩在戰場上搜索蘇峻的屍骨，一無所獲，大怒之下挖掘庾亮父母墓地，剖棺焚屍。蘇峻散布各地的部將不是投降就是逃亡，武裝呈崩潰之勢，只有部將韓晃知道蘇峻死訊後還引兵向建康收縮，企圖負隅頑抗。咸和四年（三二九）正月，歷陽被建康攻破，祖約北逃後趙。二月，晉軍攻破石頭城，蘇逸被殺，晉成帝脫險，意味著蘇峻之亂基本平定。餘部韓晃、張健等又在吳興等地頑抗了一些年月，最後在晉軍和世族武裝的聯合鎮壓下失敗。

從軍事角度說，蘇峻之亂的結束標誌著東晉初期叱吒風雲的流民武裝的消亡。之前，流民武裝是南方軍事力量的主要成分之一，而且是戰鬥力很強的中堅；之後，南方軍事力量轉弱，基本為政府武裝，沒有了流民領袖控制的半獨立武裝了。

三

蘇峻之亂也被稱為「蘇峻、祖約之亂」，因為祖約也參與叛亂，算得上流民武裝的二號人物。可惜祖約的能力和作為實在太差，沒有給蘇峻幫上什麼忙，參加叛亂幾乎就是自取滅亡。

祖約派侄子、女婿率主力參與蘇峻叛亂後，自己的大本營竟然被潁川人陳光的少量軍隊攻破。僥倖得很，祖約左右有名隨從叫做閻禿，長得和祖約很像，陳光誤以為閻禿就是祖約，反而放跑了祖約。祖約翻牆逃亡，糾集部隊反攻陳光。陳光投奔石勒。祖約許多部將對主帥大為失望，紛紛暗中勾結石勒，約為內應。石勒便趁火打劫，南下進攻祖約。部隊潰敗，祖約逃奔歷陽。南逃後，祖約還想有所作為，派侄子祖渙進攻皖城，希望能佔領新地盤，結果祖煥被晉軍打敗，空耗軍力。等到晉軍進攻歷陽時，祖約無力再戰，連夜北逃，餘部投降。河南的這支流民武裝至此也煙消雲散了。

祖約率領數百人投靠石勒，石勒看不起祖約的為人，長期不見他。石勒的謀士程遐就說：「天下粗定，應當顯明逆順，忠君報國者應該獎賞，背叛不臣者應該懲處，這樣天下才能歸伏大王。祖約這樣的人不應該收留，況且祖約來到我們這以後大引賓客，搶奪鄉里先人田地，民怨已大。」於是，石勒設計，舉辦宴席歡迎祖約及其子弟。宴會當日，石勒本人裝病不來，只有程遐出面招待祖約及其子弟。祖約敏感地知道這是鴻門宴，可又不知道如何是好，只能今朝有酒今朝醉，大醉而歸，抱著外孫痛哭流涕。果然，祖約和親屬百餘人在會後遭到屠殺，婦女伎妾都被後趙罰沒。

祖逖組建武裝的時候，有個奴僕叫做王安，是羯族人。祖逖非但沒有歧視王安，還待之甚厚，北伐時祖逖對王安說：「石勒是你同族，你去投奔他吧。我這也不在乎少你一人。」他給了王安厚資，讓他回到同胞那裡。王安在石勒部下，逐漸積軍功為將軍，祖氏被族誅時，王安也在場。他偷偷把祖逖年僅十歲的庶子祖道重藏了下來，把他安頓在佛寺中。後趙滅亡後，祖道重南歸東晉。祖逖家族這才延續了血脈。

蘇峻之亂平定後，陶侃因功升為太尉、都督七州軍事仍兼荊州刺史，封長沙郡公。劉胤因功升任江州刺史，在咸和五年（三三〇）被後將軍郭默所殺。執政的王導延續和稀泥的方法，默認郭默的罪行，任命郭默為江州刺史。陶侃指責王導的縱容，迅速起兵抵江州，將郭默斬首，自己兼任了江州刺史。實際上，王導默認郭默奪權，未嘗沒有籠絡郭默約束陶侃的意思。王導一貫在中庸的政策表象下盡可能地搞平衡，來維護中央朝廷的穩定。這是他比庾亮高明的地方。而陶侃剛正強硬，表面是雷厲風行地懲辦殺人奪權的郭默，實際上也未嘗沒有爭奪江州的意圖。佔領江州後，陶侃也就控制了長江的上游和中游，權力煊赫不亞於當年的王敦。人們開始擔心陶侃會不會成為第二個王敦。經過王敦之亂和蘇峻之亂後，朝廷力量大為削弱，可以依靠的勤王藩鎮屈指可數，如果陶侃叛亂了，怎麼辦？

私下裡還真有人慫恿陶侃起兵謀取更大的榮華富貴。陶侃一介武人，也對朝廷的一些弊政多加指責，讓建康的袞袞諸公慌張了一陣子。不過陶侃始終沒有造反，反而在咸和九年（三三四年）六月上表請求辭職，並且主動派人將官印、節傳等送還朝廷。他生病了，不等朝廷同意就離開了荊州任所。離開前，陶侃將軍資、器仗、牛馬、舟船都造冊登記，封閉倉庫，等著朝廷派人接收。沒幾天，陶侃就在前往長沙的途中病逝，享年七十六歲。東晉朝野鬆了一口氣，都對陶侃充滿敬意。

縱觀兩晉南北朝，陶侃可能是最盡忠職守、大公無私的將領。在舉國清談、現實主義橫行的社會中，陶侃終身勤於公事，恭而近禮，整天嚴肅端坐處理政事。他掌握東晉一半領土的政務和軍事，事情頭緒很多，但沒有一件遺忘疏漏；遠近所來書信公文，無不親筆回信。陶侃辦起事來下筆如流，筆無停滯，從來不讓前來辦事的人在門前等待過久。在他之後，東晉再也沒有遇到這樣的忠臣幹將。

三二、北伐是劑猛藥

一

陶侃死後，東晉的軍權被外戚庾氏掌握。庾亮經歷過蘇峻祖約之亂後，掌握了荊州軍權，胸中的雄心壯志又開始蠢蠢欲動。他宣稱以北伐中原為己任，選擇襄陽方向為主攻點，集結軍隊準備收復河南。《晉書》的評價庾亮這個人「智小謀大，才高識寡」，大致說他志大才疏，不是幹事的料。其實，《晉書》的評價還很委婉。庾亮的缺點不僅是志大才疏，而且不明世事、不通人情。我們知道東晉是建立在各大世族的支持之上的，皇室和世族勢力的均衡和鬥爭推動著王朝的發展。收復中原必將破壞這種均衡，引起上自皇室下自世族勢力的阻撓破壞。祖逖就是前車之鑒。庾亮高調地北伐，失敗了會耗費東晉的實力，成功了會抬高庾氏勢力，打壓其他世族。（很多史學家相信，庾氏力主北伐發自私心，目的是藉北伐攬權充實家族的根基。）庾亮本來就掌握了地方軍權，內部又有庾太后的支持，已經遭到其他人嫉妒了，如今更是成了大家的眼中釘。

所以，庾亮在襄陽意氣風發，全力組織北伐軍。北伐的道德力量很強，其他世族不方便公開反對，就暗中搗亂。大軍未動，糧草先行，庾亮向各地徵調軍需糧草，結果所得寥寥。其他人不給庾亮軍隊，也不給他糧秣，結果整件北伐大事就成了庾亮在荊州的「地方行為」。不巧的是，庾亮北伐的時機也不對。北方的後趙政權還相當強大，庾亮的北伐僅局限在現在的河南南部地區，還屢戰屢敗。荊州軍敗了，朝野的冷嘲熱諷蜂擁而至。庾亮壯志難抒，鬱鬱而終，在三四九年正月病逝。兄弟庾翼繼任荊州刺史，庾冰在朝中配合。庾氏依然掌握朝廷實權，繼續推動北伐。

三四二年，二十二歲的晉成帝司馬衍病死。他五歲繼位，由母后和舅氏（庾亮、庾翼）主政，經歷祖約和蘇峻之亂，雖然在位十八年，一無所成。庾冰、庾翼力排眾議，擁立晉成帝的同母弟弟司馬岳。司馬岳繼位，史稱晉康帝。司馬岳兄終弟繼，表露了庾氏的私心。因為司馬岳是庾氏的外甥，他的繼位可以方便庾氏繼續專權。不幸的是，司馬岳繼位的第二年（三四四）也死了，年僅二十三歲。

庾冰、庾翼出於私心，繼續反對司馬岳的兒子繼位，主張擁立長君。他們推出司馬睿的幼子、曾經和司馬紹爭奪皇位的會稽王司馬昱為新君人選。司馬昱為晉成帝、晉康帝的叔叔，按說沒有機會登基，一旦登基自然會感激庾氏，再次方便庾氏掌權。以宰相何充為代表的其他世族勢力強烈反對。司馬岳又不是沒有兒子，為什麼要搬出皇叔來繼位呢？晉康帝臨終前，也贊成何充的主張，立兩歲的兒子司馬聃為皇太子。晉康帝一死，何充等人就搶著發布「遺詔」，擁戴司馬聃登基。司馬聃史稱晉穆帝。庾太后就成了太皇太后，不方便再干政了。而庾氏兄弟在皇位更替上輸了一仗，威望和勢力都大減。

一個政治人物的作為要以權力的鞏固為基礎。如今，庾氏的權力根基被削弱了，他們推動的北伐事業也就成了強弩之末。

晉穆帝即位後，庾冰在朝中不像以往那樣順暢了，遭到了其他大族的排擠，不久去世。（庾氏的抗壓能力似乎很弱，一遇逆境就生病去世。）荊州的庾翼孤立，不得不將主要精力放到防備朝廷上去。他離開北伐前線襄陽，委託親信和兒子留守，自己還鎮夏口處理與朝廷和其他世族的關係。在夏口，庾翼還不忘修繕軍器囤積糧草，為北伐做準備。精神是好的，處境卻越來越不順利。永和元年（三四五）夏，庾翼在夏口去世。庾翼的死，標誌著庾氏發動的東晉第二波北伐浪潮的退去。

庾翼臨終上奏由兒子庾爰之代理荊州刺史。庾氏試圖將荊州固定為自家勢力範圍，其他世族的人嗤之以鼻。朝中根本沒有人支持庾爰之。荊州為國家重鎮，朝臣一致聲稱荊州刺史不能為世襲職位。丞相何充就認為：「荊楚，國之西門，得入則中原可定，失入則社徑可憂，豈可以白面少年當之哉！」他推薦桓溫擔任荊州刺史。其他大臣紛紛點頭，只要不是庾家的人就行。於是，桓溫在永和元年（三四五）出任荊州刺史，取代庾氏獲得了長江中游的兵權。

二

事實證明，何充推薦的桓溫並不是好的人選。

桓溫是之前出現過的桓彝的兒子，「少有壯志」，以本朝初期名臣劉琨、陶侃為榜樣。桓彝在蘇峻之亂中遇害，江播是殺父幫兇。父親死時，桓溫才十五歲，就枕戈泣血，揚言要復仇。桓溫十八歲那年，江播病死了，江彪三兄弟為父親發喪。為了防備桓溫來尋仇，江彪三人都刀不離手。桓溫還是混在弔唁的賓客中進了江宅，當堂手刃江彪，並追殺他的兩個弟弟。東晉朝廷對世族子弟的仇殺瞬隻眼閉隻眼，沒有處分桓溫。這件事反而讓桓溫獲得了巨大的聲望。晉明帝還把大女兒南康長公主嫁給了桓溫。桓溫就成了駙馬，於咸康七年（三四一）出任琅琊太守，很快升任徐州刺史，職位超過了父親。

桓溫和一般的世族子弟不一樣。一般人是清談為主，吹得天花亂墜，不管實現得了實現不了，桓溫則是有膽略有能力，敢作敢為。他期待建立功業，更希望為家族博取榮華富貴。這樣的人物，給他適當的權力和地位能讓他為朝廷建功立業；而一旦授予他過大的權力和過高的地位，難免會助長他的不臣之心。桓溫上任荊州刺史後，就打出了「統一天下」的旗號來。那些峨冠博帶的朝堂大夫起初不以為意，覺得這就是桓溫新官上任的三把火，折騰一下而已。不想，桓溫到任的第二年（三四六年）就孤注一擲，率軍逆江而上進攻成漢政權。朝野還沒緩過神來，前方就傳來了桓溫平定蜀地，漢王李勢投降的捷報。這下，東晉朝廷不得不思考一個現實問題：桓溫儼然在荊州稱雄了！朝廷原本是為了去除庾氏割據傾向而任命桓溫，卻不料桓溫成了新的庾氏。可是，桓溫功勳卓著，又不得不賞。東晉朝廷只好採取兩面手法：一方面是提升桓溫為征西大將軍，封臨賀郡公；一方面卻是對桓溫暗中限制，不給他兵不給他糧，明確不讓桓溫北伐。

桓溫把北伐的旗幟搖得呼呼作響，已在鼓吹北伐，給朝廷諸公施加了很大壓力。永和五年（三四九），後趙的石虎死了，北方大亂。大批北方百姓南遷投奔東晉，後趙的壽春守將也投降了東晉。民間北伐聲音大增。桓溫抓住時機大造輿論，還主動進屯安陸。他準備如果東晉朝廷不北伐，他就要將在外，君命有所不受了。朝廷的北伐壓力實在太大了，又不願意讓桓溫把北伐的首功搶走，建康方面出面安排了一次北伐。

這是由東晉朝廷出面的第一次北伐。北伐軍的兵力很少，只有三萬人（桓溫還帶甲十萬呢），可見朝廷並非真心要收復中原。北伐的統帥是晉穆帝的外祖父、褚太后的父親褚裒。褚裒是一代名士，當大都督打仗卻很外行。當時中原的形勢很混亂，大批民眾攜家帶眷南下。褚裒最明智的做法就是組織南下的百姓，讓他們做嚮導，直搗後趙的巢穴鄴城。可惜褚裒指揮的北伐軍卻以接應南下民眾為主，糾纏著南北邊界各個城池的得失。結果讓處於劣勢的後趙從容組織了軍隊反撲。代陂一戰，北上接應民眾的東晉部隊全軍覆沒。褚裒忙從彭城退到廣陵。壽春的東晉將領聽說統帥失敗，竟然嚇得燒掉軍需毀掉城池南逃。北伐就此失敗。南遷的百姓最悲慘了，要麼被東晉北伐軍擄掠到江南做了奴役，要麼被後趙政權掠回北方，要麼在淮河兩岸陷入絕境而死。褚裒敗退後，慚愧不已，很快在京口（今鎮江）鬱鬱而終。

褚裒死了，東晉朝廷還是需要把北伐的主動權操在自己手裡。找誰來主持北伐，對抗桓溫呢？褚裒生前推薦了殷浩，朝廷徵殷浩為建武將軍、揚州刺史。殷浩上疏推辭，朝廷就繼續徵召他，一直持續了四個月，殷浩才答應上任。

這個殷浩架子這麼大，到底是誰呢？殷浩也是當時的名士，精通《周易》、《老子》，善於玄言，名望極高。一般人都把他與管仲、諸葛亮相提並論。同時，殷浩一再推辭官職，反而讓他名望越來越高。他的名言是「官本臭腐，故將得官而夢屍；錢本糞土，故將得錢而夢穢」。朝廷一再給他官做，庾亮、庾翼北伐時也徵召他，殷浩全都拒絕。他稱疾不起，屏居墓所，將近十年之久。桓溫滅蜀後，威勢高漲，朝廷忌憚他。當時在朝堂上主政的是司馬昱，他想藉助殷浩的盛名對抗桓溫，就樹立殷浩為揚州強藩，與荊州的桓溫抗衡。

殷浩任職前也高喊北伐口號，說得頭頭是道。他上任的時候恰好是冉閔稱帝，北方混亂加劇的時候，正是北伐的好時機。朝廷就任命殷浩為中軍將軍、假節、都督揚豫徐兗青五州軍事，主持北伐。殷浩也意氣風發，向朝廷彙報了北征許昌、洛陽的計劃，組織了陣容龐大的北伐團隊。但是探究殷浩的關鍵措施，無非兩條：第一條是引誘前秦的大臣和將領，招降納叛，希望能夠乘虛而入；第二條是利用投降東晉的胡族力量，主要是羌族姚襄的力量，讓他們當炮灰打前陣。前秦苻健一度殺戮大臣，侄子苻眉自洛陽西奔，殷浩誤以為前秦內部亂得一塌糊塗了，上奏請求進屯洛陽，修復西晉皇室園陵。他信心滿滿，志在必得，甚至請求卸任揚州刺史，專鎮洛陽。後來證明前秦並沒有內亂，相反卻是投降東晉的將領張遇降而復叛，打敗了謝尚的晉軍。殷浩主要依靠姚襄的羌族軍隊，卻不信任姚襄，老想吞併這支部隊。殷浩將姚襄部隊遷徙駐地，又派人監視。姚襄也不是真心投降，一度殺害友軍壯大自己，殷浩也不能制止。在進軍途中，姚襄叛變，在山桑這個地方伏擊了東晉大軍。殷浩原本就沒想利用自身力量實打實地北伐，聽說姚襄造反了，嚇得拋棄輜重南撤。北伐軍的器械物資都被姚襄所掠。撤退途中，東晉逃亡的逃亡、投降的投降，損失慘重。殷浩北伐也以慘敗告終。

客觀地說，北伐的失敗並非殷浩一個人的錯，根子在東晉朝野壓根就沒有真心北伐，並沒有動員主力、投入血本北伐。但北伐失敗的責任必須有人來承擔。紙上談兵的殷浩就成了替罪羊。尤其是桓溫，早就要搬掉殷浩這塊礙腳石了，連續上書痛斥殷浩誤國，要求嚴懲。朝廷只好廢殷浩為庶人，押往浙中安置。

殷浩狼狽下臺後，恢復了名士作派。他口無怨言，每天就對著空氣寫「咄咄怪事」四個字。後來，桓溫掌權了，想招殷浩擔任尚書令，寫信告訴他。殷浩喜出望外，回信接受並表示感謝。為了寫一封完美的回信，不在心中留下任何差錯，殷浩修改了無數遍，把信裝進了信封又拆開修改，前後拆封數十次。誰料，最後信封中空空如也，他竟然忘記塞入信件，發了個空函給桓溫。桓溫大怒，殷浩復出的事也就告吹了。由此可見，殷浩並非什麼淡泊名利的名士，而的的確確是個醉心名利又空談誤國的假名士。永和十二年（三五六），殷浩死在了貶所。

三

褚裒、殷浩先後失敗，東晉再也沒有理由壓制一直叫嚷著要北伐的桓溫了，索性將北伐重任授予他。至此，桓溫掌握了北伐主動權。

永和十年（三五四），桓溫第一次北伐，兵分兩路，他親率步騎四萬餘出湖北，命令梁州方面出秦嶺。桓溫在藍田、白鹿原連續擊破氐族苻健的軍隊，推進到長安郊區的霸上。苻健拒守長安城。第一次北伐可謂旗開得勝，政治影響巨大。關中百姓「持牛酒迎溫於路者十八九」，一些老年人感極而泣：「沒想到今生還能再見到官軍！」

桓溫的成功也反襯出之前東晉歷次北伐的戰略不當。首先是缺乏協同作戰，之前的北伐不是從東邊渡淮河向河南、山東，就是在西邊出湖北，從來沒有東西聯合作戰（因為東西的揚州、荊州屬於不同的世族勢力範圍）。其次，既然沒有協同作戰，自然也就不能整合軍隊和物資了。如果褚裒、殷浩等人的軍隊能夠和桓溫的荊州軍隊聯合起來，相信成效會更大。說到整合資源，桓溫的北伐依靠的僅僅是荊州的物資，經過兩場惡戰，推進到長安城郊後，北伐軍的後勤供應出現了問題。桓溫就在霸上停頓了下來，一邊等待後方的軍需運達，一邊搶收關中地區的春麥作為軍糧。關於桓溫為什麼沒有乘勝追擊，還有其他的解釋。比較可信的說法還有桓溫這時候已經有了謀逆自立的野心。他想藉北伐來攬權立威，並非要真心收復失地；第二個說法是桓溫看到前秦在關中的統治並不穩定，想在霸上坐等前秦內亂，然後乘虛而入。而最大的可能是，桓溫駐足不前可能是以上各種因素綜合作用的結果。

遺憾的是，前秦並沒有內亂，北伐軍在搶收春糧上也輸給了秦軍。秦軍收走了糧草，對北伐軍實行堅壁清野政策，桓溫糧秣不繼，被迫撤返襄陽。第一次北伐失敗。

永和十二年（三五六），桓溫第二次北伐。北伐的目標是叛晉的姚襄勢力。叛晉後，姚襄一度游離在前秦和前燕之間，盤踞在河南洛陽、許昌等地。桓溫北上擊敗姚襄，收復了河南地區。其中西晉首都洛陽光復，具有重大政治意義。桓溫大作政治文章，建議「還都洛陽」，並建議南遷的世族大家們返鄉。他這麼做是有私心的。洛陽在桓溫的控制之下，讓朝廷和達官顯貴們都遷徙到洛陽來，不是重複「挾天子以令諸侯」的舊戲嗎？建康的達官貴人們激烈反對桓溫的建議。當然了，「還都」的建議也是一面不能駁倒的道德旗幟，達官顯貴們就從其他方面入手。首先，他們質問桓溫能否守得住洛陽？如果等朝廷遷入洛陽，洛陽卻失守了，不是要再來一次「永嘉之禍」嗎？其次，他們說百姓南遷已經半個世紀了，早已在南方安家生根，強迫南遷於情於理都不合適。

就在東晉朝臣的相互猜忌和扯皮之際，前燕慕容恪、慕容垂領兵進攻河南。許昌、汝南、陳郡等地失守。洛陽守將陳佑以救許昌為名南逃，留沈勁的五百人守城。沈勁是王敦死黨沈充之子。沈充背負叛逆的惡名，沈勁引為終身憾事，如今以區區五百人堅守洛陽非但不怨天尤人，反而覺得是以身殉國、挽回家族名聲的良機。洛陽很快被前燕攻佔，沈勁全軍覆沒，被俘遇害。慕容恪知道實情後，很後悔殺死了沈勁。至此，桓溫的第二次北伐的成果全部喪失了。

其間，東晉經歷了一次皇位變革。三六一年，晉穆帝司馬聃病逝。堂兄司馬丕被推舉為新皇帝。司馬丕是晉成帝的長子，原本早就有希望稱帝了，結果因為庾氏專權的需要被閒置了。他苦等晉康帝、晉穆帝兩個皇帝都死了，才坐上本屬於他的龍椅。司馬丕就是晉哀帝。桓溫因為功勳卓著，被晉哀帝加封侍中、大司馬、都督中外諸軍、錄尚書事、假黃鉞。桓溫移鎮姑孰（今安徽當塗），讓兄弟桓豁領荊州刺史，桓沖任江州刺史、監江州及荊、豫八郡諸軍事。至此，桓溫成了東晉最大的實力派。除了長江最下游的部分郡縣外，中下游軍政大權都落入桓氏之手。

晉哀帝司馬丕繼位後，醉心黃老之術，服藥求長生，卻吃錯藥中了毒，死於三六五年，年僅二十五歲。大臣們擁立其弟司馬奕為新皇帝，史稱晉廢帝。

三六九年，手握大權的桓溫為了樹立更高的威望，率五萬人北伐前燕。北伐開始很順利，一路勢如破竹。經過金城時，桓溫見到自己擔任琅琊太守時種的柳樹已經長成老樹，感歎道：「木猶如此，人何以堪！」人已老，桓溫也年過半百了。他攀枝執條，泫然流涕。可當北伐軍推進到枋頭（今河南汲縣境內）時，桓溫又逡巡不前。可能是桓溫面對強大的敵人，沒有勝利的信心。當時前燕軍隊並不弱，並且前秦已經出兵增援前燕，兩國聯軍對付桓溫。而北伐軍又遇到了老問題：後勤跟不上來。這個後勤的老問題，並不是因為東晉國力衰落，而是朝廷並沒有收復失地的真心，加上其他世族大家不願意桓溫建立大功，一家獨大，所以朝廷沒有為桓溫全力提供後勤保證。桓溫在前線很快就沒有糧食吃了，又得知前秦援兵將至，只好燒船棄甲，撤退回國。北伐軍撤退途中，缺糧少水，只能鑿井而飲，又不斷遭到前燕的伏擊，最後只有萬餘人逃回南方。

慘敗後，桓溫把責任推卸給負責後勤的袁真。袁真不滿而在壽春造反。桓溫進攻壽春，直到三七一年才攻克。當時袁真已死，拒守城池的袁瑾被殺。儘管找了替罪羊，桓溫的威望仍然大減。桓溫便想用廢立皇帝的辦法來立威。三七一年，桓溫廢司馬奕為海西公，改立司馬昱為帝。司馬昱就是簡文帝。他原本可以成為東晉的第二個皇帝，結果在晚年才成了東晉的第八個皇帝。他的雄心壯志早已消磨光了，在位就是個傀儡，一切朝政由大司馬桓溫獨斷。

長期手握大權，桓溫也厭倦了「北伐—失利—再北伐」的老路，有了更大的「追求」。他撫枕而歎：「人生在世，既不能流芳百世，不足復遺臭萬載耶？」桓溫開始以王敦為榜樣，他和王敦的處境驚人地相似。王敦曾經和皇位一步之遙，桓溫的手也可以摸得著龍椅。

三三、先拿滅蜀練練手

一

成漢的開國君主李雄將國家推向了安定繁榮的頂峰，算得上一代明君。遺憾的是，一代明君也有失誤的地方。

李雄就在接班人問題上犯了個錯誤。李雄個性與人為善，是個好人。他的大哥李蕩也是雄心勃勃、智勇雙全的人才，可惜在締造政權最艱難的時刻陣亡了。李雄認為是因為李蕩的不幸才有他稱雄稱帝的幸運，自己的皇位原本應該是李蕩的。後來，軍閥楊難敵曾投奔李雄，不久又叛亂。李雄派侄子李玲、李稚征討楊難敵，因為輕敵中了埋伏，兩個侄子都戰死了。李玲、李稚都是李蕩的兒子。李雄很悲痛，幾日吃不下飯去，一說起這事就痛哭流涕，深深自責，覺得更對不起故去的哥哥李蕩了。所以，李雄比較傾向於死後將皇位傳給李蕩的兒子。

李雄在征戰途中傷痕累累，頭部的傷口有一次化膿。他自己的十個兒子當了皇子後，生活奢侈淫逸，對父親的病情看得很淡，並沒有真正關心過父親。結果，李雄和兒子們的感情也很淡。反倒是李蕩的兒子李班日夜照料在旁，還用口給李雄吸膿。李班這個孩子也是與人為善的人，在性情上與李雄相似。李雄就不顧群臣的反對，一意孤行立李班為太子。

大臣們從現實出發，認為各位皇子都已成年，盤踞各處，如果捨棄十位皇子傳位給侄子，必然引發內亂。李雄說：「我在起兵之初，本不覬覦帝王之業。值天下喪亂，群情義舉，諸君推逼我為帝。王朝的基業，功由先帝，我大哥是嫡長子，本應登基，不幸薨於戎戰。李班是嫡長子之子，姿性仁孝，好學夙成，必為名器。」叔叔李驤與司徒王達都反對：「傳位以嫡，本身就是為了防止皇位篡奪，不可不慎。歷史上有許多不傳位給兒子導致內亂的先例。願陛下思之。」李雄一意孤行，固執地傳位李班。李驤是皇叔，地位崇高，也勸不了李雄，只能退出來悲傷流涕：「本國的大亂就要開始了！」

三三四年，李雄病逝，李班繼位。李驤的擔心馬上得到了驗證。李班寬厚老實，疏於防範，或者壓根就沒把人往壞處想。可李雄的兒子李越對李班繼位極為不滿，趁回成都奔喪時和兄弟李期聯手，就在靈堂上殺掉了李班。李期登基。

李期稱帝後，成漢朝政日壞。國家承平日久，李雄的子孫們位居要職，貪圖享受，早就把儉樸勤政的作風拋到腦後了。李雄與民為善、勇於納諫、君臣攜手的風格蕩然無存，李期本身就是懶惰的庸才，又任人唯親，所任用的大臣也都庸庸碌碌，坐享俸祿而已。國家形勢很快便江河日下。

李期本人無才無德，卻猜忌聲望高、地位重要的宗室成員。漢王李壽是李驤的小兒子，按輩分是李期的堂叔，歷任要職，鎮守在外。李期對李壽很疑忌，派人監視李壽，還將李壽的義弟毒死。李壽感到十分恐懼，於三三八年率軍進攻成都，公然造反。李壽的兒子李勢當時在成都當校尉，裡應外合，打開城門迎父親進城。李期沒料到李壽真的造反，而且轉眼就殺到了眼前，不得不安撫李壽。李壽要求「清君側」，李期就殺掉了李越和自己的那幫大臣，自斷了臂膀。幾天後，李壽還是廢黜李期為邛都縣公，軟禁起來。李期不久自盡，時年二十五歲，在位四年。

李壽起兵初，歃血盟誓，說起兵奪權後要向晉稱藩。這很可能是為了爭取外部支持，洗刷自己造反奪權罪過的幌子。他都沒想到奪權會那麼容易，如今真的成了一國之主，李壽就開始猶豫了：真的向東晉稱藩呢，還是自己披上龍袍過過皇帝癮？他決定用占卜決定命運。李壽占了一卦，卜者解讀說李壽有幾年皇帝的命。親信任調馬上鼓動說：「做一天皇帝就很了不起了，何況幾年！」另一個親信解思明不以為然，說：「幾年皇帝怎麼及得了百世諸侯（向東晉稱藩，封侯是少不了的）！」李壽下了決心，說：「朝聞道，夕死可矣！」有一天皇帝能做就做一天皇帝。抱著「過把癮就死」的心理，李壽稱帝，改國號為「漢」，開始驕奢淫逸的皇帝生涯。他一心享樂，大興土木，奪人妻女；喜怒無常，又喜殺戮，濫施淫威，致使上下離心，民怨沸騰。三四三年，李壽病逝，足足過了五年的皇帝癮。兒子李勢繼位，風格和乃父相比有過之而無不及，什麼事情都務求奢侈，根本不管百姓死活。百姓們不滿，李勢就濫用嚴刑峻法，壓制不滿。

統治者的內訌仍在繼續。李勢沒有兒子，弟弟李廣就請求立自己為皇太弟。李勢不知道怎麼想的，堅決不答應。李廣轉而去求大臣馬當和解思明前去勸說。馬當和解思明二人是老臣了，朝政之所以沒有徹底崩盤全靠他們支撐著。兩人從政權長遠利益考慮，一再勸說李勢立弟弟為繼承人。李勢聽不進去，懷疑李廣和兩名大臣謀權篡位，痛下殺手，捕殺了李廣、馬當和解思明。短時間內連續的內訌，嚴重削弱了成漢的實力。

成漢王朝呈現出分崩離析的跡象，稍微有點變故就會轟然倒塌。

二

四川地區處長江正上游，對中下游產生君臨態勢。四川水軍出三峽，順江而下，就是一馬平川、無險可守的兩湖地區。所以建國中下游的東晉王朝和成漢相比，在軍事上處於絕對的劣勢。建國開始，東晉內部就存在伐蜀的倡議。庾亮當權後，就開始實際的西征籌畫了，最終沒有成行。東晉一直沒有伐蜀的原因很多，比如四川易守難攻，比如擔心北方政權乘虛南下，最重要的原因是東晉政權建立在各個世族大家的支持下，內部維持著微弱的均勢。如果有人伐蜀成功，那可就立了蓋世武功，勢力增長，勢必破壞均勢，影響政權穩定。所以，大家寧願成漢政權盤踞上游威脅自己，也不願意看到有人伐蜀成功。

永和二年（三四六），實權人物桓溫再次提議伐蜀。他的目的恰恰是其他世族最擔心的：通過對外戰爭提升聲望和實力，為掌權乃至篡位做準備。

此時伐蜀具有有利條件，那就是成漢自身虛弱。但桓溫的部屬們提出了更多的不利條件，比如顧慮後趙大軍南下、朝廷不同意不支持等等。江夏相袁喬力排眾議，認為江防已固，可以騰出手來做點事情了。後趙軍力強盛，成漢虛弱不堪，進攻成漢比進攻後趙划算。至於朝廷的羈絆，袁喬認為方略大事不必取得「一致同意」再施行，將在外，君命有所不受。袁喬的意見說到了桓溫的心裡去了。他下定決心，給朝廷上表要求西征，不等朝廷回覆就在當年十一月率益州刺史（他自己任命的）周撫西征成漢。袁喬率二千人為前鋒。

桓溫的戰表到了建康，朝廷果然不同意，可人家已經出發了，你再反對也沒有用了。朝堂上的大小官員們乾脆議論起桓溫此行能否成功，這才是大家最關心的。桓溫失敗了，大家幸災樂禍；成功了，大家的苦日子就來了。多數人覺得成漢地形險阻，路途又遠，桓溫兵力薄弱，取勝希望不大。劉惔卻認為桓溫必勝，眾人問他根據何在。他說：「從桓溫的賭博表現上可以推斷出來。他的賭博手段極精，非勝券在握絕不出手。我擔心的是，滅蜀之後，朝廷都要受控於他了。」大臣們聽說此言，不禁憂心忡忡。

三四七年春，桓溫大軍至青衣（今四川青衣江）。李勢命右衛將軍李福、鎮南將軍李權、前將軍昝堅率大軍阻拒晉軍。

成漢將領內部就作戰方針出現了分歧。李福和李權想設下埋伏待晉軍到來，昝堅想正面迎敵，把桓溫消滅在陌生的環境裡。分歧的結果是分裂，昝堅帶上本部兵馬，和李福、李權分道揚鑣，向東搜索前進，摩拳擦掌要和桓溫較量一下。不知道是情報工作沒有做好，還是四川地區過於廣袤，昝堅的軍隊竟然沒有遇到晉軍。桓溫和他走的不是同一條路，避開了昝堅的阻攔，很快推進到成都南面。三月，晉軍攻克彭模（今四川彭山東南，岷江東岸地區）。李福、李權得報後，迅速向彭模殺來。

下一步怎麼辦？是堅守彭模迎戰李福、李權，還是放棄此處攻佔別處？有人提議趁成漢主力沒有到達，分兵攻城掠地，在成都周邊來個天女散花。袁喬堅決反對：「我們孤軍懸在萬里之外，兵少將寡，分兵容易被各個擊破，必須同心協力，奮勇一搏。」他提議大軍輕裝簡行，只帶三天糧草，直取成都。桓溫採納了這個冒險的計畫，留參軍孫盛、周楚率老弱殘兵守彭模，親自率領步兵輕裝向成都進軍。

成漢得報，由李福攻彭模斷晉軍退路，李權向成都收縮阻攔桓溫。這個計畫很好，可惜李勢的倒行逆施早已天怒人怨，軍心民心渙散不可收拾了。李福進攻彭模的晉軍老弱病殘，竟然大敗而逃。李權的部隊三戰三敗，一路敗退回成都。聽說成都情況不妙，東邊的昝堅這才停止搜索，趕回來增援。在成都南郊，昝堅的部隊終於遇到了晉軍。可惜部隊的士氣實在低落，看到晉軍殺氣騰騰的樣子就不戰自潰，跑得只剩昝堅這個光桿司令了。

三支部隊全都瓦解了，李勢孤注一擲，武裝成都城中所有的守軍與桓溫決戰。雙方在成都笮橋（今成都西南南河上）激戰。戰鬥中，晉軍不利，傷亡激增，流矢幾次在桓溫身邊擦過。官兵們產生了退縮情緒，桓溫決定收兵再戰。在這關鍵時刻，晉軍的鼓吏誤鳴前進鼓，袁喬乘勢督率士卒力戰，扭轉了戰局。蜀軍產生了畏縮情緒，紛紛撤退回城。對於這個蹊蹺的敲錯鼓事件，還有不同的說法：不是鼓吏敲錯了，而是袁喬見桓溫有意收兵，故意在給鼓吏傳達命令的時候把「收兵」說成了「進軍」，於是戰場上響起了進軍鼓。不管原因是什麼，戰場上拼的往往是「最後五分鐘」的堅持，其實成漢軍隊的勇氣遜色於晉軍，終究是要失敗的。晉軍意外得勝後，乘勝追擊，火燒城門，攻佔成都。

李勢連夜逃走，往北逃到葭萌關，迷茫思考起來。收攏殘軍敗將，與桓溫頑抗，李勢沒有信心也沒有能力；逃到中原，向後趙政權投降，李勢擔心沒有好果子吃。這時候，李勢想起當年父親李壽占卜問命運的事情來，解思明說「幾年皇帝怎麼及得了百世諸侯」果然沒有錯，歸順東晉做個愚公不失為現實的選擇。於是，李勢向桓溫請降，成漢滅亡。桓溫奏報朝廷，東晉將李勢遷到建康，封為「歸義侯」。李勢在四川胡作非為，結果因為主動投降而在江南得以善終。

滅蜀後，桓溫凱旋回荊州，留周撫收拾殘局。周撫的益州刺史原本是虛的，如今終於坐實，工作起來很賣力。他又花了兩年的時間，消滅各地的成漢殘餘勢力，使蜀地全部併入東晉。桓溫滅蜀，僅在領土上就使東晉增加了一小半的面積，功勳卓著。

三四、陳郡謝家的登臺準備

一

在東晉南朝，與琅琊王家齊名的陳郡謝家的起點很低。舉凡名門望族都喜歡給自己列譜系，謝家後人發達了，祖先只能向上推到曹魏時期的典農中郎將謝纘。謝家發跡之晚可見一斑。謝纘的這個典農中郎將相當於太守級別，但是是負責屯田事務的，不屬於正牌的地方官職，政治地位一般。謝纘的兒子謝衡入晉後在國子監謀事，相繼做了博士、國子祭酒，終於散騎常侍，算是坐了一輩子清水衙門的冷板凳。謝衡耐得住清貧，努力鑽研學問，成為一代大儒。在「本朝歷史從何時算起」、一夫多妻家庭的兒子是否應該為非親生母親服喪等問題上，謝衡提出了許多理論意見。他的意見很可惜都沒被採納，但被史官忠實記錄了下來，讓後人能夠確認陳郡謝氏的早期作為。

謝衡守著一肚子學問，沒能飛黃騰達，是有深刻社會原因的。因為他精通的是儒家，而當時社會盛行玄學。這就好比現代社會，大家都追捧金融、管理等顯學，謝衡則醉心哲學、宗教一樣，雖然著作等身也難以在大學裡掌握話語權。西晉經歷短暫的統一後，陷入了八王之亂，社會動盪不安。人們普遍追求玄而又玄的清談，大談宇宙人生，將儒家禮法視為迂腐的俗務。謝衡的不得意由此注定了。所以到了謝衡的兒子謝鯤長大成年後，毅然拋棄家學轉學玄學，鑽研老子和易經，大談特談雲彩和人心的關係。謝鯤的能力用對了地方，很快引起了社會注意，二十歲就躋身「名士」行列。

有的人醉心玄學是逃避亂世，有的人完全是附庸風雅，將玄學作為敲門磚，謝鯤由儒入玄，不敢說沒有功利的目的，但就玄學功力來說，他完全是第一等的。真正的玄學大師是精通世故又看破世事，能超然物外、寵辱不驚的，用心靈指導言行。表面的清談和悖理不羈是掩藏內在深刻和豁達的迷霧。謝鯤不修威儀，整天唱歌鼓琴。鄰居高家有個漂亮的女兒，常常在窗前織布，看得謝鯤心癢不已。謝鯤沒有「檢討骯髒的思想」，而是公然去窗前向鄰家女子表明愛意。郎有情來妾無意，謝鯤的率真被鄰家女子看作輕浮的挑逗，拿起織梭就向他扔去。謝鯤的兩顆牙齒被砸掉了。時人笑話說：「任達不已，幼輿（謝鯤的字）折齒。」謝鯤聽了也不生氣。既然人家不接受那就算了，我繼續逍遙率性的生活。牙齒掉了沒關係，又不影響我長嘯高歌。

謝鯤引起了大臣和名士們的矚目，其中就包括王衍、嵇紹等大人物。很快，謝鯤被東海王司馬越徵辟為掾吏。可惜官運不佳，因為小故被除名。長沙王司馬乂看不起謝鯤，曾把他抓起來要加以鞭撻。謝鯤主動解衣，要接受懲罰，沒有害怕的神情。司馬乂只好放了他，謝鯤也沒有歡喜之色，一切都平淡自如。謝鯤屢受挫折和屈辱，反而名氣更大了。士族名士們都替他感到可惜。謝鯤沒有一個字的牢騷，清歌鼓琴，優哉樂哉。

謝鯤對名利可以寵辱不驚，對人生和家庭責任則時刻保持清醒細緻的認識。鼓琴高歌間，謝鯤意識到了國家大亂，北方終將淪陷。所以當東海王司馬越不久再次徵辟他出任參軍一職時，謝鯤拖病辭職，舉家遷往南方。他最先來到豫章（今江西贛北）。傳說該地有座空亭，鬧鬼，發生過多次殺人事件。謝鯤毅然搬到院落中居住。拂曉，有個黃衣人呼喚著謝鯤的名字，叫開門。謝鯤憺然無懼色，從門旁的窗子伸手把黃衣人用力拉了過來，揮刀砍斷了他的肩胛，落了一塊皮肉。仔細一看，竟然是一塊鹿皮。謝鯤尋著血跡，最後消滅了鹿怪，該地從此再無妖怪了。謝家一搬再搬，謝鯤最後選定建康城裡秦淮河畔朱雀橋邊的烏衣巷安家，成為烏衣巷裡謝家的第一代主人。

謝鯤避禍豫章，被大名士、大將軍王敦徵辟為長史，有了固定的政治舞臺。

王敦也是不修邊幅、率性而為的名士，許多地方與謝鯤惺惺相惜，常常感歎只有和謝長史才有話說。而謝鯤也不為功名所累，說話也不看著王敦，平靜而真誠地對待工作。可怕的是，謝王二人氣質相同，政治觀點卻是相反的。王敦有不臣之心，企圖叛亂擅權。謝鯤漸漸知道王敦這個人不是匡扶社稷的同道中人，開始不屑政事，集會時候從容議論，巧妙諷諫王敦，平日主要優遊寄遇，與一幫名士縱酒高歌。王敦鑒於謝鯤名高望重，一直以禮相待。

王敦最終走上了叛亂的道路。他對謝鯤說：「劉隗這個奸邪，危害社稷，我要消滅君側之惡，匡主濟時，怎麼樣？」謝鯤回答：「劉隗的確是個禍害，但只是城狐社鼠而已。」意思是殺雞焉用宰牛刀，用不著王大將軍去打劉小老鼠。王敦罵了聲「庸才」，也不問謝鯤願意不願意，就任命他為豫章太守，藉助他的才望，拉著他一起兵逼建康。謝鯤被迫成為叛軍一員。叛軍進展順利，王敦攻下要塞石頭城後，狂傲地感歎：「我以後不能再和大家一起造福地方了。」意思是自己要掌國家大權了。謝鯤又潑了回冷水：「怎麼會呢？只要你願意，每天都可以。」攻下建康後，王敦問謝鯤形勢和人情如何。謝鯤回答：「明公之舉雖欲存社稷，但普通人未必了解您的苦心。」謝鯤還跑去皇宮拜見了司馬睿，又建議王敦任用周顗、戴若思等原來的大臣。王敦不聽，逮捕了周、戴二人要殺頭。參軍王嶠勸阻，王敦連王嶠也要一起殺。部屬畏懼不敢說話，只有謝鯤說：「明公辦大事都沒有殺戮一人，現在王嶠提了不當的建議就要被殺，是不是用刑太過了？」王敦這才赦免了王嶠。最終，王敦在世族勢力的聯合抵制下退出建康。謝鯤勸他撤退後進宮拜見皇帝一次。王敦鬧情緒，不願進宮，以安全無法保證為由推拖。謝鯤再勸他，說自己入覲皇上，發現宮中秩序穆然，不會有危險，如果王敦入朝自己願意侍從。王敦沒被勸動，不朝而去。

撤退後，許多人為謝鯤的安全擔心。王敦對謝鯤的確不滿意，感到厭煩，打發他去豫章實任太守。謝鯤為政清廉，得到百姓的擁戴，可惜沒多久就死在了任上，時年四十三歲。半年後，王敦敗亡。謝鯤早死，省去了許多麻煩。更因為謝鯤在王敦叛亂期間，說了很多對朝廷有利的話，努力勸諫王敦，所以並沒有被視作叛黨亂匪受到處理。相反，東晉王朝追贈謝鯤為太常，追諡「康」。

至此，陳郡終於混出了有頭有臉的人物。從謝鯤開始，謝家輝煌的序幕正式拉開了。

二

一個家族在崛起時期，必然要求子孫一代超過一代。謝鯤死時，兒子謝尚才十歲出頭。謝尚從小就有「長江後浪推前浪」的趨勢，成名比父親早。謝尚剛會走路，父親謝鯤曾帶他一起迎來送往。一次有客人誇獎謝尚是「當代顏回」。顏回是孔門最出色的學生，聲望巨高無比。謝尚馬上應聲答了句：「這裡沒有孔子，哪裡來的顏回！」一句話既表達了謙遜之情，又輕鬆幽默，讓賓客感歎不已。在技藝方面，謝尚精通音律，擅長舞蹈和書法，史稱「博綜眾藝」。謝尚最擅長的是「鴝鴿舞」，跳得很好，好到丞相王導曾當眾要求謝尚起舞，讓在座的大小臣工為他擊掌為節。謝尚在桓溫手下當官時，桓溫知道他善於彈箏，結果謝尚理弦撫箏，因歌秋風，意氣甚遒，讓同樣多才多藝的大名士桓溫為之讚歎。

謝尚為家族博取功名利祿的利器並不是唱歌跳舞或者彈琴，而是清談玄學。他繼承了父親的清玄風範，並且理論化，寫了一篇《談賦》，專門侃清談，認為清談內容「若有若無」，追求「辭簡心虛」的效果。這裡的「心虛」不是做了壞事害怕的意思，而是內心豁達、超然物外的意思。成年的謝尚「開率穎秀，辨悟絕倫，脫略細行，不為流俗之事」，一副典型玄家名士派頭。他一表人才，服飾華麗，滿是精美的裝飾。王敦的小妾宋瑋在王敦敗亡後輾轉歸了謝尚。謝尚曾問宋瑋自己與王大將軍比，如何？宋瑋回答，王敦和謝尚相比就如同鄉下人與貴人一樣。宋瑋的意見代表了大眾的看法，社會普遍認為謝尚「妖冶」——這詞現在用在男人身上是個災難，在東晉時則是莫大的榮耀。

當權宰相王導特別看重謝尚，將他比作王家長輩、竹林七賢之一的王戎。有了如此之高的聲望和地位的粉絲，謝尚的仕途一帆風順。兩晉南北朝時期，入仕靠上級徵辟，年輕人都抓緊機會「養望」（培養聲望，讓大家知道自己）。謝尚的聲望這麼高，年紀輕輕就被大將軍桓溫徵辟為官。更大的機遇還在後面，謝尚的外甥女褚蒜子成為東晉的皇后，繼而是皇太后。謝尚外面有聲望，朝中有後臺，政治地位開始直線上升，剛過而立之年就被任命為建武將軍、歷陽太守，後轉督江夏義陽隨三郡軍事、江夏相，開始威震一方。

東晉玄學名士大多是繡花枕頭大草包，謝尚一介清談客，能做好守土有責的大將嗎？當時鎮守武昌的安西將軍庾翼就看不起謝尚，認為謝尚這樣的清談書生適合在安逸和平的環境中耍嘴皮子，身逢亂世只能添亂。謝尚知道地位提高身分轉變對自己是個挑戰，數次虛心地向庾翼諮謀軍事。一次，謝尚和庾翼一起射箭。庾翼不屑地對謝尚說：「你如果能射中靶心，我就送你一支軍樂隊。」謝尚拉弓出箭，正中靶心。庾翼很佩服，真的把自己的軍樂隊送給了謝尚。在駐紮地，謝尚為政清簡，不驚擾軍民。剛上任時，郡府拍馬屁，用四十匹布給謝尚造了一頂烏布帳。謝尚下令拆除布帳，給軍士們製作衣物被褥，一下子就在軍隊中贏得了聲譽。

大司馬桓溫專政，發動北伐。謝尚作為安西將軍，率軍從淮南進攻河南，作為一支偏師。進軍之初很順利，前秦的張遇率軍投降。可能是謝尚的名士派頭和張遇的軍旅作風格格不入，使得兩人關係破裂。張遇降而復叛，還佔據許昌與謝尚軍隊為敵。謝尚大軍進攻，竟然被張遇殺得大敗，損兵折將逃回東晉。按律，謝尚罪行很大，夠不上砍頭標準也得罷官為民。結果在他的外甥女皇后的干預下，謝尚僅僅是降為建威將軍而已，依然在前線領兵。他的運氣也實在好，北方戰亂不止，政權更替頻繁，象徵至高無上皇權的傳國玉璽竟然流落到了謝尚的手中。謝尚極為重視，派鐵騎三百夜以繼日將玉璽送到建康。東晉王朝在建康延續晉朝國號，依然以中華正朔自居。但是東晉皇帝並沒有發號施令的玉璽，被天下諷刺為「白板天子」。謝尚及時送來傳國玉璽，解決了王朝的法統難題，功勞遠遠超過敗軍南逃的罪過，地位再次提升。東晉王朝實授謝尚豫州刺史，把淮南地區的防務委託給了他。

淮南地處東晉王朝的核心東南地區和戰亂中的中原大地之間，連接洛陽舊都和新都建康，是南北拉鋸的東部主戰場。戰爭最容易讓前線將領掌握實權，將領的地位往往隨著戰事水漲船高。謝尚佔據並經營淮南，有了固定的地盤，承擔了王朝安全重任，在東晉朝廷的地位也就不可代替了。大司馬桓溫有步王敦後塵，篡位奪權的野心。桓家控制了長江中流，子弟掌握了荊州、江州、揚州等要地，控制了大部分國土。謝家控制的豫州在軍事要地之外，又多了一層抗衡政治野心家的重要意義。謝尚成了東晉政治角力的關鍵人物。

殘酷的權力現實和沉重的政治責任並沒有影響謝尚灑脫的生活態度。淮南首府壽陽城內大路旁，人們經常看到有一個中年人坐在酒樓門口的胡床上，穿著紫羅襦，抱著琵琶彈奏《大道曲》。歌聲高亢，歌手陶醉，往來路人不是以為他是酒樓攬客的藝人，就是視之為行為藝術家。沒有人知道他是盤踞淮南的鎮西將軍謝尚。謝尚和桓溫的關係也很奇妙。按說他們是相互制衡的政治對手，卻惺惺相惜，不像敵人，倒像是知心朋友。謝尚在桓溫手下當官的時候，桓溫就很欣賞他。桓溫北伐成功，收復洛陽後，還上疏請求讓謝尚都督新收復領土，出鎮洛陽。謝尚對桓溫也沒有惡語相向。

也許是生活過於灑脫，缺乏規律，謝尚不到五十歲，身體情況每況愈下。鎮守洛陽的事情，謝尚就以疾病在身推辭了。這不是他不願意離開老巢，而是真的病得不行了。朝廷得知謝尚病重，提升他為衛將軍，加散騎常侍，召他回建康養病。謝尚沒能回去，死在了歷陽，時年五十歲。

謝尚之前，陳郡謝家只是一戶普通士族，是他讓家族暴露在閃光燈照耀之下。但在老牌大世族看來，陳郡謝家還是暴發戶，他們稱之為「新出門戶」。有一個趣聞可以看出陳郡謝家當時的地位。謝尚暴得大名，想和世族大家攀親，就替堂弟謝石向諸葛家族提親。這個諸葛家族就是諸葛亮他們家，早在三國時期就是名門大家了，後來隨著司馬睿南渡，算是「中朝顯貴」，在南方地位尊顯。諸葛家的掌門人諸葛恢一向以名望凌人。一次，丞相王導和他談起名門望族的排名先後，說：「人們都說王葛，為什麼不說葛王呢？」諸葛恢毫不留情面地回答：「譬如說驢馬，不說馬驢，驢難道勝過馬嗎！」諸葛家的氣焰可見一斑。現在諸葛恢見陳郡謝家來提親，斷然回絕：「我們這樣的人家，都是有固定的世代姻親的，我的女兒已經有人家了，可不能再和謝家結親。」謝家討了個沒趣，謝石卻對諸葛家的女兒念念不忘。等到諸葛恢死後，諸葛氏家道中落，謝家地位飛升，謝石這才娶到諸葛恢的小女兒諸葛文熊。

三

謝尚去世，豫州地盤不能落入桓溫的手中。朝廷的看法是繼續讓謝家子弟都督淮南軍事，作為王朝的方鎮屏藩。他們選擇的繼位人選是謝奕。

謝奕是謝尚的堂弟。謝奕的父親謝裒，從跟隨司馬睿開始，基本在中央謀職，終於吏部尚書。他本人沒有什麼值得稱道的事蹟，卻生下了一群日後赫赫有名的兒子：謝奕、謝據、謝安、謝萬、謝石、謝鐵。

謝奕為人放達，也是玄學中人，也是從桓溫的幕府開始政治生涯的。他和桓溫雖然是上下級，言談舉止卻像是老朋友。謝奕隨便戴塊頭巾，就跑到桓溫家裡作客，長嘯吟唱，一點都不把自己當外人。桓溫常說：「謝奕是我的方外司馬。」謝奕酗酒，還逼著桓溫陪酒。桓溫酒量不行，不勝其煩，最後發展到看到醉醺醺的謝奕就跑到老婆房間裡躲藏起來。桓溫是駙馬爺，老婆是南康公主。因為桓溫工作很忙，南康公主難得見到丈夫，所以很感激謝奕，說：「如果沒有謝奕這個放蕩司馬，我怎麼能見到駙馬呢！」謝奕找不到桓溫，就在桓溫府上隨便拉人一起喝酒。年輕人跑得快，最後被謝奕抓住陪酒的都是老兵。謝奕就自嘲說：「失一老兵，得一老兵。」東晉人以當兵為恥，謝奕將桓溫比作老兵，桓溫為人豪放，也不生氣，任由謝奕胡鬧。謝奕和桓溫保持了密切的感情。現在，謝奕突然被破格提拔為與桓溫抗衡的藩鎮，兩人念及感情，依然相安無事。謝奕在豫州刺史任上只有一年，就死了。謝奕二弟謝據早死，三弟謝安本該出任豫州刺史。可是謝安把機會讓給了四弟謝萬。

朝廷任命謝萬出掌淮南，在世族內部引起了軒然大波。因為謝萬過於灑脫，狂妄自大，常年不理政事——這是玄學氛圍要求的。怎麼看他都不像是前線主帥的材料。謝安的好朋友王羲之曾經自問自答：「某人和謝安、謝萬相比，誰更好？如果是謝安遇到這個問題，肯定與人為善，說自己不如某人；如果是謝萬，則會因為聽到這個問題，和某人怒目相爭。」王羲之聽到謝萬的任命後，特地寫信給謝萬，要他收束情緒，勤勉政事。謝萬根本沒聽進去。

桓溫和謝萬關係一般，卻支持謝萬出任豫州刺史，因為他等著謝萬犯大錯好收拾謝家勢力。果然上任第二年，謝萬就受命與徐州方向的郗曇兵分兩路，北伐前燕。謝萬把北伐當作郊遊，一路飲酒唱歌，一點端莊辦事的樣子都沒有，更談不上和將士們同仇敵愾、同甘共苦了。三哥謝安千里迢迢寫信勸他說：「你現在是主帥，不是可以任性生活的隱士，應該懂得率軍打仗。要多和將領們交流，讓大家和你同心協力。」謝萬一想，交流不就是吃飯喝酒嘛，於是大擺宴席，招待眾將。宴會開始，謝萬自顧自吃喝得很高興，突然覺得應該說幾句話。憋了半天，謝萬終於對眾將說：「諸位都是勁卒。」他不想想，各位將軍都是有頭有臉的人，他叫大家是兵勇，在將領們聽來就是諷刺和貶低了。這個飯局目的沒達到，反而把部將都得罪光了。

戰爭開始，徐州方向主將郗曇病倒，率軍暫退。謝萬誤以為友軍敗了，慌忙下令後撤。豫州軍隊趁機一哄而散，眾將各自組織撤退，結果北伐不戰而敗，前燕反攻佔領了東晉大片土地。晉軍喘息穩定後，竟然找不到主帥了。原來謝萬逃得最快，早早躲到大後方去了，成為光桿將軍。事後追究責任，謝萬是罪魁禍首，被廢為庶民。

這個處理結果還是給陳郡謝家留了面子的，沒要了謝萬的性命。然而謝家在淮南名聲壞了，待不下去了，不可能再讓謝家子弟出掌淮南軍政大權了。陳郡謝家幾代人努力的成果，轟然倒塌，付諸流水。謝萬真是罪人，揮霍了祖父兄長幾代人的奮鬥成果。謝家只能從頭再來了。

三五、謝安：看我東山再起

一

陳郡謝家經過謝萬的慘痛失敗後，一蹶不振。家族能否復興，天下人都把目光投到了隱居東山的謝家老三謝安的頭上。

謝安身上有那個時代搏擊政壇的雄厚資本：卓越聲望。謝安四歲的時候，桓溫的老爸桓彝見到謝安就喜歡不已，讚歎這個孩子「風神秀徹」，日後肯定能揚名立萬。（桓彝日後也「揚名立萬」了，不過是因為子孫兩代都謀逆不軌的緣故。）幼小的謝安能得到大人物的讚揚，立即揚名。謝安還曾拜訪過晚年的王導，王大丞相對這個鄰家後輩也大為讚賞，結果謝安的名聲又上了一個臺階。別人是拼命搏名養望，謝安小小年紀就名揚江左，仕途前景可謂一帆風順。就在美妙前程即將開啟的時候，謝安做出了驚人的選擇：隱居東山，縱情山水。

東山在今天的紹興。當時的紹興是東晉名人隱士避世的大本營。謝安在這裡認識了許多同道中人，還參加了名垂千古的蘭亭集會。暮春時節曲水流觴的蘭亭，謝安留下了兩首詩作：「伊昔先子，有懷春遊。契茲言執，寄傲林丘。森森連嶺，茫茫原疇。迥霄垂霧，凝泉散流。」「相與欣佳節，率爾同褰裳。薄雲羅陽景，微風翼輕航。醇醑陶丹府，兀若遊羲唐。萬殊混一理，安復覺彭殤。」完全是一副醉情山水、與世無爭的樣子。

兩晉南朝的多數隱士，滿口玄學，名聲很大也不參與政治，實際上是沒有處理政務的能力。這些百無一用的書生，紙上談談虛幻的宇宙人生還行，真的把內政軍事外交擺在他們面前，玄學名氣越高可能辦事的結果越糟糕。謝安則屬於少數穩重而超脫，有能力處理好政務卻不願意從政的人。一次，謝安與王羲之、孫綽等人出海遊玩。海上突起大浪，波濤洶湧，船隻有傾覆的危險。王羲之和孫綽被嚇壞了，風度全無，船頭船尾跑來跑去，驚慌失措，抓住人就問怎麼辦。謝安平靜地說，大家再這麼慌亂瞎鬧，船沒被海浪掀翻反而可能被船上的人跑翻了，到時候大家都別想回去了。王羲之等人很慚愧，佩服謝安的沉穩寧靜，有條不紊地返航，平安上岸了。有些大名士嘴巴呱呱叫，卻經受不了大事考驗，比如王衍。謝安則能臨危不亂，時刻保持頭腦清醒，真正領悟了玄學虛中有定的真諦。事後，王羲之等人對謝安欽佩不已。王羲之公開說：「安石（謝安字安石）有鎮國氣度，我們應該舉他出仕。」大名士劉惔則說：「如果安石不出山，我們就聚集天下的名士一起來推舉他。」於是天下名士高呼：「斯人不出，若蒼生何？」彷彿謝安不出來做官，朝廷亂局勢必難以收拾。

官場對謝安來說，熱情地敞開著大門。問題是官場對謝安狂拋橄欖枝，謝安他就是不接。司徒、親王、吏部等反覆徵辟謝安走出東山來當官，更不用說那些當了官的名士來招攬謝安進入幕府了，謝安統統拒絕。朝廷覺得謝安可能是不願意接受虛職，竟然拿出掌管全國官員考核升遷的吏部郎實職來授予謝安，謝安依然拒絕了。一直到四十歲，謝安都在東山中與花鳥魚蟲為伴。朝廷屢次被拒，感到特別沒面子，乾脆宣布對謝安「禁錮終身」。不想從反面對謝安的聲望「火上澆油」，謝安越是隱居不出，人們對他的崇拜和期望就越高。

魏晉多名士，而謝安可能是魏晉名士中最瀟灑風流的一位。《晉書．謝安傳》說時人比謝安為王導，但是謝安「文雅過之」。兩人都能力出眾，都沉穩持重，但王導在瀟灑超脫和文人氣上明顯遜於謝安。就連王導的五世孫王儉多年後依然承認：「江左風流宰相，唯謝安一人而已。」

二

如果說謝安的東山隱居生活是完美的，那就錯了。謝安的心中有隱痛。那就是責任之痛。

謝夫人劉氏試探丈夫說，一輩子當隱士也不錯。謝安無奈地說，我可能不會一輩子當隱士。因為謝安的心中有強烈的責任感，有對國家社稷的責任，更有對陳郡謝家勢力發展的責任。他默默關注著東晉王朝的政治走向和親戚們的仕途命運。

謝安不想當官，所以把家族的淮南地盤讓給了弟弟謝萬。但振興家族的責任感讓他一直在幕後輔助謝萬，出主意想辦法。謝萬當吳興太守時，謝安一度在郡衙裡督促弟弟從政。謝萬懶散慣了，早上不能及時起床辦公。謝安就每天早上叩屏風催弟弟趕緊起床。謝萬後來鎮守一方，惡性不改。謝安親自拜訪謝萬的部將，替弟弟撫慰眾人，也拜託他們協助謝萬工作。謝萬日後狼狽得只剩下光桿司令，部隊沒有譁變，其中就有謝安在謝萬部隊中苦心經營的結果。等到謝萬被廢，謝家勢力落入低谷，東晉王朝北伐失敗在與北方的對抗中處於下風，謝安看到國事危難，家族衰敗，不得不決心告別東山，踏足官場。四十一歲的時候，謝安在家人的催促和眾人的矚目下，走出了東山。

謝安出仕的時機特別不好。一來，他年過不惑了，別人不好給這麼大年紀的「新人」安排位置；二來，朝廷的禁錮令依然生效，一般的官員不敢徵辟他為官。巧合的是，依然是野心家桓溫給了謝安第一份工作，給了他幕府中的一個小職位。謝安接受了，在一片譁然和嘲笑中接受了。謝安放著之前清閒顯要的好官不做，一大把年紀了，來和年輕人搶小職位，怎麼能不成為大家的笑柄。謝安默默忍受了嘲笑和不解。他知道閒適的隱居生活已經一去不返了，前方是險惡的政治漩渦，每一個漩渦都可能要了自己甚至家族的性命。玄學視政治為俗務。但真正看透俗世的玄學名士，應該是超越世俗的，一旦操持起俗務來也能得心應手，遊刃有餘。謝安就是真正的玄學名士。

桓溫接納謝安的心態很複雜，有同情，也有幫一把的意思。謝安出山前後，桓溫不斷抓權，排斥其他世族，漸漸露出了篡位的狐狸尾巴。東晉君臣都對他敬畏三分。謝安在他手下辦事，又要尋求仕途發展，難度之大，可想而知。他的做法是站在朝廷一邊又不和桓溫翻臉，處理好本職工作又不亂摻和事情，藉著桓溫這條大船，憑著能力和名聲逐步得到提升。

三七一年桓溫廢黜司馬奕為海西公，改立司馬昱為帝，並族誅了陳郡殷氏、潁川庾氏兩家，操縱了東晉實權，聲勢如日中天。桓溫的做法侵害了其他世族大家的利益。已經跳到朝中為官的謝安堅定地和另兩大世族——太原王氏和琅琊王氏站在一邊，反對桓氏篡權，改朝換代。他們拉攏一批中小士族，形成共同抵制桓溫的聯盟。而謝安也在這個大趨勢下，趁機與各個世族大家聯姻，壯大本族力量。從此，謝家子女婚嫁基本不出大世族家庭，開始編織盤根錯節的權勢網絡。

司馬昱當了不到兩年皇帝，也死了。桓溫一度授意司馬昱立下遺詔，將天下傳給自己。謝安趕緊聯合王坦之、王彪之等人逼簡文帝改寫遺詔，將政權傳給兒子司馬曜。王謝抓緊時間，將生米煮成熟飯，在三七三年擁戴司馬曜即位。司馬曜就是孝武帝，之後在位二十四年，是東晉在位時間最長的皇帝。

桓溫得知即將到手的江山落空了，勃然大怒，率軍入京「朝覲」新皇帝。桓溫引兵入朝，朝野盛傳此來是「誅王謝，移晉鼎」，一日數驚。

東晉朝廷沒有力量阻擋桓溫的軍事威脅，皇上只能下令王坦之、謝安等率領百官到新亭迎接桓溫。事前，王坦之手忙腳亂地跑來向謝安問計。謝安也不知道怎麼辦，也害怕，但平靜地說：「大晉存亡，就看這一回啦。」世事本無定論，政事也一樣，到時候隨機應變吧。

歷史上有名的「新亭風波」就此上演。一方是氣勢洶洶、大兵壓境的桓溫，一方是王坦之和謝安等朝臣，所爭的就是東晉王朝的江山社稷。你把他說成「鴻門宴」也好，說成關羽的「單刀會」也好，反正桓溫在新亭擺出了嚇人的陣仗，大軍環列，刀甲鮮明，官兵們對朝臣怒目而視。更可怕的是，桓溫拉起了許多幃帳，不用風吹起帳角，肉眼都能看到帳後密密麻麻的持械武士。朝廷上的王公大臣們平日裡威風凜凜，可在武士巨陣面前卻威風掃地。文武百官跪拜在道路兩旁，甚至連抬頭看一眼桓溫的勇氣都沒有。領頭的王坦之驚得汗流浹背，緊張得連手板都拿倒了。

朝臣中只有謝安面對層層重兵，用他那帶有濃厚口音的「洛陽普通話」像模像樣地誇獎了一番桓溫的部隊。史書上稱「洛陽普通話」為「洛生詠」，特點是音質渾厚，很有威懾感，能給普通官兵和老百姓很大的震懾力。震懾衝擊波過後，謝安再從容地質問桓溫：「有道諸侯訓練甲士替朝廷防守四方，現在明公在幕後埋伏武士，唱的又是哪齣戲啊？」桓溫預想了許多結局，就是沒料到謝安會這麼直接這麼坦然。好在桓溫也是名士，心胸也很豁達瀟灑，雖然受了謝安當頭一棒，立馬調整了情緒，撤去了埋伏的武士，客氣地接待起謝安來。

桓溫也是玄學造詣很深的名士，瀟灑得很，現在被謝安的鎮靜灑脫勾引出了那瀟灑脫俗的勁頭來，拉著謝安就高談闊論起來，把其他人都晾在一邊。桓溫的一生都在追求權力和沉溺玄學之間徘徊，猶豫不決，錯過了許多攬權的機會。謝家子弟與桓溫明明不是一夥人，卻因為風範獨特得到了桓溫的提攜。謝安兄弟的最初舞臺都是桓溫提供的。如今，桓溫又因為謝安的阻撓，放棄了逼宮奪權的計畫，和謝安作了一場長談之後竟然撤軍了。

從此，桓溫和皇帝寶座永遠告別了。而謝安獨得大功，幾乎成了再造社稷的功臣，更因為臨危不懼的名士風範，地位迅速躍升。王坦之原來名望在謝安之上，從新亭回來後聲望就落在了謝安之後。

謝安的無畏抵制穩定了東晉王朝的局勢，但桓溫的野心依然，還在上游作著皇帝夢。撤軍後，桓溫大病一場，藉口生病搬到建康附近的姑孰養病，派人暗示朝廷授他九錫。九錫是皇帝獨享的禮器，霸佔九錫禮器幾乎成了歷代權臣篡位前的衝刺動作。隨著病情越來越重，桓溫求九錫的心情也越來越強烈，直接授意文臣袁宏起草加授九錫的詔令。袁宏趕緊寫好，按照程序將詔令草稿拿給中樞重臣謝安看，需要謝安的批准。謝安看完，搖搖頭，對袁宏說需要修改。袁宏修改後再拿給謝安看。謝安還是不滿意，兩人單單在程序上就這樣往來了幾十天，詔令遲遲不能定稿。袁宏也算是一代文豪，後來生氣了，不解地問謝安為什麼老不滿意。謝安默默說了一句：拖著好，拖久了問題就解決了。袁宏一下子就明白了。果然，拖到三七三年的夏天，桓溫沒等到詔令就病死了。謝安不動聲色，不費力就給東晉王朝扳倒了一大禍患。

司馬曜的皇位是謝安等人擁立的，又是謝安鞏固的，桓溫死後就讓謝安取代了相位。謝安順順當當地位極人臣，連帶著陳郡謝家不僅收復了政治失地還大獲其利，和各大老牌世族相比，大家都不相上下、平起平坐了。史稱謝安「東山再起」。

三

謝安是個比桓溫更能令人接受的權臣。桓溫死後，謝安並沒有黨同伐異，大開清洗桓家勢力之門，而是彷彿沒事發生一樣。桓溫的弟弟桓沖繼承了哥哥的荊州地盤。別人提醒他要和謝安爭權。桓沖承認自己名望能力都在謝安之下，甘居地方藩鎮，沒有異心。東晉朝廷在王敦、桓溫之亂後一度出現了團結穩定的局面。民俗說：「關中丞相唯王猛，江南萬民望謝安。」謝安統治時期相對平穩安定。

桓溫死後的十年，東晉王朝的主要威脅來自北方的前秦。前秦逐漸強盛起來後，陸陸續續對東晉發動騷擾。東起徐州、西到襄陽，秦軍和晉軍小規模戰爭不斷。北方大舉初定後，苻堅調整部署，開始將東晉作為下一個重點打擊目標。他選中的突破口是荊州北部的襄陽。襄陽扼守漢水和江漢平原的要衝，東吳時期就是長江防線的重要據點。曹魏和東吳就在此長期對峙，東晉自然不敢怠慢，集中重兵派遣名將把守。苻堅想通過進攻襄陽，動搖東晉的長江防線，四兩撥千斤。

謝安和桓沖選擇的襄陽守將名叫朱序。朱序父親朱燾曾任東晉的梁州、益州刺史，朱序本人曾長途奔襲、擒拿欲割據蜀地自立的東晉梁州刺史司馬勳，有出身、有能力、有功績，官拜征虜將軍，鎮守襄陽。到任之後，朱序學起了名士風度，喝酒下棋，對防務放任不管。他認為襄陽有漢水天險和堅固的城池在，固若金湯。即使太元三年（三七八）年初，種種跡象都表明前秦將大兵壓境了，朱序還是不慌不忙地和名士文人們交遊唱和。

朱序的老母親韓氏，久隨丈夫和兒子經歷疆場，粗通軍事且居安思危。她聽到軍情警報，見兒子無動於衷，就親自帶著僕婦下人巡視襄陽城牆。她發現襄陽西北角城牆已經傾圮，牆磚鬆脫，外牆上雜草叢生，心急如焚，想迅速修復。可惜人手不夠，韓氏就派幾個管家去城中曉以大義，招募婦女修城。城中百姓一來擔心前秦軍隊殺掠，二來為韓氏的精神所感動，紛紛效力修城。有近二千婦女響應韓氏號召，應募前來。韓氏就帶著她們在原來西北角城牆的內側重築一道斜城。這段城牆二十餘丈長，與舊的西北角城牆成三角形。這便是後來聞名於世的襄陽「夫人城」。

那一邊，三七八年新年剛過，前秦苻堅即以兒子苻丕為統帥，率領降將慕容垂、姚萇等人和十萬秦軍南下，直衝襄陽而去。秦軍為得勝之師，人多勢眾，一路上長驅直進，如入無人之地。朱序對漢江天險盲目信任，沒有在江邊設防，秦軍精銳騎兵游馬渡江，直逼襄陽城下，大軍陸續渡過江來，將襄陽城圍得水洩不通。朱序這時慌忙調軍守城。襄陽危急。

秦軍開始攻城，年久失修的西北角最先被攻破。苻丕高興地督促兵士突入城區，卻發現前面有一座嶄新的斜城矗立在面前。城牆上滾木炮石火把，傾斜下來，秦兵猝不及防，人仰馬翻，敗退而去。襄陽軍民同仇敵愾，擋住了十萬秦軍的猛攻。謝安接到邊警，派荊州的桓沖率領七萬大軍增援襄陽。桓沖和荊州各將害怕秦軍，只敢在戰場之外「聲援」襄陽，不敢真正上前與秦軍鏖戰。襄陽孤城，在異常艱苦的情況下堅守了將近一年時間。

苻丕統率大軍困於襄陽城下，勞師動眾，遭到了內部的反對。前秦御史中丞李柔上表苻堅，要求將苻丕按軍法從事。苻堅迫於壓力，派使者到前線重責苻丕，同時賜劍一把，嚴令第二年春天如果再不攻克襄陽，就讓苻丕等人以劍自裁。苻丕和慕容垂、姚萇等人在重壓之下，督率秦軍加緊圍攻襄陽。朱序和軍民們陷入了絕境，內無糧草外無援兵，連三七九年的春節都是在生與死的廝殺中度過的。三月，襄陽城的北門突然大開，朱序手下的督護李伯護失去信心，叛國投敵，開城引秦軍殺入城中。朱序被秦兵活捉，母親韓氏不知所終。苻堅接到捷報，下令殺了投降的李伯護，卻很欣賞朱序，不僅赦免了他，還任命朱序為尚書。苻堅向來寬厚，對欣賞的人不論出身和曆史背景，一概予以重用。

襄陽失守，東晉的防禦形勢出現了一個缺口。前秦忙於內部整肅，暫時沒有進一步的動作；謝安盡量將襄陽失守的影響降到最低點，既沒有大肆宣揚，也沒有在國內整軍備戰。南北之間出現了大戰之前的片刻沉默。

三六、淝水之戰其實是場心理戰

一

苻堅登基後一直以統一天下為己任，隨著前秦的強大，統一的願望越來越強烈。逐個削平群雄後，苻堅的敵人只剩下南方的東晉了。

三八二年，苻堅召見群臣，專門討論南征東晉的問題。苻堅的態度很明確：「朕繼承大位將近三十年了。四方大致平定，只有東南一角還在大秦治理之外。大秦有雄兵百萬，朕準備御駕親征。」一話題一挑開，後秦朝野就炸開了鍋。除了少數幾個人附和外，多數大臣都反對伐晉。事情久議不決，耽擱下來了。懷有二心的前燕宗室慕容垂和羌族將軍姚萇希望苻堅伐晉失敗，以便自己有機可乘謀求復國，所以竭力慫恿苻堅南伐。他們請求苻堅「聖心獨斷」。苻堅真的甩開大臣，只留弟弟苻融商量要不要出兵。不想，苻融明確反對伐晉。他舉出了伐晉的三難：一是天道不順，東晉畢竟是天下正朔；二是東晉內部基本平穩，無隙可乘；三是後秦征戰多年，士卒疲憊，百姓厭戰。要命的是鮮卑、羌、羯等被征服的民族並未誠心臣服，可能會趁後秦大兵南征造反。然而，苻堅聽不進去。苻融就搬出王猛來，勸諫道：「難道丞相王猛的臨終遺言忘記了嗎？」王猛臨終告誡苻堅不要貪圖東晉，可惜現在苻堅滿腦子都是統一天下，把王猛的遺言放到了一邊。愛妾張夫人、太子苻宏也勸苻堅不要伐晉，苻堅都聽不進去。苻堅這麼做也有他的道理：之前的歷次征戰他都沒有輸過，如今兵強馬壯，明顯強過東晉，為什麼不能南征呢？

東晉太元八年（三八三）七月，苻堅下詔大舉攻晉。同時，他自信滿滿地在詔書中提前封賞東晉君臣，封孝武帝司馬曜為尚書左僕射，封丞相謝安為吏部尚書，封荊州的桓沖為侍中。苻堅樂觀地認為東晉君臣投降的日子「勢還不遠」，所以體貼地在長安開始為三人建造府邸了。為了組織大軍，高門富豪子弟和精通武藝的青壯年都被授以羽林郎，一共得到了三萬多名軍官。這批軍官指揮的是苻堅從北方逢十抽一強徵來的平民。北方各郡縣可遭了殃了，不僅被抽走了十分之一的勞力，公私馬匹也全部充公，還要承擔前線的糧秣供給。最後，苻堅一共組織了九十七萬人的大軍，狂傲地宣稱只要大軍將馬鞭投江，就能阻斷長江流水了。

這麼龐大的軍隊，根本集結不起來。苻堅將他們分為三個部分，分別從四川、荊州和淮南三個方向進攻。後秦的主力集中在淮南方向，由苻融率二十五萬人為前鋒，苻堅親率大軍斷後。秦軍進軍像苻堅預料的一樣順利，如入無人之境一般渡過了淮河，順利攻佔了淮南重鎮壽陽（今安徽壽縣）。苻堅大喜，親自來到前鋒，和苻融會合。秦軍前鋒在壽陽打得轟轟烈烈的時候，秦軍的大部隊還在陸續從長安、洛陽等後方城池動身出發。

前秦百萬大軍攻過淮河，東晉危矣！建康全城震動，百姓驚恐不安。東晉王朝文恬武嬉，時間久了，早喪失了勇氣。他們唯一的救命稻草就是謝安。孝武帝任命謝安為征討大都督，全權負責抵抗救國。

謝安也不知道如何抵抗前秦大軍，但他知道臨危不懼、坦然應對的道理。平靜應對總比驚慌失措要好。侄子謝玄已經被安排在前線統兵了，謝安再給謝玄加了「都督徐兗青三州、揚州之晉陵、幽州之燕國諸軍事」，作為前鋒抵擋敵人進攻的步伐。謝安又任命弟弟、征虜將軍謝石，兒子、輔國將軍謝琰等率領大軍與他會合。晉軍總兵力為八萬人。除此之外，謝安沒有進一步舉動。

丞相如此作為，顯然不能安撫建康的人心，除了個別人自欺欺人說謝丞相肯定胸有成竹，其他人都相信東晉王朝要完蛋了。荊州的桓沖實在看不下去，挑選了三千精銳派往京城，交給謝安調遣，以備安排朝廷逃跑。謝安謝絕了，說國家存亡不在於幾千士兵，倒是荊州是上游重鎮，更需要精兵加強防守。謝安還給桓沖傳話說，一切他自有安排，桓沖好好守住長江中游就可以了。桓沖急得對幕僚歎道：「謝安一介文人宰相，沒有大將之才，他盡派些沒有經過風浪的年輕子弟抵禦強敵。這下可好，我輩都將陷入敵手了！」就連被任命為前線主將的侄子謝玄，也心虛得很，跑回來問謝安怎麼辦。謝安一如既往的坦然，平靜地說：「到時候會有旨意的。」謝玄不敢再問，託部下張玄來找謝安詢問怎麼辦。謝安也不回答，帶著張玄來到別墅。別墅裡親朋畢集，謝安拉著張玄下圍棋，謝安的棋技比張玄要差，但當天張玄心裡恐懼，竟然輸給了謝安。

史載謝安在大戰中只是「指授將帥，各當其任」而已。事實上，毫無軍事經驗的謝安這麼做是正確的，總比既不懂也要瞎指揮強。這符合他「在官無當時譽，去後為人所思」的一貫執政思路。淝水之戰前後，謝安頻繁在公眾面前出現，甚至連夜遊玩，裝出一切如常的樣子。東晉的各個世族為了切身利益，暫時放棄了爭鬥，團結起來一起對外了。時間久了，東晉的人心竟然穩定了下來，官民都屏氣凝神地關注著前線戰事。

二

謝安的希望都寄託在前線的侄子謝玄身上了。謝安最看好這個侄子，將家族的興盛傳承都寄託在謝玄身上了。

謝玄小時候一副嬌貴美男子的模樣，喜歡衣著華麗，腰上別著別致的絲巾，手裡拿著漂亮的紫羅香囊把玩。謝安很擔心謝玄的成長，就把他叫到面前來說，伯伯和你打賭玩，好不好？謝玄欣然答應，沒幾下就中了謝安的套子，輸了。謝安說，我要拿走你的紫羅香囊作為賭注。謝玄滿不在乎地將香囊給了伯伯，謝安贏到香囊，看了一下就輕輕扔到火爐裡燒掉了。小謝玄看到眼裡，心裡明白叔叔不贊成自己的紈綺作風，下決心痛改前非。有一次，謝安問子侄們將來要做什麼樣的人。其他人的回答大同小異，無非是說要學好，做有能力有道德有聲望的人。只有謝玄仔細思考後回答說要像「芝蘭玉樹」一樣自由茁壯地成長，庇護一家門庭！謝安很欣賞謝玄的回答，認為他有獨立的思想和強烈的責任感。

謝玄進入仕途之時，東晉王朝面臨前秦侵寇，朝廷尋求良將鎮禦北方。謝安就推舉謝玄出任建武將軍、兗州刺史、領廣陵相、監江北諸軍事，去前線打仗。中書郎郗超平日裡和謝玄的關係不好，聽到任命後歎息說：「謝安舉賢不避親，看來是看好謝玄的能力。謝玄這次去必定不負推舉，有一番作為。」其他人都不以為然，覺得富貴人家的英俊公子謝玄去前線，能鍍鍍金就不錯了，不會有所作為。

謝安不顧非議，堅持重用侄子謝玄，謝玄也不負重託。江北的京口、廣陵是北方南渡流民的集中地。這些流民在南方生活並不如意，對北方政權有著刻骨的仇恨，戰鬥力強。謝玄就挑選流民中的驍勇之士組建部隊。彭城（今江蘇徐州）人劉牢之等人勇敢又有膽略，紛紛投軍。謝玄就以劉牢之為參軍，訓練了一支精銳部隊。他率部隊多次阻攔了前秦對彭城等地的騷擾，戰無不捷，威震敵膽。東晉稱京口、廣陵等地為「北府」，所以謝玄的部隊得名「北府兵」。這支部隊逐漸成為了東晉王朝戰鬥力最強的部隊。劉牢之、劉裕等人在其中扛槍打仗，逐步崛起。尤其是劉裕，原本是一個在賭場輸得一無所有的賭徒，走投無路當了兵，竟然靠著軍功一步步掌握軍隊，最後推翻了東晉王朝建立了宋朝。謝玄可謂是劉裕的政治恩人。而北府兵隨著形勢發展逐漸擺脫謝家勢力的影響，成為左右南朝政局的獨立力量，呼風喚雨近百年，也完全超乎了謝安、謝玄等人的預料之外。這些都是後話了。

在組建初期，北府兵還是服從朝廷的精兵。當時普遍認為南方軍隊柔弱，無法與北方少數民族鐵騎對陣。後來南北大戰，一代梟雄苻堅遠遠看到北府兵的陣勢就對左右北方將領說：「誰說南方沒有勁旅，我看對面就有一支強敵。」

接受抵抗前秦百萬大軍的重任後，謝玄明白王朝的命運和家族的命運都在此一搏，沒有退路了。前秦軍隊正長驅直入，謝玄冷靜抓住前秦軍隊盤子太大，全面出擊，各自為戰，缺乏統一步伐的弱點，集中北府兵精銳五千人交由將領劉牢之率領北上。目的是抓住秦軍的弱點予以痛擊，爭取有所斬獲。前秦梁成的部隊前突到淮河南邊、壽陽東邊的洛澗，呈現孤軍之勢。劉牢之猛攻梁成的部隊，梁成猝不及防，在交戰中被殺。秦軍步騎爭相後撤，結果在淮河邊爭搶著渡河，亂成一團。劉牢之縱兵掃蕩，生擒敵將多人，繳獲大量軍需物資。東晉開戰大捷，謝石下令水陸並進，暫時遏止了秦軍推進的勢頭。

前秦雖敗，但依然掌握著戰場優勢。苻堅親自來到壽陽，大軍在淝水（淮河的一條支流，在今安徽壽縣東南）北岸安營紮寨，對南岸的東晉部隊虎視眈眈。這一天，苻堅站在壽陽城頭，望見郊外的晉軍「部陣齊整，將士精銳」，又「北望八公山上，草木皆類人形」，開始意識到南征的決策可能草率了一點，心中隱約泛起憂慮來。

苻堅想充分利用本軍的優勢，不戰屈人之兵。他派隨軍的東晉降將朱序去遊說謝玄，企圖說動謝玄投降秦軍。苻堅對朱序盲目信任，不想朱序一直身在曹營心在漢。他正想找個機會報效故國呢，見到謝玄非但沒有勸降，反而把前秦軍隊的弱點和盤托出。前秦大軍號稱百萬，但真正效忠苻堅的氐族部隊比例很小，而且大部隊還沒有到達前線。針對前秦雖然兵強馬壯，內部矛盾重重的情況，朱序建議謝石、謝玄等人：「等到百萬秦軍都到達前線，要想戰勝他們就很困難了。等秦軍尚未集結完畢，宜在速戰。如果能夠打敗秦軍的前鋒，可能會撼動大舉。」謝玄等人贊同朱序的判斷，只要給予前秦軍隊一次重創，就可能激發矛盾引發內訌，打倒這隻紙老虎。

於是，謝玄主動向前秦下戰書，說：「你們遠涉我國國境，卻臨水為陣，明擺著不想速戰速決。現在，請你們稍微向後撤退，讓我軍將士有渡河周轉迴旋的地方。到時，我要和你們一見高下！」前秦將領認為不應該撤軍讓東晉軍隊渡河，我眾彼寡，遲早會把謝玄等人拖死。苻堅則樂觀地認為：「我們暫且退軍，讓敵人渡河。等他們還沒列好陣勢，我們的數十萬鐵騎就突然殺過去，把敵人逼進淝水裡殺死，不是更好嗎？」苻融附和哥哥的意見，贊同趁晉軍渡河過半的時候進行突襲。

第二天，晉軍如約開始渡河。苻融就組織部隊後撤。前秦大軍的人心本來就是散的，隊伍很不好帶。上頭說是戰術性撤退，下級卻一下子相信前鋒部隊失敗了。更有甚者，後面的部隊見前面塵土飛揚，紛紛後撤，巴不得早點回家的降卒和壯丁們想當然地以為失敗了，扭頭就跑。回到秦軍營中的朱序趁機大喊：「打敗了，我們打敗了！」軍心瞬間渙散，各懷鬼胎的將領們紛紛拉起隊伍逃跑。後方大軍還在向前行軍，前方大軍突然向後湧，擠成一團，亂成一鍋粥。苻堅、苻融等人根本制止不了。謝玄壓根沒有想到會出現這樣的好事，率精銳八千強渡淝水，追著前秦敗軍的部隊就猛殺猛砍。前秦百萬大軍奇蹟般地一敗塗地。苻融被亂軍殺死，苻堅中了流矢，倉皇北逃。他曾自負地相信能投鞭斷江，現在前秦大軍自相踩踏溺水而死的屍體堵塞了淝水，淝水因此斷流多時。逃跑的路上，前秦大軍丟盔棄甲，日夜逃命，聽到風聲鶴唳都以為東晉追兵來了，結果沿途又餓死凍死了十分之七八的官兵。史稱「淝水之戰」。

此戰，東晉取得了輝煌勝利，殺敵數十萬人，繳獲儀服、器械、軍資、珍寶等堆積如山，其中包括苻堅的座車，另有牛馬、驢騾、駱駝十萬餘頭。謝玄戰後乘勝開拓中原，基本收復了黃河南岸地區，帶動四川、漢中等地投降東晉。劉牢之率領的北府軍還一度逼近黃河以北的鄴城。前線晉軍快馬向謝安報捷，謝安正在和客人下圍棋，看完捷報平靜放到床上，面不改色繼續下棋，倒是客人問是怎麼回事，謝安慢慢回答：「晚輩們在前方打敗了賊軍而已。」堅持下完棋，謝安回到內室，終於抑制不住狂喜的心情，過門檻的時候連鞋被碰壞了都沒有發覺。這實在是一場贏得過於蹊蹺、過於輝煌的勝利。司馬曜因為任內的這一勝戰而得名「武帝」。

三

在淝水大戰中，八萬晉軍大敗前秦百萬大軍，不僅使國家轉危為安，而且促使前秦崩潰，北方大亂。局勢朝著有利於南方的方向發展。東晉朝廷表彰功臣，封謝安為廬陵郡公，謝石為南康公，謝玄為康樂公，謝琰為望蔡公。陳郡謝家一門四公，從此尊貴無比，成為東晉頂尖的名門望族。

家族勢力太昌盛了，迅速引起了皇室的猜忌。司馬曜很擔心謝安成為第二個桓溫。皇弟司馬道子開始攬權。謝安修身那麼多年，很清楚盛極而衰、月盈則虧的道理，剛好東晉乘勝收復失地前方事務繁重，謝安就在三八五年主動要求離京出鎮廣陵，以督促前線為名行避禍之實。在廣陵，謝安生病了，只好申請回京養病。朝廷高規格地派遣侍中慰勞。夏末，謝安在建康病逝，享年六十六歲，得以善終。死後極盡哀榮，朝廷追賜太傅，史稱「謝太傅」。千年之後，北宋宰相、大文豪王安石登會稽東山，還因為自己的名（安石）和謝安的字（安石）相同而沾沾自喜。

在前線主持戰事的謝玄堪稱南朝第一功臣。朝廷專門遣殿中將軍慰勞謝玄，升他為前將軍、假節，賜錢百萬彩千匹。只可惜，長期的奔波行軍和風餐露宿的作戰極大損害了謝玄的身體。淝水大捷後，謝玄的身體每況愈下。朝廷調任他為左將軍、會稽內史，讓他去氣候溫良的紹興地區養病。謝家從此喪失了北府軍的控制權。第二年，謝玄病死在會稽，終年四十五歲。朝廷追封謝玄為車騎將軍，謚號「獻武」。

謝琰是謝安的兒子。淝水大戰讓謝琰變得驕傲狂妄。孫恩在浙東大起義，朝廷派遣徐州刺史謝琰前往鎮壓。史載謝琰到浙東後，無綏撫之能，又不整軍備戰。部將進諫說強賊就在海邊，不能鬆懈，應該做好準備。謝琰不以為然，說苻堅百萬大軍都在淮南被我們謝家人給打敗了，何況孫恩是只會騷擾海邊的流寇。四〇〇年，孫恩趁謝琰不作防備集中軍隊偷襲，謝琰兵敗逃亡，被部下殺害。兒子謝肇和謝峻同時遇害。謝琰的小兒子謝混從小就有美譽，但走的是文學路線，善於寫詩。謝混的詩歌清新淺顯，不流俗，對東晉詩風的轉移有一定影響。謝混歷任中書令、中領軍、尚書左僕射，多少延續了祖父的地位，不幸的是他捲入東晉末年的政治漩渦。謝混與大將軍劉毅關係密切，而劉毅偏偏在與權臣劉裕的黨爭中失敗。東晉末期謝混被準備篡位的劉裕殺害。謝混的死與社會大環境變遷有關，留待後文細說。

朱序在淝水之戰後返回東晉，被朝廷安置在中原前線，長期參與對胡族政權的作戰，十年後病逝。

三七、復國是永恆的目標

一

淝水之戰後，苻堅倉皇而逃，前秦主力盡失。這就為慕容家族的復國夢想提供了可能。

慕容垂在淝水之戰前，在前秦的處境非常好。他雖然是前燕的皇族，卻不是俘虜，而是主動投靠的人才。苻堅很看好慕容垂，慕容垂又在滅亡前燕的戰爭中立了大功，所以淝水之戰前慕容垂擔任冠軍將軍，指揮軍隊，算是掌握著實權。淝水之戰動議之時，以慕容垂的眼光和智慧，很可能看到了前秦尚未具有滅亡東晉的實力，可是他熱情支持苻堅的南征計畫，其中不能說慕容垂沒有自私的想法。淝水之戰中，慕容垂率本部兵馬三萬人隨軍南征，幸運的是他的部隊還沒上前線，秦軍就在淝水一戰中慘敗了。我們有理由猜測，慕容垂可能是在故意拖延避戰，觀望以保存實力。

原先被前秦消滅的各個割據政權的皇族紛紛揭竿而起，圖謀恢復自家王朝。受到厚待的慕容家族原本就念念不忘復國，自然加入了華北重燃的狼煙——後人時常據此批判慕容家族忘恩負義，滿肚子的狼子野心。我們看慕容家族，最有希望扛起復國大旗的就是掌握軍隊的慕容垂。

復興鮮卑王朝的曙光照耀在了慕容垂的身上。慕容垂的軍隊在淝水之戰中保存實力，是戰後前秦國內唯一完整的部隊。戰敗的光桿皇帝苻堅跑到了慕容垂軍中避難。是把握這個千載難逢的機會，殺了苻堅取而代之，還是禮送出境，光明正大地一決雌雄呢？當時聚攏在慕容垂周圍的一幫前燕舊臣都勸慕容垂立大功者不顧小節，乘機取代前秦。

慕容垂的作為光明磊落，充滿帝王氣度。他回顧了自己落難前燕時，無所置身，苻堅盛情款待，授權給兵的恩德。前秦實權人物王猛曾力勸苻堅殺掉慕容垂（因為王猛覺得慕容垂有帝王之相，是前秦的大敵），苻堅仍然以國士之禮厚待他。「此恩何可忘也！」慕容垂慷慨陳詞說服眾人，將軍隊指揮權交給苻堅，一路護駕他返回長安。

到長安邊的澠池，慕容垂請求苻堅允許自己到華北去安撫「輕相煽動」的百姓。華北是前燕舊地，慕容垂的意圖也很明顯，但苻堅爽快地答應了。謀士權翼力勸苻堅不可，苻堅重諾言，雖然覺得有理也沒有收回成命。權翼無奈，私自在黃河橋邊設下埋伏，打算襲擊慕容垂。慕容垂早有提防，在無人處偷渡黃河，逃過了一劫。慕容垂在亂中獨身東出河南，聚攏鮮卑舊部，招兵買馬，部隊一下子發展到20萬。384年，慕容垂在河南滎陽稱燕王，標誌著鮮卑族復國成功。兩年後，他自立為帝，定都河北中山。鮮卑垂建立的王朝史稱「後燕」，以別曾經驅逐他的前燕。

此時，愛情失意、生活坎坷、歷經磨難的慕容垂已經是六十歲的老人了。他建立的後燕政權在此後十多年裡牢固佔據關東地區，是當時北方最強大的割據政權。後燕與西邊的後秦政權東西對峙，歷史回復到了之前秦燕對峙的局面。

二

前燕滅亡後，作為皇帝的慕容暐和弟弟慕容泓、慕容沖被帶往長安，受到優待。苻堅見前燕清河公主膚白漂亮，娶她為妃，又見慕容沖年少帥氣，把他召進宮來充作孌童。他和慕容沖姐弟朝夕相處，同床共枕。慕容沖姐弟共事苻堅，引得長安城中百姓唱道：「一雌復一雄，雙飛入紫宮。」王猛覺得不成體統，極力進諫。苻堅虛心納諫，將慕容沖遣送出宮，等他大點了以後又任命為平陽太守。

慕容暐、慕容泓、慕容沖三兄弟都滿懷先輩創業復國的激情，對苻堅偽裝應付，伺機而動。前秦兵敗後，慕容泓率先招攬鮮卑部眾，扯起了反旗。慕容沖也起兵投奔慕容泓。兄弟倆很快聚攏了數萬人，與前秦殘部在關中展開血戰。

慕容泓遣使苻堅，要求「分王天下」。苻堅大怒，叫來慕容暐責問。慕容暐叩頭至流血，哀求恕罪。苻堅赦免了他。轉身，慕容暐就暗中派人到慕容泓那裡，支持弟弟復國，還告訴慕容泓：「一旦聽到我的死訊，你就繼位接著幹。」看來，慕容暐還把自己當皇帝看呢。前燕滅亡後，大批鮮卑人被遷徙到關中。關中的鮮卑人思念復國，支持慕容暐、慕容泓、慕容沖三兄弟。應該說慕容泓和慕容沖的復國起點比慕容垂要高得多，可惜他們在復國途中繼續將內訌的「光榮傳統」發揚光大。慕容泓不久在部下騷亂中遇害，而慕容沖就是幕後黑手。之後，慕容沖整合關中的鮮卑勢力，復用燕國旗幟，史稱「西燕」。西燕建國後的主要目標就是進攻長安，俘虜苻堅。

苻堅困守長安，悲傷於慕容家族背信棄義，把慕容暐叫到跟前大罵：「你們家族兄弟子侄布列上將，當時雖稱是滅國，其實我待你們像歸家一樣。現在慕容垂、慕容沖、慕容泓各個稱兵，你們家族真是人面獸心，枉虧我以國士待你們。」慕容暐伏地涕泣，表白忠心。苻堅寬厚慣了，將慕容暐叫來責備就表示他沒有殺心。慕容暐總算蒙混過關了。苻堅又派人送了一件錦袍給慕容沖，希望慕容沖念及過去的恩情（床笫之情）。當年，苻堅和慕容沖姐弟同床共枕，在他看來是恩情，在慕容沖看來卻是恥辱。因此，慕容沖答道：「我以天下為任，怎能受這一袍小惠！如果苻堅束手就擒，我對待苻家不會比他當年待我們家差。」苻堅聞報，後悔不及：「悔不用王猛和苻融之言，使白虜敢猖狂如此！」（鮮卑人皮膚白皙，苻堅因此呼之為「白虜」。）

長安城裡，慕容暐時刻不閒，以兒子成婚為名邀請苻堅參加。苻堅答應了。術士王嘉認為慕容暐殺苻堅的計畫不會成功，預測「會天大雨，不得殺羊」。當夜，長安果然大雨磅礴。苻堅因此察覺慕容暐的陰謀，這才下了殺心，殺了慕容暐父子及其宗族。長安城內殘存的數千鮮卑人，無論男女老少都被斬除。苻堅厚待亡國宗室卻遭背叛，成了後代帝王不斷提及的教訓，也導致了後代亡國宗室罕有保全性命者。

城外，慕容沖率軍猛攻長安。苻堅不敵，留下太子苻宏守長安，自己率部逃往五將山，結果被後秦姚萇所殺。苻宏最後棄城而逃投降東晉。慕容沖殺進長安，進行屠城作為報復。佔領關中後，慕容沖計畫以長安為都城，長期經營。但鮮卑部眾都希望遷回河北、遼東老家，反對留居關中。慕容沖旋即在兵變中被殺。西燕帝國的四十萬軍民大舉東歸。途中，內亂頻仍，慕容永最終奪取政權。因為慕容垂已在東方建立了後燕帝國，慕容永不敢再往東走，就轉向北邊，佔據了山西南部一帶。

第二年，慕容垂以勢不兩立之勢對西燕發動進攻。三九四年，西燕都城長子城被攻破，慕容永被殺，西燕滅亡。西燕融入了後燕。

慕容鮮卑經過這麼多的變故，原本有限的實力逐漸不能支撐一個統治整個中國北部的龐大帝國。後燕帝國隨即遭遇到了同種同源的遼西鮮卑拓跋部的挑戰。

拓跋鮮卑佔據後燕的西北方向，對慕容垂形成壓迫態勢。「大燕國」的實力在歷次爭鬥中嚴重透支了，只能兵出險招，寄希望於取得一場對拓跋部的主力決戰的勝利。暮年的慕容垂希望在自己的有生之年裡重創拓跋部落，也希望即將繼位的太子慕容寶能夠一戰立威。三九五年，他以慕容寶為元帥，率大兵攻魏。拓跋部的傑出領袖拓跋珪故意示弱，拓跋部眾趕著牲畜牛羊渡過黃河西遷一千多里，佯裝遠逃他鄉，實則誘敵深入。慕容寶迫切要揚名立威，跟隨拓跋部西進，追至河套地區。在這裡，後燕大軍渡河為暴風所阻，和拓跋部隔河對峙。拓跋珪派出小股部隊騷擾慕容寶的後方，截斷了後燕大軍與朝廷的聯繫。幾個月來，慕容寶都得不到國都中山的消息。他出發時，父皇慕容垂已染病在床，如今連父皇是死是活都不知道，心裡焦急。在古代，太子不知道父皇的生死，是很危險的事情，搞不好皇位就被人奪去了，甚至還有性命危險。拓跋珪就利用慕容寶的這個心理，逼被俘的後燕往來使者隔河叫喊：「慕容垂已死，你們還不早點回去！」後燕大軍不辨真偽，士氣大為衰退。慕容寶決定退兵，退兵前他燒毀了黃河沿岸所有的船隻，以為這樣就能夠阻止拓跋部主力的追擊。誰知，到十一月初天氣嚴寒，黃河結了厚厚的堅冰，拓跋珪率精銳騎兵從容過河，追擊燕軍。後燕大軍在岱海（今內蒙古涼城縣東北）被拓跋部追上。拓跋珪選擇凌晨後燕大軍毫無準備的時候發動突襲，大破後燕軍隊。燕軍官兵驚慌失措，四竄逃跑，自相踐踏而死就有上萬人，還有四五萬人束手就擒。慕容寶僅以身免。拓跋珪把被俘的四五萬燕軍全部活埋。

次年（三九六）初春，已是七十一歲的慕容垂進行了人生的最後一戰。他御駕親征，徵調殘餘的燕國軍隊，組成西征復仇的重兵。燕軍旗開得勝，慕容垂陣斬拓跋勇將拓跋虔。拓跋珪這回真的是避其主力，堅壁清野，不與燕軍作戰。慕容垂最後擄掠拓跋部三萬餘戶東歸。後燕大軍過參合坡時，見去年燕兵屍骨堆積如山，全軍哭聲震天。慕容垂氣恨難當，嘔血病倒，死於撤軍途中。他一死，後燕失去了主心骨，迅速衰敗。拓跋鮮卑開始步步緊逼。

慕容垂死後，拓跋珪頻繁組織反攻，最後將後燕重鎮中山和鄴城包圍。繼位的慕容寶打不過，只好放棄了都城中山，打算逃回祖宗龍興的遼東龍城（今遼寧朝陽），退守祖宗故地。拓跋部攻佔河北各地，後燕被截為南北兩部分。留守南邊鄴城的是皇叔、慕容垂的弟弟慕容德。慕容德堅持了半年後，選擇了率領城中的四萬戶鮮卑人突圍南逃。慕容德來到河南徙滑台（今河南滑縣東），自稱燕王，史稱南燕。第二年，拓跋部緊隨而來，滑台失守。慕容德又輾轉奪取了青兗兩州，入據廣固，四〇〇年稱皇帝，建立了南燕帝國。這是第四個燕國。

五年後，年老的慕容德也死在了異鄉，死前指定由逃難而來的侄子慕容超繼位。慕容超的早前經歷就是一個普通百姓在亂世中隨波逐流、顛沛流離的經歷，流過浪、要過飯、做過奴婢。當他逃到南燕的時候，叔叔慕容德喜出望外。慕容家族經過這麼多的變故，嫡系的皇族不多了。慕容超順理成章地成為新君主。可惜一個沒有經過血與火洗禮的慕容貴族並不是一個真正的貴族。來得過於容易的富貴讓慕容超迅速迷失了自己。他不修內政，喜好遊獵，還誅殺功臣，為了滿足享受和國家發展的需要增加賦役，很快使南燕陷入內憂外患交困的境地。四〇九年東晉劉裕率師北伐，次年二月就攻下廣固，將城池夷為平地。慕容超被俘殺，南燕滅亡。

慕容德叔侄能以區區逃難的四萬民戶，在異鄉延續燕朝國祚，也難能可貴。

說完南邊，再說說北逃的慕容寶。他在返回祖居遼東的途中，長子慕容會陰謀叛亂奪位。慕容寶誅殺了長子，不久卻被他的親家殺死。另一個兒子慕容盛殺死岳父，報了殺父之仇，自立為後燕主，返回舊都龍城。三年後慕容盛也被手下殺死。這時慕容寶的幼弟慕容熙即位。這位慕容熙也是內政不修的昏君，行事荒唐。四〇七年，被他迫害的將領馮跋潛入龍城，攻殺慕容熙，後燕亡。

馮跋是胡化的漢人，出生在河北。他的父親馮安曾任西燕將軍。西燕亡，馮跋隨家人東遷到後燕，於後燕帝慕容寶在位時被任命為禁衛軍將領。馮跋和弟弟馮弘曾因小事獲罪於慕容熙。慕容熙有殺馮跋兄弟之意，馮跋兄弟只好逃匿深山。後來，慕容熙的皇后死了，慕容熙舉辦了盛大的葬禮來表達自己的哀傷。結果在葬禮中，慕容熙被潛入龍城的馮跋兄弟殺死。馮跋推出慕容家的養子、實際上是高句麗人的高雲為燕王，改元正始。這就是燕朝系列的最後一個國家：北燕。北燕的疆域以遼東為主，在強盛時期曾經擁有河北東北部。

高雲作為傀儡，任命馮跋為侍中、征北大將軍、開府儀同三司，封武邑公，把軍國大事全都託付給馮跋兄弟處理，自己樂得當個甩手掌櫃享福。誰想福沒享好，高雲自己被寵臣離班、桃仁砍了腦袋。馮跋一看這事情給鬧的，平定叛亂後，乾脆自己從幕後走向幕前，在眾人的推舉下即天王位，改元太平。

馮氏的王朝繼續沿用「大燕」的旗號，但已經不是慕容家的故國了。馮跋是個不錯的君主，他勤於政事，革除後燕苛政，獎勵農桑，輕薄徭役，因此國家安定。雖然當時外有拓跋部建立的強大的北魏相侵，北燕依然維持了二十二年的安定。除以州郡治民之外，北燕還以太子領大單于，置前後左右四輔，推行胡、漢分治政策。馮跋、馮弘都曾派遣使者到江南。當時的南朝稱北燕為「黃龍國」。

北燕太平二十二年（四三〇年），馮跋病重，命太子馮翼攝理國家大事。不想，馮氏的燕國也走到了內訌的邊緣。馮跋的宋夫人在馮跋病重期間，圖謀立自己的兒子為新君。宋夫人採取了實質性的行動，可能還調動了軍隊，反正把動靜鬧得挺大的。皇弟馮弘不願意了，率領軍隊進宮平變。馮跋在驚懼中去世，馮弘即位。經過這麼一鬧，北燕最後的國運也消失了。強大的北魏連年進攻，採取掠徙北燕民戶的蠶食政策。北燕的地盤越來越小，馮弘不得不轉而依靠高句麗的保護。四三六年四月，北魏發動滅亡北燕之戰。五月，馮弘在高句麗軍隊保護下率龍城百姓東渡遼水，投奔高句麗。北魏佔領龍城，北燕亡。

自三三七年起至四一〇年止，興起遼東的慕容鮮卑先後建立了五個燕國，縱橫疆場七十餘年。其中最可貴、最讓人難忘的無疑是整個家族對王朝國祚延續的執著堅持和頑強追求。金庸先生在《天龍八部》中就以慕容家族的歷史為背景虛構了一個口口聲聲「興復大燕」的姑蘇慕容家族。許多讀者也將「慕容」和「復國」緊密聯繫了起來。

三八、該後秦上場了

一

亂世和梟雄是一對孿生兄弟。亂世出梟雄，野心勃勃的強權人物總認為時局越亂越好。淝水之戰後，前秦元氣喪失、矛盾迭起，北方很快回歸了分裂狀態，又湧起了一批梟雄霸主。許多割據政權在前秦的廢墟上建國，除了慕容家族的燕國外，最主要的就是後秦了。

我們知道，前秦是由從關中遷徙到關東的氐族一部建立的。話說當年後趙從關中除了遷徙氐族人充實關東外，還遷徙了隴西羌族。羌族首領姚弋仲率部東徙，在石虎時期參與了鎮壓反趙起義。後趙亡，這支羌族人為了避免東方迭起的戰亂，南下投降了東晉。姚弋仲在戰亂中死後，兒子姚襄帶領其眾。東晉用他們來鎮守淮河，防備北方胡族。姚襄就在淮南召集流亡，屯兵儲糧，引起了東晉的猜疑。姚襄最終叛晉，西進企圖謀取關中。他不幸趕上了蒸蒸日上的前秦勢力，在與苻堅的戰爭中被擒斬。其弟姚萇率羌族餘部投降了前秦。

姚萇的這支羌族力量就算是融入了前秦陣營，苻堅依然任命姚萇統領部族，參與了在西北、四川和襄陽的一系列的戰鬥。淝水之戰時，苻堅任命姚萇為龍驤將軍，都督益梁二州諸軍事，並勉勵姚萇說：「龍驤將軍是朕登基前的官職，從來不輕易授予他人，卿其勉之！」始終懷有二心的姚萇果然接受苻堅的勉勵，一心在這個職位上「追求進步」。

淝水之戰敗後的第二年（三八四），前秦爆發內亂。先是慕容家族起兵。苻堅派兒子苻叡率軍五萬討伐慕容泓，姚萇為司馬輔助他。戰前，姚萇說：「鮮卑人一心回到東方故鄉去，我們可以因勢利導驅逐他們出關中，不可以當面迎戰。鼷鼠的尾巴被人抓住了，還能反噬他人，更何況是一心奪路回鄉的大軍了。」他建議秦軍在慕容鮮卑的後面鳴鼓追擊，任由鮮卑人退出關外。應該說，姚萇的建議是解決問題的好方法，可惜苻叡好大喜功，一心追求所謂的戰功，領兵截擊，結果敗死。皇子陣亡，姚萇害怕了，派人向苻堅謝罪。苻堅盛怒之下，殺了姚萇的使者。姚萇更害怕了，逃奔渭北。當地北地、新平、安定十餘萬戶羌人推舉姚萇為領袖，在亂世中求生存圖強盛。姚萇也走上了叛亂的道路。

當時慕容垂在關東叛亂，慕容泓、慕容沖等人在關中與苻堅相攻。姚萇的勢力最弱，採取了韜光養晦、坐山觀虎鬥的策略。他遣使與慕容沖求和，把兒子姚崇送去當人質，換取鮮卑族和羌族的和睦共處。姚萇趁機攻佔北地，厲兵積粟，以觀時變。

苻堅對姚萇的叛亂很憤怒，當年夏天親自率領步騎兩萬進攻姚萇。苻堅打敗了姚萇，還截斷了羌族人的運水之路。姚萇軍中都有人渴死了，情況非常危急。關鍵時刻，天降大雨，羌族軍營中積水三尺，軍心大振。當時苻堅剛要進食，看到大雨無心再吃，談道：「天其無心，何故降澤賊營！」恰好慕容沖乘虛進逼長安，苻堅便放過姚萇，撤守長安去了。姚萇聽到慕容沖攻長安，和部眾討論發展戰略。部下都認為應該南下佔領關中核心地區。姚萇卻認為苻堅和慕容沖正在南邊打得不可開交，南下不是好時機。他預測前秦將被慕容鮮卑打敗，而慕容鮮卑遲早會東歸，關中地區遲早會是自己的天下。於是，姚萇移兵嶺北，在前秦和慕容鮮卑都沒有關注的關中北部、西部地區攻城掠地，兵不血刃佔領了大片土地。西到安定南至秦嶺諸城都投降了羌族。

我們再來看慕容沖和苻堅在長安的拉鋸戰。鮮卑人圍攻長安，苻堅親自督戰殺敵，身上中了好幾支箭，血流滿身也不退後。無奈圍城日久，城中乏糧，最後都出現了人吃人的慘劇。苻堅一貫寬厚，這時候還拿出皇宮中最後的口糧設宴款待群臣。席間，大臣們把肉塞進嘴裡捨不得嚥下，含回家吐出來給妻子兒女吃。長安已經到了山窮水盡的絕境了，戰火連綿數月，百姓死亡無數。最後，苻堅迷信讖言「帝出五將久長得」，留太子苻宏守城，自己帶著一支部隊逃到五將山（今陝西岐山縣）。

五將山已經是姚萇的天下了。姚萇派兵包圍苻堅的孤軍。秦兵潰散，苻堅坦然被俘，被帶到姚萇跟前。姚萇向苻堅索要傳國玉璽。苻堅大罵：「國璽已送晉朝，怎能送給你這個忘恩負義的叛賊！」姚萇就要苻堅禪位給他，苻堅罵得更厲害了：「禪代是聖賢之事。你姚萇什麼東西，敢自比古聖先賢！」姚萇羞憤難當，派人把苻堅縊死在新平佛寺。統一北方的一代梟雄就這麼死了，虛歲四十八。這是三八五年的事情。

苻堅逃跑後，慕容沖攻入長安。前秦文武百官數百人逃出來，投降了姚萇。鮮卑軍在長安燒殺搶掠，之後便浩浩蕩蕩東出。長安成了一座空城，被姚萇接收。三八六年，姚萇在長安即皇帝位，國號依然是「秦」。歷史上稱之為「後秦」。

二

後秦建立後，與關東的後燕相互對峙。北方在「前秦」和「前燕」對峙的局面之後，重新出現了「後秦」和「後燕」對峙的局面。除了這兩大割據政權，西邊還有後涼、西秦等政權，北方有拓跋部鮮卑的魏政權和匈奴人的大夏政權，山西則是前秦殘餘和慕容沖勢力在爭奪。

卻說苻堅的死訊傳出後，困守山西的兒子苻丕在晉陽即位，撿起了前秦的旗幟。大旗沒有扛多久，東出的鮮卑人在慕容永的率領下避開正東的慕容垂，向東北進入了山西，與苻丕代表的前秦殘餘力量迎頭相撞。慕容永將苻丕殺得大敗。苻丕帶著幾千殘兵敗將，南渡黃河，竟然想襲擊東晉佔領的洛陽，結果被晉軍殺死。消息傳到隴西，苻堅的族孫、狄道（今甘肅臨洮）長苻登在另外一部前秦殘餘的擁戴下即位為帝，繼續揮舞著前秦的旗幟。

此時的關中，大部為後秦佔領，苻登只佔領隴西部分地區，依然與後秦連年征戰。苻登等人對前秦的輝煌念念不忘，又對姚萇的弒君深惡痛絕，攻戰起來特別頑強兇悍。後秦一時之間竟然不能取勝，關中地區一度出現了局勢的反覆。野心家魏揭飛在前秦擔任過鎮東將軍，如今自稱大將軍、沖天王，後秦的鎮軍將軍雷惡地也反叛後秦回應他。兩人聯合進攻後秦。姚萇親自平叛，陣斬魏揭飛及將士萬餘人。雷惡地先逃跑，後投降。姚萇待之如初，讓雷惡地心悅誠服，以後常對人說：「我自言智勇所施，足為一時之傑。校數諸雄，像我這樣的人，都應跨據一方、獸嘯千里。姚公用智力降服我這樣的人，是吾分也。」姚萇之所以能在亂世中建立後秦，看來不是浪得虛名。還有一個突顯姚萇過人之處的例子是前秦兗州刺史強金槌在新平據守，投降了後秦。姚萇準備率數百騎入強金槌的城池。群臣慌忙勸阻，都說這麼做太危險了。姚萇說：「強金槌已經背叛苻登，如果再與我們為敵，他就四處為敵了！況且強金槌懷德初附，我們不信任他，何以禦物！」他帶著少數人馬就進入了新平。強金槌的部下果然有人提議趁機襲擊姚萇，遭到了強金槌的堅決阻止。

不過姚萇有個很大的缺點，那就是迷信。苻堅對他有恩卻被他殺死，姚萇內心對苻堅有愧，日常總覺得苻堅陰魂不散。姚萇曾經在軍中立苻堅像祈禱，把殺害苻堅的責任都推給部署，表白「新平之禍非臣罪也」。那麼自己現在稱帝，又為什麼和前秦勢力連年作戰呢？姚萇先告訴苻堅，苻登是你的遠房親戚，還想著要復仇，「況臣敢忘其兄乎」？（姚萇的哥哥姚襄是被苻堅殺死的。）姚萇還認為「陛下命臣以龍驤建業」，我就是在遵照您的意思稱帝的啊！詭辯了一大通後，姚萇最後祈禱苻堅的魂靈：「今為陛下立像，陛下勿追計臣過也。」苻登在城樓上看到姚萇的表演，勃然大怒，衝著姚萇大喊：「為臣弑君還立像求福，有用嗎？弑君賊姚萇快快出來，我要與你決鬥！」姚萇自然是不敢出戰。後來，後秦軍作戰不利，姚萇每夜都從噩夢中驚醒。他認定是苻堅的魂靈作怪，竟然將當初擒殺苻堅的有功之臣斬首，希望求得平安。

人殺了，姚萇每晚還是不得安寧。他總是夢見苻堅率領天官使者、鬼兵數百人突入營中，要殺自己。一次，姚萇夢見自己為了躲避鬼魂，在碩大的皇宮中到處奔跑，大喊捉鬼。侍衛們趕來護駕，其中一個人迎著姚萇「刺鬼」，不小心刺中姚萇的陰部，拔出來後流了滿地的血。群鬼歡呼說：「正中姚萇的死處！」姚萇頓時驚醒，從此患了陰腫。醫生刺破他的腫處，真如夢境中的情形出血如注。姚萇病情迅速加重，變得瘋瘋癲癲，時常大呼：「陛下，殺您的是我的哥哥姚襄，不是臣，請不要冤枉臣。」（苻堅明明是姚萇殺的，當時姚襄都已經死了。）

床榻之上，姚萇叫來太子姚興，開始布置後事：「你要撫骨肉以仁，接大臣以禮，待物以信，遇黔首以恩，四者既備，吾無憂矣。」太元十八年（三九三年）姚萇病死，時年六十四歲。他一共做了八年後秦皇帝。

三

苻登聽說姚萇的死訊，大喜：「姚興小兒，不難對付。我折根拐杖就能鞭打他。」於是，他傾其所有，搜羅了前秦的所有力量，東進爭奪關中。後秦雖然遭遇國喪，新君姚興年輕，但同仇敵愾，出動精兵強將迎戰。苻登的殘兵敗將不是對手，節節敗退，又被後秦軍隊堵塞了水源，官兵爭水不得，渴死了十分二三的人。苻登集合最後力量突圍失敗後，前秦軍隊連夜潰散。苻登單人匹馬逃回。東進之初，苻登留弟弟苻廣、太子苻崇守老巢。苻廣、苻崇聽說苻登大潰散，嚇得棄城而逃。苻登逃回來後，無所依歸，收集若干氐族部眾逃入馬毛山。姚興追兵很快就打到了。苻登向隴西鮮卑卑躬屈膝，求得了兩萬援兵，再與姚興在馬毛山南進行最後的決戰。在這場前秦與後秦的最後一戰中，苻登陣亡，時年五十二歲。

苻登死後，前秦的故事還沒有完。太子苻崇逃到湟中（今青海西寧一帶）稱帝，延續了前秦的國脈。可青海一帶是隴西鮮卑的地盤，後者不允許氐族苻氏在自己的地盤上稱王稱霸，拔掉了前秦最後的旗幟。苻崇死在了湟中。他的兒子（苻登的孫子、苻堅的同族玄孫）苻宣逃奔了仇池楊氏。仇池楊氏後來投降了東晉，苻宣順帶歸降了東晉，後來還擔任過東晉的平北將軍。東晉「平北」的願望是好的，可惜始終沒有實現，任命曾經統一北方的前秦皇孫苻宣出任這個職位，政治意義大於實際意義。從此，前秦皇室的疏系子孫世代居住江南，繁衍生息了。

其實，江南曾經還有另外一支前秦皇室血脈，不過後來中斷了。那就是苻堅的太子苻宏。苻堅從長安逃到五將山不久，苻宏守不住長安，也學父皇棄城出逃。他一路向西逃到武都，再向南逃，最後投降了東晉。苻宏的身分比苻宣重要多了，是貨真價實的前秦太子，東晉很重視他，任命他為輔國將軍，還委託以荊州前線軍隊。可惜的是，苻宏在東晉複雜的權力鬥爭中站錯了隊，加入了桓玄陣營。桓玄叛亂失敗後，苻宏在湘州被殺。苻堅的嫡系血脈沒能流傳下來。

我們再看後秦。姚興徹底剷除前秦勢力後，繼續開疆拓土。後秦的西邊是隴西鮮卑建立的西秦，面對後秦得勝之師不是對手，很快敗亡。再往西的河西走廊是後涼政權。前秦大將呂光奉苻堅之命進軍西域，迫降三十多國後凱旋回國。到達姑臧（今甘肅武威）的時候，呂光得知前秦分崩離析中原大亂，索性就地割據，佔據河西建立了後涼政權。如今後秦大軍壓境，後涼政權也很快敗亡。後秦的北方是拓跋氏鮮卑和赫連氏匈奴，雙方時戰時和。後秦的東邊是強大的後燕政權，中間的山西地區夾著西燕政權。西燕被慕容垂攻滅，姚興趁其敗亡輕鬆攻取了河東。後秦的南邊與東晉抗衡。東晉在淝水之戰勝利後，大舉推進到黃河以南。弘始元年（三九九），後秦大規模出兵進攻東晉，一舉攻陷洛陽。晉軍不敵，撤出淮河和漢江以北的廣大地區。後秦統治疆域迅速擴大，西至河西走廊，南到秦嶺淮河，東到現在的山東西部。

姚興時期，後秦進入鼎盛。關中地區部分恢復了前秦王猛時期的景象。姚興比較注意選才納諫，釋放自賣為奴的人；前期執法比較簡約，與民方便；提倡儒學，長安儒生數目逐漸恢復到萬人以上。後秦社會的一大現象是佛教開始興起。姚興廣建寺院，尊奉龜茲高僧鳩摩羅什為國師。鳩摩羅什原本是苻堅命令呂光從西域迎接而來的，可惜呂光中途在河西獨自割據，就留鳩摩羅什在河西耽擱了十七年。姚興平定河西後，邀請鳩摩羅什來長安講學譯經，還支持法顯和尚赴印度等國取經訪問。法顯歷經艱辛，遍遊印度後，從海路返回了東晉管轄下的青州。在政府支持下，後秦境內佛教大興，長安成為當時全國的佛教中心。後秦對佛教的支持與傳播，對之後的中國產生了深遠的影響。

姚興晚年，後秦由盛轉衰。後秦畢竟建立在有限的、飽經戰亂的土地上，羌族本身實力就比較弱小，國庫很快空虛，軍隊很快疲乏。姚興的對策是加稅。他大幅度加重稅賦，奴役百姓。後秦衰落的第二大原因是姚興的諸子不和。太子姚泓懦弱。皇子姚弼最受姚興寵愛，行為驕橫，在四一六年謀反篡位，事敗被殺。同年，姚興在憂慮中病死，太子姚泓繼位。

三九、亂政父子兵

一

東晉中期，民間有讖語說：「晉祚盡昌明。」從字面上看，晉朝的國運遇到「昌明」這個人或者這個東西就結束了。

當時，簡文帝司馬昱還是藩王，他的一個妾李氏正懷有身孕。李氏在夢中見到一個神人，對方告訴他：「你將會生下一名男孩，以『昌明』為字。」李氏醒後覺得很詫異。後來她在一天深夜生產了，果然生下一個男孩，產完後東方剛好露出魚肚白來。李氏信了那個夢，就將兒子取名為司馬曜，字「昌明」。司馬昱因王妃王氏及世子均亡，其他諸姬也並無生育，十分著急，唯恐無後。如今有了兒子，司馬昱最初喜出望外，直到想起了那句讖語，幡然醒悟，痛哭流涕。難道東晉要亡在自己的這個兒子身上嗎？後來，司馬昱陰差陽錯被桓溫擁戴為了皇帝。再後來，這個字「昌明」的司馬曜繼位，成了孝武帝。

司馬曜繼位，父親簡文帝的喪事剛辦完，就遇到了宮廷政變。一夥擁戴晉廢帝司馬奕的人突然殺入皇宮，聲稱奉司馬奕回宮復位。這夥人最終被禁衛軍鎮壓。年僅十歲的司馬曜剛成為宮廷的主人，就經歷了血腥的一幕，不是什麼好兆頭。果然，他遭遇了桓溫的逼宮，又遇到前秦百萬大軍的南征，屢次命懸一線。好在有以謝安為代表的世族大家的力量支撐著，保持東晉朝廷微妙的平衡。

作為東晉在位時間最長的皇帝，司馬曜毫無作為，像是個旁觀者。長大後，他最大的特長和愛好是酗酒，常做長夜之飲。皇宮外是地震、水災、旱災接踵而來，朝政日壞；在皇宮裡，司馬曜清醒的日子越來越少，醉得不成人形。司馬曜的酗酒，或許可以理解為一種逃避。東晉時代皇權衰微是不爭的事實。這個朝代之所以成立，就是南北世族支持的結果。末年，司馬曜看到長星劃過天際，舉杯邀請說：「長星，勸汝一杯酒，自古何有萬歲天子邪！」可見，司馬曜本人都對東晉王朝的命運感到悲觀了。正是因為悲觀，因為無能為力，司馬曜乾脆逃避到酒鄉中去，聽任朝野大臣中爭鬥。這又反過來加速了皇位的衰微。

司馬曜初期，朝政全靠謝安主持。謝安死後，司馬曜的同母弟弟司馬道子領徐州、揚州刺史，錄尚書，都督中外軍事，崛起掌權。此後，司馬道子把持朝政將近二十年。人們可能認為司馬道子老成持重，或者是年老資歷深，其實司馬道子年紀非常小，掌權時剛好二十出頭，完全是個毛頭小子。

司馬道子為政可以用四個字來形容：恣意妄為。他根本就不知道如何行政，掌權前沒有人教過他，掌權後沒有人敢教他，他就只能由著自己的心思來了。謝安時期，司馬道子是個清談高手，喜歡結交賓客，還一度因為「恬淡」受到過謝安的誇獎。如今，司馬道子把清談和請客的作派擴大化，營造園林，大宴賓客，親近僧尼，沉迷於酒色之中。在朝政處理上，司馬道子重用王國寶、趙牙、茹千秋等奸佞小人，大搞朋黨政治，只要是經常在身邊宴會上出現的、聽自己話的就重用，反之就閒置或打壓。他的這些黨羽，賣官販爵，橫行無道，很快就把朝政搞得一團糟。

比如司馬道子最重用的是王國寶。王國寶出身太原王家，又是謝安的女婿，家世很好，可惜個人品行惡劣。謝安在世很不喜歡這個女婿，故意壓制他不讓他到任達官要職。謝安還沒死，王國寶就到處詆毀岳父。司馬道子掌權後，王國寶的堂妹嫁給了司馬道子為妻，兩人很快在酒桌上找到了共同語言，沆瀣一氣。他迅速升官為中書令、尚書左僕射，幾乎與司馬道子共掌朝政。王國寶上任後，最擅長的就是撈錢，「後房伎妾以百數，天下珍玩充滿其間」，過著腐朽的生活。

戲子趙牙因為表演為司馬道子所喜歡，就被擢升為太守。他在建康用公款為司馬道子建造了一所大宅院，「築山穿池，列樹竹木，功用巨萬」。估計是造得太好了，名聲在外，驚動了皇帝。司馬曜曾御臨弟弟的新府邸參觀，見面積遼闊、室宇宏麗，驚歎之餘對司馬道子說：「你府內的假山高聳入雲，的確壯觀，不過山上修飾太過，要注意啊。你可要向天下人樹立儉素的好榜樣啊。」司馬道子聞言，連忙稱是。皇帝走後，趙牙說：「幸虧皇上不知道這座山本身就是人工堆積起來的，不然可能要責怪王爺了。」

在司馬道子、王國寶等人的治理下，東晉百姓「殆無三日之休，至有生兒不復舉養，鰥寡不敢嫁娶」，怨聲載道。司馬曜對弟弟司馬道子的胡作非為是知道的，壓抑著對弟弟的不滿。直到有一次兩人一起酗酒，司馬道子恃寵乘酒對司馬曜不夠禮敬，司馬曜大怒。兄弟至此失和。司馬曜幾次想廢黜司馬道子，都遭到了母親李氏的阻止。而中書郎徐邈又引用開國之初晉武帝司馬炎與弟弟司馬攸兄弟相殘的往事勸說司馬曜，司馬曜終於還是被親情所束縛，放棄了廢黜的念頭，任由司馬道子繼續亂政。

二

三九六年冬的一天，司馬曜又喝醉了。醉眼惺忪中，他看到張貴人陪在身邊。張貴人正得到司馬曜的寵愛，可惜年近三十，不如青春少女靚麗清秀了。司馬曜就開玩笑說：「你都這麼大年紀了，也該被廢了。」說者無心，聽者有意。后妃最怕遭到廢黜，在清冷的冷宮中過完孤獨的軟禁生活。張貴人越想越淒涼，越想越害怕，由怕生恨，竟然對司馬曜下了殺心。司馬曜開完玩笑就昏沉沉睡去，張貴人熬到夜幕降臨，狠狠地用被褥捂死了司馬曜（一說被勒死）。東晉的孝武帝就這麼死了，時年三十五歲。

司馬道子並沒有深究哥哥的死（兇手張貴人之後去向不明），扶立侄子司馬德宗為新皇帝。司馬德宗就是晉安帝。

非常不幸的是，上天給了晉朝兩個白癡皇帝，一個是引發八王之亂的司馬衷，一個就是晉安帝司馬德宗。《晉書》毫不避諱地寫「帝不惠，自少及長，口不能言，雖寒暑之變，無以辯也。凡所動止，皆非己出」。也就是說司馬德宗從小到大連完整的話都不會說，連四季變化和冷熱饑飽都分辨不清，生活完全靠他人料理，處理朝政的能力就不言自明了。司馬德宗的繼位，最大受益者是司馬道子這個叔叔。登基初期，司馬德宗因年幼，司馬道子輔政，操縱實權；成年後，司馬道子表面還政於帝，實權仍操於親信王國寶等人之手。司馬德宗完全是個傀儡。

尚書僕射王國寶和建威將軍王緒這個時期想「幹點實事」了。他們覺得，朝廷有名無實，政令上下不通，真正能夠控制的地盤也就是建康附近的幾個郡縣，西有荊州強藩，北有中原大將把守，東邊是強大的揚州刺史轄區。這些官職往往被原本就勢力強大的世族大家子弟控制著。王國寶等人決心「削藩」，打壓地方勢力，為朝廷攬權攬財（實際上也是為自己）。司馬道子聽到王國寶的主意後，表示贊成。於是，這幫沒有政治頭腦的人開始了轟轟烈烈的削藩。

削藩要想成功，一要有強大的實力，尤其是軍隊作為後盾；二是主持削藩之人必須有高超的手腕、堅強的意志和不俗的能力。這兩點司馬道子一黨都不具備。削藩必然會失敗。首先對朝廷削藩不滿的是青、兗二州刺史王恭。

王恭也出身太原王家，是晉孝武帝司馬曜王皇后之兄，是司馬德宗的舅舅輩。王恭是東晉著名的名士，曾有名言：「名士不必須奇才，但使常得無事，痛飲酒，熟讀《離騷》，便可稱名士。」因為出身好，王恭起家為著作郎，可他還感歎：「不當宰相，我的才志不足以施展！」司馬曜時期，王恭為前將軍，出任兗、青二州刺史，負責江北的防禦。他指揮著戰鬥力很強的、淝水之戰的主力部隊北府兵。三九七年（司馬德宗剛登基的隆安元年）四月，王恭以清君側、除王國寶為名向都城建康進軍，挑起內戰。

桓溫的兒子桓玄在荊州慫恿荊州刺史殷仲堪回應王恭。殷仲堪是著名的孝子，父親常年臥病在床，殷仲堪衣不解帶地伺候。為了給父親治病，他半路出家學醫，究其精妙，煎藥的時候瞎了一隻眼睛。「獨眼龍」的形象是他大孝的光榮標誌。當了刺史後，殷仲堪自然以忠君自詡，此時起兵順江而下，進攻建康。建康陷入了三面包圍之中。

司馬道子露出了紙老虎的本質來，一見刀兵就慌了神。他不敢迎戰，能想到的只是賜死王國寶、誅殺王緒，然後請求王恭、殷仲堪退兵。王國寶死有餘辜，被司馬道子勒令自盡卻有些出乎朝野意外。他死後，王恭等人沒了起兵的藉口，只好暫時偃旗息鼓。

經過這一戰，司馬道子也意識到自身力量薄弱。不久，他任用王愉為江州刺史，希望廣植勢力來制約不是一條心的王恭等藩鎮。隆安二年（三九八），司馬道子又劃出豫州管轄下的四個郡，轉歸江州管轄，來壯大王愉的力量。結果豫州刺史庾楷（庾亮的孫子）對轄區縮小強烈不滿，憤而起兵，聲稱討伐譙王司馬尚之、江州刺史王愉。司馬尚之是皇室旁支，繼王國寶之後為司馬道子倚重。

庾楷起兵後，王恭也第二次率北府兵造反了。荊州刺史殷仲堪、南郡太守楊佺期和唯恐天下不亂的桓玄也順江而下，造反了。建康又陷入了藩鎮軍隊的重圍中。諸鎮推王恭為盟主。

這回，司馬道子沒有替罪羊可以殺，慌亂得不知怎麼辦才好。他的兒子司馬元顯剛十六歲，卻比父親有膽略。他主動請求迎戰諸藩鎮。司馬道子無奈之下，只好任命兒子為征討都督，率王珣、謝琰等出戰。司馬元顯人小鬼大，清醒地看出諸藩鎮中最強大的是王恭，而王恭之所以強大全靠北府兵。因此，司馬元顯決定策反北府兵的首領劉牢之。

劉牢之面紫赤色，鬚目驚人，在謝玄創建北府兵時即參軍，之後身經百戰，尤其是在淝水之戰中作為尖兵立下了赫赫戰功。淝水之戰後，東晉趁勢收復失地，劉牢之一度渡過黃河進攻到鄴城。他長期指揮北府兵，在軍中有崇高的威望。而作為北府兵統帥的王恭，清談名士而已，為政講求清靜無為，自然不去親近底下的將士，也不注意將士們的操練和思想變化。他又自恃高貴，醉心佛道，故意疏遠將士，結果在北府兵中埋下了怨恨的種子。

司馬元顯派人用重利引誘劉牢之，劉牢之便被策反了。王恭指揮軍隊向建康進軍，北府兵消極怠工，竟然輸給了司馬元顯的烏合之眾。王恭撤退回城，劉牢之的女婿高雅之緊閉城門，不放他進來。王恭只好與弟弟王履逃奔曲阿。因為坐著清談時間太長，王恭久不騎馬，髀上生瘡，竟然騎不了馬。曲阿人殷確，曾在王恭手下幹過參軍，用船載著王恭，把他藏在葦席下面，打算走水路投奔桓玄去。途中被人告發，王恭被捕送京師。司馬道子本想留王恭一條性命，聽說殷仲堪、桓玄等人的荊州軍已至建康城外的石頭城，怕王恭在城內生變，下令將之斬首。王恭臨刑前展現了名士風度，他「臨刑猶誦佛經，自理鬚鬢，無懼容」，說：「我暗於信人，所以致此，原其本心，豈不忠於社稷！但令百代之下知有王恭耳。」

王恭死後，庾楷也被司馬元顯打敗，投奔荊州軍而來。荊州來的桓玄、殷仲堪、楊佺期三人剩下孤軍一支，懼怕朝廷討伐，不得不求和。司馬道子和司馬元顯父子正害怕荊州軍，聞訊馬上應允，安撫殷仲堪仍任荊州刺史，任命桓玄為江州刺史、楊佺期為雍州刺史。這第二次朝廷和藩鎮之戰，也虎頭蛇尾地收場了。

桓玄、殷仲堪、楊佺期雖然退兵了，但早已與朝廷離心離德。為了自保，三個刺史在潯陽正式結盟。桓玄因其家世顯貴被推為盟主。中央和藩鎮的矛盾非但沒有消除，反而因為三人的結盟而強化了。

建康城中，司馬道子度過了一場危機，又開始縱情酒色。嶄露頭角的司馬元顯自以為是，大肆攬權，把腦筋動到了父親的頭上。一日，司馬道子醉酒不起，司馬元顯入宮稟告白癡皇帝司馬德宗，請求解除父親的司徒及揚州刺史之職，提升父親為太傅；請求任命自己為揚州刺史。司馬德宗哪裡知道其中的奧妙，按照司馬元顯的意思頒布詔書。司馬道子醒來，發現自己被兒子奪走了實權，非常惱怒可又無可奈何。他索性更加縱情酒色，把攤子交給了司馬元顯打理。

四〇、起義成敗，老大能力很重要

一

司馬元顯年少得志，非常想有所作為。他面臨的困境是志向遠大，實力卻很薄弱。司馬元顯和朝廷面臨著上游三刺史的重兵壓迫，而能指揮的生力軍只有倒戈而來的北府軍。司馬元顯想要建立一支嫡系部隊，動起了徵兵練兵的念頭來。

建康朝廷表面上擁有秦嶺淮河以南的廣袤地區，實際能夠控制的領土少得可憐。中原各郡縣和北伐拉鋸，控制不了；中游的荊州、湘州和江州長期被荊州軍盤踞；四川和兩廣地區遠水解不了近渴，剩下來就只有長江下游的揚州了。所以我們看到，權臣要控制朝廷往往兼任揚州刺史。司馬元顯為了把揚州刺史抓到手裡，還不惜暗算他父親司馬道子。實際上，揚州也不是全境都受朝廷控制，建康政令只能施行在東方的會稽（治山陰，浙江紹興）、臨海（治章安，浙江臨海）、永嘉（治永寧，浙江永嘉）、東陽（治長山，浙江金華）、新安（治始新，浙江淳安）、吳（治吳，江蘇吳縣）、吳興（治烏程，浙江吳興縣）、義興（治陽羨，江蘇宜興縣）八郡。這八郡也是眾多的世族大家集中之處，他們控制著眾多的土地、人口，免賦逃稅。朝廷的賦稅、兵役只能加在八郡的普通百姓頭上。

司馬元顯知道八郡百姓已被壓榨得疲於奔命了，從中招募不了多少軍隊，他把目光轉移到了世族大家們控制的人口身上。這些人口，既包括沒有人身自由的奴隸，也包括依附世族大家的門生故舊、食客、佃農和家丁家將。司馬睿時期的征西將軍戴淵，其部下就有戴家控制人口改編的一萬軍隊。戴家只是江南的世家大族之一，他們能控制這麼多人口，其他家也不遜色。三九九年，司馬元顯下命令：徵發江南諸郡免奴為客者（已經脫離奴隸身分卻還依附他人的人口）當兵，號稱「樂屬」。徵兵令激起了普遍不滿。世族大家們不滿，因為朝廷要徵發他們的依附人口；被徵發的老百姓更加不滿，因為他們被強迫去當兵當炮灰。結果司馬元顯兵沒有徵發來多少，把江南的百姓都給得罪了。

民心騷動。野心家乘虛而起。江南民間盛行五斗米教，信眾很多。去年王恭起兵的時候，五斗米教首領孫泰以反王恭之名，聚攏信眾起義。孫泰起義規模很小，被朝廷鎮壓了，孫泰父子全部被殺。孫泰的侄子孫恩僥倖逃脫，躲藏在海島上，繼任為五斗米教的首領。果然在海島上躲藏了一年，孫恩見民怨沸騰，於三九九年從海島率徒黨百餘人攻破上虞縣，在柴火堆上點燃了第一把火。

對徵兵令不滿的百姓和五斗米教的信眾紛紛參加孫恩的隊伍。八郡遭受朝廷的剝削最重，一般百姓也積累著反朝廷同情起義的情緒。孫恩進展順利，很快攻破會稽郡。會稽是江南重鎮，王謝等世族大家的根據地。會稽被攻破，震動了天下大局，東晉地方官心驚膽寒。百姓奔相走告，各地都有攻殺官吏、回應孫恩的起義。沒幾天，孫恩的部隊超過了十萬。

警報傳到建康，司馬道子驚慌失措，終日在廟中祈禱。司馬元顯慌忙派遣謝琰、劉牢之率領北府軍南下鎮壓。

孫恩起義，缺乏周密的組織，成功具有很強的偶然性。孫恩作為領袖，個人素質實在令人不敢恭維。《晉書》說孫恩家族是八王之亂時趙王爪牙孫秀的族人，在講究門第出身的東晉，這樣的出身在政壇上實在難以啟齒，加上南渡又比較晚，所以在朝廷中沒有佔據重要位置，還遭到大族的歧視。估計孫家人長期被排斥在體制外，積累了強烈的造反精神。所以，孫泰、孫恩叔侄轉而借重五斗米教，有報復大族、為己牟利的目的在。這樣的人煽動不滿群眾造反，能量就相當可觀了。孫恩短期內就兵強馬壯，又佔領重鎮會稽，沒有擴大戰果，而是率領黨徒在諸郡燒殺搶掠，毀房屋，塞水井，砍林木，擄掠婦女，只知破壞不知建設。東晉朝廷從初期的驚慌中反應過來後，從北向南壓迫起義軍。孫恩沒有組織北方各地的百姓反抗晉軍，謝琰收復義興、吳興兩郡，劉牢之收復吳郡，兵鋒抵達浙江岸邊。起義百姓紛紛逃往會稽。

孫恩顯示出了可笑的短視。旗開得勝時，他向信徒們承諾「我們馬上要到建康坐天下了」；聽說北府兵來了，孫恩立即收縮了大目標，說：「就算我只割據浙東，總也能做勾踐第二！」北府兵渡過浙江後，孫恩就說：「我並不覺得逃跑是丟人的事情。」謝琰、劉牢之兵臨會稽城下，孫恩根本不作抵抗，擄掠男女二十餘萬人逃往海島。

東晉朝廷在形式上收復了全部失地。海島上的孫恩保有不可小覷的軍力，不斷騷擾浙東各郡縣。

二

四〇〇年，孫恩在海島上窺伺時機。獲勝的謝琰鎮守會稽。謝琰自負在淝水大破苻堅大軍的戰功，將孫恩視為「小賊」不放在心上，會稽守備鬆懈。孫恩登陸突襲，連破餘姚、上虞等縣，進攻會稽。謝琰草率領兵迎戰，兵敗後被部下所殺。謝琰的死，從微觀上來看是朝廷和孫恩力量角逐的一次反覆，從宏觀上來看則標誌著門閥士族力量從此喪失了軍隊實權：謝琰死後，再也沒有世族子弟擔任重要的軍事職位。一來是世族子弟不屑於領兵打仗這種「俗事」，二來是長期養尊處優的世族子弟們也沒能力領兵打仗——這點從王恭騎不了馬就能看出來。

世族子弟不行了，朝廷只能依靠寒門人士了。當年年底，劉牢之負責東征孫恩，率領北府兵尋找孫恩決戰。孫恩不敢接戰，再次主動退入海島。劉牢之就屯兵上虞等處，監視孫恩。

朝廷鎮壓孫恩的軍事行動，讓一個中年軍官開始為人矚目。他就是劉牢之派去衛戍句章城（今浙江寧波南鄞江南岸）的劉裕。劉裕是劉牢之的部將，曾受命率數十人偵察義軍的行動。偵察途中，劉裕遭遇起義軍數千人的包圍。他沒有絲毫膽怯與猶豫，勇敢地率領偵察小分隊投入戰鬥。結果所有隨從都戰死了，劉裕也墜落到水中。部分起義軍到岸邊，想下去捉拿劉裕，劉裕揮舞長刀砍殺了好幾個人，重新登岸大叫著與人決鬥。最後，起義軍不再與他糾纏，過路而去了。劉裕奇蹟般地生還，並報告了起義軍的動向。劉裕作戰勇猛，披堅執銳，衝鋒陷陣，讓同伴和長官刮目相看。

劉裕不僅勇猛兇悍，而且帶兵有方，在部隊的聲望越來越高。句章城很小，劉裕部下戰士只有數百人。劉裕身先士卒，經常被堅執銳衝鋒在前，每戰都摧鋒陷陣，能擊破敵軍，使得小小的句章城成了朝廷在沿海的堅固堡壘。東征的其他官軍毫無軍紀，到處劫掠，塗炭百姓，只有劉裕治軍整肅，法紀嚴明。百姓們都喜歡投奔劉裕的軍隊尋求保護。因為討亂有功和劉牢之的賞識，劉裕戰後被朝廷封為建武將軍，領下邳太守。

四〇一年二月，孫恩第三次登錄掠戰。他率大軍進攻句章，攻不下來，反而遭到劉牢之率軍反擊，不得不退走入海。三月，孫恩攻海鹽，依然攻不下來。這回是劉裕帶兵來救援海鹽，孫恩主動退兵，北上進攻滬瀆（今上海）。滬瀆被孫恩攻克，包括吳國內史袁崧在內的四千官兵被殺。孫恩部隊士氣大振，六月乘勝逆長江而上，又成功攻克丹徒。至此，孫恩部隊再次迅速膨脹，擁眾十餘萬，樓船千餘艘，軍旗遮天蔽日。

丹徒離建康很近。朝廷守衛建康的兵力薄弱。司馬元顯一邊戒嚴，一邊急調在浙江的北府兵遣將入衛京師。停駐海鹽的劉裕，率不滿千人的小部隊長途馳援建康。短視的孫恩這時又犯了一個致命錯誤：他沒有抓住建康空虛的良機，派出輕兵進攻建康，而是坐在高高的樓船上，指揮十幾萬人的大部隊一起進軍。那樓船幾層樓高，非常笨重，又是逆江而上，行進速度非常緩慢，很快就被劉裕的部隊在鎮江追上。孫恩仗著人多勢眾，這回敢和劉裕正面交戰了。他率部隊登陸，搶佔鎮江的蒜山，阻擊劉裕。劉裕所部不顧勞累，毅然猛攻蒜山。孫恩起義軍為烏合之眾，很快潰散。孫恩退至船上，放棄陸路，全力從水路進逼建康。劉裕在岸上隨行監視。起義軍的樓船實在太慢了，又花了好幾天才到達建康郊外的白石壘。眼看建康就在眼前了，可惜劉牢之率領的大部隊也趕到了。孫恩畢竟心虛，不敢主力決戰，放棄攻打建康，分兵襲取北岸的廣陵（今江蘇揚州），再率主力北上進攻鬱洲（今江蘇雲臺山），打敗高雅之率領的晉軍。不過，這只是孫恩起義軍的迴光返照而已，之後再次退入大海。

孫恩從海上南下，四〇二年入寇臨海郡。海上畢竟生活不便，依賴陸地補充給養，所以孫恩盤踞海上一段時間後總得登陸劫掠。不想臨海的晉軍勇敢迎戰，擊敗了孫恩。孫恩窮困不堪，對前途喪失信心，投海自殺。

三

孫恩死後，餘眾推孫恩的妹夫盧循為首領，盤踞在浙江東南沿海。

盧循也出身世族，因為門第不高，南渡較晚，在東晉遭到排擠。他起兵同樣帶有濃厚的私心。朝廷就對盧循施以懷柔，任命他為永嘉（今浙江溫州）太守，希望招安起義軍的餘部。盧循接受了任命，可依然率領部隊在現在浙江金華、溫州一帶劫掠。朝廷痛下決心，派劉裕南征，力求斬草除根。盧循在劉裕的追擊下，泛海而逃。

盧循率眾向南逃亡，越過福建，來到了廣東沿海。四〇四年，盧循攻陷番禺（今廣州），釀成大亂。東晉朝廷考慮廣州偏遠，鞭長莫及，並在第二年（四〇五年，義熙元年）順水推舟提升盧循做廣州刺史。盧循和起義軍能夠在南海一隅安定下來，不作亂，尊奉朝廷，未嘗不是解決問題的一個方法。盧循也有這個意思。他自己做了廣州刺史，成了一方藩鎮，又任命姐夫徐道覆做始興（今廣東韶關）相，扼守南嶺，大有關起門來安居嶺南的意思。

可是徐道覆卻不甘寂寞，一心要捲土重來。在廣東的五六年時間裡，徐道覆暗中操練兵馬、打造軍械，慫恿盧循北伐。相對應的是，北方的東晉實權逐漸落入劉裕的手中。劉裕掌權後的主要精力在北方，發動了多次北伐。徐道覆見劉裕遠征在外，大軍一時難以返回，覺得是東山再起的良機，便不徵求盧循意見，在義熙六年（四一〇年）二月從始興北伐。盧循阻止不及，不得不參與行動。盧徐兵分兩路，盧循攻長沙，徐道覆進入江西。

盧循的部隊是「三吳舊賊，百戰餘勇」，在廣東新招募的「始興溪子，拳捷善鬥」，戰鬥力很強，加上休養操練多年，北伐後勢如破竹。東晉地方官聞風逃竄。江州刺史何無忌領兵迎敵，陣亡。盧循和徐道覆聯軍，逼近建康。建康人心惶惶。劉裕正在北伐南燕的前線，聞訊擔心建康有失，只帶幾十名隨從輕裝返回建康指揮禦敵。

劉裕趕到建康後，考慮到北伐的將士尚未返回而且剛經歷大戰，勞頓多病，因此主張消極防守。鎮守姑孰的豫州刺史劉毅本是劉裕創業期的盟友，後來地位落在了劉裕的後面，漸漸與之不睦。他力主出兵迎擊盧徐，企圖藉戰功壓過劉裕，進而奪權。劉裕從大局出發寫信勸阻，又派人去面勸他暫緩出兵。劉毅鐵了心要出兵，帶上兩萬精兵和全副家當迎敵，結果在桑落洲一戰被盧循殺得落花流水。幾百艘大船和堆積如山的輜重都成了起義軍的戰利品。他本人歷盡艱辛，才逃回建康。

劉毅這一敗，大大損耗了東晉的有生力量。剩下建康的幾千守軍，要對抗十幾萬起義軍。形勢危如累卵。劉裕懸出重賞，招募建康百姓當兵，又動員民眾修治石頭城，集中兵力扼守石頭城。敵我力量對比依然懸殊。

當年五月中旬，起義軍包圍建康，秦淮河入江口都出現了盧循的士兵。徐道覆主張燒毀舟艦，登陸猛攻建康各個城門，以示有進無退的決心。起義軍佔有優勢，再破釜沉舟，也不失為鼓舞士氣的妙計。如此重要關頭，盧循還是對前途沒有信心，怕燒了船再戰敗了就無路可逃了，留著船還能留條後路。他主張暫緩攻城，採取圍城的方式，寄希望於建康主動投降。盧循藉口說：「從大勢看來，建康不日自會潰亂。」他分兵攻掠周邊各縣。徐道覆無可奈何，悲歎道：「我終為盧公所誤，大事將不成；我若能為英雄效勞，天下可定也！」起義軍沒有集中兵力對建康城發動猛烈攻勢，零星的挑戰都被劉裕遏制了。劉裕也勒令部將不准出城挑戰，凡是違令出戰失利的都被他斬首。建康城最終守住了。而盧循在建康周邊的攻掠收穫不大。相持到七月，起義軍士氣疲乏，盧循主動退到潯陽休整。

劉裕並沒有追擊盧循，還是派沈田子等帶兵數千，從海路南下偷襲起義軍的老巢廣州。盧循北伐傾巢而出，留守廣州的兵力微乎其微，很快被消滅。沈田子的數千晉軍竟然攻佔了廣州，讓起義軍無家可歸。消息傳到長江前線，起義軍軍心動搖了。戰爭形勢大變。

十月中旬，劉裕從建康出師，主動與起義軍決戰。盧循接連失利，徐道覆企圖西進佔領荊州，又在江陵為荊州刺史劉道規所敗。年末，盧循、徐道覆帶著幾千殘部退回嶺南。

四一一年，劉裕派兵平定嶺南。二月，徐道覆在始興戰敗被殺。盧循反攻廣州又為沈田子所敗，逃往交州，在今天的越南河內附近被東晉的交州守軍打敗。盧循走投無路，毒死家人，然後學孫恩那樣投水而死。他的死，標誌著孫恩起義的最終結束。

孫恩首義的江南農民起義跨越了十多年，縱橫半個中國，席捲數十萬百姓，是魏晉南北朝時期規模最大的農民起義。起義重創了本已衰微的東晉朝廷，為實權人物的上臺鋪設了基礎。這裡說的實權人物，除了上文說的劉牢之、劉裕，還有作為長江三刺史聯盟盟主的桓玄。

四一、桓玄：篡國虎父無犬子

一

孫恩起義的導火索是司馬元顯的大徵兵。他徵兵的目的，是對付長江上游的三刺史聯盟。

在這三個刺史中，江州刺史桓玄值得大書特書。桓玄是大權臣桓溫的小兒子。桓溫眼看就要逼宮篡位成功了，最後還是被謝安給拖死了。桓溫死後，年幼的桓玄繼承了南郡公的爵位。此時的桓家雖然還保留著不俗的軍事和政治實力，但和桓溫在世時畢竟不能同日而語了。桓玄七歲的時候，荊州文武聚集在叔父桓沖家。桓沖摸著桓玄的小腦袋，無限感歎地說道：「這些人，之前都是你家的部屬、幕僚啊。」桓玄竟然能聽懂這句話的意思，淚流滿面，驚動滿堂賓客。

東晉朝廷沒有追究桓家逼宮篡位的罪行，但對桓氏子弟非常防備，桓玄兄弟的仕途非常不順。桓玄直到二十三歲那年（三九一）才被任命為太子洗馬。而一般的世族子弟年滿二十歲都能位列朝堂了。幾年後，桓玄出京擔任義興太守。他覺得不得志，登高望震澤，歎道：「父為九州伯，兒為五湖長！」於是乾脆棄官回到封國南郡（今湖北江陵），將對朝廷的不滿和重振父業的野心潛伏在心底。

三九七年，王恭第一次起兵，反對司馬道子和王國寶的時候。桓玄敏銳意識到這是一個渾水摸魚的機會。當時的荊州刺史殷仲堪在司馬道子和王恭之間搖擺不定。桓玄就去勸他：「聽說朝廷要徵召刺史大人入京擔任中書令了，不知道消息是否準確？」一下子就點中了殷仲堪害怕司馬道子削藩，奪去手中實權的心理。殷仲堪於是決心參與王恭起兵，並分兵給桓玄率領，以之為前鋒。

這次起兵以司馬道子殺王國寶當替罪羊，王恭主動罷兵結束。桓玄斷定司馬道子懦弱無能，在第二年（三九八）向朝廷求授廣州刺史的官職。司馬道子本就將桓玄看作潛在威脅，希望他走得越遠越好，爽快地任命其為廣州刺史。不想，桓玄只是刺探而已，接受了廣州刺史的任命並不到番禺去上任，繼續逗留在荊州等地。桓玄在荊州拉幫結派，聚攏力量，行為豪縱，儼然是荊州真正的主人。官民都忌憚他。荊州刺史殷仲堪的親黨勸刺史除掉桓玄，殷仲堪優柔寡斷，遲遲不敢動手。馬上，王恭第二次起兵。殷仲堪、桓玄和南郡太守楊佺期聯合出兵。荊州內部的矛盾就暫時冷凍起來了。

這次起兵的結果是王恭被殺，殷仲堪等三人得到安撫，都被任命為刺史。三位刺史在潯陽結盟以求自保。桓玄因為家族聲望和歷史的緣故，被推為盟主。做了盟主後，桓玄更加驕縱。三人內部矛盾凸顯。雍州刺史楊佺期為人驕悍，在與前秦的戰鬥中積累軍功不斷得到提升，算不上官場正途，為世族子弟所輕視。但他常常自詡家世華胄，是天下數一數二的豪門（他是弘農人，自稱是弘農楊氏一員）。桓玄一點面子都不給他，每次都直呼楊佺期為「寒士」，處處壓他一頭。楊佺期嚥不下這口氣，早在三人築壇定盟的時候就計畫偷襲桓玄，幹掉他。殷仲堪擔心楊佺期勇武，恐怕他消滅桓玄後就要奪自己的荊州地盤，苦苦勸楊佺期不要魯莽行事。楊佺期這才隱忍不發。三人結盟後，各歸轄區。殷仲堪回江陵當他的荊州刺史，楊佺期去襄陽鎮守。桓玄知道了楊佺期憤恨自己，又想吞併楊氏地盤，就屯兵夏口（今武漢）。三個盟友就各懷鬼胎，相互防備著。

司馬元顯明瞭三人的嫌隙，要誘發三人火拼坐收漁利，就將楊佺期管轄的四個郡劃撥給桓玄。楊佺期和桓玄的矛盾進一步加深了。

不久荊州發大水，殷仲堪這個父母官全力賑災，拿出老本撫恤災民，造成荊州倉廩空竭。桓玄乘人之危，發兵討伐殷仲堪。江陵是桓玄的封地，哥哥桓偉還留在江陵。桓玄就密報桓偉，讓他做內應。桓偉遑遽不知所為，竟然把信件拿去「請教」殷仲堪。殷仲堪劫持桓偉為人質，讓他寫信給桓玄。桓偉在信中，滿紙淒苦，可憐巴巴的。桓玄卻對部下說：「殷仲堪為人優柔寡斷，患得患失的，老是考慮妻兒家室。我哥哥肯定沒有危險。」桓玄繼續督率大軍，步步進逼江陵。殷仲堪派兵迎戰，被桓玄接連打敗。桓軍推進到距離江陵只有二十里的地方。殷仲堪之前向楊佺期求救。楊佺期擔心江陵物資短缺、缺衣少食的，難以持久。殷仲堪就寫信騙楊佺期說江陵儲備豐厚，物資和軍需都沒有問題。楊佺期信以為真，和哥哥楊廣一起從襄陽增援江陵。桓玄很重視楊佺期部隊的銳氣，避其鋒芒，全軍暫且退後。楊佺期圍追其後，桓玄部隊突然調轉槍頭迎戰。經過一番苦戰，楊佺期部隊潰敗，逃奔襄陽。桓玄派將軍馮該追擊。楊佺期、楊廣兄弟分頭出逃，還是被俘虜，送到桓玄面前，雙雙掉了腦袋。困守江陵的殷仲堪得知楊佺期的死訊，勇氣喪盡，帶上數百人棄城北上，要投奔後秦的姚興，途中被馮該俘虜。桓玄下令殺死殷仲堪。此前，桓玄在進軍江陵的途中，假傳聖旨給梁州刺史郭銓，說朝廷已經將郭銓劃歸自己指揮。糊塗的郭銓莫名其妙地交出了權力，服從桓玄的指揮，做了征討荊州的前鋒。這些都是隆安三年（三九九）的事情。

三刺史聯盟僅僅維持了一年時間，桓玄就消滅了荊州刺史殷仲堪、雍州刺史楊佺期二人勢力，盡佔長江中游一帶。次年（四〇〇），朝廷不得已，根據桓玄的請求任命他為都督荊、司、雍、秦、梁、益、寧、江八州及揚、豫八郡諸軍事、後將軍，兼任荊江兩州刺史。至此，桓玄恢復了父親桓溫時期的勢力範圍。

二

桓玄是東晉最大的實權人物了。朝廷雖然由司馬道子、司馬元顯父子相繼專權，但能夠管轄的僅僅是江南八郡而已，江北由北府兵劉牢之、豫州刺史司馬尚之分割，不僅江南又爆發了孫恩起義，一度失去控制。總之朝廷是四處樹敵，捉襟見肘，處置乏力。而桓玄掌握著東晉超過一半的領土（他自稱三分天下有其二），募兵徵糧，持續自肥。桓玄本就有野心，如今更是大造輿論，說什麼「國運轉移」，還屢次在轄區內製造祥瑞「進獻」給朝廷，名為宣示個人功績，實為公然示威。照此發展下去，桓玄遲早要重蹈其父桓溫逼宮篡位的覆轍。長痛不如短痛，元興元年（四〇二）正月，血氣方剛的司馬元顯控制朝廷下詔討伐桓玄。他自任征討大都督，以劉牢之做前鋒都督、征西將軍。為了拉攏劉牢之，司馬元顯剝奪桓玄的江州刺史官職，轉授給劉牢之。

桓玄沒有想到朝廷這麼快就公開討伐自己。他之前敢高調示威，是覺得揚州饑饉，孫恩未滅，司馬元顯沒有能力討伐自己。桓玄盤算著趁機蓄力養眾，等力量更強大些再和朝廷攤牌。聽說司馬元顯討伐自己，桓玄一開始感到害怕，想放棄東部郡縣，退保大本營江陵。長史卞範之勸他說：

「桓公英略威名振於天下，司馬元顯只是個乳臭未乾的小兒，劉牢之是個反覆小人。您如果兵臨京師，示以威賞，敵人必然土崩瓦解。如今為什麼要引敵入境主動示弱呢？」桓玄有了信心，留哥哥桓偉守江陵，召集兵馬順江而下進駐潯陽。到了潯陽，桓玄移檄建康，公布司馬元顯的罪狀，反過來聲稱要討伐司馬元顯。

這回輪到司馬元顯害怕了。他也就是一時意氣用事，沒有消滅桓玄的周密計畫，也沒有想到桓玄如此強硬的態度。他本來已經上了船，大軍準備開拔了，看到檄文後遲遲不敢動身。仗還沒開打，司馬元顯就在氣勢上輸了。

那邊，桓玄一邊順江而下，一邊還在心裡打鼓。他懷疑部眾敢不敢與朝廷大軍作戰，會不會取勝。等到了過了潯陽，還沒有見到司馬元顯的一兵一卒，桓玄懸著的心終於落了下來，部隊的士氣也高漲起來。桓玄兵抵姑孰，派遣部下擊破了傾向朝廷的襄城太守司馬休之和豫州刺史司馬尚之。

司馬元顯沒主意了，派使者向劉牢之詢問戰事。劉牢之也害怕。他一來擔心桓玄威名鼎盛，手下有大批精兵強將，取勝的希望不大；二來，劉牢之擔心即便平定桓玄了，自己也會功高震主，必定不能為司馬元顯所容。所以劉牢之猶豫不決，消極怠工，磨磨蹭蹭地帶著北府兵進駐建康西南的溧洲就止步不前了。

桓玄適時地派其族舅何穆來當說客，勸劉牢之說：「高鳥盡，良弓藏；狡兔殫，獵犬烹。文種被勾踐逼死，白起被秦始皇殺死，韓信被劉邦殺死，這些都是前車之鑒。那些英雄霸王之主，還不敢信其功臣，況且是愚昧平庸之流！盤古開天地以來，戴震主之威，挾不賞之功，以見容於暗世者，有誰呢？現在你的情況是，戰敗了則家族不保，戰勝了也難逃滿門抄斬的命運，你想怎麼辦？

倒不如幡然醒悟，與桓公聯手，保有富貴。身與金石等固、名與天壤無窮，比起手足異處、身名俱滅、為天下人恥笑，你選哪個？」劉牢之聽了，覺得何穆所言有理，要派使者去向桓玄請降。

外甥何無忌和部將劉裕苦苦勸諫，覺得桓玄不可靠，劉牢之都聽不進去。兒子劉敬宣也勸阻說：「今國家衰危，父親和桓玄是天下最有實力的兩個人。桓玄藉家族優勢，據有全楚，割朝廷三分之二領土，威望已成，父親恐怕難以與他共存。父親如果投靠他，只怕董卓之變，將在今矣。」劉牢之怒道：「你說的這些我難道不知道？今日，我是可能打敗桓玄；但平定桓玄之後，我又怎麼和司馬元顯相處呢？」最終，劉牢之還是派劉敬宣至桓玄營中請降。

桓玄大喜，熱情款待劉敬宣。他接受了劉牢之的投誠，但對北府兵早有處置的意見。那就是要分化、殺戮北府兵，不能讓它繼續存在。荊州將領們都知道桓玄的心意，在招待劉敬宣的席上莫不相視而笑，笑話劉牢之的愚昧和短視。劉敬宣卻被蒙在鼓裡。

劉牢之率北府兵投降後，戰爭實際上已經結束了。桓玄大軍沿江而下，進至新亭。司馬元顯棄船退入建康城中，桓玄軍隊輕鬆登陸。司馬元顯退無可退，硬著頭皮整軍在宣陽門外列陣迎戰。無奈，軍心已亂，晉軍不戰自潰。司馬元顯匹馬逃回城中，身後只有一個謀士跟隨。他逃到家裡，問父親司馬道子怎麼辦。司馬道子只是對著他哭泣，拿不出任何主意了。很難想像，東晉朝廷竟然被這樣兩個父子操縱了二十年。桓玄兵不血刃進入建康，抓住司馬元顯，將他和之前被俘的司馬尚之一起殺死。司馬元顯當時才二十周歲而已。司馬道子被放逐到安成郡，很快就被毒死，也才三十九歲。

桓玄控制白癡皇帝司馬德宗，自任丞相、都督中外諸軍事，又派遣家人、親信佔據要津，控制了東晉朝野。

三

桓玄掌權後，首要的事情就要削弱鎮壓北府兵。他任命劉牢之為征東將軍、會稽太守，剝奪了軍權。劉牢之恍然大悟：「一轉眼，桓玄就奪我兵權，禍將至矣！」劉敬宣就勸劉牢之趁著軍權還沒有交出去，襲擊待在建康丞相府中的桓玄。關鍵時刻，劉牢之顯示出了低劣的政治素質，經過一番猶豫不決，劉牢之沒有採納兒子的建議，而是計畫帶著北府兵渡過長江，與在江北的女婿高雅之聯合據守北岸和桓玄相持。

劉牢之召集北府兵將領商議去留，不想大家對他的主張都默不作聲。參軍劉襲打破沉默說：「事不可者莫大於反，將軍往年反王兗州，近日反司馬郎君，今復欲反桓公。一人而三反，豈得立也？」說完，劉襲快步離開，將領們紛紛走散。劉牢之的主張得不到部下的支持。他已經安排兒子劉敬宣先到京口安置家眷，如今見兒子失期未到，以為他遭遇不測。眾叛親離之下，劉牢之自縊而死。不一會兒，劉敬宣趕了回來，見父親已死不敢哭喊，急忙投奔高雅之而去。北府兵將吏將劉牢之安葬在丹徒。桓玄不依不饒，下令斫棺斬屍，把劉牢之屍體拋暴於大街上。一代名將，落得如此下場。

除去心腹大患劉牢之後，桓玄再矯詔任命自己為太尉、都督中外諸軍事、揚州牧、領豫州刺史，完全掌控了國政。對群龍無首的北府兵，桓玄舉起了血腥的屠刀，接連殺害了高素、竺謙之、竺朗之、劉襲、劉季武、孫無終等北府舊將。劉敬宣、高雅之和冀州刺史劉軌（劉襲的哥哥）起兵反桓自保，被桓玄打敗。三人北逃，投降了南燕的慕容德。

剩下的北府兵系統的將領人人自危。劉牢之的外甥何無忌去找劉裕，詢問：「我們怎麼辦？」劉裕相當鎮定地回答：「你可隨我回京口。桓玄如果能效忠朝廷，我們就服從他，聽他指揮。如果桓玄有篡國謀權的舉動，我們就對付他。現在正是桓玄矯情樹威、施展拳腳的時候，肯定用得著我們這樣的人。」果然，桓玄剷除了一批北府兵將領，並沒有對剩下的人斬盡殺絕，而是希望他們為己所用。他派堂兄桓修鎮守丹徒，任命劉裕為中兵參軍。其他北府將領依然在位。這說明桓玄想殺一派拉攏一派，收編利用北府兵。而劉裕在劉牢之之後，無形中成了北府將領的中堅力量，大家都向他靠攏。

元興二年（四〇三）二月，桓玄矯詔自任大將軍。大將軍之職，幾乎是奸臣謀權篡位之前必經的一道官階。桓玄的意圖已經很清楚了。同年九月，他又加授相國，封楚王，封地有十郡，並加九錫，準備篡位了。篡位之前，桓玄環視天下，最不放心的還是北府兵殘餘力量。於是，他派堂兄桓謙前去刺探劉裕對自己篡位稱帝的態度。桓謙摒退眾人，問劉裕：「楚王勳德隆重，四海歸懷。朝廷各位公卿大臣的意思，都是希望皇帝禪位給楚王。不知道劉將軍意下如何？」劉裕毫不猶豫地回答說：「楚王是宣武之子，勳德蓋世。桓氏家族，世代都是朝廷的功臣支柱。晉室微弱已經很長時間了，早已失去民心。現在楚王是眾望所歸，乘運禪代，有何不可！」桓謙聽完，大喜過望：「劉將軍說可以，那就真的是可以了！」他馬不停蹄地回到建康。桓玄得報，以為自己得到了劉裕為代表的北府舊將的支持，再沒什麼忌憚的了。

四〇三年十二月，又一幕「禪讓」大劇上演。白癡的晉安帝司馬德宗獻出國璽，禪位於桓玄。桓玄經過一番辭謝表演後，粉墨登場稱帝，國號「楚」。歷史上將這個政權稱為「桓楚」。

篡位後，桓玄貶司馬德宗為平固王，遷居潯陽。

關於新朝的年號，桓玄一開始下詔，定年號為「建始」。右丞王悠之指出八王之亂時，篡位的趙王司馬倫用過「建始」這個「偽號」。桓玄就改年號為「永始」，結果這個年號又曾經是王莽剛執政時西漢末年的年號，還是很不吉利。桓玄用它的本意可能是希望自己的楚政權保持朝氣，永遠欣欣向榮，事情的發展能如他所願嗎？

四二、桓楚注定是個短命的偽政權

一

桓楚政權的建立，可謂是機遇與挑戰並存。桓玄接手的是經過朝廷權臣、外藩強將和孫恩起義軍輪番蹂躪過的亂局，百姓困苦，朝政混亂，事情千頭萬緒。可從反面來說，屢經動亂之後人心思歸一統，呼喚有人出來收拾亂局。這就為桓玄施展拳腳、建立功業提供了輿論基礎。只要他做出實實在在的成績了，哪怕就是比司馬道子和司馬元顯父子好那麼一點點的政績來，人們都會說他好的。桓玄面臨的問題，儘管棘手，卻很容易出成績。

桓玄入主中樞的初期，的確給人耳目一新的感覺。《晉書》也承認他「初至也，黜凡佞，擢俊賢，君子之道粗備，京師欣然」，起碼建康附近得到了治理。

然而沒過多久，桓玄就暴露出拙劣的品行來，讓人大失所望。

不客氣地講，桓玄到現在為止的成功，主要靠的不是他的能力，而是對手實在太遜太無能，而他的家世基礎又著實很強。至於桓玄本人，「本無資力，而好為大言」。做個指點江山的文人談客，桓玄綽綽有餘，可要治國平天下，他就是個繡花枕頭了。桓玄即位後，沒有全盤撥亂反正的計畫，更不知道如何著手建設，做的都是些無關緊要或者沽名釣譽的行為。比如，桓玄好施行小惠以籠絡人心。他親自審訊囚犯時，不管罪刑輕重，多予釋放；對於攔御駕喊冤的人，也都給予救濟，對罪犯和申冤者反映的問題則不聞不問。在政務處理方面，桓玄繼承了先前繁瑣苛刻的風格，又喜歡炫耀自己。有官員將詔書中「春搜」字誤繕為「春菟」，桓玄就把經辦人員全都降級或免職，來顯示自己明察秋毫。

桓玄在富貴鄉里長大，喜歡奇珍異寶，珠玉不離手。他不僅享受，還百般搜求寶物。當了皇帝後，桓玄搜求的能力大增。民間有書法名畫或佳園美宅，桓玄都要佔為己有。百姓不給，桓玄就威逼強奪，與強盜無異。他還派遣官吏四出求寶，掘果移竹，不遠數千里給他輸送寶物。很快，「百姓佳果美竹無復遺餘」。巧取豪奪的目的是享受，桓玄在享受過程中暴露出了驚人的無能和懦弱。他把搜集的奇珍異寶和名貴書畫都放入輕舸中。別人勸他沒必要把寶貝都藏在小船裡，桓玄說：「這些書畫服玩應該時刻放在身邊，萬一遇到兵凶戰危損失了多可惜，所以我把它們事先放在船上，遇到緊急情況可以方便運輸。」堂堂九五之尊，首先想到的竟然是如何方便攜帶寶貝逃亡。大臣們不禁暗中發笑。桓玄又喜歡遊玩打獵、興築宮殿，篡位後驕奢荒侈，遊獵無度，夜以繼日。親哥哥桓偉死了，下葬的當天，桓玄白天哭靈晚上繼續遊樂，讓人看不下去。

沒過幾個月，桓玄就因為「陵侮朝廷，幽擯宰輔，豪奢縱欲，眾務繁興」，導致朝野失望，人心思變。

既然朝野都對桓玄失去了信心，那麼誰來推翻他呢？

首當其衝的人選就是那些跨州連郡的世族大家們了。遺憾的是，經過幾十年的安逸享受，世族大家不論在身體上還是精神上都已經腐朽墮落，變得庸碌無能了。孫恩起義時，江南諸郡大饑。腐朽的世族子弟，很多穿著精美的絲綢、懷抱心愛的金玉，關著大門整家整家地餓死。他們連遷徙他鄉或者尋找草根充饑的本領也沒有，當然不能指望他們來推翻桓楚政權了。能夠與桓玄爭奪天下的人選在民間、在軍隊裡。

具體地說，沒有被桓玄斬草除根的北府軍舊部對桓玄心懷怨恨，其中的中堅將領劉裕也琢磨著推翻篡位的桓玄。桓玄也提防著以劉裕為首的反對派將領。桓楚建立後，他徵召劉裕進京朝見。四〇四年二月，劉裕隨同徐、兗二州刺史，安成王桓修入朝。桓玄見過劉裕後對司徒王謐說：「我昨天見到劉裕了。此人風骨不凡，是天下人傑啊。」於是桓玄每次遊玩集會，都對劉裕優禮有加，厚加贈賜。桓玄的妻子劉氏善於識人。她提醒桓玄說：「劉裕龍行虎步，視瞻不凡，恐怕不是甘心於居他人之下的野心家，應該早些處置他。」桓玄不同意說：「我正要平定中原，非劉裕不可以託付國家大事。等到關隴平定以後，再談處置的問題也不遲。」之後他對劉裕更加優待賞賜，希望劉裕能夠為己所用。

劉裕是不會效忠已經失去人心的桓玄的。他自己也是個梟雄，很快尋找機會離開建康，返回江北。永始二年（四〇四）二月二十七日，劉裕推說打獵，和何無忌糾合了一百多人的小武裝。次日早晨，京口城門剛開。何無忌身穿傳詔書的服裝，詐稱朝廷使者，當先進城，一百多人跟著一擁而入。守將桓修大概連真假還沒有弄清楚，便被砍了腦袋。同日，京口對岸由桓弘駐防的廣陵也發生了政變。劉毅、孟昶和劉裕的弟弟劉道規帶幾十名壯士衝入桓弘府中，將正在吃粥的桓弘殺死。考慮到兵力薄弱難以堅守廣陵，劉毅隨即率眾渡江，與劉裕在京口會合，隊伍壯大到約一千七百人。

這支不起眼的小部隊誓言推翻桓楚偽政權。當時劉毅、何無忌都是平民百姓，劉裕頂著桓楚政權的建武將軍、彭城內史官職，因此劉毅、何無忌就推劉裕為盟主，號召天下反桓。

首義之初，事情繁雜。劉裕急需一位處理事務的主簿，協助自己。劉毅就推薦了劉穆之，說沒有比他更合適的人選了。劉穆之是莒縣（今屬山東）人，出身平民，博覽群書，精明能幹，做過地方小官，當時正閒居京口。劉裕聽說過劉穆之的文才，立刻派人去請。巧了，劉穆之聽到城中軍隊喧鬧，出來探望，遇到來請他的使者，就跟著去見劉裕。兩人一見，驚喜地發現志同道合，頓生相見恨晚之感。劉穆之欣然同意擔任劉裕的主簿，負起了劉裕謀主兼祕書長的角色，一上任就將首義事務處理得井井有條。劉裕十分滿意。從此，劉裕和劉穆之開始了「劉備—諸葛亮」般的親密合作。

二

劉裕整頓完畢後，主動進攻建康。桓玄倉促還宮部署應對。他主要有兩個對策。第一是赦免揚、豫、徐、兗、青、冀六州的百姓，收攬人心；第二是任命桓謙為征討都督，派吳甫之、皇甫敷兩人分別率軍北上迎戰劉裕。

三月，劉裕和吳甫之在江乘遭遇。吳甫之是桓玄的驍將，帶領的部隊也是百戰精兵。這一場仗打得異常慘烈，劉裕手執長刀，大呼著親身衝入敵陣。在他帶領下，起義軍奮勇前進，陣斬了吳甫之，擊潰了桓玄的一支部隊。劉裕進軍到羅落橋的時候，皇甫敷率另一支部隊數千人恭候迎戰了。劉裕和一同起兵的檀憑之分別率領一支部隊，衝向敵陣。檀憑之血戰陣亡，其眾退散。劉裕前後奮擊，越戰越勇，最後攻破皇甫敷部隊，將皇甫敷斬首。起兵之初，劉裕、劉毅、何無忌等共建大謀。有相面高手說，劉裕等人日後會大福大貴，只有檀憑之沒有富貴相。劉裕對何無忌等人說：「我等同舟共濟，日後命運不會有偏異，有福同享有難同當，檀憑之也不會例外。」因此，大家都不相信那個相面術士的話。如今，檀憑之戰死，劉裕在悲痛之餘，開始相信術士的預言，對討桓的勝利充滿了信心。

吳甫之、皇甫敷接連被殺，桓玄大驚，召集大臣討論。一上來，桓玄就問：「朕會失敗嗎？」曹靖之回答：「如今神怒人怨，臣恐怕前途不妙。」桓玄說：「百姓或許怨恨我，神靈為什麼也發怒呢？」曹靖之回答：「您把晉朝宗廟移到江濱，讓它漂泊失所；大楚的祭奠，只祭奠了先皇（指桓溫），連祖父（指桓彝）都沒有祭奠，上天當然要發怒了。」桓玄追問：「那你之前怎麼不勸諫我？」曹靖之回答：「您身邊的人都奉承您為千古聖君，粉飾現在是堯舜之世，我哪敢多言！」桓玄後悔莫及，又恨又怕。

後悔歸後悔，桓玄還得硬著頭皮迎戰劉裕。他一面找術士詛咒劉裕，一面收攏兩萬軍隊，派遣桓謙、何澹之屯東陵，卞範之屯覆舟山西，準備戰鬥。劉裕推進到覆舟山東，讓將士們飽餐一頓後，拋棄餘糧，以破釜沉舟之勢對桓軍發動攻勢。他選派年老羸弱的人在蔣山上分張旗幟，然後指揮部隊分道進攻。桓軍的偵察兵看到後，以為劉裕軍隊人數眾多（其實才幾千人馬），回去報告桓玄：「裕軍四塞，不知多少。」桓玄更擔心了，加派庾頤之帶領建康城內的精兵增援前線。

決戰正式開始，劉裕、劉毅等將領身先士卒，直前衝擊。將士人人死戰，喊聲驚天動地。劉裕見東北風急，就沿途放火焚燒，煙塵張天。建康城內都能聽到城外鏖戰的聲音，看到漫天的煙塵。

桓軍士氣低落，劉裕等人鬥志昂揚，結果桓謙等諸軍被擊潰，紛紛後逃。城內，桓玄集合親信數千人，揚言要出城與劉裕決一死戰，暗地裡帶著兒子桓升、侄子桓浚等出建康西掖門，到達石頭城，坐上事先準備好的小船，向長江上游逃去。

建康落入劉裕手中，周邊郡縣也紛紛反正。起兵不滿一個月，他就成了勝利者。可是更大的麻煩隨即而來：推翻了桓玄以後，政權怎麼辦？建康不能一日無主，起義軍和反正的地區不能群龍無主。劉裕的選擇很少。他可以自己稱王稱帝，可是他是以討伐桓玄篡位起兵的，如今自行登臺掌權，和桓玄有何區別？又如何安撫天下？況且，和劉裕合作起兵的劉毅、何無忌等人也不會支持。所以，劉裕還是需要把東晉朝廷的牌子給抬出來，在東晉的旗幟下發號施令。問題在於晉安帝司馬德宗已被桓玄軟禁在潯陽了，尚在桓玄控制的範圍之內。怎麼辦？劉裕決定找一個皇室成員出來，暫代朝政。

桓玄篡位後，司馬皇室的子弟都被桓玄貶居外地了。原來的武陵王司馬遵被貶為彭澤侯，被勒令到彭澤（今江西九江彭澤）居住。巧的是，司馬遵出發時船壞了，他就在建康逗留了下來。司馬遵人既在建康，思想又極端反桓。右將軍桓伊曾去拜訪他，司馬遵說：「我家的門不為桓氏開！」左右勸他：「桓伊雖然姓桓，但和桓溫是疏宗，您和他相見無妨。」司馬遵說：「我聽到別人姓木字邊，就想殺了他，更何況他姓桓了！」這樣的人，桓玄篡位後沒有除掉，是一大疏忽。如今，司馬遵成了劉裕搬出來號召天下的理想人選。於是，劉裕等人推舉司馬遵為大將軍，搬入皇宮居住，代行大權。劉裕等人通過司馬遵遷轉百官，將他所轄的命令稱制書。司馬遵大赦天下，但是和桓玄同祖的子弟不在赦免行列。

三

前線的戰爭還在繼續，長江中游一帶的戰火還要蔓延幾年。

桓軍屢次戰敗，桓玄不得不退出建康，到潯陽挾持了晉安帝司馬德宗，繼續向西逃回江陵。對於自己的慘敗，桓玄心裡接受不了，常常整天不吃不喝的——當然了，在撤退途中供給不好，左右送給桓玄吃的都是粗飯，他也嚥不下去。兒子桓升只有幾歲大，懂事地抱著桓玄的胸撫摸。桓玄更是悲不自勝。對外，桓玄擔心兵敗如山倒。他繼續以大楚皇帝自居，要和劉裕爭奪天下。

西撤後，桓玄唯恐政令不通、法令不肅，施行嚴刑峻法來整肅內部，部眾反而愈加離心。逃亡途中，桓玄開始編輯起居注（記載帝王日常言行的檔案），說到被劉裕打敗的內容，他自稱經略指授算無遺策。既然桓玄神機妙算了，為什麼還失敗了呢？桓玄就痛罵諸將不聽指揮，以致失敗，認為建康失守非戰之罪，而是下面的人執行不力。

四月，司馬遵在建康就任大將軍，發兵討伐桓玄。桓玄也在荊州重整部隊，以投降的前秦太子苻宏為前鋒，東下與劉毅率領的晉軍決戰。桓玄的軍隊始終在數量上佔優勢。劉毅的部隊只有幾千人。桓玄發揚畏戰的一貫傳統，在御船旁邊繫著一條小船，裝著寶物和給養，一看情況不妙隨時準備開溜。下面的將士看到皇帝都是這樣的心理，哪裡還有鬥志。加上劉毅又成功乘風縱火，一場火攻將桓玄的荊州兵殺得大敗。桓玄不但不思收攏敗兵再戰，反而燒掉輜重，連夜逃回江陵。

部將馮該勸桓玄在江陵準備最後的決戰。桓玄完全沒有勇氣，計畫逃亡漢中投靠梁州刺史桓希。他不顧個別忠心將士的勸阻，連晉安帝也不要了，要率部棄城北逃。江陵城中頓時大亂，指揮混亂，政令不通。桓玄帶少數幾個人乘馬出城，出城門的時候遭遇懷恨在心的旁人行刺。刺客沒有刺中桓玄，卻導致桓玄身後最後的部隊相互猜疑，起了內訌。最後，桓玄狼狽地和幾個親人逃到船上，逆江泛舟而去。

桓玄跑後，部分忠於晉室的官員將晉安帝司馬德宗迎入南郡府舍，等候晉軍的到來。

之前，東晉的益州刺史毛璩的弟弟毛璠死了，他派了其孫毛佑之、參軍費恬帶著二百人出三峽送葬回江陵。毛璩的侄子毛子修是桓玄的屯騎校尉，有心殺桓玄，就勸誘桓玄入蜀。桓玄同意了，在枚回洲遇到了毛佑之和費恬一幫人。毛佑之等人裡應外合，對桓玄發動突襲。一時間箭如雨下，桓玄平時寵幸的近臣丁仙期、萬蓋等人用身體護著桓玄，各中數十箭而死。桓玄也中箭了，兒子桓升在旁幫他拔出箭來。益州督護馮遷抽刀，跳上桓玄的大船。桓玄一邊拔下頭上的玉飾遞給馮遷，一邊喝問：「你是何人？敢殺天子！」馮遷說：「我是在殺天子之叛賊而已！」刀起頭落，桓玄死了，時年三十六歲。小孩子桓升被抓，他向亂軍大喊「我是豫章王」，可他的豫章王是桓楚政權封的，保護不了他。桓升和父親一同喪命。桓玄的腦袋被送到建康，懸掛在大街上示眾。圍觀百姓莫不叫好，可見桓玄多麼不得人心，桓玄政權的速亡也在情理之中。

不過桓玄之亂並非徹底結束。桓家經營多年，勢力盤根錯節。桓玄死後，被其侄桓振謚為武悼皇帝。桓振、桓謙、苻宏等人在荊州一帶頑抗。桓振還一度重新攻陷江陵，再次俘虜晉安帝。東晉花了幾年時間才誅殺桓振等人，討平叛軍。直到四〇六年晉安帝才回歸建康，司馬遵奉還政權，改拜太保。桓氏子孫部分投降後秦，部分逃入苗中成為南蠻，在東晉絕跡了。

四三、當兵是個很有前途的職業

一

我們有必要回過頭來，著重了解一下劉裕的成長和發跡經歷。

劉裕字德輿，小名寄奴。先祖是彭城綏里人（今江蘇徐州），曾祖劉混時隨晉室南遷，後來遷居到京口（今江蘇鎮江）。劉家是極其普通的城市貧民家庭。

但是《宋書》為劉裕列出了令人眼花繚亂的家族世系。「漢高帝弟楚元王交之後也。交生紅懿侯富，富生宗正辟強，辟強生陽城繆侯德，德生陽城節侯安民，安民生陽城釐侯慶忌，慶忌生陽城肅侯岑，岑生宗正平，平生東武城令某，某生東萊太守景，景生明經洽，洽生博士弘，弘生琅琊都尉悝，悝生魏定襄太守某，某生邪城令亮，亮生晉北平太守膺，膺生相國掾熙，熙生開封令旭孫，旭孫生混，始過江，居晉陵郡丹徒縣之京口里，官至武原令。混生東安太守靖，靖生郡功曹翹，是為皇考。」也就是說劉裕是西漢劉邦的弟弟楚王的後裔。在他的祖先中，封侯拜將是很容易的事情。但這一串家族世系基本上是瞎說，它只能證明南朝宋時期的皇室是多麼在意自己的家庭血緣，因此不遺餘力地往自己臉上貼金。

退一步說，即使世系存在，也只能說明劉裕雖然是西漢楚元王劉交的後裔，但早已經敗落了。起碼按照《宋書》的記載，到劉裕的父親劉翹的時候，劉家已經家道衰落。劉翹一生，僅居郡功曹（郡守屬吏）的職位。就是這個郡功曹的職位也極可能是虛構的。因為郡功曹也算是地方的士紳大官，家裡多少也有些家底。但是從劉裕日後赤貧的生活來說，他的父親劉翹怎麼可能不為兒子留家產，怎麼就眼看著兒子缺衣少食呢？因此，劉翹本人極可能只是官府的一名底層衙役，或者乾脆就是一個底層農民。

根據《宋書．武帝本紀》推斷，劉裕生於興寧元年三月壬寅夜，即西元三六三年四月十六日。就在出生時，母親在生產中死了，父親劉翹因為家境實在貧寒，難以養活兒子，就想將劉裕拋棄。就在劉裕即將成為棄嬰的時候，與劉裕同郡的同族劉懷敬的母親，聽說了這事，忙趕過來阻止了劉翹，並承諾自己將撫養這個可憐的嬰兒。當時這位可敬的母親生了自己的兒子劉懷敬尚未滿月，就毅然斷了劉懷敬的奶水去哺乳並非親生的劉裕。劉裕對劉懷敬一家終生感激，在成為皇帝後，劉裕封並無親屬關係的劉家兒子為王。

關於劉裕的乳名——寄奴，這裡還有一個傳說。中藥中也有一味中草藥叫做劉寄奴。這個名字是因劉裕而起的。劉裕年少的時候，一天傍晚外出打獵，用箭射中一條大蟒蛇。但是那條蛇一閃就不見了。劉裕覺得很奇怪，就想去尋找那條受傷的蛇，無奈天色已晚已經作罷。第二天，他又來到原處尋找，當搜索到一條小河邊時，聽到密林深處有杵臼聲。劉裕順著聲音尋去，只見兩個小童在搗藥。兩人邊搗藥邊說話。

其中一個說：「我們大王傷勢不輕，到底是誰這麼大膽，敢射傷我們大王！」

另一個說：「是昨天被劉寄奴射傷的。」

「大王有那麼大的本領，為什麼不殺了劉寄奴報仇呢？」

「不能殺，劉寄奴將來是要做皇帝的。這是大王說的。」

劉裕聽得好奇，就大吼一聲，跳將出來。兩個小童嚇得急忙逃竄，沒了蹤影。劉裕見兩人留下藥臼和草藥，就試著用這種草藥療外傷，竟然有特效。後來劉裕馳騁疆場也都帶著這種草藥。在南征北戰的過程中，他用那種草藥治癒了多少受傷的將士都已經記不清了。當時人們都不知道這種草藥的名字。因為這藥是劉裕最先發現的，就以劉裕的乳名寄奴來命名。

這只是傳說，不是事實。但據《隋書．經籍志》記載，劉裕喜歡鑽研醫藥卻是真的。他曾廣泛收集民間方藥，編輯了《雜戎狄方》一卷，可惜現已散失。

當然了，劉裕小的時候肯定不知道自己能當皇帝。也沒有人認為這個貧苦人家的小孩能當皇帝。在人生的早期，人們通常都是以家境來決定一個人的前途的。劉裕就是屬於那種因為貧窮而不被人看好的孩子。劉裕在貧困的環境中逐漸長大，「雄傑有大度，身長七尺六寸，風骨奇偉，不事廉隅小節」。前半句話是史書中慣用的修飾溢美之詞，只能說明劉裕長得比較高大而已，後半句話才是重點。劉裕在老家不從事生產，不像出身相同的普通百姓家子弟一樣做點「正事」。他識了幾個文字，但進不了官府；為了糊口，他零星地從事被士人和官府瞧不起的力氣活，有時還做些編席賣鞋之類的小買賣。由於家境貧寒又毫無背景，劉裕經常受人欺負。

劉裕還有一個一般人家難以接受的壞毛病：喜歡賭博。他的運氣很不好，經常輸得除了隨身衣物就一無所有了。最後，劉裕因為賭博，欠了有錢有勢的刁逵三萬錢。劉裕自然還不起賭債，結果就被刁逵找人抓了過去，縛在馬樁上，受盡了恥辱。當時的大世族王謐到刁逵家中拜訪，偶然見到劉裕，覺得這是個日後會表現不俗的年輕人，就替劉裕還了債。刁逵得了錢，又看在王家的面子上，這才放了劉裕。王謐對劉裕說：「卿當為一代英雄。」他不因為身分和地位懸殊，主動與劉裕交往，讓劉裕感動不已。

總之，年少時期的劉裕是一個出身不好，行為有所不端，名聲也不佳的孩子。

二

劉裕覺得再這樣瞎混下去，一生就毀了，於是決定去做窮人還能做的一件事情：當兵。

東晉之前執行的是世兵制：一些家族世代當兵，壟斷當兵資格，其他平民沒有資格當兵。這些世兵子弟的素質越來越低，當兵吃糧而已，國家軍事力量逐漸下降。最後連首都建康都沒有足夠的軍事力量支持，叛亂者動輒兵臨都城，威脅朝廷。在這種背景下，謝玄在江北招募貧苦流民入伍，建立了北府兵。廣陵、京口及其附近的貧苦百姓和從北方南下的流民構成了北府兵的主力。這支新軍隊的戰鬥力非常強大，逐漸成為穩定東晉政局的主力。淝水之戰的驚人勝利就是北府兵取得的。北府兵逐漸不受世族子弟控制，從上到下都由非世族出身的普通人掌握，成為完全的庶族軍隊。劉裕入伍之後，穩步得到提升，最初擔任將領孫無終的司馬，後來轉入劉牢之手下做個軍事參謀。

劉裕真正嶄露頭角是在鎮壓孫恩起義的戰爭中。此後，劉裕長期在外對起義軍作戰，每次領兵都只有幾千人，卻屢建奇功。他在北府軍中的聲望越來越高，也越來越為朝廷所倚重。天下太平之時，治政功績是一個人最大的政治資本；但到了亂世，軍事實力是壓倒一切的優勢話語。職業軍人出身的劉裕就有幸生活在這樣的亂世中，分量越來越重，以至於桓玄在篡位之前都不得不徵詢劉裕的意見。男怕入錯行，看來劉裕是入對了行。

自立為帝後，桓玄徵召劉裕來京，做深入的試探。新王朝對劉裕禮遇有加。桓玄以為優待劉裕就可以了，可是他大錯特錯了。常年軍事和政治爭鬥，讓劉裕不再是簡單的武夫，開闊了眼界，鍛鍊了政治智慧。他虛情假意地支持桓玄稱帝，內心早就圖謀推翻他。但是考慮到自己根基尚淺，實力不夠，同時也想讓桓玄逆天下之意稱帝，自去根基，再圖謀推翻他，所以才韜光養晦、蒙蔽桓玄。當時反對桓玄的人很多。多數世族大家都是反對他代晉自立的。但是這些養尊處優的貴族大家失去了實際權力和縱橫天下的志向。相反劉裕卻將反對桓玄的計畫付諸實施。因為劉裕具有反對的實力。他不僅身經百戰，政治軍事經驗豐富，還繼劉牢之之後成了北府兵事實上的領袖。反桓的力量逐漸祕密彙聚到劉裕身邊。這似乎預示著一個新時代的到來，一個新的不以出身為標準，而以能力為考慮的政治時代。

以劉裕為盟主的反桓同盟建立後，劉裕身先士卒，將士們無不死戰，接連以少勝多，彙聚了越來越多的支持。推翻桓玄後，朝野竭力稱讚劉裕平定桓玄之亂的功績。朝廷封劉裕為侍中、車騎將軍、徐青二州刺史。劉裕就此成為南方聲望最高、實力最強的人物。他名聲在外，就連北方的姚興也頗為忌憚。劉裕上臺後，向姚興討要後秦之前趁東晉大亂攻略的河南地區。姚興竟然將部分侵略的東晉土地歸還了劉裕。

劉裕繼桓玄之後成了建康的主人，卻沒有留在建康專斷朝政，而是接任徐青二州刺史，主動出鎮外地。他推司馬遵出來維持局面。當時，反正的桓楚司徒王謐（就是之前救過劉裕那個世族）與眾人商議，準備推舉劉裕統轄揚州。我們知道東晉朝廷長期只能直接關係揚州一地，要把持朝政必須兼任揚州刺史。劉裕堅決辭謝，把揚州刺史讓給了王謐。他這麼做可能基於以下考慮：首先是自己根基不足，尤其是劉裕出身貧寒，可能適應不了建康的政壇深水，想先常駐丹徒繼續積累政治威望；其次是劉裕起家於江北，政治基礎在今天的江蘇南部一帶，因此他選擇丹徒作為根據地；最後，劉裕將盟友劉毅、孟昶等留在建康作為內應，可以遙控朝政。

義熙三年（四〇七）十二月王謐去世，不利於劉裕的情況出現了。原來的盟友劉毅不希望劉裕進入朝中輔佐政事。之前劉毅和劉裕共同行動，同甘共苦，地位和權力都在劉裕之後，如今富貴了，劉毅開始不滿於總是居於劉裕之後，想和劉裕爭奪實權了。他聚集一幫人，商議任命中領軍謝混為揚州刺史，或者退一步讓劉裕兼任揚州刺史，但不讓劉裕入建康，而把朝中的政務交給孟昶管理。這是典型的只可同患難，而不共富貴。商議定後，劉毅等人畢竟心虛，不敢突然襲擊式地發布任命，而特意派尚書右丞皮沈帶著這兩個方案，前去徵求劉裕的意見。

皮沈到了丹徒，先去見了與自己有交情的劉穆之，向劉穆之透露了自己的來意。劉穆之自然知道讓劉裕長駐丹徒的壞處，那就是對首都這個政治中心的疏遠。他暗自慶幸皮沈先來尋找自己通報情況。他表面上不動聲色，假裝起身上廁所，迅速寫了張條子派人送交劉裕。紙條中寫道：「皮沈所言，切不可應允。」皮沈告別劉穆之後，就去見劉裕。劉裕聽完皮沈的陳述後，沒有表達意見，只是吩咐下人好好安頓朝堂使節。之後，他迅速將劉穆之召來商議。

劉穆之向劉裕說明了情況後說：「晉朝失去對國家的控制已經很久了，天命已經轉移。將軍您興復皇家，功高德勳，民望所歸。之前您謙讓官職，出守外地是有道理的。但是現在您的威望更高，政治資源更豐富了，如果再一味謙讓，難道就甘心於永遠做一個老守疆土的地方將領嗎？」

「劉毅、孟昶等人都是與您一起從布衣開始起家的。當年大家宣導大義，爭取富貴。因為舉事有先有後，官職有高有低，所以推舉您作為盟主。力量的對比結果是暫時的，政治上的服從也是會有變化的，但他們並不是誠心誠意服從您的。現在您長期領兵在外，他們在朝內佔據高位，大家的力量相當，地位也差不多，已經到相互吞併和排擠的時候了。」

「在政治鬥爭中，揚州可以起到決定性的作用。平定桓玄之亂後，您沒有兼任揚州刺史的職位，而是交給了王謐，那不過是實力不夠時的權宜之計。現在您絕不可以再拱手讓出揚州了。如果對手同時佔領揚州和朝堂，我們就要受到別人的制約。權柄一旦喪失，形勢一旦不利，如果再想逆轉回來，就困難了。如果我們落入那樣的境地，不僅將優勢拱手相送，而且前途難測。」

「現在既然朝廷徵詢您的意見，您就應該明確表示反對這兩個方案的態度。因為將軍您不能公開地向朝廷要求擔任揚州刺史的職位，所以您只能這麼說：『揚州是國家根本所在，地位重要。挑選揚州刺史事關重大，我不能在外地空發議論，要詳細了解情況。我計畫近日前往京城，與各位一起交換意見。』等您到了都城，京裡的一幫人就不敢越過您隨便處置揚州刺史的人選了。」

劉裕聽從劉穆之的話，沒有理會皮沈，接受了揚州刺史的任命，冠冕堂皇地前往建康就任。劉毅等人偷襲不成，反而引虎入家門。結果真的如劉穆之所分析的，朝廷徵召劉裕任侍中、車騎將軍、開府儀同三司、揚州刺史、錄尚書事，仍兼任徐兗二州刺史的職務。至此，劉裕算是名副其實的權臣了。

三

從四一二年開始，劉裕聚斂東晉朝廷大權，很有一番作為。東晉朝廷的爛攤子已經糜爛很久了，經過司馬道子父子的蹂躪情況更加糟糕，桓玄雖然打算進行整頓也毫無成果。劉裕在劉穆之的協助下，按照輕重緩急進行朝政清理和政策矯正。像作戰時一樣，劉裕以身作則，樹立勤政榜樣，同時以威行嚴法管束朝政，使朝廷內外的文武百官都能小心謹慎地奉行職守。劉裕入朝不到一個月，建康的官風民俗就大為改觀。

同時，劉裕開始暴露出不臣之心。表現在他經常矯晉安帝的詔書給州縣長官下命令，也表現在他開始嚴厲鎮壓異己力量。尚書左僕射王愉的兒子王綏，因為出生於江左冠族、世代公卿的王家，再加上自己很小就獲得了名望，就對劉裕很不服氣，譏笑他地位卑賤。劉裕毫不猶豫地將他殺死。當時東晉世族大家的勢力經過之前的動亂大為削弱，加上世族子弟自身不學無術，沉溺享受，在劉裕的進攻前完全敗下陣來。

也正是在這個時期，劉裕開始注意起自己的形象來。因為出身的緣故，劉裕識不了幾個字，也沒讀過幾本書，是個半文盲。後來因為行政的關係，他逐漸認識了一些字，可以讀懂文告，也能親自寫些簡短的命令和文告了。在東晉官場上，文學談吐和書法水準是官員相互交往和評價的重要標準。尤其是在一些大族世家看來，他們打心眼裡瞧不起那些缺乏系統文學教育的寒族子弟。即使劉裕貴為朝廷主政大臣，也難免有一些世族大家在背後譏笑他的文字和談吐。劉穆之提醒劉裕要開始注意自己的言談和文字，這不僅事關劉裕個人的尊嚴，也直接關係到政治鬥爭的前途。劉裕這時已經對劉穆之推心置腹，幾乎是言聽計從。他開始注意自己的言行，盡力淡化軍人色彩。但自己的那一手爛字卻是怎麼都提升不了，加上生性不喜讀書習字，讓劉裕苦惱不已。劉穆之出主意說：「寫字雖然是小事，但對於有志天下的人來說，不能不多加留意。將軍您可以堅持一直寫大字，一個字寫成一尺大也無妨。大字能夠掩藏拙處，而且有氣勢。」劉裕欣然採納了這個建議。以後劉裕的文告字寫得碩大無比，一張紙只有六七個字，貼得滿牆都是。遠遠看來，他的文告顯得氣勢非凡，和身分相配。

說到劉裕執政，不得不說劉穆之的成功輔佐。劉穆之對內是劉裕的行政管家，對外是劉裕在朝廷的主要助手，他不僅給予劉裕政策諮詢，還親自處理朝政和軍事。他這個人有非常能力，處理問題快如流水，文件和事情在他的手裡從來沒有堆積遲滯的。劉裕成名後，各色人物從四面八方湧來，朝野內外事務千頭萬緒，一時間讓劉裕難以適應。劉穆之從容不迫地將千頭萬緒的事情處理得滴水不漏。通常的情況是，他眼睛看著文件資料，手裡起草批閱意見，耳朵聽著情況彙報，嘴裡當場答覆下屬的詢問，應對自如，沒有出錯。劉穆之還有一個本事就是掌握消息比較全面，不管是閭里言謔、途陌細事，不論大小都知道些。他把這些信息一一告訴了劉裕，劉裕就能明白民間的實情，還常常將民間消息掛在嘴邊表示自己的開明通達。

劉穆之出身寒門，沒有家庭基礎可以依傍。得志之前，劉穆之一度窘迫到待在岳父家裡混飯吃，受人奚落。隨著地位提高、條件改善，劉穆之沾染了一個毛病，就是講究吃喝的排場。他吃飯，一定要寬大的飯桌，桌上必須得有足夠十個人吃的飯食，而且從來不單獨進餐，不是招待賓客就是需要歌舞助興。這可能是劉穆之發達後對早年窘迫的一種心理彌補。對於自己的毛病，劉穆之向劉裕坦白說：「我出身貧窮微賤的家庭，之前維持生計都很艱難。現在位居高位，我雖然心中想著要節儉，但從早到晚所需要的花銷還是過於豐厚了一點。除此之外，沒有一點兒對不起您的了。」

從京口討伐桓玄開始出任劉裕的主簿到義熙十二年（四一六）年底去世，劉穆之與劉裕合作了十三年時間。這十三年分別是劉裕和劉穆之一生中最重要、最輝煌的時期。劉穆之憑藉聰明勤勉，支持劉裕南征北戰，從一個勝利走向另一個勝利；劉裕則奠定了日後新王朝的基業。奇怪的是，劉穆之死後，劉裕再也沒有取得先前那樣的輝煌戰績。劉裕評價劉穆之「深謀遠猷，肇基王蹟，勳造大業，誠實匪躬」。劉宋王朝建立後，劉穆之被追封為南康郡公，諡文宣公。

四四、一百年後再見兩京

一

我們具體來看看劉裕掌權後的表現。劉裕的權力是建立在北府兵的支持上的，依靠討伐桓玄積累起來的。起兵過程中，北府兵的劉毅、何無忌等人推舉劉裕為主，同時自身擁有巨大的權力和軍隊。尤其是劉毅，長期處於北府兵第二號人物的地位，官爵僅次於劉裕，具有取代劉裕的能力。而他對屈居第二的現實也不滿足，加上文雅有學問，得到世族大家們的支持，內心深處也想和劉裕一決雌雄。桓楚政權覆滅後，劉毅與劉裕的關係開始出現裂縫。

一開始是劉毅推薦大世族謝混做揚州刺史，用意在於把劉裕擠出朝廷，做個「守藩之將」。劉穆之洞穿劉毅等人的心思，叫劉裕抓住揚州刺史不放。劉裕把揚州刺史抓到手後，常駐首都建康，讓劉毅等人措手不及。接著，劉毅挑撥離間劉裕和劉穆之的關係，經常對劉裕說劉穆之權太重。不想，劉毅越挑撥，劉裕越加信任劉穆之。劉裕在劉穆之的輔佐下發動了討伐南燕的戰爭，節節勝利，不想廣州的盧循乘虛北上進攻建康。時任江州刺史的何忌之領兵迎戰陣亡，震動了全域。劉毅時任豫州刺史，鎮守姑孰，手上有兵有船，一心鎮壓盧循起義軍建立大功來蓋過劉裕，於是整軍迎戰。劉裕從前線匆匆趕回建康，考慮到北伐軍隊剛剛南歸，將士疲勞，又多傷病，船隻也需修理，竭力主張慎重行事。他先寫信勸阻劉毅，又派劉毅的堂弟劉藩前去勸他暫緩出兵，要求大家一同行動。劉毅見劉裕一再阻止自己出戰，以為劉裕阻止他立大功，鬥志更強。他對劉藩說：「以往我不過是把功勞讓給了劉裕，你們就認為我真的不如他。今天，我要讓天下看看我的本事！」最終，劉毅率領精兵兩萬與盧循交戰，在桑落洲一戰大敗，損失了堆積如山的輜重，所部兵馬所剩無幾。他本人歷盡艱辛，才逃回建康。

盧循起義被平定後，劉毅擔任了江州都督，不久接替病重的劉道規擔任荊州刺史。劉毅就此掌握了極其重要的荊州地區，在荊州網羅黨羽，壯大力量。反對劉裕的力量聚集在劉毅身邊，他依然是可以與劉裕一決雌雄的實權人物。劉裕開始不能容忍劉毅的存在了。劉毅身體不好，沒多久就病重了。在黨羽的攛掇下，劉毅向朝廷請求堂弟劉藩繼任荊州刺史。之前，東晉朝廷對荊州的實權人物都採取姑息遷就的態度，不會駁回繼任的請求。這一回，主政的劉裕也答應了。因為劉藩正擔任兗州刺史，去荊州上任需要經過建康。劉裕就以司馬德宗的名義徵召劉藩入京。劉藩到了建康後，劉裕馬上宣稱發現了以劉毅、劉藩和尚書僕射謝混為首的「反叛集團」，共謀不軌。他以朝廷的名義賜死劉藩和謝混，並出兵討伐。當然，這一切都是祕密進行的。建康封鎖消息，不讓劉毅知道劉藩和謝混的死訊，逆江而上的討伐軍也偽裝成劉藩的部隊，宣稱是新的荊州刺史赴任。討伐軍一路走到江陵附近，荊州都沒有防範。討伐軍趁機對江陵發動突襲，劉毅兵敗，自縊而死。劉裕除掉了最危險的內部敵人。

劉裕討伐劉毅時，諸葛長民駐守建康。諸葛長民是反桓起義時的重要人物，也是劉毅、何無忌等人之後碩果僅存的人物。聽到劉毅死訊後，諸葛長民很害怕：「昔年醢彭越，今年殺韓信。禍其至矣！」其弟輔國將軍諸葛黎民就勸他造反。諸葛長民猶豫不決，暗中寫信給冀州刺史劉敬宣，要找他一起造反。劉敬宣是北府兵元老劉牢之的兒子，父親被桓玄逼死後他逃奔了南燕。在南燕，劉敬宣和高雅之等人陰謀發動政變推翻鮮卑人的統治，失敗後逃歸東晉，被劉裕收留。劉敬宣不但拒絕了和諸葛長民一起造反，還向劉裕告密了。劉裕趕緊命討伐荊州的軍隊返回建康。四一三年劉裕回到建康，找來諸葛長民。劉裕大擺宴席，和諸葛長民笑談如常。兩人開懷痛飲，諸葛長民漸漸失去了警惕，喝得酩酊大醉時被劉裕事先埋伏的武士從背後用繩子勒死。在對付政敵時，劉裕表現出了驚人的冷酷。諸葛長民被勒死的時候，劉裕端坐原處飲酒如常。諸葛長民死後，劉裕又派人誅殺諸葛家族。諸葛黎民一貫驍勇，面對圍兵格鬥至死。至此，昔日的盟友和潛在的政敵都被消滅了，劉裕成了唯一的強權人物。

桓玄篡位之時，益州刺史毛璩出兵討伐桓玄。不想四川人不願意背井離鄉去打仗，推舉四川人譙縱為首領，殺死毛璩割據。譙縱建立了繼成漢之後的第二個四川割據政權。譙縱一邊向北方的後秦稱臣，被後秦封為蜀王，一邊頻繁入侵東晉的荊州地區。荊州首府江陵常常處於譙縱政權和後秦的兩面夾擊之中。盧循起義軍進攻建康，荊州方面沒有一兵一卒增援，就是因為被譙縱牽制住了。荊州一度和建康隔絕音信，情況危急，全靠刺史劉道規安定部眾，荊州這才沒有落入譙縱政權的手中。劉裕消滅劉毅的同年（四一二），就開始對四川用兵。他選擇淺資歷但能力強的朱齡石做元帥，任益州刺史，領兵攻蜀。譙縱本就是趁東晉內亂（先是桓玄，後是盧循）僥倖立國的，勢力薄弱，在晉軍攻擊下節節敗退。四一三年七月，譙縱自縊而亡，四川重新進入東晉版圖。劉裕又立下一件大功。

消滅桓玄後，劉裕最大的功績還是北伐。他陸續消滅了南燕和後秦兩大胡族政權，取得了「光復兩京」的輝煌勝利。

二

北伐始終是東晉政治的重要內容，棘手而炫目。一般人將北伐視為某某人樹威攬權的手段——事實上也是如此。保守的朝廷不希望大臣動議北伐，只有不安分的權臣才有實力真正將北伐付諸實施。劉裕權勢日漸鞏固，為了更上一層樓，北伐就被提上了議事日程。義熙五年（四〇九），南燕的慕容超成了劉裕北伐的第一個目標。

南燕是後燕分裂後的偏安政權，力量薄弱。末代君主慕容超又輕浮好動，嫌太樂伎人數太少在當年二月發兵攻擊東晉淮北的宿豫（今江蘇宿遷東南），擄去大量人口。慕容超從中挑選了男女二千五百人給太樂訓教，以供自己享樂，卻不想引來了亡國之禍。第二個月，劉裕就以此為藉口，上表請求伐燕。朝野又是一片反對聲。反對歸反對，沒有人能在實際上阻止劉裕北伐。四月，劉裕就率領北府兵浩浩蕩蕩地從水路北上了，到達下邳（今江蘇睢寧西北）後改走陸路。和桓溫等人北伐純粹為了立威不同，劉裕還有擴大疆域的目的，所以他北上途中遇到險要之處都築城留兵防守，目的就要長久守住這些地區。

南燕主要盤踞地區是現在的山東。北伐軍進入山東後，劉裕必須經過地形險峻的大峴山。大峴山兩旁是高山峭壁，中間有一條小道通過，萬一燕軍在山上埋伏怎麼辦？劉裕堅持全軍快速從山下過山，胸有成竹地認為：「慕容超心貪，既想擄獲，又愛惜禾苗，以為我軍孤軍深入，不能持久，絕不會守險，也不會清野。我敢為諸君擔保，不會有什麼危險。」話雖這麼說，北伐軍的將士們都心驚膽戰地通過大峴山的窄道，劉裕心底也沒有百分百的把握。直到全軍安然走過了大峴山，不見燕兵，東晉將士歡呼雀躍。劉裕舉手指天，也非常高興。大峴山是南燕可以依賴的最重要的天險，慕容超並不加利用。他天真地以為東晉軍隊深入北伐，無非是劉裕為了立功，不能持久，所以採取「以逸待勞」的策略，坐等劉裕上門。沿途既沒有派軍扼守險要，也沒有搶割糧食、堅壁清野。劉裕率領北伐軍越過大峴山後，離祖國很久，人人抱定死戰之心，又利用沿途南燕的糧草解決軍需問題，進展神速。

慕容超一計不成，就寄希望於鮮卑騎兵的優勢，企圖用騎兵掃蕩晉軍步兵。六月，南北兩軍在山東臨朐大戰。劉裕揚長避短，用四千輛車子圍住步兵，分左右兩翼徐徐推進。南燕騎兵被車輛阻礙，橫衝直撞的優勢發揮不出來。兩軍正僵持著，參軍胡藩向劉裕獻計，燕軍悉數出戰迎戰，晉軍可以乘機襲取放手空虛的臨朐。劉裕採納了建議，命胡藩帶一支奇兵繞過燕軍，輕鬆攻取臨朐。燕軍主力聞訊大亂，為劉裕打敗。慕容超倉皇逃回首都廣固城固守。劉裕將廣固團團圍住，並不攻城，先著手安撫人民，就地籌集軍需。

廣固城被圍兩個月，已成困守態勢。慕容超派尚書郎張綱到長安向後秦的姚興求救。姚興知道唇亡齒寒，南燕滅亡了，後秦就要承擔所有東晉的軍隊壓力。可要出兵救燕，姚興有心無力。不救不行，救又不能，姚興耍了個花招，派使者到劉裕軍中恫嚇：「大秦已經派十萬雄兵進駐洛陽，請晉軍南撤。若晉軍不撤，大秦將長驅東進，聯燕滅晉。」劉裕看穿了姚興的把戲，斷然回答：「我本想在滅燕之後休兵三年，然後進取關中滅秦。如今姚興自己送上門來，再好不過。你回去讓他快點過來吧！」後秦使者嚇得趕緊溜走了。劉穆之聽說後秦使者到，趕緊過來，慢了一步，後秦使者跑了。劉裕把對話告訴了他，劉穆之不滿道：「此事重大，應該慎重考慮，怎麼能如此答覆？只能激怒後秦，廣固沒有攻克，羌族騎兵已到，如何對付？」劉裕笑道：「兵貴神速。姚興如果真想救援慕容超，就不會事先派遣使者通知。我看他是無力出兵，恐嚇而已！」事實證明，在東晉和南燕交戰期間，後秦一直按兵不動。

南燕派往後秦的使者張綱回來時被晉軍抓住。劉裕讓張綱站在樓車（一種攻城器械）上面，向廣固城喊話：「劉勃勃大破秦軍，後秦無兵相救！」南燕軍民沒有了外援，鬥志更加低落了。義熙六年（四一〇）正月，被圍超過半年的廣固城大門洞開，部分喪失信心的官員開城迎接晉軍入城。慕容超突圍時被擒，被送往建康斬首。南燕滅亡，這是第一個被東晉滅亡的北方王朝。

南燕滅亡後，西邊的後秦成了劉裕下一個目標。他並沒有像恐嚇後秦使者那樣立刻率領得勝之師進攻後秦，而是在等待機會。後秦疆域雖廣，但內部始終有匈奴劉勃勃建立的夏政權的侵蝕，有生力量不斷削弱。義熙十二年（四一六）二月，後秦君主姚興去世，繼位的姚泓軟弱無力，國內其他民族頻繁爆發反秦起義。劉裕等待的時機來了，他留劉穆之在建康，總攝朝野政事，自己第二次親率北府兵北伐，志在滅秦。

三

滅秦之戰進展很順利。後秦在河南地區的抵抗很薄弱，當年十月晉軍前鋒進逼洛陽，守將姚洸投降。洛陽是東漢、曹魏和西晉的舊都，它的光復政治意義重大。在這危急時刻，後秦內部不僅沒有做到同仇敵愾，反而加速上演同室操戈的悲劇。先是姚泓的弟弟、太原公姚懿在蒲阪（今山西省永濟縣）造反，要搶奪帝位，接著是宗室、齊公姚恢在嶺北起兵，率安定（今甘肅省涇川縣）鎮戶三萬八千人進攻長安，也要搶奪帝位。這兩人的造反都沒有成功，但後秦內憂外患，不能集中全力對抗劉裕，形勢越來越不妙。

第二年（四一七）正月，劉裕率水軍從彭城（今江蘇徐州）出發，王鎮惡、檀道濟等率別部進逼潼關。東晉對後秦開始了總攻。潼關是關中的門戶，後秦守軍死守關隘，阻擋了晉軍的前進。劉裕聞訊，督率水軍加速逆黃河西進，增援王鎮惡等人。一旦晉軍雲集，後秦的處境更加不妙。姚泓想到了向黃河北岸拓跋鮮卑建立的北魏政權求援。北魏滅亡後燕，截斷慕容鮮卑為南北兩段後，佔有黃河以北大部地區，有能力也可能援助後秦。如果北魏能出兵截擊逆黃河而上的劉裕水軍，後秦的壓力將大大減輕。北魏是否出兵，成了晉秦之戰的關鍵因素。姚泓派使者以唇亡齒寒的理由求救於北魏，要求北魏出兵；劉裕也派使者向北魏「假道」，要求北魏中立。北魏內部意見分歧，一派主張截擊劉裕的水軍，理由不僅有北魏和後秦唇亡齒寒，更有人懷疑劉裕表面伐秦實際想攻魏；另一派倒不懷疑劉裕想攻魏，而是認為劉裕伐秦志在必得，如果北魏出兵介入晉秦之間的戰爭，可能會引火焚身。北府兵久經疆場，之前滅亡了同是鮮卑政權的南燕政權，北魏的鮮卑軍隊能戰勝北府兵嗎？北魏佔領華北大部時間不久，要做的內政很多，北方又在與柔然交戰，實在不想和晉軍硬碰硬地決戰。最後，北魏明元帝做了折衷，集合十萬大軍部署在黃河北岸，監視晉軍行進。

在戰場上，折中看似明哲保身，其實是最危險的選擇。不戰不和，反而堵斷了媾和的道路，又讓自己對戰爭缺乏準備。劉裕發現北岸的魏軍後，就立刻在戰和之間做出了選擇：戰！逆流西進必須排除魏軍的威脅，必須通過血戰讓北魏看到晉軍滅秦的決心和能力。

四月，七百名北府兵乘坐一百輛戰車，主動登陸北岸。這些車輛組成半圓形的陣勢，兩頭的車輛緊靠河岸，中間的車輛（半圓形的弧頂）離岸一百多步。這陣名叫「卻月陣」。大約有三萬名魏軍見勢，包圍過來。他們不知道這小股晉軍為什麼主動挑釁，人數懸殊，難道是來送死嗎？就在魏軍徘徊不前的時候，朱超石率領二千人攜帶大弩一百張登陸。每輛車增兵二十人，在車轅上豎起盾牌，掩護卻月陣裡的情形。每輛車都配備一張大弩。魏軍判斷晉軍是要在北岸建立據點了，開始進攻半月陣。三萬魏軍一波波地衝來，又一波波地倒在弓箭面前。屍體越積越多，魏軍最終還是逼近車前。晉軍的大弩發射不及，朱超石就下令將長矛截斷，留下三四尺長，一人執矛，一人在後面用大錘錘矛，讓一根根斷矛成了一枚枚巨箭，呼嘯而出。由於魏軍蜂擁密集，一矛射出常常刺穿三四人。魏軍死傷慘重，留下更多的屍體潰退而去。朱超石乘機追擊，又給予魏軍殺傷。此戰，晉軍以極小的代價重創監視的魏軍，戰後魏軍喪失了阻撓晉軍西進的勇氣，紛紛脫離與晉軍的接觸。

戰場上重新恢復為晉軍和後秦的對決。為了突破潼關天險，沈田子、傅弘之在當年七月率領一千多人的小部隊從南邊的武關進入關中，很快推進到現在的陝西藍田。這支部隊只是劉裕的疑兵而已，卻讓姚泓大為緊張。原本，姚泓糾集了數萬兵馬準備增援潼關。現在，他怕大軍東出後被沈田子偷襲了後方。姚泓決定先帶著後秦的主力軍消滅沈田子等人。沈田子的小部隊處境異常危險。沈田子只能險中求生，賭一把。他乘姚泓立足未定，率領一千多人主動向秦軍衝鋒。秦軍毫無防備，竟然被沈田子的一陣衝殺打亂了陣腳，傷亡過萬。姚泓狼狽逃往灞上，連自己的御駕都成了沈田子的戰利品。後秦增援潼關的生力軍就這麼莫名其妙地潰散了，真的是天不佑秦。

正面攻擊潼關的劉裕、王鎮惡意外聽到沈田子所部的捷報，乘機猛攻潼關。晉軍水軍乘艨艟小船從黃河突入渭水。艨艟，三國時期就是南方水軍的主要裝備，船體低矮，從上面看艨艟全部被遮蓋起來，行進起來像是橫衝直撞的大烏龜。關中的秦兵從來沒有看見過這種船，茫然不知如何應對，士氣更加低落，接連潰敗。

八月底，突入關中的晉軍與後秦最後的生力軍在渭橋（今咸陽東北）決戰。秦軍大敗，姚泓單騎逃回長安宮中。王鎮惡尾追而來，長安城已經無兵可調，無人顧守了。姚泓萬般無奈，準備投降。他十一歲的兒子姚佛念不願投降，登上宮牆投地而死。姚泓率其他家人至王鎮惡營前投降，其堂弟姚贊等人也紛紛投降。除姚泓外，劉裕將後秦宗室全部處決。後秦滅亡。

九月，劉裕率北府軍進入長安。長安是之前中國歷史最重要的都城，它的光復政治意義絕不在洛陽之下。至此，兩京光復，劉裕憑軍力似乎扭轉了五胡亂華以來漢族對少數民族的頹勢。長安自三一六年被匈奴攻陷後，已經一百多年沒有見到漢家軍隊了。史載長安光復後，三秦父老「不沾王化，於今百年。始睹衣冠，人人相賀」。劉裕的聲望如日中天。他祭掃西晉皇陵，把彝器、渾儀、土圭、記里鼓、指南車等送往建康。姚泓被押送建康斬首。

黃河以南、淮水以北以及漢水上游的大片地區為晉收復，形勢對劉裕很有利。當時北方最強大的四股力量，南燕和後秦先後覆滅，北魏剛剛被劉裕打敗，赫連勃勃還在陝北遊蕩，劉裕完全可能擴大戰果，恢復更多的故土。可惜，他志在南歸代晉。劉裕的北伐還是沒有擺脫立威揚名的窠臼。而經過多次血戰的南方官兵們也思想南歸，很少有人願意留在北方從事政權建設。劉穆之又在這時病故，劉裕擔心後方不穩，急著在當年十二月間匆匆離開長安南下。關中百姓沿途痛哭，請求晉軍不要撤退。但劉裕「狼狽而還者，欲速成篡事耳，無暇有意於中原」。

北部的赫連勃勃乘虛而入，加上留守關中的東晉諸將又自相殘殺，關中很快為匈奴人佔領。劉裕滅秦，為赫連勃勃做了嫁衣裳。回到建康後，劉裕在朝廷的地位顯赫無比。他接受了「相國、宋公、九錫之命」，開始篡晉。

四五、赫連勃勃大王

一

自從匈奴漢國和前趙覆滅後，匈奴民族長期沒能再建立割據王朝，在五胡十六國中處於被其他民族奴役的地位。在今天的內蒙古和河套地區游牧著匈奴鐵弗部落，酋長也以劉為姓，接受過匈奴漢國和前趙的封爵，南方的匈奴王朝覆滅後繼續游牧在草原上。劉衛辰擔任部落酋長的時候，這支匈奴的力量已經相當可觀。強鄰拓跋鮮卑與之鏖戰，拓跋珪在三九一年大破該部匈奴，劉衛辰父子被殺，部眾星散。

不過，拓跋珪沒能斬草除根。劉衛辰的小兒子劉勃勃在混亂中逃脫，投奔叱幹部。酋長叱幹他鬥伏不敢收留劉勃勃，派人把他送交拓跋鮮卑。他鬥伏的侄兒阿利勸不了他鬥伏，就在中途救下劉勃勃，送交後秦的高平公沒奕干。沒奕干簡直是劉勃勃的大恩人，不僅收留了他，將他養大成人，還招他做了女婿。

劉勃勃作為一個孤兒，在其他民族的陣營中孤獨地成長。再考慮到弱肉強食的大背景，劉勃勃的人格出現了偏差。一方面，劉勃勃這個孩子看待世界沒有溫情，對人對事冷酷無情。一旦他執掌了千軍萬馬的指揮棒，冷酷無情的性格就惡化為了殘酷暴戾；另一方面，無依無靠的劉勃勃必須依靠智慧在亂世中生存下去，智商很高，可惜不是聰明而是狡黠。這些性格在一個體格強健、野心勃勃的青年人身上匯聚在一起，讓劉勃勃成了一個潛在的危險分子。

《晉書》說他長大後「身長八尺五寸，腰帶十圍，性辯慧，美風儀」。後秦皇帝姚興很欣賞劉勃勃，深加禮敬，任命他為將軍，一些軍國大事都找他商量，寵遇並不比勳舊大臣差。但是姚興的弟弟姚邕覺得劉勃勃是個危險人物，勸姚興要防著點：「勃勃天性不仁，難以親近。陛下寵遇太甚，臣竊惑之。」姚興固執地認為劉勃勃有濟世之才，可以用來平定天下，別人越反對他反而越看重劉勃勃，搜羅河套地區的各個少數民族部落和其父劉衛辰的殘部三萬人，交給劉勃勃指揮，還想讓他協助岳父沒奕干鎮守高平（今寧夏固原），同時防備拓跋鮮卑。姚邕再次勸止，指出讓劉勃勃領兵很危險。姚興反駁弟弟：「你怎麼知道劉勃勃的性情不能領兵？」姚邕說：「劉勃勃奉上慢，禦眾殘，貪暴無親，輕為去就。過分寵信他，恐怕終為邊害。」姚興猶豫了一段時間後，還是提拔劉勃勃為安北將軍，封五原公，還將朔方（今陝西延安）撥給他駐紮。姚興可謂是劉勃勃的第二個大恩人，他信任劉勃勃，讓他成了一方藩鎮。

劉勃勃從此有了縱橫天下的資本。他很快就走上了擴軍自肥、燒殺搶掠的道路。劉勃勃剛一上任，就搶劫了河西鮮卑獻給姚興的八千匹駿馬，用來壯大自己。接著，劉勃勃又帶上三萬人馬，假裝去高平川打獵，對撫養自己長大的岳父沒奕干發動突襲，竟然將岳父殺死，吞併了高平的部隊。劉勃勃的部隊一下子擴展到數萬人，不過這是通過忘恩負義殺戮親人實現的。四〇七年，劉勃勃覺得羽毛已滿，正式脫離後秦自立。他宣稱匈奴是夏朝的苗裔，定國號為「夏」，自稱大夏天王、大單于。這是十六國後期的又一個匈奴割據政權。

夏國建國以後，僅有高平、朔方一隅。不過匈奴騎兵彪悍強勁、機動性強，部將們都對戰勝後秦有信心，主張建都高平，與後秦爭奪關中。劉勃勃卻不以為然。他認為建都高平，將陷入與後秦漫長的拉鋸戰，夏秦敵眾我寡，一城一地的爭奪不具備優勢。劉勃勃的思路是利用匈奴雲騎風馳的優勢，對龐大的後秦展開出其不意的騷擾，敵前我後，敵進我退，等後秦疲於奔命時再集中優勢力量殲滅後秦的有生力量。他自信用此戰術，不出十年嶺北、河東將盡為匈奴所有。劉勃勃的戰略其實是對歷史上游牧民族賴以取勝的軍事思想的總結，類似於後世的運動戰。沒有根據地、飄忽不定的行動也讓匈奴夏國長期遊蕩在關中北部、隴西一帶，沒有固定的國家形式，和一般的王朝有別。

劉勃勃的戰略取得了輝煌的成功。他以區區幾萬之眾不斷騷擾後秦北方州縣，牢牢掌握著主動權。後秦防不勝防，北方各城乾脆大白天都緊閉城門。姚興這才悔不該不聽姚邕的話，可惜沒有後悔藥吃。劉勃勃的騷擾貫穿至後秦滅亡，極大制約了後秦的行動，消耗了後秦的國力。劉勃勃的日子過得卻非常滋潤，四處劫掠讓他得到了充分的供給，不愁軍隊的吃穿用度，瀟灑得很。

劉勃勃殘暴的性格在戰爭中完全暴露了出來，給西北百姓造成了極大的傷害。匈奴夏國每次擊敗敵人，殺傷動輒過萬，佔領的城池被搶劫一空，百姓中精壯的補充部隊、其餘遭到殺戮或者活埋。《晉書》中留下了諸如「坑將士四千餘人，以女弱為軍賞」、「殺……將士五千人，毀城而去」等等血淋淋的記載。劉勃勃的戰績雖然輝煌，卻因殘暴未能贏得民心（哪怕是部分地區的民心），這也是夏國不能真正建國立業，傳之長遠的根本原因。

在劉勃勃的游戰殺戮過程中，西北的南涼政權可算是基本上被劉勃勃消滅的。當初，劉勃勃獨立建國，向南涼君主禿髮傉檀求婚。南涼是西北最強大的割據政權，傉檀哪願意把女兒許配給名不見經傳的後秦叛將劉勃勃，斷然拒絕。劉勃勃大怒，親率兩萬騎兵就殺入南涼，搶掠三百餘里，驅掠二萬七千口、牛馬羊數十萬凱旋。傉檀要率眾追擊，部將焦朗勸阻道：「劉勃勃天姿雄驁，軍隊強悍，我們不能輕敵。現在匈奴人滿載而歸，遇到追兵會人自為戰，保全戰利品，我軍難與爭鋒，不如搶到他們前頭去結營阻擊。」傉檀和其他將領則認為劉勃勃的部隊是到處遊蕩的烏合之眾，拿著那麼多戰利品，肯定不會死戰，大軍臨之必土崩魚潰。所以傉檀發動南涼的主力，追擊劉勃勃。事實證明，焦朗對遊蕩騎兵的判斷是正確的。速度是他們的優勢，財富是他們的目的，兩者是不可分的。搶掠的財富絲毫不會降低他們的速度，反而會激發他們保衛財富的堅強鬥志。結果，劉勃勃聽說南涼追兵趕來，回頭迎戰。儘管在戰鬥中劉勃勃被傉檀安排的神箭手射中左臂，劉勃勃還是堅持率軍大敗追兵，反過來追回去八十餘里路，殺傷以萬計，斬南涼大將十餘人。劉勃勃將敵人的屍體壘起來築為京觀，取名「髑髏台」。南涼經此一敗，傷了元氣，從此落後於鄰國北涼和西秦。沒幾年，傉檀投降西秦，南涼滅亡。

數年的遊蕩作戰，形勢朝著利於劉勃勃的方向發展。尤其是後秦鎮北參軍王買德投降後，劉勃勃以他為謀臣。夏政權開始建立完備的規章制度，尋求固定下來。於是，劉勃勃決定建造都城。四一三年，劉勃勃在「朔方水北、黑水之南」選中一塊「臨廣澤而帶清流」、水草肥美的地方（今陝西靖邊縣以北約五十公里）營造都城。

為了這座都城，十萬各族百姓花費了數年時間。劉勃勃任命叱幹阿利為負責人。阿利主要採取夯築的方式建造城池，之前將土蒸一遍，增加堅實度。夯完一段城牆，阿利就驗收一段。驗收的標準是用錐子扎，如果能扎進去一寸深就認定這段城牆不合格，就要推倒重來。原來築造這段牆的民工都會被殺死，屍體混在泥土裡當建築材料用。阿利如此殘暴，卻深得劉勃勃賞識，很認同他的管理方法。結果，整座都城雖然沒有鋼筋巨石，卻造得異常堅固。一直到北宋時期還是夏州的治所，是北宋和西夏作戰的堡壘之一。都城的裝飾和儲備的物資，也是追求剛硬。叱幹阿利用銅鑄大鼓、飛廉、翁仲、銅駝、龍獸等裝飾物，外表塗以黃金，排列在都城宮殿中。阿利同時負責督造兵器。造的弓箭射不穿鎧甲，便斬弓箭匠；射穿了，便斬鎧甲匠。他監製的「百煉鋼刀」，鋒利無比；製造的龍雀大環，號曰「大夏龍雀」，背上有銘文：「古之利器，吳楚湛盧。大夏龍雀，名冠神都。可以懷遠，可以柔逋。如風靡草，威服九區。」銘文豪氣沖天，對自己的品質自信滿滿。為了追求高品質、高標準，工匠製造時稍有不合即遭殺身之禍。「凡殺工匠數千，以是器物莫不精麗」，整座都城可以說是建築在百姓的屍骨上的。

劉勃勃認為：「朕方統一天下，君臨萬邦，可以統萬為名。」這座都城得名「統萬城」。城市開始建築的第一年，劉勃勃改姓赫連。原來的劉姓來源於西漢和親的公主，現在劉勃勃聲稱子從母姓不合於禮，帝王是天的兒子，「其徽赫與天連」，所以改姓赫連。劉勃勃就變成了赫連勃勃大王。原來鐵弗部落中同姓卻非直裔的匈奴人則改稱鐵伐氏，意思是堅硬如鐵銳可伐人。赫連勃勃的狂傲氣焰可見一斑。

夏政權也開始佔領一些領土。赫連勃勃廢除州縣制度，代之以城堡、軍鎮。某地的百姓就是某城或者某鎮的軍人，軍民不分，以軍政代替民政。一個巨大的戰爭機器，在赫連勃勃刀逼鞭打之下終於建立了。

二

赫連勃勃最大的機遇是劉裕北伐。義熙十三年（四一七），劉裕北伐關中，姚泓投降，後秦滅亡。赫連勃勃的戰爭機器在西北高原虎視眈眈，卻沒有南下衝入戰團。

赫連勃勃的判斷是後秦必然滅亡，但劉裕不會長久盤踞關中。他認為劉裕北伐不是為了光復失地，而是立威，遲早會返回南方。赫連勃勃決定趁劉裕南返再南下關中，於是他一方面與劉裕北伐軍通使友好，一方面秣馬厲兵，等待時機。後秦投降後，西北許多郡縣都投降了赫連勃勃。夏政權的實力得以飛速增長。赫連勃勃的判決完全正確，年末劉裕就離長安南返，留十三歲的兒子劉義真守備長安。夏政權隨即對爭奪關中的策略進行討論。王買德提出了一個「關門打狗」的方案，即匈奴騎兵利用速度優勢，尋找佔領青泥關、上洛、潼關等要塞，截斷關中晉軍退卻的道路，然後發布檄文，號召關中各族百姓討伐劉義真。赫連勃勃依照這個方案執行，命兒子赫連璝、赫連昌和王買德等人進佔各個要點，自率大軍向長安殺去。

留守關中的晉軍面臨被包圍的噩運。不過客觀來說，劉裕還是有心守住關中的。他留在關中的兵力並不弱，大多是跟隨自己百戰的北府精兵；輔助劉義真的沈田子、王鎮惡等人也是身經百戰的大將。赫連勃勃想吞併關中，並非易事。在最初的接觸中，晉軍兩次打敗匈奴騎兵，迫使正面的夏軍採取守勢。遺憾的是，劉裕一走，留守的晉軍將領起了內訌。先是沈田子殺了王鎮惡，接著是劉義真的長史王脩殺了沈田子。晉軍最精銳的兩員大將就這麼白白死了。十三歲的劉義真又聽左右說：「王鎮惡要反，所以沈田子要殺他。王脩又殺沈田子，可見王脩也要造反。」就輕率地下令殺死王脩。結果，劉義真處於無將可派的境地，晉軍被動地困守各座城池。長安城人心恐慌。劉義真為了保住長安，又命令晉軍向長安收縮，將兵力都擠在城裡，關上城門死守。赫連勃勃順利佔領咸陽，關中其他地區紛紛投降夏政權。

劉裕得到關中敗績，召回劉義真，派大將朱齡石代替他鎮守長安。

四一八年十一月，朱齡石到達長安，劉義真率領大部晉軍向東逃竄。劉裕命令他輕裝而行，迅速逃離關中。可是晉軍官兵帶著大批輜重、子女，沿途又燒殺搶掠，毫無紀律，一天都走不了十里路。部將傅弘之勸劉義真丟棄輜重，輕裝快進，劉義真不聽。很快，赫連率三萬匈奴騎兵追上了逃亡的晉軍。傅弘之斷後，掩護劉義真逃跑。晉軍邊走邊打，至天黑全軍覆沒，傅弘之等人被俘。劉義真因為跑在最前面，天黑後匈奴騎兵停止追擊，才倖免於難。雖然撿了條性命，劉義真也落得個孤身一人伏在草叢裡不敢吱聲的下場。後來聽到參軍段宏在叫他的名字，到處尋找他，劉義真才從草叢裡鑽出來，和段宏兩個人逃回南方。

劉義真的慘敗，喪失了劉裕多年依靠的北府精銳，連累南方政權的軍事力量都受到削弱。本來劉裕光復兩京，關中漢族百姓對他還有很高的期待。劉裕迅速離開長安南歸，就讓部分百姓失望了。如今劉義真率領晉軍大肆擄掠，又全軍覆沒，更是讓關中的漢人對劉裕和晉軍失去了信心。民心不再思晉，很多百姓還恨透了軍紀敗壞的晉軍。困守長安的朱齡石處境就很尷尬了。他既兵力薄弱，又得不到百姓的支持，面對步步緊逼的赫連勃勃，無奈地燒毀長安宮殿，向潼關退卻。赫連勃勃進佔長安，一路追擊，消滅了關中的最後一支晉軍。朱齡石被俘，和之前被俘的傅弘之等人最後死在長安。洛陽則被拓跋鮮卑佔領。劉裕北伐光復兩京的戰果，至此全部隕落。劉裕滅後秦，赫連勃勃成了最大的勝利者。

完全佔領關中後，赫連勃勃在灞上即皇帝位。夏政權東與拓跋鮮卑建立的北魏對峙，南與東晉對峙，成了三分天下的割據王朝，達到勢力的頂峰。群臣要求定都長安，赫連勃勃認為長安離北魏太近，不肯遷都。統萬城剛剛建成，赫連勃勃便退回統萬城，以它為都城。

赫連勃勃的夏政權建立得有點特殊，主要是靠匈奴人的軍事強權勃興的，又抓住了劉裕北伐的失誤得以佔領關中。大凡一個政權建立在軍事強權基礎上，都長久不了。赫連勃勃不明白這個道理，在政權達到頂峰後沒有整頓內政，勵精圖治，反而變本加厲地殘暴殺戮。他常常站在統萬城上，旁邊放著弓和劍，看哪個行人不順眼就親手殺了他。對於看不順眼的大臣，赫連勃勃毀其目；覺得取笑自己的大臣，則決其脣；如果有大臣敢進諫，赫連勃勃就說他誹謗，先截斷他的舌頭再砍腦袋。佔領長安後，赫連勃勃召見隱士韋祖思。韋祖思見他，心裡害怕，表現得畢恭畢敬。赫連勃勃卻發怒了：「你見姚興不拜，見了我為什麼拜？我還沒死，你就不把我看做帝王，我死之後，不知你在筆頭上要把我糟蹋到什麼地步！」就把他殺了。人們最怕喜怒無常的暴君，很快「夷夏囂然，人無生賴」，赫連勃勃的統治弄得天怒人怨。

奇怪的是，赫連勃勃竟然能夠善終，一直到劉宋元嘉二年（四二五年）逝世。他死的時候，夏政權已經危機重重，呈現末世景象：內部因為不修內政，國窮民困；外部則受到北魏政權的步步擠壓。赫連勃勃死後，兒子赫連昌嗣位，第二年長安被北魏攻破，第三年統萬城也被北魏攻破，第四年赫連昌也成了魏軍的俘虜。赫連勃勃的小兒子赫連定繼位，負隅頑抗。四三一年，赫連定被吐谷渾俘虜，夏亡。

四六、別把責任推給大環境

一

吳隱之是東晉後期著名的廉吏。在社會推崇奢華、官員普遍貪污的魏晉時代，吳隱之的存在是一個異數，證明為政廉潔與否與環境的關係不大，關鍵在於個人操守。

吳隱之是濮陽郡鄄城人，《晉書》在他的本傳一開始就大書吳隱之青少年時代就與眾不同，生活儉樸、崇尚廉潔。比如吳隱之每天進餐僅食豆羹，絕不享用非分之糧，也不謀求來歷不明的財物——吳家生活尚可，也算不上富裕。十多歲時，吳隱之的父親死了，他和哥哥吳坦之表現得異常悲痛。之後，吳隱之對母親極為孝順。吳家和韓康伯為鄰，韓康伯的母親常常教育韓康伯：「你日後如果要選拔官吏，應該舉薦像吳隱之這樣的人。」這說明，吳隱之從小就符合朝野的道德標準，是品學兼優的好青年。

後來，韓康伯做了吏部尚書，主管官員選拔，舉薦吳隱之出任了輔國將軍功曹，後轉任征虜將軍參軍。大將袁真起兵反抗桓溫失敗後，吳隱之的哥哥吳坦之是袁真的功曹，按律要受牽連遭禍。吳隱之拜見桓溫，請求代兄領罪，桓溫很感動，最終放過了吳坦之。吳隱之因此得到桓溫賞識，擔任了尚書郎。

隨著地位的上升，吳隱之罕見地保持了廉潔的本性。上級謝石（就是在淝水之戰中大敗前秦的那位）聽說吳隱之的女兒出嫁，派人前來幫忙。來人到了吳家，看不到一點喜慶的樣子，看不到一個賓客，看不到一件嫁妝，只看到吳家的丫環牽著狗到大街去賣。原來吳隱之打算用賣狗的錢來置辦女兒的嫁妝。後來，吳隱之升任晉陵太守。別人把地方實官當作撈錢自肥的好時機，吳隱之卻甘於貧困。在任期間妻子自擔柴草，全家人冬月沒有被子蓋，吳隱之沒有換洗的衣服，脫下衣服清洗就只得披著棉絮。這哪裡是太守，完全與貧民無異。對比魏晉時期何曾父子日食萬錢，石崇與王愷的鬥富大賽，吳隱之絕對算得上天下廉吏第一。

任何時代都是需要廉吏的，哪怕朝政黑暗腐敗到極點。因為貪腐從根本上侵犯朝廷正當利益，將國家的財富劃為私有，對國家的政策陽奉陰違，過分貪腐會損害國家財力、公信力和政策的貫徹執行，進而影響天下安全。推出幾位廉吏，讓他們處理棘手的問題，就成了朝廷的反抗貪腐的利器。

出於這樣的考慮，吳隱之在隆安年間（三九七～四〇二）被朝廷提升為龍驤將軍、廣州刺史、假節領平越中郎將，出鎮南粵，成為封疆大吏。

廣州環山繞海，出產珍品異物，比如象牙、珍珠和名貴藥材。那裡天高皇帝遠，地方官貪腐的難度很小，收益卻很大。只要從廣州帶走一箱寶物就足夠幾代人享用。但一般的世族子弟都不願意去廣州任職，除了大家族的家教和道德感因素外，主要是嶺南地區瘴疫流行，被視為畏途。結果，去廣州當官的都是在北方仕途無望，又貧寒貪婪的人，到任後多以貪財為己任，視朝廷法度為虛無。朝廷要革除廣州的弊端，吳隱之就是他們的人選。

話說距離廣州首府番禺二十里地的石門有一汪泉水，叫做「貪泉」。誰喝了貪泉的水，會變得貪得無厭。吳隱之來到這裡，卻要喝那泉水。家人和隨從們拼命阻攔：朝廷正對刺史大人寄予厚望呢，可不能變得貪婪啊！吳隱之卻自信地說：「人心中如果沒有貪欲，就不會有可貪的東西。人們往往越過南嶺就失去了廉潔的心，我知道原因了。」（言下之意是貪污的本質在於貪欲，沒有貪欲就沒有貪污。）他舀來貪泉就喝了下去，還賦詩一首：「古人傳說這泉水，舀來喝了貪千金。試讓伯夷叔齊飲，始終不變廉潔心。」伯夷、叔齊二人是商朝末期人，周朝建立後不食周黍而死，被古人視為抱節守志的楷模。如果人人都有伯夷、叔齊那般意志，哪裡還有貪腐現象？吳隱之不僅飲貪泉之水，還盛了幾罈子水帶著上任。一路上，家人和隨從叫苦不迭。廣州百姓看到穿著樸素的吳隱之一行，又看那罈罈貪泉之水，也叫苦不迭。

上任後，吳隱之廉潔奉公，依然過著以稻米、蔬菜和魚乾為食，以粗布衣衫為衣的儉樸日子。他把刺史官署備的帷帳器皿都交給府庫，有人說他做作、沽名釣譽。吳隱之一笑了之，始終保持公私分明，不貪不沾的生活。有下屬給他送魚，事先剔除魚骨留下肉，吳隱之察覺了他們的用意，竟將下屬除名。在他的整個任期中，吳隱之喝著貪泉的水，堅守著廉潔的操守。

吳隱之最後遇到了盧循起義軍的進攻。盧循起義軍在江浙遭遇重挫後，侵入嶺南，吳隱之督率將士堅守城池達百餘天。最後，長子吳曠之戰死，起義軍攻入番禺城內，放火焚燒了民居。吳隱之攜帶家小逃出，打算撤回建康，結果被盧循俘虜。劉裕專門給盧循去信，索要吳隱之。吳隱之被盧循放回。歸途中，吳隱之一家人除了上任時攜帶的物件外，只多了妻子買的一斤沉香，此外沒有任何資產。吳隱之認為沉香來路不明，妻子解釋說是在市面上購買的，打算拿到北方變賣賺取差價，吳隱之奪過沉香就扔到水裡。可以說，吳隱之在嶺南富庶之地主政多年，沒有謀得任何私利。

回到朝廷後，吳隱之擔任了中領軍，掌握中央軍隊實權，日子過得卻更加清貧了。京官不像地方官有專門的府邸，吳隱之的家是數畝小宅地，籬笆牆垣傾斜敗壞，圍著六間茅屋，連妻子兒女都容納不下，更不用說僕人奴婢了。劉裕贈給他牛馬金錢，又給他建造府邸，吳隱之都堅辭不受。他的生活來源就是每月的俸祿。每月初領到俸祿，除了留部分用作全家人必要的吃穿用度外，吳隱之把其餘的都分散救濟親族。有時吳家窘迫到極點，一天的飯全家人要兩天吃。吳隱之穿著常年不變的布衣，冬天的時候要披棉被禦寒。義熙八年（四一二），吳隱之上書退休，第二年去世。

吳隱之沒有留下太多的政績，政治能力也有欠缺的地方，但他身處貪腐奢侈的社會中能夠終身潔身自好、廉潔奉公，本身就是莫大的成績。

二

一提到魏晉，混亂是頭號關鍵字，貪腐可能就是第二個關鍵字了。即便是這樣，社會上依然有清廉的氣息。《世說新語》提到東晉初期，臨川太守周鎮卸任回建康，還沒上岸，丞相王導去看他。當時是夏天，一場暴雨突然降臨南方，周鎮的船又狹又小還漏雨，王導根本找不到坐的地方。王導感歎道：「胡威之清，何以過此！」周鎮很快被派往經濟中心吳興任太守。還有范宣也是著名的廉吏，豫章人韓某要送他一百匹絹，范宣不接受；韓某減為五十匹，范宣還是不接受；如此遞減，最後減至一匹，范宣還是不接受。最後，韓某和范宣同車而行，韓某撕下兩丈布來送給范宣，說：「你總不能讓妻子沒有衣服穿。」范宣這才笑著接受了。

之前有重要表現的荊州刺史殷仲堪也有廉潔表現，在任時遇到荊州水災。殷仲堪每餐只吃五盤菜（和之前相比大為儉樸），也沒有特別的菜肴，飯粒落到席子上，他都撿起來吃掉。在眾多實權人物中，殷仲堪比較廉潔。他常常對子弟說：「不要因為出任封疆大吏，就認為我會捨棄操守。甘於清貧是每個士人的本分，怎麼能夠平步青雲而拋棄最根本的品德和操守呢！你們要記住這個道理。」這句話道出了廉潔之人能出淤泥而不染的根本原因。

個人言行取決於內心品德和操守，和大環境沒有太大關係。那些把個人罪行的歸咎為大環境的人，都是在為自己推託。

四七、桃花源只是傳說

一

義熙末年的一個清晨，柴桑鄉間的一位老農叩響了陶淵明家的柴門。他帶酒來與陶淵明同飲，陶淵明欣然接受。透過從房頂和四壁漏處照進來的晨曦，老農看到陶淵明家徒四壁，無以為繼，就勸他出仕：「襤褸屋簷下，未足為高棲。一世皆尚同，願君汨其泥。」（矮房破屋、衣衫襤褸，這樣的生活不適合你陶淵明。世間之人都渾渾噩噩，你為什麼不和他們同流合污呢？）陶淵明回答：「深感老父言，稟氣寡所諧。纖轡誠可學，違已詎非迷？且共歡此飲，吾駕不可回。」他謝絕了老農的勸告。

幾年後的宋文帝元嘉元年（四二四），江州刺史檀道濟親自到陶淵明的草舍探訪。此時的陶淵明已經又病又餓，臥床不起多日了。檀道濟見狀勸他：「賢者在世，天下無道則隱，有道則至。今子生文明之世，奈何自苦如此？」（現在是太平盛世，你為什麼不出來做官？何必自我折磨呢？）陶淵明說：「潛也何敢望賢，志不及也。」（我的志向不在當官上。）檀道濟無奈，送給陶淵明許多糧食和肉，結果還被陶淵明「揮而去之」。

在東晉南朝，陶淵明是個孤獨寂寞的隱者，不被同時代的人所理解。

魏晉南北朝時期，被樹立為主流意識形態的依然是儒家思想，但掌權者真正奉行的始終是法家思想，尤其是在九州動亂、朝廷衰微的背景下，各派人物將現實主義政治發揚光大，法家思想更是大行其道。比如司馬睿送給太子司馬紹的圖書禮物，不是《詩經》、《論語》或者《尚書》，而是《韓非子》。政治鬥爭異常殘酷。出於對現實政治的反叛，玄學盛行，社會上以清談為樂。玄學為許多人提供了躲避殘酷現實、保持獨立人格的可能。而陶淵明拋棄了這一切，不信奉任何思想學派，奉行簡單、平淡、真實的隱居生活。他沉默少言，想說話就說，不想說話就不說；喜歡讀書和寫作，卻不以精通某家學問或者追求什麼為目的；喜歡喝酒，就盡情喝酒。陶淵明在《五柳先生傳》中寫道：「宅邊有五柳樹，因以為號焉。閒靜少言，不慕榮利。好讀書，不求甚解；每有會意，便欣然忘食。性嗜酒，家貧，不能常得，親舊知其如此，或置酒而招之。造飲輒盡，期在必醉。既醉而退，曾不吝情去留。環堵蕭然，不蔽風日；短褐穿結，簞瓢屢空，晏如也！常著文章自娛，頗示己志。忘懷得失，以此自終。」《晉書》在《陶潛傳》開篇不久就引用了這篇文章，認為這是陶淵明的自傳。如果說陶淵明的人生有什麼「目的」的話，那就是堅守率真、獨立的人性。所以他不為務實的東晉政治所吸納，也不為當時或宗法家或宗玄學的士人所理解。

率真、獨立的人性在複雜的現實中難以保持，所以陶淵明的後半生遠離了塵囂，躬耕自資。他寫了一篇《桃花源記》，來描繪他理想中那平淡、簡單的生活圖景：晉太元中，武陵人捕魚為業，緣溪行，忘路之遠近，忽逢桃花林。夾岸數百步，中無雜樹，芳草鮮美，落英繽紛。漁人甚異之。復前行，欲窮其林。林盡水源，便得一山。山有小口，彷彿若有光。便捨船，從口入。

初極狹，才通人；復行數十步，豁然開朗。土地平曠，屋舍儼然。有良田美池桑竹之屬，阡陌交通，雞犬相聞。其中往來種作，男女衣著，悉如外人；黃髮垂髫，並怡然自樂。見漁人，乃大驚，問所從來，具答之。便要還家，設酒殺雞作食。村中聞有此人，咸來問訊。自云先世避秦時亂，率妻子邑人來此絕境，不復出焉；遂與外人間隔。問今是何世，乃不知有漢，無論魏晉。此人一一為具言所聞，皆歎惋。餘人各復延至其家，皆出酒食。停數日，辭去。此中人語云：「不足為外人道也。」

既出，得其船，便扶向路，處處志之。及郡下，詣太守，說如此。太守即遣人隨其往，尋向所志，遂迷不復得路。南陽劉子驥，高尚士也，聞之，欣然規往。未果，尋病終。後遂無問津者。

從此，桃花源，一個若有若無的仙境，成了中國文人心目中理想世界的代名詞。千百年來，一代代後來者或苦苦追尋或刻意營造想像中的「世外桃源」，更有一代代崇拜者，力圖證明桃花源是真實存在的，而不是陶淵明的虛構。

二

陶淵明（劉宋建立後改名「陶潛」），字元亮，是東晉名臣陶侃的曾孫。在他出生時，陶家已經敗落，陶淵明九歲喪父，與母妹三人寄宿在外祖父孟嘉家裡，艱難度日。

孟嘉是名士，「行不苟合，年無誇矜，未嘗有喜慍之容。好酣酒，逾多不亂；至於忘懷得意，傍若無人」。陶淵明一定程度上繼承了外祖父不求虛名的率真個性，也繼承了外祖父酗酒的嗜好。

孟家藏書很多，給陶淵明提供了良好的學習條件。歷史上沒有記載陶淵明的老師是誰，陶淵明很可能是自學成才。這就使得陶淵明的人格無拘無束地蔓延生長，開出了求真淡定的花朵。在其他人熱衷「三玄」（老子、莊子、周易）、士人從小鑽營進取的兩晉時代，陶淵明自由選擇學習了儒家的六經，遍覽了文、史、哲以及神話等閒書、異書。結果，兩種思想在陶淵明身上紮下了根。一是多數學問都宣導的入世思想，陶淵明也有兼濟天下、撫慰蒼生的志向抱負，渴望施展才華做出一番功業來；二是清正獨立的人格根深蒂固，陶淵明正邪分明，去偽存真，不阿諛、不諂媚、不說假話、不幹壞事。他要按照「正確的思路」闖出一片屬於自己的天地來。

這樣，陶淵明就遇到了中國歷史上所有獨立正直又有抱負的讀書人會遭遇的難題。現實不會讓你順利地施展才華實現抱負，而是給你設置種種障礙。讀書人要想成事，必須妥協讓步，要麼委曲求全曲線踐志，要麼喪失獨立性在現實中隨波逐流，不會讓你既保持清正獨立的人格又實現理想抱負。如果你不願意如此，輕者在現實中被摔打得頭破血流，重者被掃地出門無處容身。

陶淵明就屬於不願意向現實妥協的那類人。

太元十八年（三九三），陶淵明懷著「大濟蒼生」的願望，出任江州祭酒。當時他已經二十九歲了。東晉門閥制度森嚴，世族能夠二十為官，寒門卻只能三十試吏。曾祖父的成功並沒有讓陶淵明擺脫寒門身分，他入仕即遭人輕視。同時，陶淵明對官場冗繁無聊的生活很不適應，對官吏脫離百姓民生的工作不以為然，很快就辭職回鄉了。之後，江州又召他出任主簿，他也辭謝了。隆安四年（四〇〇），陶淵明覺得荊州刺史桓玄有所作為，跟隨他可能實現自己的抱負，於是主動投入桓玄門下做屬吏。不想，桓玄的有所作為是篡奪東晉的天下，陶淵明不願意同流合污做亂臣賊子，便在第二年藉母親去世之機，掛冠而去。元興元年（四〇二），桓玄叛亂，攻入建康，第二年篡位稱帝。陶淵明對桓玄稱帝深恨在心，思考如何報國，得知劉裕聯合劉毅、何無忌等人起兵討桓，便馬上離家，喬裝冒險到達建康，把桓玄挾持安帝到江陵的始末報告劉裕。陶淵明對此舉很是得意，認為做了一件對國家百姓有利的事情。他看到劉裕主政後革新政治，作風不俗，便留在劉裕幕下任鎮軍參軍。劉裕以身作則整頓朝政，「內外百官，皆肅然奉職，風俗頓改」。陶淵明一度以為自己找到了事業歸宿，和劉裕走得很近。馬上，陶淵明便失望地發現劉裕的這些作為其實是在為篡位稱帝做準備，於是在義熙元年（四〇五）去職。

同年秋，叔父陶逵介紹陶淵明出任彭澤（今江西湖口）縣令。此前的陶淵明斷斷續續出任了多個低級官職，都幹不長，沒有積蓄又酗酒，家庭生活開始出現困難。東晉的官吏有「職份田」，到任耕種，卸任歸還。陶淵明到任後想在職份田上全種上釀酒用的秫穀，說：「讓吾常醉於酒，足矣。」妻子不同意，要種上可以吃飯換錢的粳米。夫妻爭吵的結果是一頃五十畝田種秫穀，五十畝種粳米。隨著現實和理想差距日益擴大，陶淵明酗酒也越來越厲害。不過沒有等到種下去的秫穀成熟，陶淵明又掛冠而去。原來追求簡單真實的陶淵明上任後，有事辦事，沒事休息，從不和上級、同僚「聯絡感情」。一日，潯陽郡遣督郵來到縣裡，屬吏告訴陶淵明應該束帶正裝去見。陶淵明歎道：「吾不能為五斗米折腰，拳拳事鄉里小人邪！」於是授印去職。陶淵明的彭澤縣令在任僅八十一天，卻為他贏得了「陶彭澤」的雅號。

卸任後，陶淵明十三年的仕宦生活結束，此後再未出仕。在這十三年中，陶淵明一心報國利民，輾轉為官又輾轉失望辭職，最後絕望地發現殘酷的現實並沒有給他那清正獨立的人格留下空間。他只能選擇隱居。陶淵明寫道：「誤落塵網中，一去三十年。羈鳥戀舊林，池魚思故淵……久在樊籠裡，復得返自然。」西元四〇五年的這一天，中國歷史上少了一個縣令，卻多了一位開創文派、刷新思想的大師。

三

陶淵明辭官回到鄉里，過起「開荒南野際，守拙歸園田」的生活。夫人翟氏安貧樂賤，「夫耕於前，妻鋤於後」，共同勞動，維持生活。

陶淵明很享受純樸、簡單的鄉村生活，鄉間沒有複雜的權力糾紛、鄉民不會爾虞我詐、黨同伐異。「曖曖遠人村，依依墟里煙。狗吠深巷中，雞鳴桑樹顛」，這些平凡的鄉間景象，在陶淵明筆下格外親切溫暖。陶淵明一家成了普通百姓，生活壓力自然比當官的時候要重許多。四十多歲的陶淵明拿起鋤頭，「種豆南山下，草盛豆苗稀。晨興理荒穢，帶月荷鋤歸。道狹草木長，夕露沾我衣。衣沾不足惜，但使願無違」。他也日出而作，日落而息，辛勤勞動希望能有好的收成，真正體會到了普通百姓的辛苦。他和一起勞動的鄉親們「相見無雜言，但道桑麻長」，日常瑣事和收成好壞成了大家的共同話題。東晉南朝對百姓的剝削是很重的，尤其是大量戶口蔭庇在世族豪門名下，像陶淵明這樣的自耕農承擔了越來越重的稅賦。社會貧富差距懸殊，富裕人家的田地跨州連郡，窮人家無立錐之地；富裕人家山珍海味，窮人家連米飯、稀粥都不能保證，菜肴只是粗鹽醃菜而已。

歸隱之初，陶淵明的生活尚可，有「方宅十餘畝，草屋八九間，榆柳蔭後簷，桃李羅堂前」。

他喜愛菊花，宅邊院前遍植菊花；繼續嗜酒，朋友來訪，無論貴賤，只要家中有酒，必與同飲，飲必醉。他先醉，便對客人說：「我醉欲眠，卿自便。」在最初的幾年裡，陶淵明勞作雖然辛苦，但還能自由地爬山、寫詩、喝酒，並灑脫地處理來自官場的打擾。江州刺史王弘崇拜陶淵明，主動上門拜訪，陶淵明稱病不見。王弘派人偵察，得知陶淵明將遊覽廬山，就叫陶淵明的故人龐通之等人齎酒在半道上攔住他。陶淵明既遇酒，引酌野亭，欣然忘記了登山。王弘適時出來相見，歡宴了一整天。陶淵明沒有鞋，王弘馬上讓左右給他編一雙鞋。左右要量陶淵明的腳，他就坐在那裡伸出腳來讓別人量。王弘邀請陶淵明去江州，問他怎麼去，陶淵明說：「我素有腳疾，以前是坐藍輿的，現在也能走回去。」王弘就讓一個門生和兩個兒子把陶淵明抬到江州。面對王弘這樣的權貴，陶淵明談笑自若，絲毫沒有羨慕、趨附權貴的意思，得到了時人的讚揚。

陶淵明的《飲酒》詩可以對他歸隱的早期生活做一個總結：「結廬在人境，而無車馬喧。問君何能爾？心遠地自偏。採菊東籬下，悠然見南山。山氣日夕佳，飛鳥相與還。此中有真意，欲辯已忘言。」

義熙四年（四〇八）夏天，陶淵明那閃耀著奪目文化光輝的「方宅十餘畝，草屋八九間」被一場無情的大火焚毀一空。陶家不得不遷至其他村子重新安家，此後家境每況愈下。為了養家糊口，陶淵明的勞動強度驟然加大，可即便他終年辛勞，還是生活窘迫。如逢收成好，陶家尚可以「歡會酌春酒，摘我園中蔬」，一旦遇上災年則陷入「夏日抱長饑，寒夜列被眠」的困境。最後，陶淵明可能是把宅地給賣了，全家寄居在船上。現實是如此殘酷，世外桃源般的歸隱生活即便能夠存在一時，也不能存在一世。

到了晚年，陶淵明的生活難以為繼了。據說他的兒子都是癡呆，一家人的生活始終依靠年邁的陶淵明。晚年陶淵明的生活來源主要靠乞討和借貸。有的朋友會主動周濟他，有的就需要陶淵明親自上門乞借了。政治的打擊接踵而來，四二〇年劉裕篡奪了東晉的天下，建立了劉宋王朝。那個陶淵明曾經寄託忠誠和夢想，希望在其中有所作為的王朝不復存在了。永初三年（四二二），年近花甲的陶淵明生活已近絕境，他在《有會而作》一詩中寫道：「弱年逢家乏，老至更長饑。菽麥實所羨，孰敢慕甘肥！」他長期餓著肚子，求一把菽麥都不可得。

令人吃驚的是，在最困難的時候，陶淵明依然一次又一次地拒絕朝廷的徵召，拒絕再次踏入官場，哪怕是領取一份清閒的俸祿來改善自己和家人的生活。他對困窘的生活際遇淡然置之，仍然堅持寫詩，繼續歌唱自然，品味田園，鍾情理想中的桃花源。老朋友顏延之在劉宋景平元年（四二三）出任始安郡太守，經過潯陽找他喝酒。臨別，顏延之留下兩萬錢接濟老友生活，陶淵明全部送到酒家換取久違的美酒。越是貧病交加、現實打擊越重，陶淵明就越離不開酒精。

元嘉四年（四二七），陶淵明身體不行了。九月中旬，陶淵明在清醒時給自己寫了《輓歌》組詩。在第二首詩中，他自嘲死後可以「鼓腹無所思」，設想了死後「在昔無酒飲，今但湛空觚。春醪生蜉蟻，何時更能嘗。肴案盈我前，親舊哭我傍」的情景。在第三首詩中，陶淵明說「死去何所道，托體同山阿」，平淡地迎接死亡的到來。冬天，陶淵明去世，享年六十三歲。

陶淵明及其作品在南北朝不為人重視，卻在幾百年後獲得了空前的讚譽和如潮的掌聲。

陶淵明的詩在南北朝時影響不大。劉勰的文論《文心雕龍》對陶淵明隻字未提，鍾嶸《詩品》將陶詩列為中品。唐宋之後，讀書人開始發現幾百年前的陶淵明是那麼有代表性，那麼前瞻地預示了文人的困境。他用生命營造出來的「桃花源」意境是那麼美，能給人暫時的逃避和休憩，能給人無限美好的想像。於是，不管是入仕還是沒有入仕，不管是得意還是失意，士人們紛紛附庸陶淵明，解讀他的田園詩。因為沒有文人能夠逃脫現實和理想的巨大鴻溝，沒有文人能從中找到兩全其美之道，陶淵明的探索已然是最佳選擇了，所以陶淵明始終擁有穩固的擁護者。詩仙李白的「安能摧眉折腰事權貴」，和陶淵明「不為五斗米折腰」遙相呼應。當年李白意氣風發出川來，滿心揚名天下，結果接連受到打擊，不得不醉情山水、詩文和美酒，最終在古江州附近赴水撈月而去；王維二十歲高中狀元，名揚四海，本想成就偉業，結果在中下級官僚序列中徘徊，最後歸隱終南山，「行到水窮處，坐看雲起時」；辛棄疾壯懷激烈，少年戎馬南北，中年久經前線，卻報國無門，壯志難酬，終將陶淵明引為知己，在《念奴嬌》中盛讚「須信採菊東籬，高情千載，只有陶彭澤」。最終陶淵明成了一類文人的典範，成了中國歷史的特殊符號。

四八、魏晉風骨

一

魏晉時代是中國歷史上的大動亂時代，卻是知識份子性情張揚、風範永存的盛世。知識份子的張揚與活躍，似乎與王朝權威的穩固程度成反比。唐宋元明清等王朝鞏固、皇權顯赫的時代，知識份子循規蹈矩，沒有太出彩之處；春秋戰國、魏晉南北朝、晚清民初等大動亂時期，知識份子東奔西走，或吶喊鼓吹，或叩問內心，反而留下了不朽的絢爛篇章。

對個人內心壓制最重的障礙並非來自學問高低、家境貧富、眼界寬窄，而來自於政治權力，肇源於朝堂之上的權威。中國古代王朝要維持統治，總要推行統一的思想說教，客觀上剝奪了知識份子海闊天空思考的可能。強大的中央權威配合對知識份子的壟斷，讓社會盡量保持一個聲音。而魏晉時代，先是三國分立，然後是八王之亂和五胡亂華，恰恰是中央權威最低落的時期，為知識份子的張揚活躍提供了可能。這個時期，雖然儒學在官方的支持下，仍以經學的形式延續著，但受到了玄學和西域傳入的佛學的挑戰。人們的思想多元化了。知識份子自由思考的另一個原因是現實政治的黑暗。從曹魏初年開始，忠孝仁義的說教只停留在人們的口耳之間，就連說教者本人都不信奉。

魏晉都以「禪讓」形式登基，統治階層貪腐墮落，朝政黑暗，哪有忠孝道德可言。出於對現實政治的失望和反抗，老莊思想和玄學進入了知識份子的視野。

後人往往以「魏晉風骨」（或者「魏晉風流」、「魏晉風度」等詞）來形容魏晉時期知識份子的精神風貌，進而指代那個思想活躍、自由奔放的年代。我們可以從個人自由和政治權威的關係角度入手，認識當時知識份子的思想狀態。

二

個人自由和政治權威具有天然的排斥性。要思想自由，難以避開的問題就是要和政治權威保持距離。這說起來容易，做起來難，畢竟知識份子要生存、畢竟人的一生很難逃避官府的騷擾。但是，人們可以在思想上和政治權威保持平行，不阿諛不攀附，保持人格上的獨立。從東漢末年開始，正直的知識份子就刻意與政治保持距離。管寧和華歆，年輕時同席讀書。一次，有乘坐官車的顯赫人物從門外經過，管寧巋然不動，照樣讀書，華歆則丟下書本跑去觀看。管寧於是割斷坐席，和華歆拉開距離說：「你不是我志趣相投的朋友。」果然後來華歆成了逼漢獻帝禪位的曹魏開國大臣，為世人鄙夷；而管寧隱居遼東，教書育人，得到了知識界的普遍贊同。只要與權威拉開距離，知識份子才能客觀地看待政治，觀察社會，自由地思考。

思想和權威的平行姿態，逐漸塑造了一批剛正、耿直的魏晉文人，他們對權力做到了不卑不亢，敢於堅持自我、維護自身的利益。

東吳末年，吳主孫皓暴戾無常，動輒大開殺戮。一次在朝堂大會上，孫皓突然問大臣諸葛靚：「卿字仲思，為何所思？」諸葛靚正色說：「在家思孝，事君思忠，朋友思信，如此而已。」這裡說的忠孝、誠信都是正直高尚的人應該具備的，可惜孫皓並不具備。諸葛靚敢於當面指出孫皓的缺點，可謂膽大。諸葛靚是曹魏叛將諸葛誕的兒子。諸葛誕割據揚州反抗司馬家族篡位，派諸葛靚入吳求援，失敗後諸葛靚就留在了東吳。東吳滅亡後，諸葛靚遷徙到洛陽居住，拒絕晉朝的委任，一直沒出來當官。他因為與晉室有仇，常常背洛水而坐。其實，他和晉武帝司馬炎是髮小，感情很深，如果想當官機會是很多的。後來，司馬炎想見見諸葛靚這個老朋友，就通過諸葛太妃來招呼諸葛靚進宮（諸葛太妃是諸葛靚的姐妹，嫁給了司馬懿的兒子司馬伷）。諸葛靚入宮，和諸葛太妃相見，司馬炎突然闖了進來，拉著諸葛靚飲酒敘舊。酒酣，司馬炎問道：「你還記得我倆當年竹馬之好不？」諸葛靚卻說：「臣不能吞炭漆身，今日復睹聖顏。」對一般人來說，皇帝親口提及當年的情誼，是多大的恩典啊！諸葛靚卻說：「這裡的「吞炭漆身」說的是戰國刺客豫讓的故事。豫讓受知於智伯。韓趙魏三家合力攻殺智伯，豫讓為報知遇之恩，矢志復仇，於是漆身毀容、吞炭改變聲音，伺機刺殺趙襄子，事敗而死。諸葛靚則念念不忘司馬家的殺父之仇，說完這話涕淚交加，悲慟不已。司馬炎臉上無光，趕緊退場。出宮後，諸葛靚都以見到司馬炎為恥辱和人生的污點。

這是對待皇帝的例子，還有許多對待權臣的例子。東晉王導徵召王述做屬官。議事的時候，王導每次講完話，下級官員紛紛爭著讚揚王導的遠見卓識、高屋建瓴，表示要貫徹落實好王導的意思，現場充滿阿諛奉承之風。王述職位低微，只能坐在末尾，卻說：「丞相又不是堯舜，怎麼能每件事都正確呢？」這樣的認識，想必讀過書的人都知道，可並不是所有人都有王述那樣的勇氣。琅琊王家的王含擔任廬江太守期間，以貪濁聞名，聲名狼藉。其弟王敦是掌握天下一半兵權的梟雄，為哥哥王含護短，一次當眾說：「家兄在廬江政績卓著，廬江官民交口稱頌家兄！」王敦的主簿何充馬上正色說：「我就是廬江人，聽到的事情恰恰相反！」此語一出，在座的人都為何充捏了一把汗，何充神意自若，沒有絲毫懼意。

最幽默的一個段子是裴楷創造的。裴楷是西晉的名士兼大臣。晉武帝一次曾在朝堂上自信滿滿地問：天下人怎麼評論我啊？裴楷馬上回答：「陛下肯定不能與堯舜相比，因為朝中有賈充這樣的人在！」賈充是司馬炎的寵臣，賈南風的父親，更是天下皆知的佞臣。裴楷的正直和膽量可見一斑，梁王、趙王是皇帝的近親，煊赫一時，封地富庶。裴楷每年都向兩位王爺借錢，且金額巨大，動輒幾百萬。借到錢後，裴楷都用來救濟貧寒的親戚故友，絕口不提還錢的事情。有人笑他：「你怎麼能靠騙錢來施恩惠呢？」裴楷則說：「我這是在劫富濟貧啊。」梁王和趙王都拿他沒辦法。

三

魏晉文人對政治權威的超脫，便利了個性無拘無束地發展。自由的思想海闊天空地馳騁，再配合老莊學說的自然無為，文人們言行、生活紛紛回歸了從容、淡定、自然的原始。魏晉可能是文人在思想上最放鬆、自然的時期——有人說南宋是文人的天堂，可能在生活的安定上南宋時期超過了魏晉，但在思想自由度上南宋絕對遜於魏晉。魏晉文人頭腦中去掉了許多枷鎖，身上少了許多約束，人際關係也趨向自然。

東晉時，王徽之擔任桓沖的參軍，桓沖死後王徽之轉赴建康任黃門侍郎。他在建康郊區遇到了從建康啟程赴江州去當刺史的桓伊。王徽之早就聽說桓伊善吹笛，「善音樂，盡一時之妙，為江左第一」，只是沒有聽過。他馬上停船吩咐下人：「聞君善吹笛，試為我一奏。」下人嚇了一跳：桓伊出身桓氏望族，是淝水之戰的大功臣，又是新任的江州刺史，家族門第並不遜於王徽之的琅琊王家，但聲望、地位遠高於王徽之。你讓他為你吹笛，人家憑什麼聽你的啊？下人硬著頭皮去傳話了。誰想，桓伊聽說有人想聽笛，隨即叫停車駕，下車，布置胡床，拿出笛子吹了起來（據說吹的是《梅花三弄》）。吹罷，桓伊上車而去，王徽之繼續行船，客主不交一言。

魏晉時期的家庭關係也比較直接、自然，不像後世那般繁瑣多禮。晉武帝時期參與滅吳的王渾，出身太原王氏，娶了著名書法家鍾繇的曾孫女鍾琰為妻。一次，王渾與鍾氏共坐，看到兒子王濟從庭前經過。王渾欣慰地對妻子說：「我們生下了這樣的兒子，足慰人意！」鍾琰卻笑道：「如果我當初嫁給了你弟弟王倫，生下的兒子肯定比我們兒子更優秀！」此話一出，夫妻倆並沒有反目，還是相敬如賓。又比如，荀彧的兒子荀粲和妻子感情深厚。冬天，妻子發燒生病了，荀粲就跑到庭院中把自己凍冰了，然後回到房內用身體給妻子降溫。妻子死了，荀粲悲哀過度，不久也死了。荀粲生前解釋過自己為什麼深愛妻子：「婦人德不足稱，當以色為主。」意思是自己的妻子是大美人，自己更看重女子的外貌而非品德。古代歷史講求「婦德」，給婦女加上層層枷鎖，用所謂的「德」來抹殺女性本身的風韻魅力，束縛婦女追求美貌、男子熱衷美色的權利，荀粲的話一針見血，強調了男女關係的應有之義。它的意義在此。裴楷就評價道：「荀粲這句話是情之所至所說的，並非盛德之言，希望後人不要理解錯了此話。」

對於厭惡的人和事，魏晉時期的人也不需要虛偽地掩飾，可以愛恨分明地表達出來。晉武帝時，荀勖為中書監，和嶠為中書令。慣例是，監令同車往來。和嶠性情文雅、正直，對荀勖的諂諛奉承非常厭惡。每次公車來了，和嶠就搶先上車，一本正經地一個人坐兩個人的座位，不讓荀勖上車。荀勖只能再找車。歷朝歷代的人，做到了達官顯貴的層次，幾乎都修煉得很圓滑，不要說跟厭惡的人同車而行，就是和敵人稱兄道弟也大有人大。只有在魏晉，道不同，不同車而行。從此開始，晉朝對朝廷的監、令各給專車。

魏晉文人天性自然，敢作敢為的典型例子發生在王粲的葬禮上。王粲生前最喜歡聽驢叫，司馬昭參加了他的葬禮，對弔唁的人說：「王粲最好驢鳴，我們可各作一聲以送之。」來客紛紛響應，大家都學驢叫來給王粲送行。

四

與個人的魏晉風骨相伴隨的是那個時代寬容的社會氛圍。寬容的氛圍，不知道是「魏晉風骨」的表現，還是它的原因。人們很難說清楚，到底是魏晉風骨帶動了社會氛圍的寬容，還是寬容促成了文人的自由、正直和灑脫。

西晉時曾任尚書令的樂廣看到當時清談風氣興起，人人談玄學，還有人以任放為達，甚至裸體見人，雖然不認同不支持，但也沒有利用權力進行打壓。樂廣留下了一句名言，足可以反映魏晉時期的寬容。他說：「名教中自有吸引人的樂趣，何必去追求放達和裸露呢？」人各有志，有人愛熊掌魚翅，有人愛青菜蘿蔔，不必強求統一。嵇康在玄學中得到快樂，樂廣在名教中獲得樂趣，那麼就各幹各的吧。儘管魏晉時期也出現過殺害嵇康之類扼殺思想自由、破壞社會寬容的事件，魏晉文人的思想並非完全的自由，但鎮壓畢竟是少數，是小時段的事件。司馬昭殺害嵇康不久就感到後悔了，殺戮一個對政權沒有直接危害的清談者卻激起了文人集團和政權的直接對立，得不償失。同樣，王導、王敦等大權在握的人，對公然頂撞、出言不遜的王述、何充等人，心裡肯定不舒服，可也能做到默然以對，不去打擊報復。因此，魏晉社會總體非常寬容，政治權力很少打壓思想自由。

謝無奕的性格非常粗暴，一有不如意的地方就惡語相向。王述和他有幾件事不合，謝無奕就跑到衙門去，衝著王述大吼大叫。王述正色面壁不敢動。大半天後謝無奕走了，王述才轉頭問左右的小吏：「走了沒？」回答：「已去。」王述這才重新回到座位坐著，繼續辦公。

最典型體現社會寬容的是司馬睿的例子。司馬睿慶祝皇子誕生，普賜群臣。大臣殷洪領了賞，謝主隆恩，然後謙虛了一句：「皇子誕育，普天同慶。微臣在這件事情上沒什麼功勞，愧受厚賞。」司馬睿笑著回答：「生皇子這種事情，怎麼能讓愛卿立下功勞呢？」一來一往，殷洪無意，司馬睿幽默。便是在開明盛世，這樣的段子也極少會在君臣之間出現吧？

魏晉時期，文人的絕妙表現還有很多，留下了無數閃光的言行。南朝劉宋的臨川王劉義慶廣招文學之士，搜羅材料，潤色整飾，編撰了《世說新語》。這本書為後人保留了魏晉風骨的絕佳素材。其中自由、正直、寬容的魅力，吸引著後來者不斷翻看這本書。書中的文人盛事在大一統的秦漢時期沒有出現，在之後的隋唐兩宋元明清更不可能出現了，正因為獨特，才具有重要的欣賞和參考價值。

四九、行政區劃上的較量

一

兩晉銜接期間，大批官民逃難到南方去，南方的司馬睿勢力百廢待興，問題重重。作為對諸多問題的回應，東晉王朝發展出了一種新的政區制度：僑置郡縣。

僑置郡縣的起因很複雜。北方大亂，大批老百姓攜家帶小，舉家甚至全族往南方逃難。逃難百姓的規模很大，北方各州都有數以萬計甚至十萬計的人口遷出，擁向南方。估計在兩晉銜接期間南逃的人口佔北方戶口登記人口的三分之一左右。如何安置如此眾多背井離鄉的百姓，成了擺在司馬睿等人面前的一大難題。

我們知道，中國人是最重鄉土觀念的。古代人多數一輩子都生活在本鄉本土，流動性很小。他們的經濟收入、人際網絡、悲歡離合和祖宗墳墓都在故鄉，如果沒有實在扛不過去的困難是不會離鄉逃難的。而一旦難民潮湧動起來，問題就層出不窮。逃難的百姓等於拋棄了家產和收入，與過去的經濟和社會網絡一刀兩斷了，他們靠什麼生活？逃難的過程中如何解決吃穿的問題？遇到困難，比如生病、兵火，找誰依靠？逃難過程中，難民如何處理與當地居民的關係？任何一個問題處理不好，都可能引發紛爭。兩晉銜接期間的戰亂有兩大叛亂勢力，除了北方的少數民族勢力，就是各地風起雲湧的流民武裝——王彌、石勒等人的主要武裝力量其實就是北方的漢族難民。司馬睿之所以能在南方站穩腳跟，很大一個原因就是依靠王敦、陶侃等人鎮壓了南方的多支流民武裝，穩定了局勢。可南渡的難民越來越多，總不能全部採取鎮壓的方式吧！

緊隨著而來的問題是：如果朝廷不妥善處理好流民問題，流民群體中的梟雄、大族甚至個別野心家就會搶先把流民組織起來，為自己所用。難民流動的時候，遇到問題和糾紛需要強有力的人物出來主持解決。這些人物一般是原來居住地的豪門大族，也有部分人是能力出眾的強人。他們就成了流民組織的領袖，東晉初期的祖逖、蘇峻等人就是這樣的領袖人物。他們一旦擁有了組織，就會提出各自的政治主張。這一點也是朝廷不樂意看到的。

因此，東晉王朝採取的方法是專門劃出南方的土地來，安置流民。安置的目的是，即便不能讓流民在南方安居樂業，最起碼能讓流民有飯吃、不揭竿而起。最初簡單的安置行動，後來摻雜進來了朝廷和貴族高官們的政治目的，發展成為僑置州縣。

朝廷有什麼政治目的呢？東晉王朝以天下正統自居，卻偏居一隅，失去了對天下主要領土的控制，地位非常尷尬。司馬家族唯一可以炫耀的就是王朝正朔，自己的祖先曾經是天下共主。但這個標準太主觀了，劉淵就說我是漢朝的外甥，我的祖先也曾是天下共主；赫連勃勃更絕，說我是夏朝大禹的後裔，我的祖先統治天下比你們更早。因此，客觀的領土大小，尤其是誰佔領著作為天下中心的中原、兩京，就成了誰是天下正統的重要標準。先後佔領中原的兩趙、兩秦、燕國等統統不承認東晉是天下正朔，蔑稱東晉是「司馬家兒」、「島夷」、「南國」。東晉因此要延續天下共主的架子，起碼在形式上要維繫對失地的「統治」，就想到了在安置北方南下流民的同時「恢復」北方的政權形式：我有北方的百姓、有政權形式，我還可以對北方領土宣示主權。於是，東晉劃出一塊南方的土地安置幽州流民，就恢復幽州的郡縣名稱；安置山東流民，就用原來的山東郡縣來稱呼本地。這些州、郡、縣因為不是本土，所以被稱為僑州、僑郡、僑縣。

對於北方政權新立或改名的州、郡、縣，南方絕不僑置或沿用舊名，表明對北方政權的否定。除了宣示正統和主權外，僑置州縣還可以和北方政權爭奪人口。北方政權一般得不到漢族百姓的認可。當漢人知道南方有同鄉重建了故鄉的郡縣，那裡有鄉音、鄉俗和故鄉的街巷里弄時，他們很自然願意逃離北方政權的統治，投奔東晉僑置的州縣。僑置州縣在實踐中吸引了許多人口持續南渡，增強了東晉的實力，弱化了北方政權的力量。在冷兵器戰爭時代，人口可是決定國力的關鍵因素，重要性並不亞於領土。在這個較量中，東晉佔據著優勢。

高官顯貴們又有什麼政治目的呢？東晉朝廷的掌權階層是北方南渡的世族豪門。他們以門第相互標榜，門第和政治地位直接掛鉤：出身豪門的子弟壟斷高官，普通人家的子弟只能在中低級職位上徘徊。而地望是表明門第貴賤的主要標準。地望，即姓氏古籍中常用的「郡望」，指魏晉南北朝至隋唐時每郡顯貴的家族，意思是世居某郡為當地所仰望，並以此而別於其他的同姓族人。南渡的北方豪門們起初也很尷尬，比如，琅琊王氏失去了「琅琊」還算是琅琊的王氏嗎？陳郡謝氏離開了「陳郡」又如何保證家族的門第純潔？因為郡望和政治利益緊密相關，南渡世族們還以淪陷的舊地名自稱。安置流民的同時，恢復舊式的政權，符合南渡世族的利益。他們熱衷推動僑置州縣的建立。

凡此種種，就是東晉僑置州縣的特殊背景。司馬睿南遷時，琅琊百姓隨司馬睿過江的有一千多家。太興三年（三二〇），司馬睿僑立懷德縣於建康，以安置這些琅琊流民。晉成帝司馬衍咸康元年（三三五）又在江乘縣（今江蘇句容縣北六十里）境內僑立琅琊郡，為了和北方的琅琊郡區別起見，稱為南琅琊郡。北方的琅琊郡有臨沂縣（琅琊王氏就是這一縣的人），於是南琅琊郡也僑立臨沂縣（還是在江乘界內）。這可以算是僑郡縣的創始。

有人將僑置州縣的歷史推前到了漢高祖劉邦的時候。高祖七年（西元前二〇〇年）在酈邑（今陝西西安市臨潼區東北）建城，城社、街庭、居家都模仿故鄉豐縣，並真的遷徙豐縣百姓居住其中。劉邦這麼做的原因是他的父親劉太公不習慣長安的環境，想念故鄉，為了解決老父親的思鄉之情，劉邦乾脆在關中造了一個新豐縣。三年後劉太公死了，酈邑乾脆更名「新豐」。此後，西漢、東漢西北、東北邊界不斷變化，為了安置撤退的邊民，也常常在邊界僑置郡縣。不過僑置郡縣成規模、制度化，還是在東晉。

二

口子一開，「一時僑州至十數，僑郡至百，僑縣至數百」。東晉在名義上還擁有對天下各地的統治。隨著時間的推移，僑置州縣制度發生了複雜的變化，利弊並存。

首先，州縣的僑置和流民人口的多少直接相關。北方百姓南逃的大致情況是離江南比較近的黃河南岸百姓南遷比較多、黃河以北和西北地方的百姓逃到江南的不多。僑置之初，東晉設置了各州政權，後來因為幽州（今河北北部、京津一帶）、冀州（今河北大部和河南北部一帶）流寓江南人口較少，廢除了這兩個僑州。而兗州、豫州、徐州諸州（都在今河南、山東黃河以南地區）南渡的流民較多，州級監製始終存在。具體到郡縣，情況也類似，流民較多的地區，僑置政權比較完備。

其次，僑置州縣的名稱、隸屬關係越來越複雜。南北都有琅琊郡，怎麼區別呢？最常用的方法是在南方的琅琊郡前加一個「南」字，以示區別，比如「南琅琊」、「南徐州」等。後來東晉北伐，一度收復了青、兗、徐、豫、司、雍等州，就在新收復郡縣上加「北」字，以資區別。僑置的西北、四川地區的郡縣，則互加「東」、「西」以示區別，比如「東馮翊」、「東弘農」等。這還算是僑置州縣最簡單的冠名法，至於一郡一縣百姓僑寄數處，分別設置州縣；又比如郡縣淪陷，於是僑置，後經收復，又再淪陷，反覆僑置；再比如北方州縣因為百姓逃難已經被取消、合併或重新組成，原郡縣無處可覓，南方僑置郡縣依然存在，等等。州縣名字只能越來越複雜。隸屬關係就更複雜了。僑置郡縣分散在原來南方各郡縣內部（往往是南方某地僑置了東南西北數個地名），不可能像原來那樣隸屬，於是就出現了有的僑置郡縣隸屬南方州郡管轄，有的南方郡縣屬於僑置州縣管轄；有的僑置郡縣雖然還照搬原來的隸屬關係，但管轄的郡縣分處多塊「飛地」；有的僑置州郡下轄郡縣，並非原來郡縣，而是其他州郡僑置的。以現在的行政區劃為標準，舉個例子：「南山東省」管轄「南青島」、「南威海」、「南泰安」、「東寶雞」四個地方，其中「南青島」位於江西，「南威海」、「南泰安」和「東寶雞」位於福建，而「南山東省」的治所卻在江蘇。而朝廷又把浙江的嘉興、湖州兩個南方原來的政區要劃歸「南山東省」管轄。這是不是人為製造了行政區劃的混亂？然而，出於政治和現實利益的考慮，僑置政區日漸紛亂又迫不得已。

第三，僑置州縣和南方州縣、僑置流民和土著居民的矛盾日漸激烈。僑置州縣的本意是借土寄寓。南方郡縣的土地被拆分，自然心有不願。隨著行政區劃日漸紛亂複雜，僑州郡縣分割南方州郡縣的實土越來越嚴重，部分南方郡縣還改隸於僑州郡者。部分北方強盛世族「反客為主」，甚至裁撤南方郡縣來僑置自己的鄉土故郡。這些難免不引發南方郡縣的反感。而為了安置和吸引流民，東晉對僑置郡縣的百姓另行登記，稱為「僑人」。僑人的戶籍稱為「白籍」，不算正式編戶，不負擔國家調役。南方土著人口卻要承擔越來越重的稅賦和徭役，土著和僑人的關係也開始惡化。隨著土著居民的躲避和世族大家侵吞人口，朝廷能控制的戶籍人口越來越少。因此，東晉出現了多次「土斷」：清查戶口，將僑人改變為編戶，承擔國家賦役。流民在南方定居多年，事實上和土著居民差別越來越少，所以土斷成果不錯。東晉朝廷增加了收入和兵源，「財阜國豐」。土著居民和僑人的關係也得到了調和。但因為部分僑人的反對和世族大家的阻撓，也因為陸續有新的北方流民南下，東晉歷次土斷都不徹底。之後的南朝還要面臨僑人和土著居民的戶籍問題。

最後，僑置州縣制度為南方帶來了巨大利益的同時，也遭到了北方的激烈反對。北方人南渡，帶來了北方相對高級的農業技術，南方的灌溉、蓄水、防洪、運河等水利工程不斷修築，富源不斷得到開發，江南的經濟實力趨向強盛。這為隋唐以後，中國經濟中心移到江南奠定了基礎。相對地，南方的強盛就是北方的衰落。北方政權對東晉南朝自恃正統、僑置州郡縣、吸引百姓的做法極為反感。《魏書・韓顯宗傳》：「顯宗上言：自南偽相承，竊有淮北，欲擅中華之稱，且以招誘邊民，故僑置中州郡縣。自皇風南被，仍而不改。凡有重名，其數甚眾。疑惑書記，錯亂區宇，非所謂疆域物土，必也正名之謂也。」韓顯宗的上書，指出了南方政權打腫臉充胖子、政區紛亂複雜等問題，也驗證了僑置州縣的客觀效果對北方影響很大。北方政權也在邊界地區僑置南方州縣，想吸引南方百姓北逃，可惜效果很不理想。縱觀整個魏晉南北朝時期，中國人口大致上是從北向南移動的。

僑置州縣越來越多，造成政區繁雜，導致「民少官多，十羊九牧」。隋朝統一南北後，開始重新劃定政區，大舉併省州縣，並改州為郡、以郡統縣。這才徹底根除掉僑置州縣問題。

三

最後說一下魏晉時期各國的疆域問題。

首先，各國疆域並非固定不變，而是經常變化，我們只能指出它們大致的疆域所在，而做不到精確的表述。三國時期，曹魏和吳蜀基本上沿著淮河、秦嶺一線對峙，其中曹魏在中部突出到現在的湖北中部一帶；而東吳和蜀漢基本沿著現在的三峽、貴州東部、廣西西部一帶對峙。東晉和北方對峙時期，南北分界線變化無常，極是複雜，大致上是沿著淮河、秦嶺一線南北移動，最南移動到長江沿線，最北推進到現在的黃河北岸。包括東晉在內的南朝歷代，比較穩定的疆域範圍，北抵淮南、江北，東及東海，南達南海兼有交趾。比較特殊的是巴蜀和漢中地區，先是被成漢佔領，後為東晉收復；後來又落入前秦苻堅之手，繼為東晉叛亂的地方官譙縱割據，到東晉末年被重新收復。南方疆域最大的時期是東晉末年劉裕北伐時期。劉裕平南燕、滅後秦，收復山東、關中等地，使得東晉疆域北抵黃河，西到隴西，範圍之大不僅居東晉之首，而且為東晉南朝二百七十餘年間所僅見。不過這一盛況維持的時間十分短暫，關中很快淪陷，河南、淮北也逐漸為北魏所侵奪。到南朝時，南方疆域又恢復到東晉原有的版圖。

其次，在軍事對峙上，北方佔據優勢，南方基本採取守勢。從東吳到東晉，再到之後的宋齊梁陳都是如此。南朝對北方採取以守為主的防禦戰略，力求發揮水師和水戰的優勢，對抗北方騎兵。（當年赤壁大戰，南方就是如此取勝的。）因為經濟和武備南方均弱於北方，南方政權高度重視防守，高築牆、廣積糧，修建了一系列軍事重鎮。壽陽、合肥、歷陽、廣陵、京口、襄陽、樊城、武昌、潯陽等城市的興起，都是出於軍事的需要，駐紮著南方軍隊的主力。比較特殊的還是四川地區。四川地區在地勢上處於江南和兩湖的上游，俯視後者，更要命的是分割了南方的長江天險。所以，滅南方者必先奪取四川（比如西晉滅吳），守南方者必先尋求保全四川（比如東晉歷次都是先收復四川，才能北伐成功）。

五〇、魏晉人怎麼過日子

一

魏晉時期的人們穿什麼樣的衣服，吃什麼東西？魏晉時代社會風俗如何，他們過春節嗎？魏晉人的生活負擔如何？他們讀書寫字嗎，又用什麼寫字呢？

這些都涉及魏晉時期人們的生活。討論魏晉人的生活，必須分清楚兩個斷層：因為南北分裂局面的存在，南方人和北方人的生活是不同的；又因為社會分等級，貧富和權力差距巨大，貴族和普通百姓生活在兩個完全不同的世界上。

貴族們引領了魏晉豪奢的社會風氣。幾萬錢吃一頓飯還覺得沒有下筷子的地方，殺一頭牛就為了嘗一口牛心的味道，熏衣粉面走路都需要傭人扶持，這些都是典型的貴族生活場景。魏晉盛行厚葬，富人陪葬品豐厚，客觀上也主張了盜墓的風氣。亂世中梟雄特別喜歡盜掘魏晉墳墓，不知道魏晉貴族們知道後做何感想？石崇的鬥富、王濟的金溝，後人大可以批評他們的浪費，批評他們豪奢誤國。魏晉貴族階層發展為門閥世族後，都非常重視子弟的文化教育，日常言行務求文雅，喜歡以玄學清談和詩文唱和，其中固然有矯情和寄生的成分在，但客觀上推動了魏晉文化的發展。門閥世族掌握的文化是魏晉社會的支柱內容。

琅琊王氏子弟王筠曾說：「世傳安平崔氏、汝南應氏等家族相繼以文采著稱，可他們不過傳了二三世而已，不想我們王家一樣七代以來人人有文集，文化昌盛。」王家七家人的文集肯定有水分在其中，可也從一個側面表現出來門閥世族對文化教育的重視。比如世族顏之推就提醒世族子弟們不要放鬆了文化學習：「雖千載冠冕，不曉書記者，莫不耕田養馬……若能常保數百卷書，千載終不為小人也。」他的觀念頗具代表性，世族們認為文化層次的高低也是區別豪族和寒門的一大標準，維持門第的一大利器。魏晉的世族子弟都具備相當的文化層次，使得書聲在亂世中朗朗不絕。玄學的發展帶動了思想的活躍和進步，這也得感謝世族文化。如果不是一群衣食無憂的人，誰還會整天清談？儘管清談於時局和現實事務無補，談話者卻談出了境界，活出了精神。比如同樣是酗酒，劉伶喝醉了就能說出「死便掘地以埋」的話來。而同樣是喝水，晉代的士人就知道把水燒開了然後加上南方的茶葉泡茶喝。喝茶開始成為中國人生活的一部分，南方的製茶業也因此發展。

世族子弟的日常生活基本上是讀書、會客、清談、酗酒、喝茶，而普通老百姓的生活與之有天壤之別，夠得上「悲慘」標準。

門閥世族的富庶豪奢並不代表魏晉整個時代的富裕，事實上魏晉因為戰亂，總體上是中國歷史上的貧困時期。兩漢已經相當發達的貨幣貿易退化成以物易物的原始貿易。戰亂直接影響到商業衰落，土地荒蕪，百姓困苦，以實物交換為主體的自然經濟興起，成為魏晉時期經濟形態的主流。用來當作貨幣的實物，以谷米麥粟等農產品以及絹布綾綿等布帛為主。也就是說，魏晉時期的普通人不知道貨幣為何物。他們計算家產和稅賦的標準是：張三的家產值幾頭牛？李四的田地今年能收多少石麥子？我到秋天應該交給官府多少匹絹？

建安九年（二〇四），曹操正式頒布以實物納租繳稅的法令，為魏晉南北朝的租稅制度奠定了基礎。魏晉時期的男子，從十六歲到六十為「正丁」，都需要交納賦稅，兩端的年齡為「次丁」，部分項目可以減半。女子出嫁者為丁，沒有出嫁以二十歲為界限，都要像正丁一樣繳稅服役。而兩晉的稅賦項目特別繁多，非常苛刻。最要命的是，稅賦沒有成文的規定。凡是軍國大事所需物品，或者是地方上出產的特產，都可能成為朝廷徵收的對象。也就是說，老百姓生活在沒有壓迫標準的環境中，隨時都可能被官府盤剝壓榨。

普遍的貧困導致了貿易的萎縮，依賴貿易成長起來的城市規模都不大。北方最主要的城市是洛陽。洛陽作為魏晉的都城，雖然多次被戰亂毀壞，但因為是黃河南北貿易以及西域和中原貿易的主要場所，很快得到了恢復，成為魏晉南北朝時期北方最大的都市；南方最大的都市是建康，因為它既是東吳、東晉和南朝四代的首都，又坐落在江南經濟區域的中心。其他比較大的都市，多數是軍事重鎮，因為駐軍或者屯田而發展起來的。典型的比如南北拉鋸地帶的襄陽、壽陽、廣陵等城市。又比如山東的廣固，建立的時間很短，因為山東各地遭戰亂反覆掃蕩一片廢墟，竟然迅速崛起為山東的大都市。而這個大都市的人口始終只有幾萬人。由此可見戰亂和貧困，制約了魏晉時期城市的發展。生活在都市中的人口極少，幾乎都是軍人、官吏、貴族和為他們服務的奴僕、工匠等。

有限的貿易集市也被官府牢牢把握。貪官污吏爭相擔任「司市」的官職，從中營私舞弊，常常向老百姓強買強賣，甚至搶劫貨物而不給錢。大富豪石崇就是靠搶劫商戶發達起來的。

老百姓不堪負擔，或賣妻賣兒，或逃入江湖山谷採草葉為食。編戶大量逃亡，朝廷控制的人口持續減少，在編百姓負擔越來越重。整個社會不太穩定。

如果一個人是漢族人，他是生在北方比較幸福呢，還是生在南方比較愜意？各有各的憂慮和好處。南方百姓負擔非常重，且社會層級越來越僵化，門閥世族壟斷政權，社會流動性很差。但好處是南方的政權相對北方來說要穩定得多，上層的爭權奪利幾乎沒有直接影響下層老百姓的生活。北方百姓的負擔比南方同胞要輕得多。這一方面是因為北方政權更迭拉鋸頻繁，官府統治相對薄弱；另一方面因為是北方政權普通不信任漢族人，軍隊主要由少數民族組成，不武裝漢族人，這就讓多數漢族人不用服兵役了。當然了，生活在北方最大的壞處是戰爭太頻繁，生命得不到保障。北方出現了許多漢族人的塢堡，大家聚集在本地豪族或者強力人物周圍，建立武裝村落集中生活，在堡壘周圍耕種，遇到戰亂就自我武裝起來自衛。塢堡的武裝效果很明顯，少數民族政權對這些自衛村落相對客氣，不時還籠絡塢堡的頭面人物當官。

生活在北方有一個非常吸引人的地方，那就是有機會獲得屬於自己的土地。因為反覆戰亂，北方政權取得大量無主的荒地和棄田，沒收為國有，獎勵或者分配給流民耕作。南方的自耕農數量大大小於北方，因為南方土地歸屬比較固定。即便是政府劃出來安置流民的僑置州縣，土地也是國有，只是出租給流民耕種而已。

南北在飲食上也很不同。北方人以豆麥為主，多用來做餅；南方人則以大米為主，多用來做米飯或者粥。不論南北，平民基本沒有佐餐菜肴，能以鹽泡菜佐餐就不錯了。肉食在魏晉普通人家的餐桌上極為罕見。北方畜牧業比南方發達（戰亂使許多舊時的農田變為了牧場），北方人的肉食比南方人多，以牛羊為主。南方人的肉食以鵝鴨雞魚為主，另外豬也成了南方人的肉食對象之一。

南北在穿戴上也很不同，大致是北方胡化嚴重，南方基本保留漢族的峨冠博帶。不過南北的布料多數都是麻布。在日常用品中，低矮的胡床出現，開始改變漢族人席地而坐的作派。紙張在魏晉得到大發展，麻紙的產量很高。到南北朝時候，紙張代替了竹簡，成為日常文書的主要工具。

總之，不論是生活在南方還是北方，除了佔人口極少數的權貴階層外，人們的生活既貧苦又悲慘。

二

魏晉風俗的鮮明特點是節日增多，人們在節日慶祝上增加了濃厚的喜慶、快樂和自我陶醉。畢竟現實社會非常殘酷，戰爭和貧困威脅著每個人的生命，人們開始在現實之外尋找寄託。節日就成了百姓尋找精神寄託的載體之一。（另一大載體是宗教，佛教在魏晉時期開始傳入並得到發展，留待南北朝一書再細說。）

節日可以為人提供精神放縱和尋找快樂的機會。慶祝節日時的短暫歡娛，讓人們獲得精神上的平衡，求得心理上的補償。一年之中，春節是南北方最隆重的節日，祭神、敬天等活動始終不變。接著就是元宵節，又稱正月半、上元節、燈節。三月三日江南要過上巳節，除了祭祀祈求驅災避禍之外，陸續發展為河畔嬉戲、男女相會、江邊洗濯、賞花觀水等活動。不論是達官貴人，還是平民百姓，都過「修契節」。接著就是清明、端午、乞巧（七夕）、重陽、臘日、除夕等。這些節日發展到魏晉時期，被加入了許多內容，有的乾脆轉變了節日方向。

比如魏晉時，男子加冠禮開始用音樂伴奏。又比如魏晉時期開始盛行「抓周」禮，嬰孩滿周歲的時候由長者給他戴長命鎖或平安符等，祈求寶寶長命百歲，此生幸福，並且擺出許多物件讓嬰孩去選，以此來預測他的前途和性情。再比如濫觴於史前的儺儀，原本是四季驅邪逐疫的儀式，到魏晉時發展為儺戲，儀式中加入了娛樂成分，出現了樂人扮演的神主、神獸等角色。

最典型的喜慶例子就是端午節真正作為一個節日，是在魏晉時期奠定的。魏晉以前，五月初五這一天被視為帶著神祕恐怖氣氛的日子。先秦時代，普遍認為五月是個毒月，五日是惡日，相傳這天邪佞當道，五毒並出。東晉末年的名將王鎮惡就因為是五月初五生的，家人竟然不想要這個孩子，要把他送人。所以，五月初五當天，人們都要避邪、驅毒，沒有與屈原聯繫起來，更沒有娛樂和喜慶色彩。魏晉時期，五月初五開始被稱為端午。梁宗懍《荊楚歲時記》記述魏晉端午節的習俗：「五月俗稱惡月，多禁忌曝床薦席，及忌蓋屋……五月五日，四民並蹋百草，又有鬥百草之戲。採艾以為人，懸於戶上，以禳毒氣……是日，競渡，採雜藥……以五彩絲繫臂，名曰辟兵，令人不病瘟。又有條達等織組雜物以相贈遺。取鴝鵒，教之語。」可見當時端午已經發展出豐富的習俗，包括：踏百草、採艾葉做成人形懸於門戶以禳除毒氣、用菖蒲做菖蒲酒、龍舟競渡、採藥等。這些習俗由避邪、驅毒發展而來，又明顯加入了遊玩娛樂色彩。當時還有抓八哥幼鳥教它說話以供娛樂的活動。

在南方，流民們離鄉背土，反而更加珍惜漢族的傳統節日，將它們完整保存並發展了下來。而北方的傳統節日和一些習俗，卻沒有像南方這般保留完好。大量少數民族的習俗開始進入北方人的日常生活。

大事年表

西元二二〇年（魏黃初元年）

正月，曹操死，曹丕襲爵，嗣為丞相。

十月，曹丕稱帝，是為魏文帝。廢漢獻帝為山陽公，漢亡。建國號魏，都洛陽。

魏吏部尚書陳群制定九品中正制。

西元二二一年（蜀章武元年）

劉備稱帝，是為漢昭烈帝。國號漢，世稱蜀，都成都，以諸葛亮為丞相。

劉備率兵東進，攻孫權。夷陵之戰爆發。

孫權接受魏國封號，稱吳王於武昌。

西元二二三年（蜀章武三年）

劉備死，太子劉禪繼位，是為蜀後主。諸葛亮輔政，遣鄧芝使吳修好，共抗曹軍。南北對峙格局固定。

西元二二四年（魏黃初五年）

魏文帝曹丕攻吳，至廣陵，臨江而還。

西元二二六年（魏黃初七年）

魏文帝曹丕死，太子曹叡繼位，是為魏明帝。

西元二二八年（蜀建興六年）

諸葛亮兵出祁山攻魏，魏國破蜀軍先鋒馬謖於街亭。此後兩國在西邊戰事不斷。

西元二二九年（吳黃龍元年）

吳王孫權稱帝，是為吳大帝。國號吳，遷都建業。

西元二三〇年（吳黃龍二年）

吳遣將軍衛溫、諸葛直率萬人船隊過海達夷洲。

西元二三四年（蜀建興十二年）

諸葛亮卒於五丈原，司馬懿取得對蜀戰爭的巨大勝利。

西元二三八年（魏景初二年）

司馬懿攻遼東，殺公孫淵於襄平。

西元二三九年（魏景初三年）

魏明帝曹叡死，齊王芳即帝位，太尉司馬懿、宗室曹爽輔政。

西元二四〇年（魏正始元年）

玄學開始產生，以何晏、王弼的「正始學派」為代表。

西元二四八年（魏正始九年）

嵇康寓居山陽竹林，吸引志同道合者清談。竹林七賢形成。

西元二四九年（魏嘉平元年）

司馬懿發動高平陵政變，殺曹爽、何晏，遂專魏政。

西元二五一年（魏嘉平三年）

魏都督、揚州諸軍事王凌於淮南起兵反司馬懿，兵敗被擒自殺。

西元二五二年（吳太元二年）

孫權死，太子孫亮即位。

西元二五三年（吳建興二年）

吳孫峻殺諸葛恪，任丞相、大將軍，督中外諸軍事，專吳朝政。

西元二五四年（魏嘉平六年）

司馬師廢曹芳，立高貴鄉公曹髦。

西元二五五年（魏正元二年）

魏鎮東將軍毌丘儉在壽春起兵討司馬師，失敗被殺。

西元二五七年（魏甘露二年）

魏征東大將軍諸葛誕起兵討司馬昭，次年失敗被殺。

西元二五八年（吳太平三年）

吳丞相孫綝廢孫亮為會稽王，立孫休，是為吳景帝。孫休殺孫綝。

西元二六〇年（魏甘露五年）

曹髦率軍討司馬昭失敗被殺，司馬昭立曹奐為帝，是為魏元帝。

西元二六三年（魏景元四年）

司馬昭命鄧艾、鍾會攻蜀，後主劉禪降，蜀亡。

西元二六四年（吳永安七年）

吳景帝孫休死，孫皓立。

西元二六五年（晉泰始元年）

八月，司馬昭死，子司馬炎繼相國、晉王位。十二月，廢魏主稱帝，是為晉武帝。國號晉，都洛陽，史稱西晉。

司馬炎大封宗室諸王。

西元二六六年（晉泰始二年）

晉罷農官，所統悉屬郡縣。至此，曹魏屯田前後七十年。

西元二七二年（晉泰始八年）

夏天，東吳鎮守西陵的步闡投降晉朝。晉吳展開西陵戰役，東吳大將陸抗頂住了晉軍的進攻。

西元二七九年（晉咸寧五年）

西晉以賈充為大都督，大舉分道伐吳。

西元二八〇年（晉太康元年）

晉滅吳，統一全國。

西晉頒布戶調式，包括佔田課田制、戶調制和品官佔田蔭客制。戶調按九品混通的原則徵收。

從太康元年到太康十年的十年被豔稱為「太康繁榮」。

西元二九〇年（永熙元年）

晉武帝司馬炎死，晉惠帝司馬衷立，立賈充之女賈南風為皇后。晉武帝楊皇后父楊駿輔政。

西晉以劉淵為匈奴五部大都督。

西元二九一年（元康元年）

賈南風殺楊駿，又殺汝南王司馬亮及楚王司馬瑋；八王之亂開始。

西元二九六年（元康六年）

氐人齊萬年起兵於關中。

西元二九八年（元康八年）

關中連年饑荒，巴豪酋李特率流民入蜀。

西元二九九年（元康九年）

江統著《徙戎論》，提出將氐、羌等族徙離關中。

西元三〇〇年（永康元年）

趙王司馬倫殺賈南風。

西元三〇一年（永康二年）

張軌據河西，求為涼州刺史。

趙王倫廢惠帝自立，齊王司馬冏等起兵殺倫，惠帝復位。司馬冏專政。

四川流民起義大爆發。流民推李特為首，起兵於綿竹，進攻成都。

西元三〇三年（太安二年）

李特入成都，旋為益州刺史羅尚所殺。李雄再攻下成都。

張昌、石冰起義爆發。五月，張昌起義於安陸，佔據江夏，攻襄陽，別帥石冰東

西元三〇四年（永安元年）

李雄稱成都王，建成漢。

匈奴劉淵在左國城即漢王位，建國號曰漢。十六國開始。

河間王司馬顒逼晉惠帝西遷長安。

西元三〇五年（永興二年）

右將軍陳敏於歷陽起兵造反，建立楚政權，一度得到江南世族支持。陳敏叛亂持續到三〇七年才為陶侃所敗。

西元三〇六年（永興三年）

東海王司馬越部隊挾晉惠帝還洛陽。

晉惠帝中毒而死，弟司馬熾繼位，是為晉懷帝。八王之亂結束。

并州饑荒，諸將率吏民就食冀州，號為「乞活軍」。

西元三〇七年（永嘉元年）

琅琊王司馬睿出任安東將軍、都督揚州諸軍事，和王導等人遷徙建業。此後大批中原官民遷徙南方，史稱「永嘉南渡」。

西元三一〇年（永嘉四年）

劉淵死，太子劉和繼位。劉聰殺劉和自立。

西元三一一年（永嘉五年）

荊湘流民推杜弢為首，據長沙起義。

司馬睿以王敦為都督西征，和各方爭奪長江中游。
劉曜攻下洛陽，殺吏民三萬餘人，挾晉懷帝至平陽。史稱「永嘉之禍」。

西元三一三年（永嘉七年）

劉聰殺懷帝，秦王司馬鄴在長安即位，是為晉湣帝。

西元三一六年（建興四年）

劉曜進兵關中，湣帝降，被送至平陽，西晉亡。

西元三一七年（建武元年）

琅琊王司馬睿即晉王位，史稱東晉。
祖逖北伐，陸續恢復河南地區。

西元三一八年（太興元年）

晉王司馬睿稱帝，是為晉元帝。建都建業。
劉聰病死，太子劉粲繼位，旋為靳準所殺，漢亡。劉曜發兵攻靳準，自立為皇帝。

西元三一九年（太興二年）

劉曜徙都長安，改國號趙，史稱前趙。
石勒自稱趙王，定都襄國，史稱後趙。
周訪最終平定荊州。司馬睿勢力基本控制了南方。

西元三二一年（太興四年）

祖逖病逝，北伐事業中斷。

西元三二二年（永昌元年）

王敦起兵武昌，攻入建康，還屯武昌，遙制朝政。

晉元帝司馬睿憂憤而死，晉明帝司馬紹繼位。

西元三二四年（太寧二年）

晉明帝司馬紹下令討伐王敦，王敦以兄王含為元帥攻建康，王敦病死，兵眾潰散。

西元三二五年（太寧三年）

晉明帝司馬紹病死，只有二十七歲。太子司馬衍繼位，是為晉成帝。外戚庾亮掌權。

西元三二八年（咸和三年）

蘇峻、祖約之亂爆發。

西元三二九年（咸和四年）

後趙出兵攻佔上邽，殺太子劉熙，前趙亡。

西元三三〇年（咸和五年）

東晉始行度田收租制，畝稅三升。

後趙石勒稱帝。

西元三三三年（咸和八年）

夏，石勒病死，太子石弘繼位。石虎掌握後趙實權，第二年廢石弘，自稱天王。

西元三三五年（咸康元年）

後趙遷都於鄴。

西元三三七年（咸康三年）

鮮卑慕容皝稱燕王，建燕國，史稱前燕。

西元三三八年（咸康四年）

鮮卑拓跋什翼犍繼代王位，建代，定法律。

成國李壽自立，改國號為漢。

西元三四一年（咸康七年）

晉詔王公以下至庶人皆正土斷、白籍。

西元三四二年（咸康八年）

晉成帝司馬衍病死，同母弟弟司馬岳繼位，是為晉康帝。

西元三四四年（建元二年）

晉康帝司馬岳死，其子司馬聃繼位，是為晉穆帝。

西元三四五年（永和元年）

桓溫出任荊州刺史，取代庾氏獲得長江中游的兵權。

西元三四七年（永和三年）

桓溫滅成漢。

西元三四九年（永和五年）

後趙石虎死。北方大亂。

後趙謫戍涼州的東宮衛士十餘萬人在關中起義。

遼東慕容鮮卑大舉進攻後趙，開始覬覦中原。

西元三五〇年（永和六年）

冉閔滅後趙，自立為帝，國號大魏，史稱冉魏。

華北民族大仇殺。

西元三五一年（永和七年）

苻健在長安稱天王、大單于，國號大秦，史稱前秦。

西元三五二年（永和八年）

前燕慕容儁滅冉魏，遂在薊稱帝。

西元三五四年（永和十年）

桓溫北伐前秦，軍至灞上，逼近長安，後主動退兵。

西元三五六年（永和十二年）

桓溫第二次北伐，入洛陽，留兵戍守而還。

西元三五七年（升平元年）

前秦苻堅通過政變上臺，稱大秦天王，漢人王猛輔政。

前燕遷都於鄴。

西元三六〇年（升平四年）

前燕慕容儁病死，太子慕容暐繼位。

西元三六一年（升平五年）

桓溫派兵破燕軍，取許昌。

晉穆帝司馬聃病逝，堂兄司馬丕被繼位，是為晉哀帝。

西元三六四年（興寧二年）

東晉核查戶口，令所在土斷。

西元三六五年（興寧三年）

晉哀帝司馬丕中毒而死，其弟司馬奕繼位，是為晉廢帝。

西元三六九年（太和四年）

桓溫率軍五萬北伐前燕，至枋頭糧盡，撤退，大敗。

西元三七〇年（太和五年）

前秦滅前燕。

西元三七一年（咸安元年）

桓溫廢黜司馬奕為海西公，改立司馬昱為帝，是為簡文帝。

西元三七三年（寧康元年）

簡文帝死，謝安聯合王坦之、王彪之等人擁戴司馬曜即位，是為孝武帝。桓溫引兵入朝，在新亭為謝安阻止。

夏天，篡位失敗的桓溫病死。

西元三七六年（太元元年）

前秦滅前涼、滅代。

晉廢度田收租之制，王公以下口稅米三斛，在役者免。

西元三七七年（太元二年）

東晉謝玄建北府兵。

西元三八三年（太元八年）

晉秦淝水之戰，前秦大敗，內部分崩。

西元三八四年（太元九年）

鮮卑慕容垂稱燕王，後燕開始。

慕容泓稱濟北王，建立西燕。

羌族姚萇在渭北起兵，稱萬年秦王，史稱後秦。

西元三八五年（太元十年）

西燕慕容沖稱帝，入長安。

乞伏國仁自稱大單于，築勇士城為都，史稱西秦。

後燕慕容垂定都中山。

前秦苻堅被後秦姚萇縊死在新平佛寺。

謝安死，司馬道子父子開始先後在東晉專政。

西元三八六年（太元十一年）

鮮卑拓跋珪稱代王，都盛樂，改稱魏，北魏開始。

後秦姚萇入長安，稱帝。

呂光稱涼州牧、酒泉公，都姑臧，後涼開始。

西元三九四年（太元十九年）

後燕慕容垂攻破長子，殺慕容永，西燕亡。

前秦苻登為後秦姚興所殺，前秦亡。

西元三九五年（太元二十年）

北魏在參合陂大敗後燕。

西元三九六年（太元二十一年）

孝武帝司馬曜遇害，司馬道子扶持司馬德宗為帝，是為晉安帝。

後燕慕容垂征討北伐，中途而亡。

西元三九七年（隆安元年）

東晉王恭第一次起兵，得到荊州等地回應。

鮮卑禿髮烏孤稱西平王，築廉川堡為都，南涼開始。

西元三九八年（隆安二年）

王恭第二次起兵，北府兵劉牢之倒戈，王恭被殺

參與王恭起兵的桓玄、殷仲堪、楊佺期三人結盟自保，桓玄被推為盟主。

慕容德自立為燕王，史稱南燕。

西元三九六年（北魏天興元年）

鮮卑族拓跋珪遷都平城，稱帝，是為魏道武帝。

西元三九九年（隆安三年）

東晉徵發浙東諸郡免奴為客者為兵，引起反對，孫恩起義爆發。

名僧法顯從長安出發，西行往天竺求經。

西元四〇〇年（隆安四年）

桓玄出任都督八州及揚、豫八郡諸軍事、後將軍，兼任荊江兩州刺史。

李晟自稱涼公，都敦煌，西涼開始。

西元四〇一年（隆安五年）

沮渠蒙遜殺段業，自稱涼州牧，史稱北涼。

後秦姚興迎名僧鳩摩羅什至長安。

孫恩起義軍逼近東晉首都建康，被劉裕等人所敗。

西元四〇二年（元興元年）

正月，司馬元顯討伐桓玄。北府兵劉牢之倒戈，桓玄攻破建業，司馬道子、司馬元顯父子勢力被剷除。

桓玄殺劉牢之。

孫恩攻臨海，敗死。妹夫盧循繼統其眾。

西元四〇三年（元興二年）

桓玄廢晉安帝，自稱帝，國號楚。

後涼降於後秦。

西元四〇四年（元興三年）

劉裕自京口起兵討桓玄，桓玄挾安帝還江陵，後敗死。

盧循攻陷番禺，第二年接受東晉的任命，出任廣州刺史。

西元四〇五年（義熙元年）

劉毅破江陵，迎晉安帝還建康。

陶淵明掛冠而去，開始隱居生活。

西元四〇七年（義熙三年）

劉裕入朝，開始專斷東晉朝政。

赫連勃勃稱大夏天王，夏政權開始。

後燕將領馮跋殺君主慕容熙，後燕亡，北燕建立。

西元四〇九年（義熙五年）

後燕亡。馮跋建立北燕。

劉裕北伐南燕，圍廣固。

西元四一〇年（義熙六年）

劉裕破廣固，南燕亡。

盧循、徐道覆北進，攻長沙、豫章等郡，進逼建康，為劉裕所敗。

西元四一一年（義熙七年）

盧循敗死。至此，孫恩、盧循起義遂告結束。

西元四一二年（義熙八年）

劉裕消滅劉毅。

東晉以朱齡石做元帥，領兵進攻割據四川的譙縱。

法顯航海回國，次年至建康，著有《佛國記》。

西元四一三年（義熙九年）

劉裕主持「義熙土斷」。

七月，譙縱自縊而亡，四川重新進入東晉版圖。

西元四一四年（義熙十年）

西秦襲取樂都，南涼亡。

西元四一六年（義熙十二年）

二月，後秦姚興去世，姚泓繼位。

劉裕北伐後秦。

西元四一七年（義熙十三年）

劉裕北伐入長安，姚泓投降，後秦亡。

劉裕留兵駐守長安，自回南方爭權。

西元四一八年（義熙十四年）

赫連勃勃攻陷長安，稱帝。

注：西元二八〇年西晉滅吳統一全國之前，三國年號並用；二八〇年以後的年號都是兩晉的年號。

參考文獻

◉劉義慶。世說新語。青島：青島出版社，二〇一〇
◉陳壽著，裴松之注。三國志。杭州：浙江古籍出版社，二〇〇〇
◉房玄齡等撰。晉書。長沙：嶽麓書社，一九九七
◉周一良、鄧廣銘等著。中國歷史通覽。上海：東方出版中心，一九九四
◉吳小如主編。中國文化史綱要。北京：北京大學出版社，二〇〇一
◉沈起煒著。細說兩晉南北朝。上海：上海人民出版社，二〇〇二
◉鄒紀萬著。魏晉南北朝史。北京：九州出版社，二〇〇九
◉張程著。三國大外交。重慶：重慶出版社，二〇〇六
◉張程著。禪讓。北京：線裝書局，二〇〇七
◉張程著。權力家族。武漢：崇文書局，二〇〇九
◉王永平。曹魏苛禁宗室政策考論。許昌師專學報，二〇〇二（5）
◉胡阿祥。《僑置的源流與東晉南朝僑州郡縣的產生》，刊於鄭州大學歷史學院編《高敏先生八十華誕紀念文集》，北京：線裝書局，二〇〇六
◉胡阿祥。六朝疆域與政區述論。南京理工大學學報，二〇〇三（1）

魏晉原來是這樣 / 張程著. -- 一版.-- 臺北市：大地, 2013.04
面： 公分. --（History：57）

ISBN 978-986-6451-98-0（平裝）

1. 魏晉南北朝史 2. 通俗史話

623 102005160

魏晉原來是這樣

HISTORY 057

作　　者	張程
發 行 人	吳錫清
主　　編	陳玟玟
出 版 者	大地出版社
社　　址	114台北市內湖區瑞光路358巷38弄36號4樓之2
劃撥帳號	50031946（戶名　大地出版社有限公司）
電　　話	02-26277749
傳　　眞	02-26270895
E - mail	vastplai@ms45.hinet.net
網　　址	www.vastplain.com.tw
美術設計	普林特斯資訊股份有限公司
印 刷 者	普林特斯資訊股份有限公司
一版一刷	2013年4月

大地

定　　價：320元